國家社科基金重大委托項目“《子海》整理與研究”成果
山東省社科規劃重大委托項目成果

子海精華編

主編 王承略 副主編 聶濟冬

# 元刊吕氏春秋校訂

[戰國] 吕不韋 撰 [東漢] 高 誘 注 俞林波 校訂

鳳凰出版社

圖書在版編目（CIP）數據

元刊吕氏春秋校訂 / （戰國）吕不韋撰 ；（東漢）高誘注 ；俞林波校訂. -- 南京 ：鳳凰出版社，2016.6（2017.3重印）
（子海精華編 / 王承略主編）
ISBN 978-7-5506-2372-9

Ⅰ. ①元… Ⅱ. ①吕… ②高… ③俞… Ⅲ. ①雜家②《吕氏春秋》—注釋 Ⅳ. ①B229.22

中國版本圖書館CIP數據核字(2016)第088116號

| | |
|---|---|
| 書　　名 | 元刊吕氏春秋校訂 |
| 著　　者 | (戰國)吕不韋 撰　(東漢)高誘 注　俞林波 校訂 |
| 責任編輯 | 吴　瓊 |
| 出版發行 | 鳳凰出版傳媒股份有限公司<br>鳳凰出版社(原江蘇古籍出版社)<br>發行部電話025-83223462 |
| 出版社地址 | 南京市中央路165號，郵編：210009 |
| 出版社網址 | http://www.fhcbs.com |
| 經　　銷 | 鳳凰出版傳媒股份有限公司 |
| 照　　排 | 江蘇鳳凰製版有限公司 |
| 印　　刷 | 江蘇鳳凰揚州鑫華印刷有限公司<br>揚州市江陽工業園蜀崗西路9號，郵編：225008 |
| 開　　本 | 890×1240毫米　1/32 |
| 印　　張 | 13.875 |
| 字　　數 | 289千字 |
| 版　　次 | 2016年6月第1版　2017年3月第2次印刷 |
| 標準書號 | ISBN 978-7-5506-2372-9 |
| 定　　價 | 85.00圓 |
| | (本書凡印裝錯誤可向承印廠調換，電話：0514-85868858) |

國家社科基金重大委托項目“《子海》整理與研究”成果之一

# 《子海精華編》

# 《子海精華編》出版説明

“子海”，即“子書淵海”的簡稱。“《子海》整理與研究”課題係國家社科基金重大委托項目、山東省社科規劃重大委托項目。該課題分《珍本編》、《精華編》、《研究編》、《翻譯編》四個版塊，力圖把子部珍稀文獻、精華文獻進行深層次的整理、研究和譯介，挖掘子部文獻的價值，促進子學研究的發展。

山東大學向來以文史見長。古籍整理與子學研究，是其中的傳統研究方向。“《子海》整理与研究”，是在山東大學前輩學者高亨先生積 30 年之力陸續做成的《先秦諸子研究文獻目録》的基础上，由已故著名古籍整理與研究專家董治安先生參與策劃、設計的大型綜合研究課題。課題立項後，得到了中宣部、教育部、財政部、山東省政府和山東大學的大力支持，學界同仁踴躍參與。《精華編》的整理研究團隊近 200 人，來自海内外 48 所高校和研究機構。在組織管理上，《精華編》努力探索傳統文化研究協同創新的新體制、新機制，現已呈現出活力和實效。

華夏文明是由多元文化構築而成的。中國古代子部典籍，以歷代士人個性化作品的形式，系統性地展示了華夏民族的世界觀和方法論，立體性地反映了中華民族對世界文明發展的貢獻。其中，無論是宏篇大論，還是叢殘小語，都激蕩著歷史的聲音，閃爍著智慧的光芒，構成中國古代思想、藝術、科技和生活方式的主體内容。《精華編》通過對子部最优秀的典籍的整理，一方面擷英取粹，爲華夏文明的傳播提供可靠的資源和文本；另一方面以古鑒今，爲當下社會的發展提供智力支持和精神支撑。并希望進而梳理中華傳統文化的多元結構，繼承中華優秀傳統文化的一貫文脈。

根據漢代以後子學發展和子部典籍的實際情況，參照官私目録的分類與著録，《精華編》選取先秦諸子、儒學、兵家、法家、農家、醫家、曆算、術數、藝術、雜家、小説家、譜録、釋道、類書等十四個類目的要籍幾百種，編爲目録，作爲整理的依據，而在成果展現上則不出現具體的類目。爲統一體例，便於工作，《精華編》編有詳細的《整理細則》，并有簡明的《整理要則》，供整理者遵循使用。

《精華編》整理原則是，對每種子書的整理，突出學術性、資料性和創新性，力求吸納已有的整理成果，推出更具參考價值、更方便閱讀的整理文本。所採用的整理方式，大體有三種：一、部頭較大且前人未曾整理者，採用標點、校勘的方式整理；二、前人曾經標點、校勘者，或採用抽换更好或别具學術特色底本的方式整理，或採用集校、集注的方式整理，或採用校箋、疏證的方式整理，或綜合使用以上方式；三、前人已有較好的注本者，則採用集注、彙評、補正等方式整理。

《精華編》採用五次校審、遞進推動的管理程式，即：一、初校全稿。子海編纂中心組織碩、博研究生，修改文稿錯别字，規範異體字，調整格式，發現並標明校點中的不妥之處。二、初審文稿。子海編纂中心的編纂人員根據情況，解決初校時發現的問題，并判斷書稿的整體質量。三、匿名評審。

聘請資深教授通審全稿,全面進行學術把關,消滅硬傷,寫出審稿意見。四、修改文稿。子海編纂中心及時把專家審稿意見反饋給整理者。整理者根據審稿意見修改,做出新文稿。五、終審文稿。待新文稿返回子海編纂中心後,總編纂作最後的學術質量把關。五步程序完成後,將文稿交付出版社。

五次校審的目的是爲了保證學術質量,提高整理水平,減少錯訛硬傷。但校書如塵埃落葉,隨掃隨有,《精華編》雖經多道程序嚴加把關,仍難免有錯,懇請方家不吝指教。子海編纂中心將及時總結經驗,吸取教訓,把工作做得更好,以實現課題設計的初衷。

# 目　録

# 整理説明

《吕氏春秋》是由吕不韋主持編撰而成的。吕不韋(前？—前235),《戰國策·秦策五》曰“濮陽人吕不韋”,《史記·吕不韋列傳》曰“吕不韋者,陽翟大賈人也”,又高誘《吕氏春秋序》曰“吕不韋者,濮陽人也,爲陽翟之富賈”,諸家説法不一。吕不韋賈於邯鄲,見秦公子子楚,以爲“奇貨”,乃借華陽夫人之力立子楚爲嫡嗣。後子楚立,是爲莊襄王,莊襄王元年(前249),“以吕不韋爲丞相,封爲文信侯,食河南雒陽十萬户”(《史記·吕不韋列傳》)。莊襄王立三年,薨,太子嬴政立爲王,“尊吕不韋爲相國,號稱‘仲父’”(《史記·吕不韋列傳》)。吕不韋爲相有多方面的政績,同時還招人著書,《史記·吕不韋列傳》載:“吕不韋乃使其客人人著所聞,集論以爲《八覽》、《六論》、《十二紀》,二十餘萬言。以爲備天地萬物古今之事,號曰《吕氏春秋》。布咸陽市門,懸千金其上,延諸侯游士賓客有能增損一字者予千金。”後吕不韋被罷相,最終自殺身亡。吕不韋一生的功過是非暫且不論,其主持編撰《吕氏春秋》在學術思想史上具有重大意義,殆無歧議。

《吕氏春秋》内容宏富,體例精嚴,包括《十二紀》、《八覽》、《六論》。《十二紀》,一年十二個月,每紀講一個月,按春夏秋冬的順序排列,每紀五篇,加上一篇《序意》,共六十一篇。《十二紀》的主旨，吕不韋説得明白："凡《十二紀》者，所以紀治亂存亡也，所以知壽夭吉凶也。上揆之天，下驗之地，中審之人，若此，則是非可不可無所遁矣。"(《吕氏春秋·序意》)《八覽》，今除《有始覽》爲七篇外，餘者皆爲八篇，共六十三篇，每覽集中討論一類問題，頗爲緊湊連貫。《六論》，每論六篇，每論各篇之間連貫性不強，有雜碎之感。今本《吕氏春秋》共一百六十篇，是一部"百科全書"式的著作，内容涵蓋政治、經濟、哲學、法學、科技、教育、語言、藝術諸領域。《吕氏春秋》内容龐雜，自古被稱爲"雜家"，包括儒、道、陰陽、法、名、墨、兵、農等先秦諸子百家的思想學説，是一部研究先秦社會歷史、思想學術、科學知識不可缺少的重要文獻。

《吕氏春秋》，漢代有高誘注本，是後世注《吕氏春秋》者的主要依據，流傳至今。宋代出現刻本，《吕氏春秋》鏡湖遺老序曰："右《吕氏春秋》總二十六卷，凡百六十篇。餘杭鏤本亡三十篇，而脱句漏字合三萬餘言。此本傳之于東牟王氏。今四明使君元豐初奉詔修書於資善堂，取大清樓所藏本校定。元祐壬申，余卧疾京師，喜得此書，每藥艾之間手校之。自秋涉冬，朱黄始就，即爲一客挾之而去。後三年見歸而頗有欲得色，余亦心許之。得官江夏，因募筆工録之竟，以手校本寄欲得者云。鏡湖遺老記。"據此序，宋代有餘杭鏤本、東牟王氏本、内府大清樓藏本、資善堂本、鏡湖遺老校本，今皆不存。今存最早的版本是元至正六年嘉興路儒學刊本，明代又有人對此本進行了修補，有修補本傳世。明代出現了一批校刻本，重要者如：李瀚弘治十一年開封府許州重刊本、嘉靖七年關中許宗魯刊本、萬曆七年張登雲刊本、萬曆七年姜璧刊本、萬曆雲間宋邦乂刊本、萬曆二十四年劉如寵刻本、萬曆三十三年汪一鸞刊本、萬曆四十八年凌稚隆朱墨套印本、錢塘朱夢龍刊本等。據蔣維喬、楊寬、沈延國、趙善詒《吕氏春秋彙校·吕氏春秋板本書録》(中華書局,1937年)和田鳳台《吕氏春秋探微·著録與版本》(學生書局,1986年),清代以前《吕氏春秋》的版本流傳大致可分爲兩個系統。一個是從鏡湖遺老本出的系統:元至正六年嘉興路儒學刊本→李瀚弘治十一年開封府許州重刊本、嘉靖七年關中許宗魯刊本、萬曆七年張登雲刊本,然後嘉靖七年關中許宗魯刊本→萬曆七年姜璧刊本,李瀚弘治十一年開封府許州重刊本、嘉靖七年關中許宗魯刊本→萬曆雲間宋邦乂刊本;一個是從不知何本出的系統:萬曆三十三年汪一鸞刊本、萬曆四十八年凌稚隆朱墨套印本→錢塘朱夢龍刊本。清代,對後世影響最大的本子是乾隆五十四年經訓堂刻畢沅校正本。

本次整理以《吕氏春秋》今存最早的版本、《中華再造善本》(北京圖書館出版社,2006年12月)影印上海圖書館藏元至正嘉興路儒學刻本爲底本。底本書前有《鄭元祐序》、《鏡湖遺老序》,爲劉貞作嘉興路總管期間於元至正六年(1346)刊刻於嘉禾之學宫,爲劉貞之父劉節軒據鏡湖遺老校本所校定。"原書版框高二十二點四釐米,寬十五點七釐米",半頁十行,每行大字、小字皆二十,然偶有例外者。小字雙行,亦偶有單行者。首有"南書房史官"、"海寧查慎行字夏重又曰悔餘"兩印章,卷一、四、九、一三、一五、一八、二十、二三的卷首有"得樹樓藏書"印章,爲查慎行藏書。《鄭元祐序》後有"明德"印章,後又有"嘉興路儒學教授陳泰至正十(下闕)吴興謝盛之刊"一行。扉頁有書寫體題跋,一頁有"周松靄大令手札",文曰:"《吕覽》卷二十二《慎行論》中有緩氣之説,不獨元板，明板亦不删，已撿得矣。籠口之説，大約在《淮南子》注中，弟處《淮南子》乃明刻本，有批點者，注極略，鄴架所儲或係别本，望便中查示。再《吕覽》匆匆閲過，但縱目力所至恐尚脱漏，並乞留神再撿，爲感。恕便紙。”一頁有吴騫題跋，文曰：“此元初刻本，序文前半頁乃查初白先生手筆抄補，真如白獭髓矣。兔牀志。”

本次整理以《中華再造善本》（北京圖書館出版社，2005年5月）影印上海圖書館藏元至正嘉禾學宫刻明補修本《吕氏春秋》（簡稱“元刻明修本”）和《二十二子》（上海古籍出版社，1986年3月）所收畢沅校正本《吕氏春秋》（簡稱“《二十二子》本”）爲參校本。“元刻明修本”，書前有《鄭元祐序》、《鏡湖遺老序》，“原書版框高二十二點五釐米，寬十五點四釐米”，半頁十行，每行大字、小字皆二十，然偶有例外者。小字雙行，亦偶有單行者。首頁有“仁龢朱復廬校藏書籍”印章，乃朱澂藏書。另外，還有“徐乃昌讀”印章。《二十二子》由浙江書局於清光緒間輯刊而成，所收《吕氏春秋》爲“光緒元年據畢氏靈巖山館本校刻本”。

畢沅校正《吕氏春秋》所據舊本有“元人大字本”，即元至正六年嘉興路儒學刊本。但是，畢沅校正《吕氏春秋》絶少依據元至正六年嘉興路儒學刊本，對此蔣維喬等有很好的考釋，今録於下。蔣維喬等《吕氏春秋彙校・吕氏春秋板本書録》曰：“此本（整理者按：指元至正嘉興路儒學刊本）雖多脱誤，然自有可取處；而畢氏乃謂其‘脱誤與近時本無異’，於書中絶少稱引。僅《疑似》篇‘戎寇當至’畢校云：‘當至，别本作“嘗至”，今從“元本”。’一見之。”又曰：“畢校所稱引，以‘李本’爲較多，明云從李者，計有五條，陸心源、葉德輝因謂畢校祖‘李本’,是若‘李本’爲衆本之冠矣！然逐篇覆按,如《孟春紀·重己》篇注:‘無不到逆。’畢校云‘“到”字從“李本”’;《季冬紀·不侵》篇:‘而必加禮於吾所,是國士畜我也。’畢校云‘是,舊本多作“謂”,則當以“所謂”連讀,今從“李本”作“是”,義長’;《審應覽·重言》篇‘湫然清静者’,畢校云‘唯“李本”作“静”’;《博志》篇‘皆文藝之人也’,畢校云:‘“文藝”,本或作“六藝”,今從“李本”,與下篇合。’實則‘元本’亦皆作‘到’、作‘是’、作‘静’、作‘文藝’。畢氏何不據‘元本’,而獨據‘李本’?明畢氏於‘元本’固未嘗校理,非偶未照也。或手邊無‘元本’,遂漫稱爲與近時本無異,乃獨據‘李本’爲説耶?不僅此也,又如《仲春紀·情欲》篇‘猶不可反’,注‘反見’。畢校云‘注疑是“反復”’,今按‘元本’作‘反還’,是他本作‘反見’,固未是;畢疑‘反復’,亦非本真。畢氏苟見‘元本’,何不據‘元本’以訂之?”蔣維喬等此考釋至確。

畢校本一出,後世整理《吕氏春秋》者皆從之,然畢沅校正《吕氏春秋》未用存世最早的元至正六年嘉興路儒學刊本。本次整理以元至正六年嘉興路儒學刊本爲底本,與衆整理本不同。現存最早元刊本《吕氏春秋》並不盡善盡美,本次整理又廣泛吸收近人整理研究的成果對元刊本《吕氏春秋》進行校訂。本次整理所用校本、參校本及其簡稱如下:

| | |
|---|---|
| 蔣維喬、楊寬、沈延國、趙善詒《吕氏春秋彙校》<br>1937 年 2 月中華書局排印本 | 簡稱“《彙校》” |
| 三利器《吕氏春秋注疏》<br>2002 年 1 月巴蜀書社排印本 | 簡稱“《注疏》” |
| 陳奇猷《吕氏春秋新校釋》<br>2002 年 4 月上海古籍出版社排印本 | 簡稱“《新校釋》” |

（續表）

| | | |
|---|---|---|
| 許維遹《吕氏春秋集釋》 | 2009 年 9 月中華書局排印本 | 簡稱"《集釋》" |
| 王念孫《吕氏春秋批校本》 | 臺灣"中央研究院"傅斯年圖書館藏本 | 簡稱"《批校本》" |
| 王念孫《讀書雜志》 | 1985 年 7 月江蘇古籍出版社影印王氏家刻本 | 簡稱"《雜志》" |
| 俞樾《諸子平議》 | 1954 年 10 月中華書局重印商務印書館國學基本叢書本 | 簡稱"《平議》" |
| 孫詒讓《札迻》 | 1989 年 1 月中華書局排印本 | 簡稱"《札迻》" |
| 梁玉繩《吕子校補》 | 《周秦諸子斠注十種》2007 年 9 月北京圖書館出版社影印清白士集本 | 簡稱"《校補》" |
| 梁玉繩《吕子校續補》 | 《周秦諸子斠注十種》2007 年 9 月北京圖書館出版社影印槐廬叢書本 | 簡稱"《續補》" |
| 陳昌齊《吕氏春秋正誤》 | 《周秦諸子斠注十種》2007 年 9 月北京圖書館出版社影印嶺南遺書本 | 簡稱"《正誤》" |
| 陶鴻慶《讀吕氏春秋札記》 | 《讀諸子札記》1959 年 12 月中華書局排印本 | 簡稱"《札記》" |
| 楊昭俊《吕氏春秋補注》 | 1942 年刊印本 | 簡稱"《補注》" |
| 范耕研《吕氏春秋補注》 | 《江蘇省立國學圖書館年刊》第六年刊 | 簡稱"《吕氏春秋補注》" |
| 李寶洤《吕氏春秋高注補正》 | 1974 年 8 月華正書局影印民國刻本 | 簡稱"《補正》" |
| 宋翔鳳《過庭録》 | 1986 年 11 月中華書局排印本 | 簡稱"《過庭録》" |

（續表）

| |
|---|
| 孫鏘鳴《吕氏春秋高注補正》<br>《國故》月刊第一、二、三、四期　　簡稱"《高注補正》" |
| 楊樹達《讀吕氏春秋札記》<br>《積微居讀書記》1962 年 9 月中華書局排印本　　簡稱"《讀吕札記》" |
| 高亨先生《吕氏春秋新箋》<br>《諸子新箋》1962 年 1 月山東人民出版社排印本　　簡稱"《新箋》" |
| 孫人和《吕氏春秋舉正》<br>《北平北海圖書館月刊》第一卷第四、五、六號，第二卷第一、五、六號<br>簡稱"《舉正》" |
| 劉文典《吕氏春秋斠補》<br>《三餘札記》1990 年 11 月黄山書社排印本　　簡稱"《斠補》" |
| 譚戒甫《校吕遺誼》<br>《國立武漢大學文哲季刊》第三卷第一、二、三、四號　　簡稱"《遺誼》" |
| 沈祖緜《讀吕臆斷》<br>《制言》半月刊第一、二期　　簡稱"《臆斷》" |
| 劉師培《吕氏春秋斠補自序》<br>《左盦集》寧武南氏校印本　　簡稱"《自序》" |
| 劉師培《吕氏春秋高注校義後序》<br>《左盦集》寧武南氏校印本　　簡稱"《後序》" |
| 馬叙倫《讀吕氏春秋記》<br>1933 年 9 月商務印書館排印本　　簡稱"《讀吕記》" |
| 夏緯瑛《吕氏春秋上農等四篇校釋》<br>1979 年 2 月農業出版社排印本　　簡稱"《四篇校釋》" |
| 松皋圓《畢校吕氏春秋補正》<br>日本文化十四年(1807)抄本　　簡稱"《畢校補正》" |

# 鄭元祐序

江南内附。初，北方賢士大夫宦轍南邁者，往往嗜古績學，考索研稽，惟恐弗逮。元祐恨生晚，無以參侍諸大老，若徐公子方父、暢公純父、劉公居敬父號節軒先生，尚及以諸生拜之於諸老先生坐席間。久之，金華胡汲仲先生講道虎林山之僧舍疏檐古屋之下，中設一木榻，賓友終日相過從。其獲延致中坐，與先生劇談古今，北南士大夫不數人，而節軒先生則其一也。公疏秀而明潤，玉立而長身，時時與先生論先秦古書，以爲秦自用商鞅，驅其民不戰則耕，禁絶先王之學，固不待李斯建言之時也。然吕不韋乃能招延四方辨博之士，成《吕覽》一書。其書雖醇疵相參，至於奇聞異見，有裨世教。若《月令》爲書，小戴取之以記禮，先儒不謂其爲不可也。顧其書版本不復刊而讀者亦甚寡。元祐聞先生此言也，時年二十餘，今忽四十餘年矣。已而，元祐飢驅東西漂，頗聞節軒先生不樂仕，僅以監察御史終，位不究德，而始發於其子嘉興公。嘉興公以文儒起家，揚歷朝著，出爲嘉興路總管。念其家所藏書，皆節軒先生所手校，於是出其一二，俾以刊於嘉禾之學宫，与學者共，而《吕氏春秋》其一也。公念元祐嘗受學於胡先生之門，固以諸生拜御史公者矣。《吕覽》既刊版，乃俾元祐爲之序。御史公，海岱人，諱克誠，字居敬，累贈至禮部尚書。嘉興公，名貞，字庭幹，由嘉興擢授海道都漕運萬户云。遂昌鄭元祐序。

# 總目叙

右《吕氏春秋》總二十六卷，凡百六十篇。餘杭鏤本亡三十篇，而脱句漏字合三萬餘言。此本傳之于東牟王氏。今四明使君元豐初奉詔修書於資善堂，取大清樓所藏本校定。元祐壬申，余卧疾京師，喜得此書，每藥艾之間手校之。自秋涉冬，朱黄始就，即爲一客挾之而去。後三年見歸而頗有欲得色，余亦心許之。得官江夏，因募筆工録之竟，以手校本寄欲得者云。鏡湖遺老記。

# 序

高誘撰

呂不韋者，濮陽人也，爲陽翟之富賈，家累千金。秦昭襄王者，孝公之曾孫，惠文王之孫，武烈王之子也。[①]太子死，以庶子安國君柱爲太子。柱有子二十餘人，所幸妃號曰華陽夫人。華陽夫人無子。安國君庶子名楚，其母曰夏姬，不甚得幸。令楚質於趙而不能顧質，數東攻趙。趙不禮楚。時不韋賈於邯鄲，見之，曰"此奇貨也，不可失"，乃見楚曰："吾能大子之門。"楚曰："何不大君之門，乃大吾之門耶？"不韋曰："子不知也。吾門待子門大而大之。"楚默幸之。不韋曰："昭襄王老矣，而安國君爲太子。竊聞華陽夫人無子，能立適嗣者獨華陽夫人耳。請以千金爲子西行事安國君，令立子爲適嗣。"不韋乃以寶玩珍物獻華陽夫人，因言"楚之賢，以夫人爲天母，日夜涕泣，思夫人與太子"。夫人大喜，言於安國君，於是立楚爲適嗣。華陽夫人以爲己子，使不韋傅之。不韋取邯鄲姬，已有身，楚見説之，遂獻其姬。至楚所，生男，名之曰

---

① "烈"，原漫漶不清，此據元刻明修本。按《史記·秦本紀》言，秦昭襄王爲秦武王"異母弟"。

正,楚立之爲夫人。暨昭襄王薨,太子安國君立,[①]華陽夫人爲后,楚爲太子。安國君立一年,薨,謚爲孝文王。太子楚立,是爲莊襄王,以不韋爲丞相,封爲文信侯,食河南雒陽十萬户。莊襄王立三年而薨。太子正立,是爲秦始皇帝,尊不韋爲相國,號稱仲父。

不韋乃集儒書,[②]使著其所聞,爲《十二紀》、《八覽》、《六論》,訓解各十餘萬言,[③]備天地萬物古今之事,名爲《吕氏春秋》。暴之咸陽市門,懸千金其上,有能增損一字者,與千金。時人無能增損者。誘以爲時人非不能也,蓋憚相國,畏其勢耳。然此書所尚,以道德爲標的,以無爲爲綱紀,以忠義爲品式,以公方爲檢格,與孟軻、孫卿、淮南、楊雄相表裏也,是以著在《録》、《略》。誘正《孟子》章句,作《淮南》、《孝經》解畢訖,家有此書。尋繹案省,大出諸子之右。既有脱誤,[④]小儒又以私意改定,猶慮傳義失其本真。少能詳之,故復依先師舊訓,輒乃爲之解焉,以述古儒之旨,凡十七萬三千五十四言。若有紕繆不經,後之君子斫而裁之,比其義焉。

---

① “立”下,原衍“爲”字,據《二十二子》本删。

② “書”,《校補》曰當作“士”,是。

③ “訓解”,《集釋》、《新校釋》、《注疏》無此二字,是。“各”,《集釋》、《新校釋》、《注疏》作“合”,是。

④ “既有脱誤”,《注疏》無此四字。

# 卷第一

吕氏春秋訓解　高氏

## 孟春紀第一　本生　重己　貴公　去私

一曰：孟春之月，日在營室，孟，長。春，時。夏之正月也。營室，北方宿，衛之分野。是月，日躔此宿。昏參中，旦尾中。參，西方宿，晋之分野。尾，東方宿，燕之分野。是月昏旦時，皆中於南方。其日甲乙，其帝太皞，甲乙，木日也。太皞，伏羲氏，以木德王天下之號，死，祀於東方，爲木德之帝。其神句芒。句芒，少皞氏之裔子曰重，佐木德之帝，死爲木官之神。其蟲鱗，其音角，東方少陽，物去太陰，甲散爲鱗。鱗，魚屬也，龍爲之長。角，木也，位在東方。律中太蔟，其數八。太蔟，陽律也。竹管音與太蔟聲和，太陰氣衰，少陽氣發，萬物動生，蔟地而出，故曰"律中太蔟"。五行數五，木第三，故數八。其味酸，其臭羶，春，東方木王。木味酸，酸者，鑽也。萬物應陽，鑽地而出。羶，木香羶也。其祀户，祭先脾。蟄伏之類始動生，出由户，故祀户也。脾屬土。陳俎豆，脾在前，故曰"祭先脾"。春，木勝土，先食所勝也。一説脾屬木，自用其藏也。東風解凍，蟄蟲始振，蟄，讀如《詩·文王之什》。東方，木。木，火母也。火氣温，故東風解凍，冰泮釋地。蟄伏之蟲乘陽始振動蘇生也。魚上冰，獺祭魚，魚，鯉鮒之屬也，應陽而動，上負冰。獺獱，水禽也，取鯉魚置水邊，四面陳之，世謂之“祭魚”，爲時候者。候雁北。天子居青陽左個，候時之雁從彭蠡來，北過至北極之沙漠也。① 青陽者，明堂也，中方外圜，通達四出，各有左右房謂之個。個猶隔也。② 東出謂之青陽，南出謂之明堂，西出謂之總章，北出謂之玄堂。是月，天子朝日告朔，行令於左個之房，東向堂，北頭室也。乘鸞輅，駕蒼龍，輅，車也。鸞鳥在衡，和在軾，鳴相應和。後世不能復致，鑄銅爲之，飾以金，謂之鸞輅也。《周禮》：“馬八尺以上爲龍，七尺以上爲騋，六尺以上爲馬也。”載青旗，衣青衣，服青玉。旗，旗名，交龍爲旗。載者，若今之雞翹車是也。③ 服，佩也。所衣服佩玉皆青者，順木色也。食麥與羊，其器疏以達。麥屬金，羊屬土。是月也，金土以老，食所勝也。宗廟所用之器，皆疏鏤通達，以象陽氣之射出。

是月也，以立春。冬至後四十六日而立春，立春之節多在是月也。先立春三日，太史謁之天子曰：“某日立春，盛德在木。”謁，告也。《周禮》：“太史掌國之六典。”正歲時以序事，故告天子以立春日也。盛德在木，王東方也。④ 天子乃齋。《論語》曰：“齋必變食，居必遷坐。”自禋潔也。立春之日，天子親率三公九卿諸侯大夫以迎春於東郊。率，使也。迎春木氣於東方八里之郊。還，乃賞卿諸侯大夫於朝。⑤ 賞，爵禄之賞也。三公至尊，坐而論道，不嫌不賞，故但言卿諸侯大夫者也。命相布德和令，行慶施惠，下及兆民。相，三公也。出爲二伯，一相處于内也。布陽德和柔之令，行其慶善，施其澤惠下至于兆民，無不被之也。慶賜遂行，無有不當。各得其所也。乃命太史守典奉法，司天日月星辰之行。典，六典。法，八法。

---

① “過”下，《正誤》曰當有“周雒”二字，是。
② “個”，原脱，據《二十二子》本補。
③ “翹”，元刻明修本作“翅”。
④ “王”上，《新校釋》曰“當更有‘木’字”，於義爲勝。
⑤ “賞”下，原衍“公”字，據《二十二子》本删。

日月五星行度遲速,太史之職也,故命使司知之也。宿離不忒,無失經紀,以初爲常。忒,差也。星辰宿度,司知其度。以起牽牛之初爲常。是月也,天子乃以元日祈穀于上帝。日,從甲至癸也。元,善也。祈,求也。上帝,天帝也。乃擇元辰,天子親載耒耜,措之參于保介之御間,元,善也。辰,十二辰,從子至亥也。耒耜,耕器也。措,置也。保介,副也。御,致也。擇善辰之日,載耒耜之具於藉田,致乎保介之間施用之也。率三公九卿諸侯大夫躬耕帝籍田,躬,親也。天子籍田千畝以供上帝之粢盛,故曰“帝籍”。天子三推,三公五推,①卿諸侯大夫九推。禮以三爲文,故天子三推,謂一發也。《國語》曰:“王耕一發,班三之。”班,次也。謂公卿大夫各三,其上公三發,卿九發,大夫二十七發也。反,執爵于太寢,爵,飲爵。太寢,祖廟也。示歸功於先祖,故於廟飲酒也。三公九卿諸侯大夫皆御,命曰“勞酒”。御致天子之命,勞群臣於太廟,飲之以酒。是月也,天氣下降,地氣上騰,天地和同,草木繁動。是月也,泰卦用事,乾下坤上,天地和同,繁衆動挺而生也。王布農事,命田舍東郊,命,令也。東郊,農郊也。命農大夫舍止東郊,監視田事。皆修封疆,審端徑術,修,治也。封,界也。起其疆畔,糾督惰窳於疆下也。《詩》云:“中田有廬,疆埸有瓜。”無休廢也。端正其徑路,不得邪行敗稼穡也。善相丘陵阪險原隰,相,視也。阪險,傾危也。廣平曰原,下濕曰隰。土地所宜,五穀所殖,殖,長。以教道民,必躬親之。《詩》云:“弗躬弗親,庶民弗信。”田事既飭,先定準直,農乃不惑。飭,讀作敕。敕督田事,準定其功,農夫正直,不疑惑也。是月也,命樂正入學習舞。樂正,樂官之長也。入學官,教國子講習羽籥之舞。《周禮·大胥》:“掌學士之板,以六樂之會正舞位也。”②乃修祭典,命祀山林川澤,犧牲無用

① “三”,《正誤》曰“三”字衍,是。
② “位”,原漫漶不清,此據元刻明修本。

牝。典，掌也。功施於民則祀之。山林川澤，百物所生，又能興雲雨以殖嘉苗，故祀之。無用牝，尚蠲潔也。禁止伐木，春，木王，尚長養也。無覆巢，無殺孩蟲胎夭飛鳥，①無麛無卵，蕃庶物也。麛子曰夭，②鹿子曰麛也。無聚大衆，無置城郭，置，立也。揜骼霾髊。髊，讀水漬物之漬。白骨曰骼，有肉曰髊。揜霾者，覆藏之也。順木德而尚仁恩者也。是月也，不可以稱兵，稱兵，必有天殃。稱，舉也。殃，咎也。兵戎不起，③不可以從我始。春當行仁，非興兵征伐時也。故曰"不可以從我始"。無變天之道，變猶戾也。無絶地之理，絶猶斷也。無亂人之紀。人反德爲亂。④ 紀，道也。

孟春行夏令，則風雨不時，草木早槁，國乃有恐。春，木也。夏，火也。木德用事，⑤法當寬仁，⑥而行火令，⑦火性炎上，故使草木槁落，不待秋冬，故曰天氣不和、國人惶恐也。行秋令，⑧則民大疫，疾風暴雨數至，藜莠蓬蒿並興。木仁，金殺，而行其令，氣不和，故民疫病也。⑨ 金生水，與水相干，故風雨數至，荒穢滋生，是以藜莠蓬蒿並興。行冬令，則水潦爲敗，霜雪大摯，首種不入。春陽，冬陰也，而行其令，陰乘陽，故水潦爲敗，雪霜大摯，傷害五穀。春爲歲始，稼穡應之不成熟也，故曰"首種不入"。

## 正月紀

---

① "夭"，元刻明修本同，《二十二子》本作"夭"。
② "麛子曰夭"，元刻明修本同，《二十二子》本作"麋子曰夭"。
③ "不起"，《新校釋》曰疑當作"之起"。
④ "人"，《新校釋》曰"人"字當衍，是。
⑤ "德"，元刻明修本作"當"。
⑥ "仁"，原漫漶不清，此據元刻明修本。
⑦ "火令"，原脱，據《二十二子》本補。
⑧ "秋"下，原有一空格。
⑨ "疫"，原漫漶不清，此據元刻明修本。

二曰：始生之者，天也；[①]養成之者，人也。始，初也。能養天之所生而勿攖之謂天子。攖猶戾也。天子之動也，以全天爲故者也。全猶順也。天，性也。故，事也。此官之所自立也。官，正也。自，從也。立官者，以全生也。生，性也。今世之惑主，主謂王也。多官而反以害生，則失所爲立之矣。多立官，政任不肖人，[②]亂象干度，故以害生也，失其所爲立官之法也。[③] 譬之若修兵者以備寇也。今修兵而反以自攻，則亦失所爲修之矣。若秦築長城以備患，不知長城之所以自亡也，亦失其所爲修兵之法也。夫水之性清，土者抇之，[④]故不得清；抇，讀曰骨。骨，濁也。人之性壽，物者抇之，故不得壽。抇，亂也。亂之使夭折也。物也者，所以養性也，非所以性養也。[⑤] 物者，貨賄，所以養人也。世人貪欲過制者多所以取禍，故曰"非所以性養也"。今世之人，惑者多以性養物，夫無爲者不以身役物，有爲者則以物役身，故曰"惑者多以性養物"也。則不知輕重也。輕，喻物；重，喻身。不知輕重，則重者爲輕，輕者爲重矣。若此，則每動無不敗。以此爲君悖，以此爲臣亂，以此爲子狂。三者國有一焉，無幸必亡。假令有幸，且猶危危病者也。[⑥]

今有聲於此，耳聽之必慊慊，快也。已，聽之則使人聾，必弗聽；以聾，故不當聽。有色於此，目視之必慊已，視之則使人盲，必弗視；以盲，故不當視也。有味於此，口食之必慊已，食之則使人瘖，必弗食。以瘖，故不當食也。《老子》曰："五聲亂耳，使耳

① "也"，原作"地"，據《二十二子》本改。
② "政任"，元刻明修本、《二十二子》本作"致任"，《注疏》作"致仕"。
③ "立"，原作"主"，據元刻明修本改。
④ "抇"，《新校釋》曰"當作'汩'，注同"。
⑤ "所"，《平議》曰"所"字衍，注亦同，是。
⑥ 《新校釋》曰"當衍一'危'字"，是。

不聰。五色亂目，使目不明。五味實口，使口爽傷也。"是故聖人之於聲色滋味也，利於性則取之，害於性則舍之，此全性之道也。世之貴富者，其於聲色滋味也多惑者，惑，眩。日夜求，幸而得之則遁焉。遁，流逸不能自禁也。遁焉，性惡得不傷？惡，安也。傷，病也。萬人操弓共射其一招，[①]招無不中。招，埻的也。衆人所見，會弓射之，故曰"無不中"也。萬物章章，以害一生，生無不傷，章章，明美貌。故生隕也。[②] 以便一生，生無不長。便，利也。利其生性，故生長久也。故聖人之制萬物也，以全其天也。天，身也。天全，則神和矣，目明矣，耳聰矣，鼻臭矣，口敏矣，三百六十節皆通利矣。若此人者，不言而信，法天不言，四時行焉，是其信也。不謀而當，不慮而得，《詩》云："不識不知，順帝之則。"故曰不謀慮而當，合得事實。精通乎天地，神覆乎宇宙。宇宙，區宇之內。言其德大，皆覆被。其於物無不受也，無不裹也，受猶承也。裹猶囊也。若天地然。其德如天無不覆，如地無不載，故曰"若天地然"也。上爲天子而不驕，常戰栗也，故堯戒曰："戰戰栗栗，日慎一日。"下爲匹夫而不惛，惛讀憂悶之悶，義亦然也。此之謂全德之人。其德行升降無所虧闕，故曰"全"。貴富而不知道，適足以爲患，不知持盈止足之道以至破亡，故曰"適足以爲患"也。不如貧賤。[③]貧賤之致物也難，雖欲過之，奚由？貧賤無勢，不能致情欲之物，故曰"難"也。於禮無爲，於身無闕，故曰"雖欲過之，奚由"也。出則以車，入則以輦，務以自佚，人引車曰輦。出門乘車，入門用輦，此驕逸之務也。命之曰招蹷之機。招，至也。蹷機，門內之位也。乘輦于宮

① "其"，《新校釋》、《注疏》無此字，是。
② "故生隕也"，《正誤》曰當作"害其生性，故生隕也"，於義爲勝。
③ "如"，原作"知"，據《二十二子》本改。

中游翔，至於蹷機，故曰“務以自佚”也。《詩》曰：“不遠伊爾，薄送我畿。”此不過蹷之謂。肥肉厚酒，務以自強，[①]命之曰爛腸之食。《論語》曰：“肉雖多，不使勝食氣。”又曰：“不爲酒困。”《老子》曰：“五味實口，使口爽傷。”故謂之“爛腸之食”也。靡曼皓齒，鄭衛之音，務以自樂，命之曰伐性之斧。靡曼，細理弱肌，美色也。皓齒，《詩》所謂“齒如瓠犀”者也。鄭國淫辟，男女私會於溱、洧之上，有絢訏之樂、[②]芍藥之和。昔者殷紂使樂師作朝歌北鄙靡靡之樂，以爲淫亂。武王伐紂，樂師抱其樂器自投濮水之中。暨衛靈公北朝于晋，宿於濮上，夜聞水中有琴瑟之音，乃使師涓以琴寫其音。[③] 靈公至晋國，晋平公作樂，公曰：“寡人得新聲，請以樂君。”遂使涓作之，平公大説。師曠止之曰：[④]“此亡國之音也。紂之太師以此音自投於濮水，得此聲必於濮水之上。”地在衛，因曰“鄭衛之音”。以其淫辟滅亡，故曰“伐性之斧”者也。三患者，貴富之所致也，故古之人有不肯貴富者矣，由重生故也。古人，謂堯時許由、方回、[⑤]善綣，舜時雄陶，[⑥]周時伯夷，漢時四皓，皆不肯富貴者。高位實疾顛，故曰“重生故也”。非夸以名也，爲其實也，夸，虚也。非以爲輕富貴求虚名也，以爲其可以全生保性之實也。則此論之不可不察也。論此上句貴賤禍福不可不察也。[⑦]

## 本生

三曰：倕至巧也，人不愛倕之指而愛己之指，有之利故也。倕，堯之巧工也。雖巧無益於己，故不愛之也。己指雖不如倕指

---

① “自”，原作“相”，據《二十二子》本改。
② “訏”，原作“盻”，據《二十二子》本改。
③ “琴”，原作“瑟”，據《二十二子》本改。
④ “曠”下，原衍“曰”字，據《二十二子》本删。
⑤ “回”，原作“因”，據《二十二子》本改。
⑥ “雄”，原作“皋”，據《二十二子》本改。
⑦ “句”，《新校釋》曰“句”字當衍，於義爲勝。

巧，猶自爲用，故言“有之利故也”。人不愛昆山之玉、江漢之珠，昆山之玉，燔以爐炭，三日三夜，色澤不變，玉之美者也。江漢有夜光之明珠，珠之美者也。而愛己之一蒼璧、小璣，有之利故也。蒼璧，石多玉少也；珠之不圜者曰璣，皆喻不好也。而愛之者，有之爲己用，得其利故也。今吾生之爲我有，而利我亦大矣。吾亦我有，①有我身也，天下之利有我，如我之愛蒼璧與小璣，有之利故也，故曰“利我亦大矣”。② 論其貴賤，爵爲天子，不足以比焉；論其所貴所賤，人雖尊爲天子，不足以比己之所賤。論其輕重，富有天下，不可以易之；論其所輕所重，③人雖富有天下之財，不肯以己易之。④ 論其安危，一曙失之，終身不復得。貧賤所以安也，富貴所以危也。曙，明日也。言一日失其所以安，⑤終身不能復得之也。此三者，有道者之所慎也。道尚無爲，不尚此三者，故曰“有道者之所慎”。有慎之而反害之者，不達乎性命之情也。守慎無爲，輕貴重身，當時行則行，時止則止，而反有害之者，故曰“不達乎性命之情”者也。不達乎性命之情，慎之何益？雖慎之猶見害，故曰“何益”。是師者之愛子也，不免乎枕之以糠；是聾者之養嬰兒也，方雷而窺之于堂。有殊弗知慎者。師，瞽師，目無見者也，故枕子以糠，糠其盲眯子目，非利之者也。聾者不聞雷之聲，不頓顙自拍解謝咎過，而反徐步窺兒於堂，故曰“有殊弗知慎者”也。殊猶甚也。夫弗知慎者，是死生存亡可不可未始有别也。言不能别知也。⑥ 未始有别者，其所謂是未嘗是，

---

① “亦”，《二十二子》本作“生”。

② 《新校釋》曰：“疑當作‘吾生亦我有，有，有我身也。天下之利以有我身，如我之愛蒼璧小璣，有之利故也’。”可備一説。

③ “輕”下，原衍“富而”二字，據《二十二子》本删。

④ “不肯以己易之”，《集釋》、《新校釋》、《注疏》作“不肯以易己之所輕”，是。

⑤ “曙明日也言一日”，《舉正》曰當作“曙，旦明也。言一旦”，於義爲勝。

⑥ “知”，《新校釋》、《注疏》作“之”。

其所謂非未嘗非，是其所謂非，非其所謂是，此之謂太惑。己之所是，衆人之所非也，故曰“未嘗是”；己之所非，衆人之所是也，故曰“未嘗非”。是己之所是，非己之所非，而以此求同於己者也，故謂之“太惑”。若此人者，天之所禍也。禍，咎也。以此治身，必死必殃；以此治國，必殘必亡。以其天之所禍也，不死不亡者未之有也，故曰“必亡”。夫死殃殘亡非自至也，惑召之也。召，致也。以惑致之也。壽長至常亦然。亦以仁義召之也。故有道者不察所召，而察其召之者，所召，仁與義也。推行仁義，壽長自至，故曰“不察所召”也。召之者，不行仁義，殘亡應行而至，故曰“察其召之”也。則其至不可禁矣。禹、湯罪己，其興也勃焉；桀、紂罪人，其亡也忽焉。皆己自召之，何禁御？① 此論不可不熟。熟猶知也。

使烏獲疾引牛尾，尾絶力勯，而牛不可行，逆也；烏獲，秦武王力士也，能舉千鈞。勯讀曰單。單，盡也。使五尺豎子引其棬，而牛恣所以之，順也。恣猶從也。之，至。世之人主貴人，人主，謂王者諸侯也。貴人，謂公卿大夫也。無賢不肖，莫不欲長生久視，視，活也。而日逆其生，欲之何益？王者貴人所行，淫侈縱欲暴虐，反戾天常，不順生道，日所施行無不到逆其生，雖欲長生，若烏獲多力，到引牛尾，尾絶不能行，故曰“欲之何益”也。凡生之長也，②順之也；使生不順者，欲也。欲，情欲也。故聖人必先適欲。適猶節也。室大則多陰，臺高則多陽，多陰則蹷，蹷，逆寒疾也。多陽則痿，痿，躄不能行也。此陰陽不適之患也。患，害也。是故先王不處大室，爲蹷疾也。不爲高臺。爲痿疾也。味不衆珍，爲傷胃也。衣不燀熱。燀讀曰亶。亶，厚也。燀熱則理塞，③理塞，脈理閉

---

① “何”下，《二十二子》本有“可”字。“御”，元刻明修本作“卸”。
② “之”，原脱，據《二十二子》本補。
③ “理塞”，原作“理寒”，據《二十二子》本改，下同。

結也。理塞則氣不達。達，通也。味衆珍則胃充，充，滿也。胃充則中大鞔，鞔讀曰懣。不勝食氣爲懣病也。肥肉厚酒，爛腸之食，此之謂也。中大鞔而氣不達。不達，壅閉也。以此長生，①可得乎？言不得也。昔先聖王之爲苑囿園池也，足以觀望勞形而已矣。畜禽獸所，大曰苑，小曰囿。《詩》云："王在靈囿。"樹果曰園。《詩》曰："園有樹桃。"有水曰池。可以游觀娛志，故曰"足以勞形而已"。其爲宮室臺榭也，足以辟一作"備"。燥濕而已矣。宮，廟也。室，寢也。《爾雅》曰："宮謂之室，室謂之宮。"築土方而高曰臺。② 有屋曰榭。燥謂陽炎，濕謂雨露，故曰足以備之而已。其爲輿馬衣裘也，足以逸身暖骸而已矣。逸，安也。其爲飲食酏醴也，足以適味充虛而已矣。酏，讀如《詩》"蛇蛇碩言"之蛇。③《周禮・漿人》："掌王之六飲，④水漿醴涼醫酏也。"⑤又《酒正》："二曰醴齊。"醴者，以蘖與黍相體，⑥不以麴也，濁而甜耳。其爲聲色音樂也，足以安性自娛而已矣。聲，五音宮商角徵羽也。色，青黃赤白黑也。五者，⑦聖王之所以養性也，非好儉而惡費也，節乎性也。節猶和也。和適其情性而已，不過制也。

## 重己

四曰：昔先聖王之治天下也，必先公，公，正也。公則天下平矣，平，和也。平得於公。得猶出也。嘗試觀於上志，上志，古

① "此"下，《新校釋》曰當有"求"字，是。
② "築"，《二十二子》本無此字。
③ "碩"，原作"不"，據《二十二子》本改。
④ "漿"，原作"采"，據《二十二子》本改。
⑤ "醫"，原作"鑿"，據《二十二子》本改。
⑥ "體"，原作"醴"，據《二十二子》本改。
⑦ "五"上，《舉正》曰當有"此"字，於義爲勝。

記也。有得天下者衆矣，①其得之以公，②其失之必以偏。偏，私不正也。凡主之立也生於公，生，性也。故《鴻範》曰："無偏無黨，王道蕩蕩。蕩蕩，平易也。《詩》云："魯道有蕩。"無偏無頗，遵王之義。義，法也。無或作好，遵王之道。或，有也。好，私好，鬻公平於曲惠也。無或作惡，遵王之路。"惡，擅作威也。天下非一人之天下也，天下之天下也。《書》曰："皇天無親，惟德是輔。"故曰"天下之天下也"。陰陽之和，不長一類；甘露時雨，不私一物；私猶異也。萬民之主，不阿一人。阿亦私也。伯禽將行，請所以治魯，伯禽，周公子也，成王封之於魯。《詩》云："建爾元子，俾侯于魯。"③周公曰："利而勿利也。"務在利民，勿自利也。荆人有遺弓者而不肯索，遺，失也。曰："荆人遺之，荆人得之，又何索焉？"孔子聞之曰："去其'荆'而可矣。"言人得之而已，何必荆人也？老聃聞之曰："去其'人'而可矣。"故老聃則至公矣。公，正也。言天下得之而已，何必人，故曰"至公"，無所私爲也。天地大矣，生而弗子，成而弗有，天大地大，生育民人不以爲己子，成遂萬物不以爲己有也。萬物皆被其澤、得其利，而莫知其所由始，由，從也。萬物皆蒙天地之澤而得其利，若堯時父老無繇役之勞，擊壤於里陌，自以爲當然，故曰"莫知其所從始"也。此三皇、五帝之德也。三皇、五帝德大，能法天地，民人被其澤而得其利，亦不知其所從始也。《老子》云："聖人不仁，以百姓爲蒭狗。"此之謂也。

管仲有病，桓公往問之，曰："仲父之病矣，④病，困也。漬

---

① "有得天下者衆矣"，《新校釋》曰疑當作"其得天下失天下者衆矣"，可備一説。

② "之"下，《舉正》曰當有"必"字，於義爲勝。

③ "魯"，原作"東"，據《二十二子》本改。

④ "病"，《集釋》曰"當重'病'字"，於義爲勝。

甚,國人弗諱,漬亦病也。按《公羊傳》曰:"大眚者何?大漬也。"國人弗諱,言死生不可諱也。寡人將誰屬國?"屬,托也。管仲對曰:"昔者臣盡力竭智猶未足以知之也,未足以知人也。今病在於朝夕之中,臣奚能言?"奚,何也。桓公曰:"此大事也,願仲父之教寡人也。"教猶告也。管仲敬諾,曰:"公誰欲相?"言欲用誰爲相。公曰:"鮑叔牙可乎?"管仲對曰:"不可。夷吾善鮑叔牙,夷吾,管仲名。善猶和也。①鮑叔牙之爲人也,清廉潔直,視不己若者不比於人。比,方也。一聞人之過,終身不忘。"念人之過,必亡人之功,不可爲霸者之相也。"勿已,則隰朋其可乎?""隰朋之爲人也,上志而下求,志上世賢人而模之也。求猶問也。《論語》曰:"孔文子不恥下問,是以謂之文。"醜不若黄帝而哀不己若者。自醜其德不如黄帝。《詩》云:"高山仰止,景行行止。"鄉昔人也。②哀不如己者,欲教育訓厲使與己齊也。其於國也,有不聞也。不求聞其善也,志在利國而已。其於物也,有不知也。物,事也。非其職事,③不求知之也。其於人也,有不見也。務在濟民,不求見之。④《孝經》曰:"非家至而見之也。"此總説隰朋所行。勿已乎,則隰朋可也。"言可用也。夫相,大官也。處大官者不欲小察,察,苛也。不欲小智,小智則好知小事以自矜伐也。故曰:"大匠不斫,但視模範而已,不復自斫削也。大庖不豆,但調和五味使神人享之而已,不復自列簠簋籩豆也。大勇不鬥,大勇之人,折衝千里而能服遠,不復自鬥也。大兵不寇。"寇,害也。若武王之伐紂,掃除無道,釋箕子之囚,朝

---

① "和",《批校本》曰當作"知",是。
② "昔",原作"者",據《二十二子》本改。
③ "職",原作"識",據《二十二子》本改。
④ "不",原脱,據《二十二子》本補。

成湯之廟，撫殷之民，[①]不寇害之也。桓公行公去私惡，於人之過無所念無所私也，故曰“去私”也。[②]用管子而爲五伯長。長，上也。行私阿所愛，用豎刁而蟲出於户。[③]阿豎刁、易牙之諛，不正適長。其死也，[④]國亂民擾，五子爭立。無主喪，六十日乃殯，至使蟲流出户也。人之少也愚，其長也智，故智而用私，不若愚而用公。用私以敗，用公則濟。日醉而飾服，飾讀曰敕。《禮》“喪不飲酒食肉”，而日醉於酒，欲整喪紀，猶無目欲視青黄，無耳欲聽宫商也。私利而立公，貪戾而求王，舜弗能爲。舜猶不能爲，况凡人乎？

**貴公**

五曰：天無私覆也，地無私載也，日月無私燭也，四時無私行一作“爲”。也，行其德而萬物得遂長焉。遂，成也。黄帝言曰：“聲禁重，不欲虚名過其實也。色禁重，不欲好色至淫縱也。衣禁重，不欲衣服逾僭，若子臧好聚鷸冠也。香禁重，不欲奢侈芬香聞四遠也。味禁重，不欲厚味勝食氣傷性命。[⑤]室禁重。”不欲宫室崇侈使土木勝也。堯有子十人，不與其子而授舜；《孟子》曰：“堯使九男二女事舜。”此曰“十子”，殆丹朱爲胤子，[⑥]不在數中。舜有子九人，不與其子而授禹，至公也。《國語》曰：“舜有商均。”此曰“九子”，不知出於何書也。

晉平公問於祁黄羊曰：“南陽無令，其誰可而爲之？”南陽，

---

① “民”上，《新校釋》、《注疏》有“遺”字。
② “私”下，《新校釋》曰“當脱‘惡’字”，是。
③ “刁”，元刻明修本同，《二十二子》本作“刀”，注亦同。
④ “死”，原作“怨”，據《二十二子》本改。
⑤ “命”，元刻明修本同，《二十二子》本作“也”。
⑥ “殆丹朱”，原作“始獨失”，據《二十二子》本改。

晋山陽河北之邑,今河内温陽樊州之屬皆是也。① 令,君也。而,能。爲,治。祁黄羊對曰:“解狐可。”黄羊,晋大夫祁奚之字。平公曰:“解狐非子之讎耶?”平公,晋悼公之子彪。對曰:“君問可,非問臣之讎也。”平公曰:“善。”遂用之。國人稱善焉。居有間,間,頃也。平公又問祁黄羊曰:“國無尉,其誰可而爲之?”對曰:“午可。”《傳》曰:“祁奚請老,晋侯問嗣焉。稱解狐,其讎也,將立之而卒。又問,對曰‘午也可’。”平公曰:“午非子之子耶?”對曰:“君問可,非問臣之子也。”平公曰:“善。”又遂用之。國人稱善焉。孔子聞之曰:“善哉,祁黄羊之論也,外舉不避讎,内舉不避子。”祁黄羊可謂公矣。墨者有鉅子腹䵍居秦,巨,姓。子,通稱。腹䵍,字也。② 䵍讀曰車笔之笔。③ 其子殺人。秦惠王曰:“先生之年長矣,非有他子也,寡人已令吏弗誅矣,惠王,秦孝公子駟。④ 先生之以此聽寡人也。”腹䵍對曰:“墨者之法曰:‘殺人者死,傷人者刑。’此所以禁殺傷人也。夫禁殺傷人者,天下之大義也。王雖爲之賜,受賜也。而令吏弗誅,⑤腹䵍不可不行墨者之法。”⑥欲必行之,殺其子也。不許惠王而遂殺之。子,人之所私也,私,愛也。忍所私以行大義,忍讀仁行行之忍也。⑦ 鉅子可謂公矣。

---

① “樊州”,原作“樊川”,據《二十二子》本改。
② 畢沅曰:“鉅子猶鉅儒,巨公之稱,‘腹’乃其姓耳。”
③ “笔”,原作“笔”,據《二十二子》本改。
④ “駟”,原作“異”,據《二十二子》本改。
⑤ “而令吏”,原爲小字,據《二十二子》本改。
⑥ “可”下,原衍“其”字,據《二十二子》本删。
⑦ “忍讀仁行行之忍也”,《集釋》曰:王念孫校本改正文“忍”作“仁”,《注》“仁讀曰忍行之忍也”,《新校釋》曰“王改‘忍’爲‘仁’,反不可通”,故疑此句注文當作“忍,讀曰忍行之忍也”。此“忍”字之義,可與本書《明理》“父子相忍”之“忍”,《節喪》“忍親戚兄弟知交以求利”之“忍”,相互發明。

庖人調和而弗敢食,故可以爲庖。若使庖人調和而食之,則不可以爲庖矣。王伯之君亦然,誅暴而不私,以封天下之賢者,故可以爲王伯。若使王伯之君誅暴而私之,則亦不可以爲王伯矣。《傳》曰:"作事威,克其愛,雖小必濟。"故曰誅暴而弗私也。假令有所私枉,則不可以爲王伯君矣。①

## 去私

① "伯"下,《新校釋》曰當有"之"字,是。

# 卷第二

吕氏春秋訓解　高氏

## 仲春紀第二　貴生　情欲　當染　功名一作“由道”

一曰：仲春之月，日在奎，仲春，夏之二月。奎，西方宿，魯之分野也。是月，日躔此宿。昏弧中，旦建星中。弧星在輿鬼南。建星在斗上。是月昏旦時，①皆中於南方。其日甲乙，其帝太皞，其神句芒。其蟲鱗，其音角，律中夾鐘，夾鐘，陰律也。是月，萬物去陰，②夾陽而生，③故竹管音中夾鐘也。其數八。其味酸，其臭羶，其祀户，祭先脾。始雨水，桃李華，自冬冰雪至此土發而耕，故曰“始雨水”也。桃李之屬，皆舒華也。蒼庚鳴，鷹化爲鳩。蒼庚，《爾雅》曰“商庚、藜黄、楚雀”也。齊人謂之搏黍，秦人謂之黄離，幽、冀謂之黄鳥。《詩》云“黄鳥于飛，集于灌木”是也。至是月而鳴。鷹化爲鳩，喙正直，④不鷙擊也。鳩蓋布穀鳥。天子居青陽太廟，青陽，東向堂。太廟，中

① “月”，原脱，據《二十二子》本補。
② “陰”，原作“陽”，據《二十二子》本改。
③ “陽”，原作“陰”，據《二十二子》本改。
④ “喙”，原作“啄”，據《二十二子》本改。

央室。① 乘鸞輅，駕蒼龍，載青旗，衣青衣，服青玉。食麥與羊，其器疏以達。說在《孟春》。

是月也，安萌牙，養幼少，存諸孤。順春陽，長養幼少，存恤孤寡。萌牙諸當生者不擾動，②故曰安。擇元日，命人社。③ 元，善也。日，從甲至癸也。④ 社祭后土，所以爲民祈穀也。嫌日有從否，重農事，故卜擇之。命有司，省囹圄，去桎梏，無肆掠，止獄訟。有司，理官主獄者也。囹圄，法室。省之者，赦輕微也。在足曰桎。在手曰梏。肆，極；掠，笞也。言"無"者，須立秋也。止，禁。是月也，玄鳥至，至之日，以太牢祀于高禖。玄鳥，燕也，春分而來，秋分而去。《傳》曰："玄鳥氏，司啓者也。"⑤《周禮·禖氏》："以仲春之月合男女。於時也，奔則不禁。"因祭其神於郊，謂之"郊禖"。郊音與高相近，故或言"高禖"。王者后妃以玄鳥至日祈繼嗣於高禖。三牲具曰太牢。天子親往，后妃率九嬪御，王者一后、三夫人、九嬪、二十七世婦。但后、夫人率九嬪祀高媒耳。⑥ 御，見天子於高禖中也。乃禮天子所御，帶以弓韣，授以弓矢于高禖之前。禮后妃之侍見於天子者於高禖祠之前。韣，弓韜也。授以弓矢，示服猛，得男象也。是月也，日夜分，雷乃發聲，始電。分，等，晝夜鈞也。冬陰閉固，陽伏於下，是月陽升，雷始發聲。震氣爲雷，激氣爲電。蟄蟲咸動，開户始出。蟄伏之蟲始動蘇，開蟄之户始出生。先雷三日，奮鐸以令于兆民曰："雷且發聲，鐸，木鈴也。⑦ 金口木舌爲木鐸，金舌爲金鐸，所以振告兆民使知將電

---

① "央"，原作"夾"，據《二十二子》本改。
② "諸"，《遺誼》曰當在"萌"字上，是。
③ "人"，《舉正》曰當作"民"，是。
④ "至"，原脱，據《二十二子》本補。
⑤ "啓"，《新校釋》曰當作"分"，是。
⑥ "率"，原作"之"，據《二十二子》本改。
⑦ "木"，《新校釋》曰當作"大"，是。

也。有不戒其容止者，生子不備，必有凶災。”有不戒慎容止者、①以雷電合房室者，生子必有喑躄通精狂癡之疾，故曰“不備，必有凶災”。日夜分，則同度量，鈞衡石，角斗桶，正權概。度，尺丈也。量，鬴鍾也。鈞，銓。衡石，稱也。石，百二十斤。② 角，平。斗桶，量器也。稱錘曰權。概，平斗斛者，令鈞等也。是月也，耕者少舍，少舍，皆耕在野，少有在都邑者也。《尚書》曰：“厥民析。”散布在野。《傳》曰“陰陽分布，③震雷出滯，土地不備墾，④辟在司寇”之謂也。⑤ 乃修闔扇，寢廟必備，闔扇，門扇也。民所由出，故治之也。寢以安身，廟以事祖，故曰必無墮頓也。無作大事，以妨農功。大事，兵戈征伐也。⑥ 是月也，無竭川澤，無漉陂池，無焚山林。皆爲盡類夭物。天子乃獻羔開冰，先薦寢廟。開冰室取冰，以治鑑，⑦以祭廟。春薦韭卵。《詩》云：“二之日，鑿冰沖沖。三之日，納于凌陰。四之日，其早獻羔祭韭。”此之謂也。上丁，命樂正入舞舍采，⑧是月上旬丁日，命樂官正率卿大夫之子入學官習舞也。⑨ 舍猶置也。初入學官，必禮先師，置采帛於前，以贊神也。《周禮》：“春入學舍采合舞，秋頒學合聲，⑩以六樂之會正舞位。”此之謂也。天子乃率三公九卿諸侯親往視之。常事曰視。中丁，又命樂正，入學習樂。中旬丁日，又入學官習樂。樂所以移風易俗，協和民人也。謂六代之樂《雲門》、《咸池》、《大韶》、《大護》、《大夏》、《大武》也。《周禮》曰：“以樂教和，則民不乖。”此之謂也。

---

① “者”，《新校釋》曰“者”字衍，可備一説。
② “二”，原作“三”，據《二十二子》本改。
③ “布”，原作“方”，據《二十二子》本改。
④ “地”，原作“也”，據《二十二子》本改。
⑤ “之”上，《新校釋》曰當有“此”字，是。
⑥ “戈”，《集釋》曰當作“戎”，是。
⑦ “治鑑”，原作“鑿”，據《二十二子》本改。
⑧ “入舞”，《平議》曰當作“入學習舞”，是。
⑨ “學官”，原誤倒，據《二十二子》本乙正。
⑩ “秋頒學合聲”，原作“秋訟學舍聲”，據《二十二子》本改。

是月也，祀不用犧牲用圭璧，更皮幣。是月尚生育，故不用犧牲。更，代也，以圭璧代犧牲也。皮幣，鹿皮玄纁束帛也。《記》曰："幣帛皮圭，告於祖禰。"此之謂也。

仲春行秋令，則其國大水，寒氣總至，寇戎來征。仲春，陽中也。陽氣長養而行秋金殺戮之令，①故寒氣猥至，②寇害之兵來伐其國也。行冬令，則陽氣不勝，麥乃不熟，民多相掠。冬陰縮殺而行其令，陰氣乘陽，陽氣不勝，故麥不成熟。民飢窮，故相劫掠也。行夏令，則國乃大旱，暖氣早來，蟲螟爲害。夏氣炎陽而行其令，故大旱。火氣熱，故旱暖也。③ 極陽生陰，故蟲螟作害也。蟲食稼心謂之螟。④

## 二月紀

二曰：聖人深慮天下，莫貴於生。夫耳目鼻口，生之役也。役，事也。耳雖欲聲，目雖欲色，鼻雖欲芬香，口雖欲滋味，害於生則止。在四官者止，禁也。四官，耳、目、鼻、口也。不欲，利於生者則弗爲。⑤ 則不治此四官之欲。由此觀之，耳目鼻口不得擅行，必有所制。擅，專也。制，制於心也。譬之若官職，不得擅爲，爲，作。必有所制。制於君也。此貴生之術也。堯以天下讓於子州支父，⑥子州支父，古賢人也。子州支父對曰："以我爲天子猶可也。⑦ 雖然，我適有幽憂之病，方將治之，

---

① "金"，原作"令"，據《二十二子》本改。

② "令故"，原誤倒，據《二十二子》本乙正。

③ "旱"，《彙校》曰當作"早"，是。

④ "心"下，《新校釋》曰當有"者"字，是。

⑤ 《正誤》曰："'弗'字衍。"《新校釋》曰："依《吕氏》文法，此文當作'利於生者則爲之，不利於生者則弗爲'。"可備一説。

⑥ "子州支父"，原作"子州友父"，據《二十二子》本改，注亦同。

⑦ "猶"下，《舉正》曰當有"之"字，是。

未暇在天下也。”幽，隱也。《詩》云：“如有隱憂。”我心不悦，未暇在於治天下。天下，重物也，重，大。物，事。而不以害其生，又況於他物乎？他猶異也。惟不以天下害其生者也，可以托天下。托，附也。越人三世殺其君，王子搜患之，王子搜，《淮南子》云“越王翳也”。逃乎丹穴。《淮南》云“山穴”也。越國無君，求王子搜而不得，從之丹穴。王子搜不肯出，越人薰之以艾，乘之以王輿。王子搜援綏登車，仰天而呼曰：“君乎，獨不可以舍我乎！”舍，置也。王子搜非惡爲君也，惡爲君之患也。患，害。若王子搜者，可謂不以國傷其生矣。此固越人之所欲得而爲君也。欲得王子搜爲君也。魯君聞顔闔得道之人也，使人以幣先焉。顔闔守閭，鹿布之衣，①而自飯牛。魯君之使者至，顔闔自對之。使者曰：“此顔闔之家耶？”顔闔對曰：“此闔之家也。”使者致幣，顔闔對曰：②“恐聽繆而遺使者罪，不若審之。”恐繆誤致幣得罪，故勸令審之。使者還反審之，復來求之，則不得已。顔闔逾坯而逃之。逃之，故不得。故若顔闔者，非惡富貴也，由重生惡之也。世之人主多以貴富驕驕，泰也。得道之人，其不相知，《淮南記》曰：“魚相忘乎江湖，人相忘乎道術。”言各得其志，故不相知之也。③ 豈不悲哉？悲於富貴而驕人也。故曰：道之真以持身，其緒餘以爲國家，以持身之餘緒以治國家。其土苴以治天下。土，瓦礫也。苴，草蒴也。④ 土鼓、蒴桴，⑤伊耆氏之樂也。《孝經》曰：“安上治民莫善於禮，移風易俗莫善於樂。”故可以治天下。苴

---

① “鹿”，《正誤》曰當作“麤”，是。

② “對”，《新校釋》曰“對”字當衍，是。

③ “之”，《新校釋》曰“之”字衍，是。

④ “蒴”，《批校本》曰當作“蒯”，是。

⑤ “桴”，原作“捊”，據《二十二子》本改。“土鼓蒴桴”，《批校本》曰“‘土鼓蒴桴’以下疑後人所加”，可備一説。

音同鮓。① 由此觀之，帝王之功，聖人之餘事也，聖人治之，優有餘裕，故曰“餘事”。非所以完身養生之道也。堯、舜、禹、湯之治天下，黎黑瘦瘠，過家門而不入，故曰“非所以完身養生之道”，趨濟民而已。

今世俗之君子，危身棄生以徇物，徇猶隨。彼且奚以此之也？此，此物也。之，至也。彼且奚以此爲也？彼，謂今世俗人。云君子優之也，何以物爲也。凡聖人之動作也，必察其所以之之，至也。與其所以爲。爲，作也。今有人於此，以隨侯之珠，彈千仞之雀，世必笑之。是何也？所用重，所要輕也。重謂隨侯珠也。要，得也。輕謂雀也。夫生豈特隨侯珠之重也哉？子華子曰：“全生爲上，子華子，古體道人。② 無欲故全其生。長生是行之上也。虧生次之，少虧其生，和光同塵，可以次全生者。死次之，守死不移其志，可以次虧生者。迫生爲下。”迫，促也。促欲得生，尸素寵禄，志不高潔，人之下也。故所謂尊生者，全生之謂。於身無所虧，於義無所損，故曰“全生”。所謂全生者，六欲皆得其宜也。六欲，生、死、耳、目、口、鼻也。所謂虧生者，六欲分得其宜也。分，半也。虧生，則於其尊之者薄矣。其虧彌甚者也，其尊彌薄。彌，益。所謂死者，無有所以知，復其未生也。死君親之難，義重於生，視死如歸，故曰“無有所以知，復其未生也”。所謂迫生者，六欲莫得其宜也，皆獲其所甚惡者，服是也，辱是也。服，行也。行不義，是故辱。辱莫大於不義，故不義，迫生也，不能蹈義而死，迫於苟生，《語》曰：③“水火吾見蹈死者矣，未見蹈仁而死者也。”而迫生非獨不義也，故曰迫生不若死。迫，促。急於苟生，不仁義，不如蹈仁義死爲貴。奚以知其然也？耳聞所惡，不若無聞；目見所惡，不若

---

① “鮓”，原作“鮮”，據《二十二子》本改。

② “人”，原脱，據《二十二子》本補。

③ “語”，《新校釋》曰當作“論語”，於義爲勝。

無見。故雷則揜耳,電則揜目,此其比也。凡六欲者,皆知其所甚惡,而必不得免,不若無有所以知。無有所以知者,死之謂也,故迫生不若死。嗜肉者,非腐鼠之謂也。嗜酒者,非敗酒之謂也。尊生者,非迫生之謂也。

## 貴生

三曰:天生人而使有貪有欲。[①] 欲有情,情有節。節,適也。聖人修節以止一作"制"。欲,故不過行其情也。不過其適。故耳之欲五聲,目之欲五色,口之欲五味,情也。此三者,貴賤愚智賢不肖欲之若一,三謂耳、目、口也。一猶等也。雖神農、黄帝其與桀、紂同。有天下同也。聖人之所以異者,得其情也。聖人得其不過節之情。由貴生動則得其情矣,不由貴生動則失其情矣。失其不過節之情。此二者,死生存亡之本也。聖人得其情,亂人失其情。得情生存,失情死亡,故曰生死存亡之本。俗主虧情,故每動爲亡敗。[②] 俗主,凡君也。敗,滅亡也。耳不可贍,目不可厭,口不可滿,身盡府種,筋骨沉滯,血脈壅塞,九竅寥寥,曲失其宜,府,腹疾也。種,首疾也。極三關之欲以病其身,故九竅皆寥寥然虚。曲過其適,以害其性也。雖有彭祖,猶不能爲也。彭祖,殷之賢臣,治性清靜,不欲於物,蓋壽七百歲,《論語》所謂"述而不作,信而好古,竊比於我老彭"是也。言雖彭祖之無欲,不能化治俗主使之無欲,故曰"雖有彭祖,猶不能爲"。其於物也,不可得之爲欲,貴不可得之物,寶難得之貨,此之謂欲,故曰"爲欲"。不可足之爲求,規求無足,不知紀極,不可盈厭,此之爲求,故曰"爲求"。大失生本。《老子》

---

① "貪",《新校釋》曰"貪"字當重,於義爲勝。

② "亡",《正誤》曰"亡"字衍,是。

曰:“出生入死。”故曰“大失生本”。民人怨謗,又樹大讎,俗主求欲,民人皆怨而謗訕,如仇讎也。意氣易動,蹻然不固,蹻謂乘蹻之蹻,①謂其流行速疾不堅固之貌,故其志氣易動也。矜勢好智,胸中欺詐,矜大其寵契,②好尚其所行,自謂爲智,胸臆之中欺詐不誠,所行暴虐,猶語民言恩惠也。德義之緩,邪利之急,緩猶後,急猶先。身以困窮,雖後悔之,尚將奚及?困猶危。奚,何也。巧佞之近,端直之遠,巧佞者親近之,正直者疏遠之。國家大危,悔前之過,猶不可反。反,還。聞言而驚,不得所由。所行殘暴,聞將危敗滅亡之言而乃始驚怖,行不仁不義之所致也,故曰“不得所由”。由,用也。百病怒起,亂難時至。以此君人,爲身大憂。此非恤民之道,故身大憂。耳不樂聲,目不樂色,口不甘味,與死無擇。聲色美味,死者所不得説,人不能樂甘之,故曰“與死無擇”。擇,别也。

古人得道者,③生以壽長,體道無欲象天,天予之福,④故必壽長,終其性命。聲色滋味能久樂之。奚故?論早定也。體道者生而能行之,故曰“論早定”。論早定則知早嗇,嗇,愛。知早嗇則精不竭。愛精神,故不竭。秋早寒,則冬必暖矣。春多雨,則夏必旱矣。天地不能兩,而况於人類乎?人之與天地也同。同於不能兩也。萬物之形雖異,其情一體也。體,性也。情皆好生,故曰“一體”。故古之治身與天下者,必法天地也。法,象也。尊酌者衆則速盡。尊,酒也。酌挹之者多,故酒遬盡也。萬物之酌大貴之生者衆矣,萬物酌挹陰陽以生。陰陽諭君。大貴君者,愛君之德以生者衆也。故大貴之生常速盡。非徒萬物酌之也,酌,取之

① “謂”,畢沅曰疑當作“讀”,是。
② “契”,《集釋》、《新校釋》、《注疏》作“勢”,於義爲勝。
③ “人”,《舉正》曰當作“之”,是。
④ “予”,原作“子”,據《二十二子》本改。

也。又損其生以資天下之人，資猶給。而終不自知，知猶覺也。功雖成乎外，而生虧乎内。《幽通記》曰："張修襮而内逼。"①故曰虧生乎内。② 耳不可以聽，目不可以視，口不可以食，胸中大擾，③妄言想見，臨死之上，顛倒驚懼，不知所爲，用心如此，豈不悲哉？悲情欲而不知所爲用心之人。世人之事君者，皆以孫叔敖之遇荆莊王爲幸。孫叔敖，楚令尹，薳賈之子也④。自有道者論之則不然。此荆國之幸。言孫叔敖賢，能事君以道，致之於霸，荆國得之，幸也。荆莊王好周游田獵，馳騁弋射，歡樂無遺，遺，廢。盡傅其境内之勞與諸侯之憂於孫叔敖。事功曰勞。盡俾付孫叔敖，使憂之也。孫叔敖日夜不息，不得以便生爲故，休息也。⑤ 不得以便利生性，敖不休息也。故使莊王功迹著乎竹帛，傳乎後世。莊王之霸功傳於後世，乃孫叔敖之日夜不息，以廣其君，君德之所以成也。

## 情欲

四曰：墨子見染素絲者而嘆墨子，名翟，魯人，作書七十一篇。曰："染於蒼則蒼，染於黄則黄，所以入者變，其色亦變，五入而以爲五色矣。"一入一色。故染不可不慎也。非獨染絲然也，⑥國亦有染。舜染於許由、伯陽，舜，顓頊五世之孫，瞽瞍之子也，名重華。許由，陽城人，堯聘之不至。伯陽，蓋老子也，舜時師之者

① "修"，原作"循"，據《二十二子》本改。

② 《新校釋》曰："高注'虧生'當作'生虧'，高係引正文，當與正文同也。"

③ 此句原提行，元刻明修本同，據二十二子本改。畢沅疑上句"口不可以食"下高注有脱文。

④ "薳"，原作"遠"，據《二十二子》本改。

⑤ "休息也"，《新校釋》曰當作"息，休也"，可備一説。

⑥ "然"，原作"紗"，據《二十二子》本改。

也。禹染於皋陶、伯益，禹，顓頊六世孫，鯀之子也，名文命。伯益，皋陶之子也。湯染於伊尹、仲虺，湯，契後十二世孫，王癸之子也，名天乙。伊尹，湯相，①《詩》云："實惟阿衡，實左右商王。"仲虺，居薛，爲湯之左相，皆賢德也。《孟子》曰："王者師臣也。"武王染於太公望、周公旦。武王，周文王之子，名發。太公望，河内汲人也，佐武王伐紂，成王封之於齊。② 周公旦，武王之弟也，輔成之，③封之於魯。此四王者，所染當，故王天下，所從染得其人，故曰當。立爲天子，功名蔽天地，蔽猶極也。舉天下之仁義顯人，必稱此四王者。稱美其德以爲喻也。夏桀染於干辛、④歧踵戎，桀，夏后皋之孫，癸之子也。⑤干辛、歧踵戎，桀之邪臣。殷紂染於崇侯、惡來，紂，帝乙之子，名辛。崇，國，侯爵，名虎。惡來，嬴姓，飛廉之子，紂之諛臣。周厲王染於虢公長父、榮夷終，厲王，周夷王之子，名胡。虢、榮，二卿士也。《傳》曰："榮夷公好專利，而不知大難。"幽王染於虢公鼓、祭公敦。幽王，周厲王之孫，宣王之子，名官皇。虢公、祭公，二卿士也。《傳》曰："虢石父讒諂巧佞之人也，以此教王，其能久乎？"此四王者，所染不當，故國殘身死，爲天下僇，不當者，不得其人。僇，辱也。舉天下之不義辱人，必稱此四王者。稱其惡以爲戒也。齊桓公染於管仲、鮑叔，桓公，齊僖公之子，名小白。管、鮑，其二卿也。晋文公染於咎犯、郄偃，⑥文公，晋獻公之子，名重耳。咎犯、郄偃者，其二大夫。荆莊王染於孫叔敖、沈尹蒸，莊王，楚穆王之子，名旅。孫、沈，其二大

① "湯"，原作"陽"，據《二十二子》本改。

② "成王"，元刻明修本作"戌王"，畢沅曰"齊、魯皆武王所封"，此曰"成王"，誤。

③ "成之"，《二十二子》本作"成王"。

④ "干"，原作"羊"，據《二十二子》本改，注亦同。

⑤ "癸"，《新校釋》曰當作"發"，是。

⑥ "郄"，《新校釋》曰當作"郭"，是。

夫。吴王闔廬染於伍員、文之儀，[①]闔廬，吴王夷昧之子，名光。伍、文，其二大夫。越王句踐染於范蠡、大夫種。句踐，允常之子。范蠡，楚三户人也，字少伯。大夫種，姓文氏，字禽，楚之鄒人。此五君者，所染當，故霸諸侯，功名傳於後世。范吉射染於張柳朔、王生，吉射，晋范獻子鞅之子昭子也。張柳朔、王生二人者，吉射家臣也。中行寅染於黄藉秦、[②]高彊，寅，晋大夫中行穆子之子荀子也。[③] 黄藉秦、高彊其家臣。高彊，齊子尾之子，奔晋爲仲行氏之臣。吴王夫差染於王孫雄、[④]太宰嚭，夫差，吴王闔廬子也。雄與嚭二人其大夫也。嚭，晋伯宗之孫，楚州犁之子。智伯瑶染於智國、張武。智瑶，宣子申之子襄子也。國、武二人其家臣。中山尚染於魏義、[⑤]椻長。尚，魏公子牟之後，魏得中山以邑之也。義、長其二臣也。宋康王染於唐鞅、田不禋。唐、田，宋康王之二臣。此六君者，所染不當，故國皆殘亡，身或死辱，宗廟不血食，絶其後類，君臣離散，民人流亡，舉天下之貪暴可羞人，[⑥]必稱此六君者。凡爲君，非爲君而因榮也，非爲君而因安也，以爲行理也。行理生於當染，故古之善爲君者，勞於論人論猶擇也。而佚於官事，得其經也。經，道。[⑦] 不能爲君者，傷形費神，愁心勞耳目，國愈危，身愈辱，不知要故也。愈，益也。益危辱者，不知所行之約要也。[⑧] 不知要故則所染不當，所從染不得其人也。所染不當，理

---

① "文"，原作"父"，據《二十二子》本改，注亦同。
② "黄"，《續補》曰"黄"字衍，是。
③ "荀子"，《續補》曰當作"荀文子"，是。
④ "雄"，《校補》曰當作"雒"，是。
⑤ "山"，原脱，據《二十二子》本補。
⑥ "可羞"，《自序》曰當作"苛擾"，是。
⑦ "道"，原作"遺"，據《二十二子》本改。
⑧ "約要"，元刻明修本同，《二十二子》本作"要約"。

奚由至？至猶得也。六君者是已。六君者，非不重其國、愛其身也，所染不當也。存亡故不獨是也，帝王亦然。爲王帝者，亦當知所從染也。

非獨國有染也。孔子學於老聃、孟蘇、夔靖叔。三人皆體道者，亦染孔子。魯惠公使宰讓請郊廟之禮於天子，惠公，魯孝公之子，隱公之父。桓王使史角往，①惠公止之，止，留。其後在於魯，墨子學焉。其後，史角之後也，亦染墨翟。此二士者，無爵位以顯人，無賞禄以利人，二士，謂孔子、墨翟。舉天下之顯榮者，必稱此二士也。稱，説也。皆死久矣，從屬彌衆，②弟子彌豐，充滿天下。彌，益；豐，盛也。言二士之徒，顯榮者益盛散布，故曰“充滿天下”。王公大人從而顯之，有受子弟者隨而學焉，③無時乏絶。子貢、子夏、曾子學於孔子，田子方學於子貢，段干木學於子夏，吴起學於曾子。禽滑釐學于墨子，許犯學於禽滑釐，田繫學於許犯。孔、墨之後學顯榮於天下者衆矣，不可勝數，皆所染者得當也。

**當染**

五曰：由其道，功名之不可得逃，《淮南記》曰：“人甘非正爲跖也，跖而焉往？”故曰“不可得逃”。猶表之與影，若呼之與響。影，晷也。行則晷隨之，呼則響應之，推此言之，故功名何可得逃也。善釣者出魚乎十仞之下，餌香也；七尺曰仞。下猶底。善弋者下鳥乎百仞之上，弓良也；弋，繳射之也。《詩》云：“弋鳧與雁。”下猶隕也。善爲君者，蠻夷反舌殊俗異習皆服之，德厚也。東方曰夷，南方

① “桓”，《校補》曰當作“平”，是。
② “從”，《札逡》曰當作“徒”，是。
③ “受”，元刻明修本同，《二十二子》本作“愛”。

曰蠻，其在四表皆爲夷也。戎狄言語與中國相反，因謂反舌。一説南方有反舌國，舌本在前，①末倒向喉，故曰“反舌”。水泉深則魚鱉歸之，樹木盛則飛鳥歸之，庶草茂則禽獸歸之，人主賢則豪桀歸之。才過百人曰豪，千人曰桀。故聖王不務歸之者，而務其所以歸。務人使歸之，末也；而務其所行可歸，本也。故曰“務其所以歸”之也。②强令之笑不樂，强令之哭不悲，無其中心，故不樂不悲。强令之爲道也，可以成小，而不可以成大。③虚稱可以爲致，④顯實難以詐成，虚小實大也，故曰“不可以成大”也。缶醯黄，蜹聚之，⑤有酸，黄，美也。黄故能致酸，酸故能致蜹。徒水則必不可。水無酸，故不可以致蜹也。以狸致鼠，以冰致蠅，雖工不能。不能致也。以茹魚去蠅，蠅愈至，茹，讀茹船漏之茹字。茹，臭也。愈，益也。不可禁，禁，止也。以致之之道去之也。致之者茹也，去之不可也。桀、紂以去之之道致之也，去之，殘暴也。以致暴之道致治，不治也。罰雖重，刑雖嚴，何益？《淮南記》曰：“急轡利錣，非千里之御也。”⑥嚴刑峻法，非百王之治也，⑦故曰“何益”。

大寒既至，民暖是利；大熱在上，民清是走。故民無常處，見利之聚，無之去。處，居也。去，移也。欲爲天子，民之所走，不可不察。察猶知也。今之世，至寒矣，至熱矣，而民無走者，取則行鈞也。鈞，等也。等於亂暴也。欲爲天子，所以示民，不可不異也。若殷紂暴亂，武王以仁義伐之，故曰“不可不異”。行不

① “舌”，原脱，據《二十二子》本補。
② “之”，元刻明修本同，《二十二子》本無此字。
③ “而不”，原爲小字，據《二十二子》本改。
④ “爲致”，元刻明修本同，《二十二子》本作“僞制”，《注疏》作“僞致”。
⑤ “蜹”，原作“蚋”，據《二十二子》本改。
⑥ “御”，原漫漶不清，此據元刻明修本。
⑦ “王”，原漫漶不清，此據元刻明修本。

異，亂雖信今，[①]民猶無走。《傳》曰："以化平化謂之治。"以亂止亂，何治之有？故行不異亂雖欲信利，[②]民無肯歸走也。民無走，則王者廢矣，夫民以王者爲命，王者以民爲本。本無所走，命無所制，而不廢者，未之有也。暴君幸矣，民絶望矣。無明天子，故暴亂諸侯以爲幸也。民無所於救命，[③]故絶望。故當今之世，有仁人在焉，不可而不此務；務其仁義。有賢主，不可而不此事。事其仁義。賢不肖不可以不相分，[④]分猶與也。若命之不可易，命短不可爲使長也。若美惡之不可移。堯、舜爲美，桀、紂爲惡，故曰"不可移"也。桀、紂貴爲天子，富有天下，能盡害天下之民，而不能得賢名之。殘義損善曰桀，賤仁多累曰紂。賢主於行，[⑤]何可虚得？關龍逄、王子比干能以要領之死爭其上之過，關龍逄，桀忠臣也。王子比干，紂諸父也。爭，諫也。桀、紂皆殺之，故曰"能以要領之死爭其上之過"也。而不能與之賢名。不能致桀、紂使享賢名。若后稷好稼，不能使禾自生。名固不可以相分，必由其理。爲善得善名，爲惡得惡名，故曰"必由其理"。

**功名**一作"由道"

---

① "信"，《平議》疑當作"倍"，注亦同。

② 《平議》曰"正文本無'利'字"，"高《注》非也"。

③ "於"，《新校釋》曰"'於'字當衍"，是。

④ "不相分"，《札記》曰"不"字衍，是。

⑤ "主"，原作"生"，據《二十二子》本改。

# 卷第三

吕氏春秋訓解　高氏

## 季春紀第三　盡數　先己　論人　圜道

一曰：季春之月，日在胃，季春，夏之三月。胃，西方宿，趙之分野。是月，日躔此宿。昏七星中，旦牽牛中。七星，南方宿，周之分野。牽牛，北方宿，越之分野。① 是月昏旦時，皆中於南方也。其日甲乙，其帝太皞，其神句芒。其蟲鱗，其音角，律中姑洗，姑洗，陽律也。姑，故。洗，新。是月陽氣養生，去故就新，竹管音中姑洗也。其數八。其味酸，其臭膻，其祀户，祭先脾。桐始華，田鼠化爲駕，桐，梧桐也，是月生葉，故曰"始華"。田鼠，鼸鼠也。駕，鵪，青州謂之鴾母，②周、雒謂之駕。幽州謂之鵪也。③ 虹始見，萍始生。虹，螮蝀也，兖州謂之虹，④《詩》曰"螮蝀在東，莫之敢指"是也。萍，水藻，⑤是月始生。天子居青陽右個，右個，南頭室也。乘鸞輅，駕蒼龍，載

① "越"，原作"趙"，據《二十二子》本改。

② "鼸鼠"至"鴾母"十一字，原作"鼠也駕鶕青州謂之鴹鴹"，據《二十二子》本改。"鴾母"，《新校釋》曰當作"鴾鴾"，可備一説。

③ "鵪"，原作"鶕"，據《二十二子》本改。

④ "虹"，原作"訂"，據《二十二子》本改。

⑤ "藻"，《批校本》曰當作"薸"，是。

青旗，衣青衣，服青玉。食麥與羊，其器疏以達。説在《孟春》。

是月也，天子乃薦鞠衣于先帝。《周禮·司服章》曰：①“王祀昊天上帝則服大裘而冕，祀五帝亦如之。”又《内司服章》王后之六服有菊衣，衣黄如菊花，②故謂之菊衣。春王東方，色皆尚青。此云薦菊衣，誘未達也。命舟牧覆舟，五覆五反，乃告舟備具于天子焉，③舟牧，主舟官也。是月天子將乘舟始漁，恐有穿漏，反覆視之，五覆五反，慎之至也。天子焉始乘舟。薦鮪于寢廟，乃爲麥祈實。焉猶於此。自冬至此，於是始乘舟。薦，進也。鮪魚似鯉而小，④《詩》曰：“鱣鮪潑潑。”進此魚於寢廟，禱祈宗祖，求麥實也。前曰廟，後曰寢，《詩》云“寢廟奕奕”，言相連也。⑤ 是月也，生氣方盛，陽氣發泄。生一作“牙”。者畢出，萌者盡達，不可以内。發泄猶布散也。象陽達物，亦當散出貨賄，不可賦斂以内之。天子布德行惠，命有司發倉窌，賜貧窮，振乏絶，方者曰倉。穿地曰窌。無財曰貧。鰥寡孤獨曰窮。行而無資曰乏。居而無食曰絶。振，救也。開府庫，出幣帛，周天下，勉諸侯，府庫，幣帛之藏也。周，賜。勉，進。聘名士，禮賢者。有名德之士、大賢之人，聘而禮之，將與興化致理也。是月也，命司空曰：“時雨將降，下水上騰，循行國邑，周視原野，司空，主土官也。是月下水上騰，恐有浸漬，害傷五稼，故使循行遍視之。廣平曰原。郊外曰野。修利堤防，導達溝瀆，開通道路，無有障塞，障，壅；塞，絶也。田獵罼弋，罝罘羅網，餧獸之藥，無出國一作“九”。門。”罼，掩

---

① “周禮司服章曰”，原作“周禮曰司服曰服章”，據《二十二子》本改。

② “而冕”至“衣黄”二十三字，原作“冕祈五帝亦如之又内司服章王后之六服有菊表黄衣”，據《二十二子》本改。

③ “焉”，《正誤》曰“焉”字衍，是。

④ “鯉”，《集釋》、《新校釋》、《注疏》作“鱣”，是。“小”，原漫漶不清，此據《二十二子》本。

⑤ “相連也”，原作“後連”，據《二十二子》本改。

網也。弋,繳射飛也,①《詩》云:"弋鳧與雁。"罝,兔網也,《詩》云:"肅肅兔罝。"羅,鳥網也,《詩》云:"鴛鴦于飛,畢之羅之。"罘,射鹿罟也。網,其總名也。天子城門十二,東方三門,王氣所在處,尚生育,明餧獸之藥所不得出也。嫌餘三方九門得出,故特戒之,如言"無"也。② 是月也,命野虞無伐桑柘。野虞,主材官。桑與柘皆可以養蠶,故命其官使禁民不得斫伐。鳴鳩拂其羽,戴任降于桑。鳴鳩,班鳩也,是月拂擊其羽,直刺上飛數十丈乃復者是也。戴任,戴勝,鴟也,《爾雅》曰"鵖鴔",部生於桑。是月其子強飛,從桑空中來下,故曰"戴任降于桑"也。具栚曲籧筐,③栚,讀曰朕。栚,持也,三輔謂之栚,關東謂之持。曲,薄也。青、徐謂之曲。員底曰籧,④方底曰筐,皆受桑器也。是月立夏,蠶生,故敕具也。后妃齋戒,親東鄉躬桑。王者一后三夫人。妃即夫人,與后參職,⑤配王兼衆事。王者親耕,故后妃親桑也,以爲天下先,勸衆民也。禁婦女無觀,觀,游。省婦使,勸蠶事。省其他使,勸其趨蠶事。蠶事既登,登,成也。分繭稱絲效功,效,致也。絲多爲上功。以共郊廟之服,無有敢墮。郊,祭天;廟,祭祖。《周禮·内子章》:⑥"仲春,詔后率内外命婦蠶于北郊,以爲祭服。"此之謂。是月也,命工師令百工審五庫之量,金鐵、皮革筋、角齒、羽箭幹、脂膠丹漆,無或不良。⑦ 良,善。百工咸理,監工日號,無悖於時。監工,工官之長。悖,逆也。時可用作器,無逆之也。不作爲逆也。無或

---

① "飛"下,《集釋》、《新校釋》、《注疏》有"鳥"字,是。

② "如",原作"加",據《二十二子》本改。

③ "具栚曲籧筐",原作"具挾曲蒙筐",據《二十二子》本改。

④ "栚讀"至"曰籧"共二十九字,原作"挾讀曰朕三輔謂之挾關東謂之得曲薄也青徐謂之曲底曰蒙",據《二十二子》本改。

⑤ "參",原作"叁",據《二十二子》本改。

⑥ "内子",《集釋》、《新校釋》、《注疏》作"内宰",是。

⑦ "或",原作"青",據《二十二子》本改。

作爲淫巧，以蕩上心。① 淫巧，非常詭怪。② 若宋人以玉爲楮葉，三年而成，亂之楮葉之中不可别知之類也，故曰“以蕩上心”。蕩，動也。是月之末，擇吉日，大合樂，樂以和民，故擇於是月下旬吉日，大合六樂，八音克諧，簫韶九成。《周禮·大胥司樂章》：“以樂舞教國子，舞《雲門》、《大卷》、《大咸》、《大韶》、《大夏》、《大護》、《大武》，大合樂以和邦國，以諧萬民，以安賓客，以悦遠人。”此之謂。天子乃率三公九卿諸侯大夫親往視之。視其樂也。是月也，乃合纍牛騰馬游牝于牧，纍讀如《詩》“葛虆”之虆。③ 纍牛，父牛也。騰馬，父馬也。皆將群游從牝於牧之野，風合之。犧牲駒犢，舉書其數。舉其犢駒在犧牲者，皆簿領書其頭數也。國人儺，④九門磔禳，以畢春氣。儺讀《論語》“鄉人儺”同。命國人儺，索宫中區隅幽闇之處，擊鼓大呼，驅逐不祥，如今之正歲逐除是也。九門，三方九門也。嫌非王氣所在，故磔犬羊以禳，木氣盡之，故曰“以畢春氣”也。行之是令，而甘雨至三旬。行之是令，行是之令也。十日曰旬。

季春行冬令，則寒氣時發，草木皆肅，國有大恐。行冬寒殺氣之令，⑤故寒氣早發，草木肅棘，木不曲直也。氣不和，故國大惶恐也。行夏令，則民多疾疫，時雨不降，山陵不收。行夏炎陽之令，火干木，故民疾疫。雨澤不降，故山陵所殖不收入。行秋令，則天多沈陰，淫雨早降，兵革並起。秋陰氣用事，水之母也，而行其令，故多沈陰爲淫雨也。陰爲兵器，故並起。

三月紀

---

① “心”，《新校釋》曰當作“志”，可備一説。
② “常”下，原衍“説”字，據《二十二子》本删。
③ “葛虆之虆”，元刻明修本同，《二十二子》本作“葛纍之纍”。
④ “國”上，《正誤》曰當有“命”字，是。
⑤ “冬”下，原衍“令”字，據《二十二子》本删。

二曰：天生陰陽寒暑燥濕，四時之化，萬物之變，莫不爲利，莫不爲害。順者利時，逆者害時。聖人察陰陽之宜、辨萬物之利以便生，故精神安乎形，而年壽得長焉。精神内守，無所貪欲，故形性安，形性安則壽命長也。長也者，非短而續之也，畢其數也。畢，盡也。平其無欲之情，不夭隕，故盡其長久之數。畢數之務，在乎去害。何謂去害？大甘、大酸、大苦、大辛、大鹹，五者充形，則生害矣。大喜、大怒、大憂、大恐、大哀，五者接神，則生害矣。大寒、大熱、大燥、大濕、大風、大霖、大霧，七者動精，則生害矣。諸言大者，皆過制也。①故凡養生莫若知本，知本則疾無由至矣。《傳》曰："人受天地之中以生，所謂命也。"《孟子》曰："人性無不善。"本其善性，閉塞利欲，②疾無由至矣。精氣之集也，③必有入也。集於羽鳥與爲飛揚，一作"翔"。集於走獸與爲流行，集於珠玉與爲精朗，集於樹木與爲茂長，集於聖人與爲敻明。集皆成也。敻，大也，遠也。敻，讀如《詩》云"于嗟敻兮"。精氣之來也，因輕而揚之，因走而行之，因美而良之，因長而養一作"善"。之，因智而明之。因，依也。明，智也。

流水不腐，腐，臭敗也。户樞不螻，動也。形氣亦然。形不動則精不流，精不流則氣鬱。鬱處頭則爲腫爲風，腫與風皆首疾。處耳則爲挶爲聾，皆耳疾也。處目則爲䁾爲盲，䁾，眵也；④盲，無見。皆目疾也。處鼻則爲鼽爲窒，鼽，齆鼻。窒，不通。處腹則爲張爲府，⑤府，跳動，皆腹疾。處足則爲痿爲蹷。痿，不

---

① "皆"下，《彙校》曰當有"謂"字，是。
② "欲"下，原衍"欲"字，據《二十二子》本删。
③ "精"下，原衍"無"字，據《二十二子》本删。
④ "䁾眵也"，原作"䁾肝䁾"，據《二十二子》本改。
⑤ "府"，《二十二子》本作"疛"，注亦同。

能行。① 躄,逆疾也。② 輕水所多秃與癭人,秃,無髮。癭,咽疾。重水所多尰與躄人,尰足曰尰。躄,不能行也。甘水所多好與美人,美亦好也。辛水所多疽與痤人,疽、痤皆惡瘡也。苦水所多尪與傴人。尪,突胸仰向疾也。傴,傴脊疾也。凡食無強厚味,無以烈味烈猶酷也。重酒,重酒厚也。③ 是以謂之疾首。疾首,頭痛疾也。食能以時,身必無災。時,節也。不過差,故身無災疾也。凡食之道,無飢無飽,是之謂五藏之葆。葆,安也。口必甘味,和精端容,將之以神氣。端,正。將,養。百節虞歡,咸進受氣。飲必小咽,端直無戾。今世上卜筮禱祠,故疾病愈來。譬之若射者,射而不中,反修一作"循"。于招,一作"的"。何益於中?于招,埻蓺也。④ 患射不能中,不知循彀精蓺而反修其標的,⑤故曰"何益於中"也。夫以湯止沸,沸愈不止,去其火,則止矣。故巫醫毒藥,逐除治之,故古之人賤之也,爲其末也。古之人治正性、保天命者也。不然,則邪氣乘之以疾病,使巫醫毒藥除逐治之,故謂賤之也。若止沸以湯,不去其火,故曰"爲其末也"。

## 盡數

三曰:湯問於伊尹曰:"欲取天下若何?"湯爲諸侯時也。伊尹對曰:"欲取天下,天下不可取。可取,身將先取。"言不可取天下,身將先爲天下所取也。凡事之本,必先治一作"取"。身,嗇其大寶。嗇,愛也。大寶,身也。用其新,棄其陳,腠理遂通。用

---

① "不"上,《集釋》曰當有"躄"字,是。
② "逆"下,《集釋》曰當有"寒"字,是。
③ "酒",《舉正》曰當作"猶",是。
④ "埻",原作"埻",據《二十二子》本改。
⑤ "彀",原作"聲",據《二十二子》本改。

藥物之新，棄去其陳以療疾，則腠理肌脈遂通利不閉也。精氣日新，邪氣盡去，及其天年。此之謂真人。真德之人。昔者，先聖王成其身而天下成，王道成也。治其身而天下治。詹何曰："未聞身治而國亂、身亂而國治者。"此之謂也。故善響者不於響於聲，聲善則響善也。善影者不於影於形，形正則影正。爲天下者不於天下於身。身正則天下治。《詩》曰："淑人君子，其儀不忒。其儀不忒，正是四國。"忒，差也。言正諸身也。故反其道，而身善矣。體道無欲，故身善。行義則人善矣。行仁義於所宜，則人善之矣。樂備君道，而百官已治矣，樂服行君人無爲之道，則百官承使化職事也。萬民已利矣。君無爲則萬民安利。三者之成也，在於無爲。無爲之道曰勝天，天無爲而化。① 君能無爲而治民，以爲勝於天。義曰利身，能行仁義，則可以利其身。君曰勿身。爲君之道，務在利民，勿自利身，故曰"勿身"。勿身督聽，督，正也。正聽，不傾聽也。② 利身平靜，行仁義故能平靜也。勝天順性。無爲而不欲，故能順性也。③ 順性則聰明壽長，順法天性，則聰明也。《虞書》云："天聰明，自我民聰明。"此之謂也。法天無爲，故壽長久也。平靜則業進樂鄉，行仁義則民業進而樂鄉其化。督聽則奸塞不皇。正聽萬法，賞罰分明，故奸軌塞斷於不皇。皇，暇也。故上失其道，則邊侵於敵；君無道則敵國侵削其邊，俘其民也。《論語》曰："上失其道，民散久矣。"此之謂也。内失其行，名聲墮於外。内失撫民之行，則鄰國賤之，故曰"名聲墮於外"也。若晋惠公背外内之賂，殺李克之黨，内無忠臣之輔，外無諸侯之助，與秦穆公戰而敗亡。④ 是故百仞之松，本傷於

① "無"，原作"則"，據《二十二子》本改。
② "不傾"，原誤倒，據《二十二子》本乙正。
③ "性"，原作"靜"，據《二十二子》本改。
④ "亡"，原作"之"，據《二十二子》本改。

下而末槁於上。本,根也。君亦國之本。商周之國,謀失於胸,商、周二王之季也。胸猶内。令困於彼。彼亦外也。故心得而聽得,得猶知也。聽得而事得,事得而功名得。事事必得之,則功成名立,故功名得也。五帝先道而後德,五帝,黄帝、高陽、高辛、堯、舜。先猶尚。故德莫盛焉。德之大者,無出於五帝。三王先教而後殺,三王,夏、商、周也。故事莫功焉。成王事之功,無過於三王。五伯先事而後兵,五伯,昆吾、大彭、豕韋、齊桓、晋文。故兵莫強焉。兵之強者,無強於五伯者也。當今之世,巧謀並行,詐術遞用,遞,代。攻戰不休,亡國辱主愈衆,愈,益。衆,多。所事者末也。事,治。

夏后相與有扈戰於甘澤而不勝,有扈,夏同姓諸侯。《傳》曰:"啓伐有扈。"《書》曰:"大戰于甘,乃召六卿,王曰:'六事之人,予誓告汝,有扈氏威侮五行,怠棄三正,天用剿絶其命,今予惟龔行天之罰。'"此之謂也。六卿請復之,請復戰也。夏后相曰:"不可。吾地不淺,淺,褊。吾民不寡,戰而不勝,是吾德薄而教不善也。"於是乎處不重席,食不貳味,琴瑟不張,張,施。鍾鼓不修,修,設。子女不飭,不文飭也。親親長長,長長,敬長。尊賢使能,期年而有扈氏服。服,從。故欲勝人者必先自勝,欲論人者必先自論,《傳》曰"惟無瑕者可以勠人",亦由無闕者可以論人。身有闕而論人,是爲自論也。欲知人者必先自知。知人則哲,惟帝其難之,故當先自知而後求知人也。《詩》曰:"執轡如組。"組讀組織之組。夫組織之匠成文於手也,①猶良御轡於手而調馬口,以致萬里也。孔子曰:"審此言也,可以爲天下。"審,實也。爲,治也。子貢曰:"何其躁也?"孔子曰:"非謂其躁也,謂其爲之於此而成文於彼也。"聖

① "匠",原作"近",據《二十二子》本改。"手",原脱,據《二十二子》本補。

人組修其身，而成文於天下矣，故子華子曰："丘陵成而穴者安矣，穴而居之。大水深淵成而魚鱉安矣，[1]沈而居之。松柏成而塗之人已蔭矣。"成，茂。孔子見魯哀公，哀公，定公宋之子蔣也。哀公曰：[2]"有語寡人曰：'爲國家者，爲之堂上而已矣。'夫人皆治堂以行禮，治國亦當以禮，故曰"爲之堂上而已矣"。寡人以爲迂言也。"迂，遠。孔子曰："此非迂言也。丘聞之，得之於身者得之人，失之於身者失之人。《論語》曰"君子求諸己"，故曰"得之身者得諸人，[3]失之身則失之人"也。不出於門户而天下治者，其惟知反於己身者乎！"反者大也。

## 先己

四曰：主道約，君守近。近者守之於身也。太上反諸己，其次求諸人。其索之彌遠者，其推之彌疏。索，求之。[4] 彌，益也。其求之彌強者，失之彌遠。[5]

何謂反諸己也？適耳目，節嗜欲，釋智謀，去巧故，釋亦去也。巧故，僞詐也。而游意乎無窮之次，次，舍。事心乎自然之塗。事，治也。自然，無爲。塗，道也。若此，則無以害其天矣。天，身。無以害其天則知精，精，[6]明微。知精則知神，知神之謂得一。一，道也。凡彼萬形，得一後成。天道生萬物，萬物得一乃後成也。故知一，[7]則應物變化，闊大淵深，不可測也。測，盡極也。

---

① "大水"，《新校釋》曰"大水"二字衍，是。
② "曰"，原脱，據《二十二子》本補。
③ "得諸人"，原作"求諸人"，據《二十二子》本改。
④ "之"，《二十二子》本無此字，《集釋》、《新校釋》作"也"，是。
⑤ "失"上，《吕氏春秋補注》曰當有"其"字，是。
⑥ "精"，《新校釋》曰當作"知精"，是。
⑦ "一"，原作"三"，據《二十二子》本改。"知"，《批校本》曰"知"字當重，是。

德行昭美，比於日月，不可息。息，滅也。豪士時之，遠方來賓，不可塞也。塞，遏也。意氣宣通，無所束縛，不可收。①收，守也。故知知一，則復歸於樸，樸，本也。嗜欲易足，取養節薄，不可得也。不可得使多欲，厚自養也。一曰"若此人者不可得"。離世自樂，中情潔白，不可量也。②離世，不群。量，行也。威不能懼，嚴不能恐，不可服也。不可無威得威力服。③故知知一，則可動作當務，④與時周旋，不可極也。極，窮。舉錯以數，取與遵理，不可惑也。惑，眩。言無遺者，集肌膚，不可革也。遺，失也。《孝經》曰："言滿天下無口過。"此之謂也。革，更也。讒人困窮，賢者遂興，不可匿也。匿猶伏也。⑤故知知一，則若天地然，則何事之不勝？勝猶任也。何物之不應？應，當也。譬之若御者，反諸己，則車輕馬利，致遠復食而不倦。倦，罷。昔上世之亡主，以罪爲在一作"存"。人，故日殺僇而不止，⑥以至於亡而不悟。亡主，若桀、紂者也。以罪爲在他人，故多殺僇，是滅亡之道也，而不自覺知也。三代之興王，以罪爲在己，⑦故日功而不衰，⑧以至於王。三代，禹、湯、文王也。日行其人民之功不衰倦，以至於王有天下也。

何謂求諸人？人同類而智殊，殊，異。賢不肖異，皆巧言

---

① "收"，畢沅曰疑當作"牧"，是。

② "量"，《正誤》曰當作"墨"，是。

③ "不可無威得威力服"，《吕氏春秋補注》曰當作"無威得威，不可力服"，於義爲勝。

④ "可"，《正誤》曰"可"字衍，是。

⑤ "伏"，原作"任"，據《二十二子》本改。

⑥ "日"，原作"曰"，據《二十二子》本改。

⑦ "爲"下，原衍"罪"字，據《二十二子》本删。

⑧ "日"，原作"曰"，據《二十二子》本改。

辯辭，以自防禦。防禦仇也。此不肖主之所以亂也。[1]亂，惑。凡論人，通則觀其所禮，通，達也。《孟子》曰："達則兼善天下。"[2]故觀其所賓禮。貴則觀其所進，進，薦也。堯薦舜，舜薦禹。《傳》曰："善進善，不善蔑由至矣。不善進不善，善亦蔑由至矣。"故曰"觀其所進"也。富則觀其所養，聽則觀其所行，養則善賢也，行則行仁也，故觀之也。止則觀其所好，習則觀其所言，好則好義，言則言道。窮則觀其所不受，賤則觀其所不爲。不受非其類也。不爲諂諛。喜之以驗其守，守，清守也。樂之以驗其僻，僻，邪。怒之以驗其節，節，性。懼之以驗其特，[3]特，獨也。雖獨不恐。哀之以驗其人，人人可哀，不忍之也。苦之以驗其志。鑽堅攻難，不成不止，故曰"以驗其志"也。八觀六驗，此賢主之所以論人也。論猶論量也。論人者，[4]又必以六戚四隱。六戚，六觀也。四隱，相隱而揚長蔽短。何謂六戚？父、母、兄、弟、妻、子。何爲四隱？交友、故舊、邑里、門郭。[5]内則用六戚四隱，外則用八觀六驗，人之情僞貪鄙美惡無所失矣。言盡知之。譬之若逃雨，污無之而非是。皆是雨也。此先聖王之所以知人也。[6]

## 論人

五曰：天道圜，地道方，聖王法之，所以立上下。上，君。下，臣。何以説天道之圜也？精氣一上一下，圜周復雜，無所稽留，故曰天道圜。雜猶匝。無所稽留，運不止也。何以説地道

① "主"，原作"王"，據《二十二子》本改。
② "下"，原作"子"，據《二十二子》本改。
③ "特"，《補正》曰當作"持"，是。
④ "者"，原作"怒"，據《二十二子》本改。
⑤ "郭"，《札迻》曰當作"郎"，是。
⑥ "以"，原脱，據《二十二子》本補。

之方也？萬物殊類殊形，皆有分職，不能相爲，故曰地道方。不能相爲，不能相兼。主執圜，臣處方，方圜不易，其國乃昌。日夜一周，圜道也。圜，天道也。月躔二十八宿，①軫與角屬，圜道也。躔，舍也。軫，南方鶉尾。角，東方蒼龍。行度所經也。精行四時，一上一下各與遇，圜道也。精，日月之光明也。物動則萌，萌而生，生而長，長而大，大而成，成乃衰，衰乃殺，殺乃藏，圜道也。藏，潛也。雲氣西行云云然，云，運也。② 周旋運布，膚寸而合，西行則雨也。冬夏不輟，輟，止也。水泉東流，日夜不休，休，息也。上不竭，下不滿，水從上流而東，不竭盡也。下至海，受而不滿溢也。小爲大，重爲輕，圜道也。小者泉之源也，流不止也，集於海，是爲大也。水濕而重，升作爲雲，是爲輕也。黄帝曰："帝無常處也，無常處，言無爲而化乃有處也。有處者乃無處也。"有處，有爲也。有爲則不能化，乃無處爲也。③ 以言不刑蹇，圜道也。刑，法也。言無刑法，故蹇難也。天道正刑不法，故曰"圜道也"。人之竅九，一有所居則八虚，居讀曰居處之居。居猶壅閉也。八虚甚久則身斃。虚，病。斃，死。故唯而聽，唯止；聽則唯止矣。聽而視，聽止。視則聽止矣。以言説一，一，道本。一不欲留，留運爲敗，留，滯。圜道也。一也齊至貴，道無匹敵，故曰"至貴"也。莫知其原，莫知其端，莫知其始，莫知其終，而萬物以爲宗。道無形，其原始終極莫能知之。道生萬物，以爲宗本。聖王法之，以令一作"全"。其性，以定其正，一作"生"。以出號令。令出於主口，官職受而行之，官職，職官之長。日夜不休，宣通下究，宣，遍布也。瀸於民

① "月"，《新校釋》曰疑當作"日"。
② "運"，原作"游"，據《二十二子》本改。
③ "爲"，《舉正》曰"爲"字衍，是。

心，遂於四方，瀸，洽。①遂，達。還周復歸，至于主所，圜道也。令圜，則可不可、善不善無所擁矣。不可者能令之可，不善者能令之善，化使然也。皆通之，故曰“無所擁”。無所擁者，主道通也。言納忠受諫，臣情上達，無所擁蔽，是爲君之道通也。故令者，人主之所以爲命也，賢不肖安危之所定也。②君者法天，天無私，故所以爲命也。③賦命各得其中，安與危無怨憾，故曰“定也”。人之有形體四枝，其能使之也，爲其感而必知也，感者，痛恙也。手足必知其處所，故使之也。感而不知，則形體四枝不使矣。不能相使，則形體疾也。人臣亦然，號令不感，則不得而使矣。不可得而使則國亂。有之而不使，不若無有。不若無臣。主也者，使非有者也，湯使桀臣，武王使紂臣，皆非其有也。舜、禹、湯、武皆然。

先王之立高官也，④必使之方。方，正。方則分定，分定則下不相隱。隱，私也。君臣正，下無私邪相擁蔽之。堯、舜賢主也，皆以賢者爲後，不肯與其子孫，猶若立官必使之方。⑤以賢者爲後，謂禪位也。堯傳舜，舜傳禹，故曰“不肯與其子孫”也。方，正，不私邪之謂也。今世之人主，⑥皆欲世勿失矣，父死子繼曰世。而與其子孫，⑦立官不能使之方，以私欲亂之也。何哉？其所欲者之遠而所知者之近也。自傳子孫，冀世世不失，是其所欲者之遠也。子孫不肖，驕淫暴虐，必見改置，不得長久，是所知者之近也。今五音之無不應也，其分審也。各守其聲，集以成和，故曰“其分審”。

---

① “瀸洽”，原作“鑯合”，據《二十二子》本改。
② “安”下，原衍“之”字，據《二十二子》本删。
③ “故”，原漫漶不清，此據元刻明修本。
④ “高”，《新校釋》曰“高”字衍，是。
⑤ “官”，原作“宫”，據《二十二子》本改。
⑥ “主”，原作“王”，據《二十二子》本改。
⑦ “與”，原作“興”，據元刻明修本改。

宫徵商羽角，各處其處，音皆調均，不可以相違，此所以不受也。受亦應也。① 賢主之立官有似於此。百官各處其職、治其事以待主，主無不安矣。以此治國，國無不利矣；以此備患，患無由至矣。

## 圜道

① “也”，原作“之”，據《二十二子》本改。

# 卷第四

吕氏春秋訓解　高氏

## 孟夏紀第四　勸學一作"觀師"尊師　誣徒一作"詆役"　用衆一作"善學"

一曰：孟夏之月，日在畢，孟夏，夏之四月也。畢，西方宿，秦之分野。① 是月，日躔此宿也。昏翼中，旦婺女中。翼，南方宿，楚之分野。婺女，北方宿，②越之分野。是月昏旦時，皆中於南方。其日丙丁，其帝炎帝，丙丁，火日也。炎帝，少典之子，姓姜氏，以火德王。王天下是爲炎帝，號曰神農，死托祀於南方，爲火德之帝。其神祝融。祝融，顓頊氏後，老童之子吴回也，爲高辛氏火正，死爲火官之神。其蟲羽，其音徵，盛陽用事，鱗散而羽，故曰"其蟲羽"。羽蟲，鳳爲之長。徵，火也，位在南方。律中仲吕，其數七。仲吕，陰律也。陽散在外，陰實在中，所以旅陽成功也，故曰"仲吕"。五行數五，③火第二，故曰七。其性禮，其事視，其味苦，其臭焦，火味苦，火臭焦。其祀竈，祭

① "秦"，《遺誼》曰當作"趙"，是。

② "北"，原作"南"，據《二十二子》本改。

③ "旅陽"至"行數"十二字，原作"類陽也故曰仲吕其數成功"，據《二十二子》本改。

先肺。吴回,①回禄之神,托於竈。是月火王,故祀之也。肺,金也。祭禮之先進肺,②用其勝也。一曰,肺,火,自用其藏。③ 螻蟈鳴,丘蚓出,螻蟈,蝦蟆也。是月陰氣動於下,故陰類鳴。丘蚓從土中出。④ 王菩生,⑤苦菜秀。菩或作瓜,⑥瓠瓡也,是月乃生。《爾雅》云:"不榮而實曰秀,榮而不實曰英。"苦菜當言英者也。天子居明堂左個,明堂,南鄉堂。左個,東頭室。乘朱輅,駕赤騮,順火德也。騂馬黑尾曰騮。⑦ 載赤旗,衣赤衣,服赤玉。皆赤,順火也。⑧ 食菽與雞,其器高以粗。菽,豆也。粗,大也。器高大以象火性。⑨

是月也,以立夏。春分後四十六日立夏。立夏多在是月。先立夏三日,太史謁之天子曰:"某日立夏,盛德在火。"太史,説在《孟春》。以盛德在火,火王南方也。天子乃齋。説在《孟春》。立夏之日,天子親率三公九卿大夫以迎夏於南郊。南郊,七里之郊。還,乃行賞,封侯慶賜,無不欣説。還,從南郊還也。封侯,命以茆土。《傳》曰:"賞以春夏,刑以秋冬。"此之謂也。無不欣説,咸賴其所賜。乃命樂師習合禮樂。⑩ 禮所以經國家,定社稷,利人民;樂所以移風易俗,蕩人之邪,存人之正性。故命樂師使習合之。命太尉贊傑俊,遂賢良,舉長大。命,使。贊,白也。千人爲俊,萬人爲傑。

---

① "回",原作"國",據《二十二子》本改。
② "祭禮之先進肺",《集釋》曰當作"祭祀之肉先進肺",是。
③ "自用",原誤倒,據《二十二子》本乙正。
④ "陰類鳴丘蚓",原作"類鳴丘蚓蝦蟆",據《二十二子》本改。
⑤ "菩",原作"善",據《二十二子》本改,注亦同。
⑥ "作",原脱,據《二十二子》本補。
⑦ "尾",《集釋》曰當作"髦",是。
⑧ "火"下,《集釋》曰當有"色"字,是。
⑨ "以象",原誤倒,據《二十二子》本乙正。
⑩ "師",原作"司",據《二十二子》本改。

遂，達也。有賢良長大之人，皆當白達舉用之，①故齊桓公命於子之鄉，②有孝於父母聰慧質仁秀出於衆者，③則以告，有不以告，謂之蔽賢而罪之，此之謂也。行爵出禄，必當其位。當，直也。是月也，繼長增高，無有壞隳，象陽長養物也。無起土功，無發大衆，無伐大樹。所以順陽氣。是月也，天子始絺。絺，細葛也。《論語》曰："當暑袗絺綌。"此之謂也。④ 命野虞出行田原，勞農勸民，無或失時。勞，勉。勸，教。使民不失其時。命司徒，循行縣鄙，縣，畿内之縣。縣，二千五百家也。鄙，五百家也。司徒主民，故使循行。⑤ 命農勉作，無伏于都。伏，藏。都，國。是月也，驅獸無害五穀。無大田獵。爲夭物也。農乃升麥。⑥ 升，獻。天子乃以彘嘗麥，先薦寢廟。麥始熟，故言嘗。彘，水畜，夏所宜食也。先寢廟，⑦孝之至。是月也，聚蓄百藥。靡草死，是月陽氣極，藥草成，故聚積之也。靡草，薺、亭歷之類。麥秋至。斷薄刑，決小罪，出輕繫。是月陽氣盛於上，及五月陰氣伏於下，故斷薄刑、決小罪，⑧順殺氣也。輕繫，不及於刑者解出之。蠶事既畢，后妃獻繭，乃收繭税，以桑爲均，均，平也。桑多税多，桑少税少。貴賤少長如一，以給郊廟之祭服。是月也，天子飲酎，用禮樂。酎，春醞也。是月天子乃與群臣飲酒作樂。《詩》云："爲此春酒，以介眉壽。"行之是令，而甘雨至，三旬。行之是令，行此之令也。旬，十日也。十日一雨，三旬三雨也。

孟夏行秋令，則苦雨數來，五穀不滋，四鄙入保。孟夏盛

---

① "白達"，原作"自達"，據《二十二子》本改。
② "子"上，原衍"夫"字，據《二十二子》本删。
③ "仁"上，原衍"直"字，據《二十二子》本删。
④ "袗"，原漫漶不清，此據《二十二子》本。
⑤ "循"，原漫漶不清，此據《二十二子》本。
⑥ "升"，原作"收"，據《二十二子》本改。
⑦ "先"下，《新校釋》曰當有"薦"字，是。
⑧ "小"，原脱，據《二十二子》本補。

陽，而行金氣殺戮之令，水生於金，故苦雨殺穀不滋茂也。四境之民畏寇賊來，入城郭以自保守也。行冬令，則草木早枯，後乃大水，敗其城郭。行冬寒固閉之令，故草木早枯。大水壞其城郭，奸時逆行之徵也。行春令，則蟲蝗爲敗，暴風來格，秀草不實。是月當繼長增高，助陽長養，而行春啓蟄之令，故有蟲蝗之敗。① 春木氣，多風，故暴疾之風應氣而至，使當秀之草不長茂。

## 四月紀

二曰：先王之教，莫榮於孝，莫顯於忠。忠孝，人君人親之所甚欲也；顯榮，人子人臣之所甚願也。然而人君人親不得其所欲，人子人臣不得其所願，此生於不知理義。不知理義，在君父則不仁不慈，在臣子則不忠不孝。不忠不孝，故君父不得其所欲也；不仁不慈，故臣子不得其所願也。不知義理生於不學。生猶出。

學者師達而有材，吾未知其不爲聖人。學者師道通達其義，而有材秀。言聖人之言，②行聖人之行，是則聖人矣，故曰"吾未知其不爲聖人"也。聖人之所在，則天下理焉，理，治。在右則右重，在左則左重，重，尊也。德大行可順移也。是故古之聖王未有不尊師者也。尊師，則不論其貴賤貧富矣。言道重人輕。若此，則名號顯矣，德行彰矣。故師之教也，不爭輕重尊卑貧富，《論語》曰："人能弘道，非道弘人。"故曰"不爭輕重尊卑"。而爭於道。其人苟可，其事無不可，《易・繫辭》曰："苟非其人，道不虚行。"故曰"其人苟可，其事無不可"。所求盡得，所欲盡成，此生於得聖人。聖人生於疾學。疾，趨也。不疾學，而能爲魁士名人者，未之

① "有"，原脱，據《二十二子》本補。
② 下"言"字，原脱，據《二十二子》本補。

嘗有也。魁大之士，名德之人。疾學在於尊師。師尊，則言信矣，道論矣。信，從也。言從則其道見講論矣。故往教者不化，①召師者不化，《易》曰："匪我求童蒙，童蒙來求我。"故往教之師不見化從也。童蒙當求師而反召師，②亦不宜化，師之道也。自卑者不聽，言往教之師不見聽也。卑師者不聽。謂召師而學亦不聽師言也。師操不化不聽之術而以強教之，欲道之行、身之尊也，不亦遠乎？言愈遠於尊也。學者處不化不聽之勢，而以自行，③欲名之顯、身之安也，是懷腐而欲香也，是入水而惡濡也。腐爛必臭，懷而欲其香；入水必濡，而惡之，皆不可得也。凡説者，兑之也，非説之也。一作"本"。④ 今世之説者，多弗能兑，而反説之。夫弗能兑而反説，是拯一作"承"。溺而硾之以石也，硾，沈也。能没殺人，何拯之有？是救病而飲之以堇也。救，治也。堇，毒藥也。能毒殺人，何治之有？使世益亂，不肖主重惑者，從此生矣。故爲師之務，在於勝理，在於行義。行尊道貴德之義。理勝義立，⑤則位尊矣，王者不臣師，是位尊也。王公大人弗敢驕也，不敢驕侮輕慢師道。上至於天子朝之而不慚。天子朝師，尊有德，故不慚。凡遇合也，合不可必，師道與天子，遭時見尊，不可必常也。遺理釋義以要不可必，要，求也。而欲人之尊之也，不亦難乎？爲師如是，不見尊之道也，故曰"不亦難乎"。故師必勝理行義然後尊。

曾子曰："君子行於道路，其有父者可知也，其有師者可知也。夫無父而無師者，餘若夫何哉！"此言事師之猶事父

① "化"，原作"仕"，據《二十二子》本改。
② "召師"，原作"召也"，據《二十二子》本改。
③ "行"下，《集釋》曰當有"之"字，是。
④ "一"，原爲空格，據《二十二子》本補。
⑤ "理勝"，原誤倒，據《二十二子》本乙正。

也。曾點使曾參，過期而不至。曾點，曾参父也。《詩》云："期逝不至，而多爲恤。"此之謂也。人皆見曾點曰："無乃畏耶？"畏猶死也。曾點曰："彼雖畏，我存，夫安敢畏？"孔子畏於匡，顔淵後，孔子曰："吾以汝爲死矣。"顔淵曰："子在，回何敢死？"顔回之於孔子也，猶曾參之事父也。古之賢者與，其尊師若此，故師盡智竭道以教。尊師猶尊父，則師不爲之愛道也，故曰"盡智竭道以教"也。

**勸學**一作"觀師"

三曰：神農師悉諸，黄帝師大撓，悉，姓；諸，名也。大撓作甲子。帝顓頊師伯夷父，帝嚳師伯招，帝堯師子州支一作"友"。父，①帝舜師許由，禹師大成贄，湯師小臣，小臣，謂伊尹。文王、武王師吕望、周公旦，齊桓公師管夷吾，晋文公師咎犯、隨會，咎犯，②狐偃也。隨會，范武子。秦穆公師百里奚、公孫枝，百里奚，故虞臣也。公孫枝，大夫子桑也。楚莊王師孫叔敖、沈尹巫，③沈縣大夫。吴王闔閭師伍子胥、文之儀，文，氏。之儀，名。越王句踐師范蠡、大夫種。范蠡，字少伯，楚人也。大夫種，姓文，字禽，④楚郢人。⑤ 此十聖人六賢者，⑥未有不尊師者也。今尊不至於帝，智不至於聖，而欲無尊師，奚由至哉？至於道。此五帝之所以絶，三代之所以滅。言五帝、三代之後，不復重道尊師，故

① "支"，原脱，據《二十二子》本補。
② "咎"，原作"各"，據元刻明修本改。
③ "尹"，原作"申"，據《二十二子》本改。
④ "禽"，原作"會"，據《二十二子》本改。
⑤ "郢"，原作"鄞"，據《二十二子》本改。
⑥ "人"，《彙校》曰"人"字衍，是。

所以絶滅。且天生人也，[1]而使其耳可以聞，不學，其聞不若聾；聾，無所聞也。使其目可以見，不學，其見不若盲；盲，無所見也。使其口可以言，不學，其言不若爽；爽，病，無所别也。使其心可以知，不學，其知不若狂。闇行妄發之謂狂。故凡學非能益也，達天性也。能全天之所生而勿敗之，是謂善學。敗，毁也。子張，魯之鄙家也；鄙，小也。顔涿聚，梁父之大盜也，學於孔子。段干木，晋國之大駔也，駔，儈人也。學於子夏。子夏，孔子弟子卜商之字。高何、縣子石，齊國之暴者也，指於鄉曲，其暴虐爲鄉曲人所斥也。學於子墨子。墨翟。索盧參，東方之巨狡，巨，大；狡，猾也。學於禽滑黎。禽滑黎，墨子弟子。一作"籥滑"。此六人者，刑戮死辱之人也。今非徒免於刑戮死辱也，由此爲天下名士顯人，[2]以終其壽，壽，年也。王公大人從而禮之，此得之於學也。學以致之，無鬼神也，故曰"得之"。[3]

凡學，必務進業，心則無營。營，惑也。疾諷誦，疾，力。謹司聞。司，候。觀歡愉，問書意。視師歡悦，以問書意。順耳目，不逆志。不自干逆力學之志。退思慮，求所謂。求所思慮，是而行之。時辨説，以論道。辨别道之義理。不苟辨，必中法。不苟口辯，反是爲非，言中法制。得之無矜，失之無慚，矜，自伐，無慚吝也。必反其本。本，謂本性也。生則謹養，謹養之道，養心爲貴。貴，尚也。死則敬祭，敬祭之術，時一作"祟"。節爲務。四時之節。此所以尊師也。治唐圃，疾灌寖，務種樹。唐，堤，以壅水。圃，農圃也。樹，稼也。織葩屨，結罝網，捆蒲葦。之田野，力耕耘，

① "生"，原作"主"，據元刻明修本改。
② "由"，原作"有"，據《二十二子》本改。
③ "得之"下，《吕氏春秋補注》曰當有"於學也"三字，於義爲勝。

事五穀。事,治也。如山林,入川澤,如,往也。川澤有水,故言入也。取魚鱉,求鳥獸。此所以尊師也。視輿馬,慎一作"順"。駕御。適衣服,務輕暖。臨飲食,必蠲絜。"絜"字一作"祭"。蠲,讀曰圭也。善調和,務甘肥。必恭敬,和顔色,審辭令。疾趨翔,必嚴肅。此所以尊師也。君子之學也,説義必稱師以論道,論,①明。聽從必盡力以光明。聽從師所行。聽從不盡力,命之曰背。説義不稱師,命之曰叛。背,戾也。叛,换也。言學者聽從不盡其力,猶民背其國。説義不稱其師,猶臣叛君。背叛之人,賢主弗内之於朝,賢,明。君子不與交友。不與背叛之人爲交友。故教也者,義之大者也。學也者,知之盛者也。義之大者莫大於利人,利人莫大於教。以仁義利之教然後知,②故曰"莫大於教"也。知之盛者莫大於成身,成身莫大於學。成身遂爲君子,以致之,③故曰"莫大於學"。身成,則爲人子弗使而孝矣,爲人臣弗令而忠矣,爲人君弗強而平矣,有大勢可以爲天下正矣。天下正者,正天下也。故子貢問孔子曰:"後世將何以稱夫子?"孔子曰:"吾何足以稱哉?勿已者,則好學而不厭,好教而不倦。其惟此耶?"天子入太學祭先聖,則齒嘗爲師者弗臣,所以見敬學與尊師也。太學,明堂也。

**尊師**

四曰:達達,通也。師之教也,使弟子安焉,樂焉,休焉,游焉,肅焉,嚴焉。此六者得於學,則邪辟之道塞矣,塞,斷也。

---

① "論",原作"倫",據《二十二子》本改。

② "利之",《新校釋》、《注疏》作"之利"。

③ "成身遂爲君子以致之",《新校釋》曰當作"成身遂爲君子,君子學以致之",可備一説。

理義之術勝矣。術，道也。勝猶行也。此六者不得於學，則君不能令於臣，父不能令於子，師不能令於徒。此篇一名《詆役》，凡篇中“徒”字皆作“役”，徒與役謂弟子也。人之情不能樂其所不安，不能得於其所不樂。爲之而樂矣，奚待賢者？雖不肖者猶若勸之。爲之而苦矣，奚待不肖者？雖賢者猶不能久。久，長也。反諸人情，則得所以勸學矣。子華子曰：“王者樂其所以王，子華子，古之體道人。樂其所以王，故得王，湯、武是也。亡者亦樂其所以亡，樂其所以亡，故得亡，桀、紂是也。故烹獸不足以盡獸，嗜其脯則幾矣。”幾，近也。然則王者有嗜乎理義也，嗜猶樂。樂行理義。亡者亦有嗜乎暴慢也。所嗜不同，故其禍福亦不同。嗜理義則獲福，嗜暴慢則獲禍，故曰“禍福亦不同”。

不能教者，志氣不和，取舍數變，固無恒心，若晏陰喜怒無處，晏陰，喻殘害也。處，常也。言談日易，以恣自行。失之在己，不肯自非。謂若桀、紂罪人。愎過自用，不可證移。愎，戾。證，諫。見權親勢及有富厚者，①不論其材，不察其行，毆而教之，②阿而諂之，若恐弗及。見權勢及富厚者，故不論其材行，阿意諂之，恐不見及。弟子居處修潔，身狀出倫，倫，匹。聞識疏達，就學敏疾，本業幾終者，則從而抑之，幾，近也。難而懸之，妒而惡之。弟子去則冀終，③弟子欲去，則冀終其業，且由豫也。居則不安，居，近也。苦其惡不安也。④歸則愧於父母兄弟，愧，慚。出則慚於知友邑里。此學者之所悲也，悲，悼。此師徒相與異心也。人之情，惡異於己者，此師徒相與造怨尤也。造，作。

① “親”、“有”，《新校釋》曰“親”、“有”當衍。
② “毆”，原作“歐”，據《二十二子》本改。
③ “冀”，原作“莫”，據《二十二子》本改。
④ “苦”，原作“見”，據《二十二子》本改。

人之情,不能親其所怨,不能譽其所惡。學業之敗也,道術之廢也,從此生矣。廢,失。善教者則不然,視徒如己。徒,謂弟子也。反己以教,則得教之情矣。情,理。所加於人,必可行於己,所施於人者,人樂也,故曰"必可行於己"。若此,則師徒同體。體,行也。人之情,愛同於己者,譽同於己者,助同於己者。學業之章明也,道術之大行也,從此生矣。

不能學者,從師苦而欲學之功也,苦,讀如鹽會之鹽。① 苦,不精至也。功,名也。欲得爲名。從師淺而欲學之深也。欲人謂之學深也。草木雞狗牛馬,不可譙譙,一作"護",下同。詬遇之,譙詬遇之,則亦譙詬報人,譙詬猶禍惡也。又況乎達師與道術之言乎?達,通也。故不能學者,遇師則不中,用心則不專,不中,不正也。不專,不壹也。好之則不深,就業則不疾,不心好之,故不能深。就業不疾速也。辯論則不審,不能明是非。教人則不精。教,效也。效人别是非,不能精核。於師慍,②慍,怒也。不能别是非,故怨於師。懷於俗,懷,安也。羈神於世。羈,牽也。神,御也。世,時也。矜勢好尤,故湛於巧智。③ 矜大其權勢,好爲尤過之事,湛没於巧詐之智。昏於小利,惑於嗜欲。昏,迷;惑,悖也。問事則前後相悖,悖,亂。以章一作"軍"。則有異心,心猶義也。以簡一作"文"。則有相反。反,易。離則不能合,合則弗能離,離,别。事至則不能受。受猶成也。此不能學者之患也。患,害也。

**誣徒**

---

① "鹽",原作"監",據《二十二子》本改。
② "於師慍",《批校本》曰當作"慍於師",是。
③ "故",《新校釋》曰"故"字當衍,是。

五曰：善學者若齊王之食雞也，必食其跖數千而後足，跖，雞足踵。喻學者取道衆多然後優也。① 跖，讀如捃摭之摭。雖不足，猶若有跖。食雞跖衆而後足也。若有博學多藝，如食雞跖，道乃深也。物固莫不有長，莫不有短。人亦然。亦有長短。故善學者假人之長以補其短。故假人者遂有天下。無醜不能，無惡不知。故孔子入太廟每事問，是不醜不能、不惡不知。醜不能、惡不知，病矣；病，困。不醜不能、不惡不知，尚矣。尚，上也。雖桀、紂猶有可畏可取者，而况於賢者乎？桀作瓦，紂作胡粉，今人業之，尚可取之一隅。故學士曰："辯議不可不爲。"②不可爲者，不可施也。辯議而苟可爲，是教也，教大議也。辯議而不可爲，是被褐而出，衣錦而入。被褐在外，衣錦盛内，③故不可。戎人生乎戎、長乎戎而戎言，不知其所受之；楚人生乎楚、長乎楚而楚言，不知其所受之。今使楚人長乎戎，戎人長乎楚，則楚人戎言，戎人楚言矣。《孟子》曰："有楚大夫，欲其子之齊言也，④使一齊人傅之，衆楚人咻之，⑤雖日撻而求其齊也，不可得矣。引而置之莊、岳之間數年，雖日撻而求其楚，⑥亦不可得矣。"此之謂也。由是觀之，吾未知亡國之主不可以爲賢主也，欲以楚人戎言、戎人楚言化移之。其所生長者不可耳。故所生長不可不察也。

天下無粹白之狐，而有粹白之裘，粹，純。取之衆白也。夫取於衆，此三皇、五帝之所以大立功名也。三皇，伏羲、神農、女媧也。五帝，黄帝、帝嚳、顓頊、帝堯、帝舜也。凡君之所以立，出

---

① "取"，原作"之"，據《二十二子》本改。
② "不可不爲"，《正誤》曰當作"不可爲"，是。
③ "衣"，原作"文"，據《二十二子》本改。
④ "言"，原漫漶不清，此據《二十二子》本。
⑤ "咻"，原作"啉"，據《二十二子》本改。
⑥ "日"，原作"曰"，據《二十二子》本改。

乎衆也。立已定而舍其衆，是得其末而失其本。得其末而失其本，不聞安居。①不聞得末失本能有安定之居也。故以衆勇無畏乎孟賁矣，孟賁，古大勇士。以衆力無畏乎烏獲矣。烏獲，有力人，②能舉千鈞。以衆視無畏乎離婁矣，離婁，黄帝時明目人，能見針末於百步之外。以衆知無畏乎堯、舜矣。堯、舜，聖帝也。言百發之中，必有羿、逢蒙之功，衆知之中，必有與聖人同，故曰"無畏於堯舜"也。夫以衆者，此君人之大寶也。《淮南記》曰："萬人之衆無廢功，千人之衆無絶良。"故人君以衆爲大寶也。田駢謂齊王曰："孟賁庶乎患術，而邊境弗患；齊之邊境不以孟賁爲患者，衆也。楚、魏之王，辭言不説，不以言辭爲説。而境内已修備矣，兵士已修用矣，得之衆也。"

**用衆**一作"善學"

---

① "居"，《新校釋》曰當作"君"，是。

② "有力"，原作"熊如"，據《二十二子》本改。

# 卷第五

吕氏春秋訓解　高氏

## 仲夏紀第五　大樂　侈樂　適音一作"和樂"　古樂

一曰：仲夏之月，日在東井，仲夏，夏之五月。東井，南方宿，秦之分野。是月，日躔此宿。昏亢中，旦危中。亢，東方宿，衛之分野。危，北方宿，齊之分野。是月昏旦時，皆中於南方也。其日丙丁，其帝炎帝，其神祝融。其蟲羽，其音徵，律中蕤賓，蕤賓，陽律也。是月陰氣萎蕤在下，象主人。陽氣在上，象賓客。竹管音中蕤賓也。其數七。其味苦，其臭焦，其祀竈，祭先肺。小暑至，螳螂生，小暑，夏至後六月節也，螳螂於是生。螳螂，一曰天馬，①一曰齕疣，兖州謂之拒斧也。鵙始鳴，反舌無聲。鵙，伯勞也。是月陰作於下，陽發於上。伯勞夏至後應陰而殺蛇，磔之於棘而鳴於上。《傳》曰："伯趙氏，司至者也。"反舌，伯舌也，能辯反其舌，變易其聲，效百鳥之鳴，故謂之百舌。承上微陰，伯趙起於下，後應陰，故無聲。天子居明堂太廟，明堂，南向堂也。太廟，中央室也。乘朱輅，駕赤駵，載赤旂，衣朱衣，服赤玉。食菽與雞，其器高以粗。養壯狡。壯狡，多力之士。養之，慎

---

① "天"，原作"大"，據《二十二子》本改。

陽施也，蓋所謂旱則資舟，夏則資皮，備之也。

是月也，命樂師修鞀鞞鼓，均琴瑟管簫，師，樂官之長也。鞀鞞，所以節樂也，故修之。琴瑟管簫，所以宣音也，故均平之。管，一孔，似篴。簫，今之歌竹簫也。執干戚戈羽，干，楯。戚，斧。戈，戟，長六尺六寸。羽以爲翿，舞者執之以指麾也。春夏干戚，①秋冬羽籥。② 調竽笙塤篪，竽，笙之大者，③古皆以瓠爲之。竽，三十六簧。笙，十七簧。塤，以土爲之，大如雁子，其上爲六孔。篪，以竹，④大二寸，長尺二寸，七孔，一孔上伏，横吹之。聲音上和，故言調。《詩》云："伯氏吹塤，仲氏吹篪。"此之謂也。飭鍾磬柷敔。鍾，金。磬，石。柷如漆桶，中有木椎，左右擊以節樂。敔，木虎，脊上有鉏鋙，⑤以杖擽之，以正樂，以和成，故飭整之也。⑥ 命有司，爲民祈祀山川百原，大雩帝，用盛樂。名山大川，泉原所出。非一，故言百。能興雨者，皆祈祀之。雩，旱祭也。帝，五帝也。爲民祈雨，重之，故用盛樂，⑦六代之樂也。乃命百縣雩祭祀百辟卿士有益於民者，以祈穀實。百縣，⑧畿内之百縣大夫也。祀前世百君卿士功施於民者。雩祭之，求福助成穀實。農乃登黍。登，進。稙黍熟，先進之。是月也，天子以雛嘗黍，雛，春鷚也。不言嘗雛而言嘗黍，重穀也。羞以含桃，⑨先薦寢廟。羞，進。含桃，鶯桃，鶯鳥所含食，故言含桃。是月而熟，故進之。先致寢廟，孝而且敬。令民無刈藍以染，爲藍青未成也。無燒炭，爲草木未成，不欲

---

① "干戚"，原作"于械"，據《二十二子》本改。
② "羽籥"，原誤倒，據《二十二子》本乙正。
③ "者"，原脱，據《二十二子》本補。
④ "篪以竹"，《集釋》曰當作"篪以竹爲之"，是。
⑤ "鋙"，原作"語"，據《二十二子》本改。
⑥ "飭"，原作"飲"，據《二十二子》本改。
⑦ "盛樂"，《批校本》曰"盛樂"當重，是。
⑧ "縣"，原作"辟"，據《二十二子》本改。
⑨ "以"，《彙校》疑"以"字衍。

夭物。無暴布。是月炎氣盛猛，暴布則脆傷之。門閭無閉，關市無索。門，城門。閭，里門也。民順陽氣，布散在外，人當出入，故不閉也。關，要塞也。市，人聚也。無索，不徵税。挺重囚，益其食。挺，緩也。游牝別其群，則縶騰駒，班馬正。是月，牝馬懷妊已定，故放之則別其群，不欲駒蹄逾趯其胎育，故縶之也。① 班，告也。馬正，掌馬之官。《周禮》："五尺曰駒。"是月也，日長至。② 夏至之日，晝漏水上刻六十五，夜漏水上刻三十五，故曰"長至"。陰陽爭，死生分。是月，陰氣始起於下，盛陽蓋覆其上，③故曰爭也。品物滋生，薺、麥、亭歷、棘刺之屬死，④故曰死生分。分，别也。君子齋戒，處必揜，身欲靜，無躁，止聲色，無或進，揜，深也。聲，五音。色，五色。止，節之，無有進御也。薄滋味，無致和，薄猶損也。和，齊和也。退嗜欲，定心氣，百官靜，事無刑，以定晏陰之所成。退，止也。事無刑，當精詳而後行也。晏，安。⑤ 陰，微陰。鹿角解，蟬始鳴。夏至，鹿角解墮，蟬鼓翼始鳴。半夏生，木堇榮。半夏，藥草。木堇，朝榮暮落，是月榮華，可用作蒸，雜家謂之朝生，⑥一名蕣，《詩》云"顏如蕣華"是也。是月也，無用火南方。火王南方，爲揚火氣。可以居高明，可以遠眺望，可以登山陵，可以處臺榭。明，顯也。積土四方而高曰臺，臺加木爲榭，皆所以順陽宣明之。

仲夏行冬令，則雹霰傷穀，道路不通，暴兵來至。冬寒冰凍，故雹霰傷害五穀也。冬陰，閉藏，多雹霰，道路陷壞，不通利也。暴害之兵横來至。行春令，則五穀晚熟，百螣時起，其國乃饑。行春

---

① "縶"，原作"熱"，據元刻明修本改。
② "日長"，原誤倒，據《二十二子》本乙正。
③ "覆"，原作"陽蓋"，據《二十二子》本改。
④ "死"，原脱，據《二十二子》本補。
⑤ "安"，《新校釋》曰"安"字衍。
⑥ "雜家"，《札迻》曰當作"雒家"，是。

木王生育之令,①故五穀晚熟也。百螣,動股之屬也,時起爲害,故五穀不時,國饑也。螣讀近殆,兖州人謂蝗爲螣。行秋令,則草木零落,果實早成,民殃於疫。有核曰果,無核曰蓏。仲夏行秋成熟之令,故曰草木零落,果實早成熟。非其時氣,故民疾疫。

## 五月紀

二曰:音樂之所由來者遠矣,②遠,久。生於度量,本於太一。太一出兩儀,兩儀出陰陽,兩儀,天地也。出,生也。陰陽變化,一上一下,合而成章。章猶形。渾渾沌沌,離則復合,合則復離,渾讀如衮冕之衮。沌讀近屯。離,散。合,會。是謂天常。天之常道。天地車輪,輪,轉。終則復始,極則復反,莫不咸當。極,窮。咸,皆。當,合。日月星辰,或疾或徐。日月不同,以盡其行。不同,度有長短也。以盡其行度也。起牽牛至周于牽牛,故曰"以盡其行"。四時代興,或暑或寒,或短或長,或柔或剛。冬寒,夏暑。冬至短,夏至長。春柔而秋剛。萬物所出,造一作"本"。於太一,化於陰陽。造,始也。太一,道也。陰陽,化成萬物者也。萌芽始震,凝凓以形。震,動也。謂動足以成形也。形體有處,莫不有聲。聲出於和,和出於適。和適,③先王定樂,由此而生。由和生也。④

天下太平,萬物安寧,皆化其上,化猶隨。樂乃可成。成樂有具,必節嗜欲。節,止。嗜欲不辟,辟,開。樂乃可務。務,成。務樂有術,必由平出。平出於公,公,正。公出於道,故惟

---

① "王",原作"旺",據《二十二子》本改。
② "音",《新校釋》曰"音"字衍,是。
③ "和適",畢沅曰"和適"二字疑衍,是。
④ "由",原作"同",據《二十二子》本改。"和"下,畢沅曰當有"適"字,是。

得道之人其可與言樂乎！言，説。亡國戮民非無樂也，其樂不樂。① 不和於雅，故不樂也。溺者非不笑也，《傳》曰："溺人必笑。"②雖笑不歡。罪人非不歌也，當死者雖歌不樂。狂者非不武也，狂悖之人，③雖武不足畏。亂世之樂有似於此。君臣失位，父子失處，夫婦失宜，民人呻吟，其以爲樂也，若之何哉？以民人呻吟嘆感，不可爲樂也，故曰"若之何哉"。凡樂，天地之和，陰陽之調也。始生人者天也，人無事焉。天使人有欲，人弗得不求；欲，貪也。人情欲，④故弗得不有求也。天使人有惡，人弗得不辟。惡，憎。辟，違也。故曰"弗得不辟"，人情有所憎惡，辟遠之也。欲與惡所受於天也，受之於天。人不得興焉，不得爲天之爲也。⑤ 不可變，不可易。天所爲，故不可變易。世之學者有非樂者矣，安由出哉？非猶譏。出猶生。

大樂，君臣父子長少之所歡欣而説也。歡欣生於平，平，和。平生於道。道也者，視之不見，聽之不聞，不可爲狀。言道無形，不可爲狀。有知不見之見、不聞之聞、無狀之狀者，則幾於知之矣。幾，近也。有人能是，近於知道也。道也者，至精也，精，微。不可爲形，不可爲名，強爲之謂之太一。⑥ 故一也者制令，兩也者從聽。從聽，聽從。先聖擇兩法一，擇，棄也。法，用也。是以知萬物之情。故能以一聽政者，樂君臣，和遠近，説黔首，秦謂民爲黔首。合宗親；能以一治其身者，免於災，災，害。終其壽，全其天；天，身。能以一治其國者，奸邪去，賢者至，成

---

① "其樂不樂"，原作"不樂其樂"，據《二十二子》本改。
② "溺"，原作"弱"，據《二十二子》本改。
③ "悖"，原作"撆"，據《二十二子》本改。
④ "情"下，《新校釋》曰當有"有"字，是。
⑤ "天"上，原衍"焉"字，據《二十二子》本删。
⑥ "強爲之"下，畢沅曰疑當有"名"字，是。

大化；①能以一治天下者，寒暑適，風雨時，適，和也。時，不差忒。爲聖人。故知一則明，明兩則狂。

## 大樂

三曰：人莫不以其生生，而不知其所以生。以，用。人莫不以其知知，而不知其所以知。知其所以知之謂知道，不知其所以知之謂棄寶。棄寶者必離其咎。寶，重也。咎，殃也。②咎，一作"苦"。世之人主，多以珠玉戈劍爲寶，愈多而民愈怨，國人愈危，身愈危累，③《老子》曰："多藏厚亡。"故曰"愈危累"。則失寶之情矣。情，實也。亂世之樂與此同，同於危、累。爲木革之聲則若雷，爲金石之聲則若霆，爲絲竹歌舞之聲則若噪。噪，叫。以此駭心氣、動耳目、摇蕩生則可矣，生，性。以此爲樂則不樂。不樂，不和。故樂愈侈而民愈鬱，侈，淫。鬱，怨。國愈亂，主愈卑，則亦失樂之情矣。凡古聖王之所爲貴樂者，爲其樂也。夏桀、殷紂作爲侈樂，大鼓鐘磬管簫之音，以鉅爲美，鉅，大。以衆爲觀，俶詭殊瑰，耳所未嘗聞，目所未嘗見，俶，始也。始作詭異瑰奇之樂，④故耳未嘗聞，目未嘗見。務以相過，不用度量。不用樂之法則，故曰務相過。宋之衰也作爲千鍾，鍾，律名。齊之衰也作爲大吕，大吕，陰律，十二月也。楚之衰也作爲巫音。女曰巫。侈則侈矣，自有道者觀之，則失樂之情。失樂之情，其樂不樂。非正樂，故曰不樂也。樂不樂者，其民必怨，其生必

---

① "成大化"，《批校本》曰當作"大化成"，是。

② "咎殃"，原漫漶不清，此據《二十二子》本。

③ "愈多"至"危累"十四字，《正誤》曰當作"寶愈多而民愈怨，國愈危，身愈累"，於義爲勝。

④ "奇"，原脱，據《二十二子》本補。

傷。怨，悲。傷，痛。其生之與樂也，[1]若冰之於炎日，反以自兵。兵，災也。[2] 此生乎不知樂之情而以侈爲務故也。

樂之有情，譬之若肌膚形體之有情性也，有情性則必有性養矣。寒、温、勞、逸、饑、飽，此六者非適也。適，中適也。凡養也者，瞻非適而以之適者也。能以久處其適，則生長矣。長，久。生也者，其身固静，或而後知，或使之也。遂而不返，返，還。[3] 制乎嗜欲，爲嗜欲所制。制乎嗜欲無窮，[4]則必失其天矣。天，身。且夫嗜欲無窮，則必有貪鄙悖亂之心、[5]淫佚奸詐之事矣。故强者劫弱，衆者暴寡，勇者凌怯，壯者傲幼，從此生矣。從欲生也。

## 侈樂

四曰：耳之情欲聲，欲聞音聲。心不樂，五音在前弗聽；心不樂，聲音雖在前，耳不聽之。[6] 目之情欲色，欲視五色。心弗樂，五色在前弗視；心不欲視之也。鼻之情欲芬香，欲芬香之韜藉也。[7] 心弗樂，芬香在前弗嗅；不嗅味也。口之情欲滋味，欲美味也。心弗樂，五味在前弗食。欲之者，耳目鼻口也。樂之弗樂者，心也。心必和平然後樂，心必樂然後耳目鼻口有以欲之。[8] 故樂之務在於和心，和心在於行適。適，中適也。

---

① "生"，原作"王"，據《二十二子》本改。
② "災"下，原衍"兵"字，據《二十二子》本删。
③ "還"，原作"遂"，據《二十二子》本改。
④ "無窮"，《批校本》曰"無窮"二字衍，是。
⑤ "悖"，原作"浮"，據《二十二子》本改。
⑥ "之"，原漫漶不清，此據《二十二子》本。
⑦ "韜藉"，《新校釋》曰當作"韞藉"，是。
⑧ "必"，《新校釋》曰"必"字衍，是。

夫樂有適,[①]心亦有適。[②] 人之情欲壽而惡夭,欲安而惡危,欲榮而惡辱,欲逸而惡勞。四欲得,四惡除,則心適矣。四欲之得也,在於勝理。勝理以治身則生全,以生全則壽長矣;勝理以治國則法立,法立則天下服矣。故適心之務在於勝理。夫音亦有適。太鉅則志蕩,以蕩聽鉅,則耳不容,弗容則横塞,横塞則振;振,動。[③] 太小則志嫌,以嫌聽小,嫌聽譬自嫌之嫌。[④] 則耳不充,不充則不詹,詹,足也。詹讀如澹然無爲之澹。不詹則窕;窕,不滿密也。太清則志危,以危聽清,則耳溪極,溪,虚;極,病也。[⑤] 不聞和聲之故也。溪極則不鑑,不鑑則竭;鑑,察也。太清無和,耳不能察,則竭病也。[⑥] 太濁則志下,以下聽濁,則耳不收,不收,越散。不收則不特,不特則怒。不特,[⑦]不專一也,故惑怒也。故太鉅、太小、太清、太濁皆非適也。[⑧] 不鉅、不小、不清、不濁,得四者之中乃爲適。此四者,皆言其太,[⑨]故曰"非適"。

何謂適?衷音之適也。何謂衷?大不出鈞,重不過石,小大輕重之衷也。三十斤爲鈞。百二十斤爲石。黄鐘之宫,音之本也,本始於黄鐘,十一月律。清濁之衷也。[⑩] 衷也者,適也。以適聽適,則和矣。樂無太,平和者是也。[⑪] 故治世之音安以

① "樂"下,原衍"之"字,據《二十二子》本删。
② "亦",原作"非",據《二十二子》本改。
③ "横塞則振振動",原作"横塞則振動",無注,據《二十二子》本改。
④ "嫌聽譬自嫌之嫌",《平議》曰當作"嫌讀如自謙之謙",可備一説。
⑤ "溪虚極病也",《新校釋》曰當作"溪極,虚病也",可備一説。
⑥ "也",原作"之",據《二十二子》本改。
⑦ "特",原作"時",據正文改。
⑧ "太小太清",原作"太清太小",據《二十二子》本改。
⑨ "太",原作"大",據《二十二子》本改。
⑩ "衷",原作"表",據《二十二子》本改。
⑪ "平",《正誤》曰"平"字衍,是。

樂，其政平也；民聞其樂，安之日喜。亂世之音怨以怒，其政乖也；亡國之音悲以哀，其政險也。險猶危。凡音樂通乎政而移風平俗者也。[①] 風猶化。俗定而音樂化之矣。故有道之世，觀其音而知其俗矣，[②]觀其政而知其主矣。故先王必托於音樂以論其教。論，明。《清廟》之瑟，朱弦而疏越，一唱而三嘆，有進乎音者矣。文王之廟，肅然清靜，貴其樂和，故曰有進音。大饗之禮，上玄尊而俎生魚，大饗，饗上帝於明堂也。玄尊，明水也。[③] 俎生魚，皆上質貴本。大羹不和，有進乎味者也。大羹，肉湆而未之和，貴本古得禮也，故曰"有進乎味"。故先王之制禮樂也，非特以歡耳目、極口腹之欲也，將將猶特也。教民平好惡、行理義也。平，王也。行猶通也。

## 適音

五曰：樂所由來者尚也，尚，曩。必不可廢。有節有侈，有正有淫矣。節，適也。侈，大也。正，雅也。淫，亂也。賢者以昌，不肖者以亡。昌，盛也。亡，滅也。昔古朱襄氏之治天下也，朱襄氏，古天子，炎帝之别號。多風而陽氣畜積，萬物散解，果實不成，解，落也。有核曰果。故士達作爲五弦瑟，以來陰氣，[④]以定群生。士達，朱襄氏之臣。昔葛天氏之樂，三人摻牛尾投足以歌八闋：葛天氏，古帝名。投足猶蹀足。闋，終。一曰《載民》，二曰《玄鳥》，三曰《遂草木》，四曰《奮五穀》，五曰《敬天常》，六曰《達帝功》，七曰《依地德》，八曰《總萬物之極》。一作《禽獸之

---

① "而移風平俗者也"，《舉正》曰當作"而風乎俗者也"，是。
② "矣"下，《批校本》曰當有"觀其俗而知其政矣"八字，是。
③ "明"，原作"酒"，據《二十二子》本改。
④ "來"，原作"采"，據《二十二子》本改。

極》。上皆樂之八篇名也。昔陶唐氏之始,[①]陰多滯伏而湛積,陶唐氏,堯之號。水道壅塞不行其原,故有洪水之災。一作"陽道壅塞不行其次"。民氣鬱閼而滯著,閼讀曰遏止之遏。筋骨瑟縮不達,故作爲舞以宣導之。[②] 宣,通。

昔黄帝令伶倫作爲律。伶倫,黄帝臣。伶倫自大夏之西,大夏,西方之山。乃之阮隃之陰,阮隃,山名。山北曰陰。取竹於嶰溪之谷,以生空竅厚鈞者,斷兩節間,竹生溪谷者,取其厚鈞,斷兩節間,以爲律管。其長三寸九分,而吹之以爲黄鐘之宫,斷竹長三寸九分,吹之,音中黄鐘之宫。吹曰"舍少"。[③] 次制十二筒,六律六吕各有管,故曰十二筒,合成舍矣。[④] 以之阮隃之下,聽鳳皇之鳴以别十二律。其雄鳴爲六,雌鳴亦六,以比黄鐘之宫適合。[⑤] 合,和諧。黄鐘之宫皆可以生之,[⑥]故曰黄鐘之宫,律吕之本。法鳳之雌雄,故律有陰陽。上下相生,故曰"黄鐘之宫皆可以生之"。黄帝又命伶倫與榮將一作"猨"。鑄十二鐘,以和五音,以施《英韶》,以仲春之月,乙卯之日,日在奎,始奏之,命之曰《咸池》。奏十二鐘樂,名之爲《咸池》。帝顓頊生自若水,實處空桑,處,居。空桑。[⑦] 乃登爲帝。惟天之合,正風乃行,惟天之合,德與天合。風,化也。其音若熙熙淒淒鏘鏘。帝顓頊好其音,乃令飛龍作效八風之音,[⑧]八風,八卦之風。命之曰《承雲》,

---

① "陶唐",畢沅曰:"孫云:'陶唐'乃'陰康'之誤。"是。

② "宣",原缺筆。

③ "曰",原作"日",據《二十二子》本改。

④ "合",《二十二子》本作"舍"。

⑤ "比",原作"此",據《二十二子》本改。

⑥ "黄鐘之宫皆可以生之",《新校釋》曰當作"黄鐘之宫,六律六吕皆可以生之"。

⑦ "空桑"下,《彙校》曰當有"地名"二字,是。

⑧ "作"下,《集釋》曰當有"樂"字,是。

以祭上帝。上帝，①昊天上帝。乃令鱓先爲樂倡，倡，始也。鱓乃偃寢，②以其尾鼓其腹，鼓，擊。其音英英。③ 英英，和盛貌。帝嚳命咸黑作爲聲，一作"唐"。歌《九招》、《六列》、《六英》。有倕作爲鼙鼓鐘磬吹苓管壎篪鞀椎鍾。④ 帝嚳乃令人抃兩手相擊曰抃。或鼓鼙，擊鐘磬，吹苓展管篪。⑤ 因令鳳鳥、天翟舞之。帝嚳大喜，乃以康帝德。康，安。帝堯立，乃命質一作"郜"。爲樂。質乃效山林溪谷之音以歌，⑥"質"當爲"夔"。乃以麋輅置缶而鼓之，鼓，擊。乃拊石擊石，以象上帝玉磬之音，以致舞百獸。瞽叟乃拌五弦之瑟，拌，分。作以爲十五弦之瑟。⑦ 命之曰《大章》，以祭上帝。舜立，仰延乃拌瞽叟之所爲瑟，益之八弦，以爲二十三弦之瑟。帝舜乃令質修《九招》、《六列》、《六英》，以明帝德。《招》、《列》、《英》，皆樂名也。帝，謂舜。

禹立，勤勞天下，日夜不懈，勤，憂。通大川，決壅塞，鑿龍門，降通漻水以導河，⑧決壅塞，故鑿龍門也。降，大。漻，流。疏三江五湖，注之東海，以利黔首。於是命皋陶作爲《夏籥》九成，以昭其功。九成，九變。昭，明。殷湯即位，夏爲無道，暴虐萬民，侵削諸侯，不用軌度。天下患之。湯於是率六州以討一作"誅"。桀罪，功名大成，黔首安寧。湯乃命伊尹作爲《大

---

① "上"，原作"丄"，據《二十二子》本改。

② "寢"，原作"浸"，據《二十二子》本改。

③ "英英"，原作"英"，據《二十二子》本改，注亦同。

④ "吹"，《平議》曰"吹"字衍，是。"苓"，《雜志》曰當作"笭"，是。"椎"，原作"推"，據《二十二子》本改。"鞀椎鍾"，《新校釋》曰"鞀椎鍾"三字衍，可備一説。

⑤ "帝嚳"至"管篪"十七字，《新校釋》曰當作"帝嚳乃令人抃鼓鼙，擊鐘磬，吹苓壎管篪"，可備一説。

⑥ "以"下，《集釋》曰當有"作"字，是。

⑦ "作"，《集釋》曰"作"字衍，是。

⑧ "降"，《新校釋》曰"降"字當衍。

護》,歌《晨露》,修《九招》、《六列》,①以見其善。《大護》、《晨露》、《九招》、《六列》,皆樂名。善,美。周文王處岐,②諸侯去殷三淫而翼文王。③ 文王,古公亶父之孫,王季歷之子也。古公避獯鬻之難,邑于岐,謂岐山之陽有周地,及受命,因爲天下號也。淫,過。翼,佐。三淫,謂剖比干之心,斷材士之股,刳孕婦之胎者。故諸侯去之而佐文王也。散宜生曰:"殷可伐也。"文王弗許。散宜生,文王四臣之一也。《論語》曰:"文王爲西伯,三分天下有其二,以服事殷。"故不許。周公旦乃作詩曰:"文王在上,於昭于天,周雖舊邦,其命惟新。"以繩文王之德。武王即位,以六師伐殷,六師未至,以鋭兵克之於牧野。未至殷都而勝紂於牧野。歸,乃薦俘馘于京太室,乃命周公爲作《大武》。④《大武》,周樂。成王立,殷民反,反,叛。王命周公踐伐之。⑤ 踐,往。商人服象,⑥爲虐于東夷,象,獸名也。周公遂以師逐之,至于江南,⑦乃爲《三象》,以嘉其德。故樂之所由來者尚矣,非獨爲一世之所造。《三象》,周公所作樂名。嘉,美也。尚,久也。自黄帝以來,功成作樂,故曰"非獨爲一世之所造"也。

**古樂**

---

① "六列"下,《舉正》曰當有"六英"二字,注亦同,是。
② "岐",原作"歧",據《二十二子》本改,注亦同。
③ "三",《新校釋》曰當作"之"。
④ "爲作",《舉正》曰當作"作爲",是。
⑤ "伐",《新校釋》曰"伐"字衍,是。
⑥ "商人",《過庭録》曰當作"南人",是。
⑦ "江南",《過庭録》曰當作"海南",是。

# 卷第六

吕氏春秋訓解　高氏

## 季夏紀第六　音律　音初　制樂　明理

一曰：季夏之月，日在柳，季夏，夏之六月也。柳，南方宿，周之分野。是月，日躔此宿。昏心中，旦奎中。心，東方宿，宋之分野。奎，西方宿，魯之分野。是月昏旦時，皆中於南方。其日丙丁，其帝炎帝，其神祝融。其蟲羽，其音徵，律中林鐘，林，衆。鐘，聚。陰律也。陽氣衰，陰氣起，萬物衆聚而成，竹管之音應林鐘也。其數七。其味苦，其臭焦，其祀竈，祭先肺。涼風始至，蟋蟀居宇，夏至後四一六日立秋節，故曰"涼風始至"。蟋蟀，蜻蛚，《爾雅》謂之"蛬"，①陰氣應，故居宇，鳴以促織。鷹乃學習，腐草化爲蚈。② 秋節將至，故鷹順殺氣自習肄，③爲將搏鷙也。蚈，馬蚿也。蚈讀如蹊徑之蹊。幽州謂之秦渠，一曰螢火也。④ 天子居明堂右個，明堂，向南堂。右個，西頭室。乘朱輅，駕赤騮，載赤旂，衣朱衣，服赤玉。食菽與雉，

---

① "蛬"，原作"暴"，據《二十二子》本改。
② "蚈"上，原衍"螢"字，據《二十二子》本删。
③ "肄"，原作"肆"，據《二十二子》本改。
④ "螢"，原作"榮"，據《二十二子》本改。

其器高以粗。

是月也，令漁師伐蛟取鼉，升龜取黿。漁師，掌魚官也。漁讀若相語之語。蛟、鼉、黿皆魚屬。鼉皮可作鼓，《詩》曰："鼉鼓韸韸。"黿可爲羹，《傳》曰"楚人獻黿於鄭靈公，靈公不與公子宋黿羹，①公子怒，染指於鼎，嘗之而出"是也。皆不害人，易得，故言"取"也。蛟有鱗甲，能害人，難得，故言"伐"也。龜，神，可以決吉凶，入宗廟，尊之，故曰"升"也。乃命虞人入材葦。虞人，掌山澤之官。② 材葦，供國用也。是月也，令四監大夫，合百縣之秩芻，以養犧牲。周制，天子畿内方千里，分爲百縣，縣有四郡，郡有鄙，③故《春秋傳》曰："上大夫受縣，下大夫受郡。"周時縣大郡小，至秦始皇兼天下，初置三十六郡以監縣耳。此云"百縣"，説周制畿内之縣也。四監，監四郡大夫也。秩，常也。常所當芻，故聚之以養犧牲。令民無不咸出其力，咸，皆也。出其力以聚芻而用之。以供皇天上帝、名山大川、四方之神，以祀宗廟社稷之靈，爲民祈福。祈，求也。是月也，命婦官染采，黼黻文章必以法故，無或差一作"遷"。忒。黑黄蒼赤莫不質良，婦人善別五色，故命其官使染采也。白與黑謂之黼，黑與青謂之黻，④青與赤謂之文，赤與白謂之章。修其法章，不有差忒，故黑黄蒼赤之色皆美善。⑤ 勿敢僞詐，勿，無也。以給郊廟祭祀之服，郊祀天，廟祀祖。以爲旗章，以別貴賤等級之度。熊虎爲旗。章，服也。貴有常尊，賤有等威，⑥故曰度。是月也，樹木方盛，乃命虞人入山行木，無或斬伐。虞人，掌山林之官。行，察也。視山木，⑦禁民不得斬伐。不可以

① "宋"，原作"家"，據《二十二子》本改。
② "山"，《彙校》曰當作"池"，是。
③ "有"下，《新校釋》曰當有"四"字，是。
④ "青"，原作"赤"，據《二十二子》本改。
⑤ "黄蒼"，原誤倒，據《二十二子》本乙正。
⑥ "威"，原作"卑"，據《二十二子》本改。
⑦ "木"，原作"川"，據《二十二子》本改。

興土功，不可以合諸侯，不可以起兵動衆。無舉大事以摇蕩於氣。土功，①築臺穿池。合諸侯，造盟會也。舉動兵衆，思啓封疆也。② 大事，征伐也。於時不時，故曰"摇蕩於氣"。無發令而干時，以妨神農之事。無發干時之令，畜聚人功，以妨害神農耘耨之事。水潦盛昌，命神農，將巡功。舉大事則有天殃。昔炎帝神農能殖嘉穀，神而化之，號爲神農，後世因名其官爲神農。巡行堰畝修治之功。於此時或舉大事，妨害農事，禁戒之，云有天殃之罰。是月也，土潤溽暑，③大雨時行，燒薙行水，④利以殺草，如以熱湯，可以糞田疇，可以美土疆。夏至後三十日大暑節，火王也。潤溽而濕重，⑤又有時雨，燒薙行水灌之，如以熱湯，可以成糞田疇，美土疆。疆，界畔。行之是令，是月甘雨三至，三旬二日。行之是令，行是之令也。十日爲旬。二日者，陰晦朔日也。月十日一雨，又二十日一雨，一月中得二日耳，故曰"三旬二日"。

季夏行春令，則穀實解落，國多風咳，人乃遷徙。⑥ 春，木王。木性墮落，陽發多雨而行其令，故穀實散落，民病風咳上氣也。⑦ 民遷徙移家，⑧春陽布散也。行秋令，則丘隰水潦，禾稼不熟，乃多女災。丘，高。隰，下也。言高下有水潦，象金氣也。故殺禾稼使不成

---

① "功"，原作"工"，據《二十二子》本改。

② "思啓"，原作"息"，據《二十二子》本改。"疆"，原作"彊"，據《二十二子》本改，下同。

③ "暑"，《平議》曰"暑"字衍，是。

④ "薙"，原作"雉"，據《二十二子》本改。

⑤ "潤溽而濕重"，《新校釋》曰當作"潤溽而濕暑"，於義爲勝。

⑥ "人"，《舉正》曰當作"民"，是。

⑦ "也"，原漫漶不清，此據元刻明修本。

⑧ "徙"，原漫漶不清，此據元刻明修本。

熟也。金干火,①故多女災,②生子不育也。行冬令,則寒氣不時,③鷹隼早鷙,四鄙入保。冬陰閉固而行其令,故寒風不節也。鷹隼早鷙,象冬氣殺戮。四界之民,畏寇賊之來,故入城郭自保守也。

中央土,其日戊已,戊已,土日。土王中央也。其帝黄帝,其神后土。黄帝,少典之子,以土德王天下,號軒轅氏,死,托祀爲中央之帝。后土,官。④ 共工氏子句龍,能平九土,死,托祀爲后土之神。其蟲裸,其音宫,陽發散越,而屬裸蟲。裸蟲,麒麟爲之長。宫,土也,位在中央,爲之音主。⑤ 律中黄鐘之宫,其數五。黄鐘,陽律也,竹管音中黄鐘之宫也。其數五,⑥五行之數,土第五也。⑦ 其味甘,其臭香,土味甘,土臭香。其祀中霤,祭先心。土王中央,⑧故祀中霤,霤,室中之祭,⑨祭后土也。⑩ 祭祀之肉先進心,心,火也,用所勝也。一曰,心,土,自用其藏也。天子居太廟太室,南向中央室曰太廟,又處其中央,故曰太室。乘大輅,駕黄駵,載黄旗,衣黄衣,服黄玉。土色黄,故尚黄色。食稷與牛,稷、牛皆屬土。其器圜以揜。揜,象土含養萬物。一作"揜以閎"。

## 六月紀

---

① "干",原漫漶不清,此據元刻明修本。
② "女災",《批校本》曰"女災"二字當重,是。
③ "寒氣",《集釋》曰當作"風寒",是。
④ "后土官",《集釋》曰當作"后土,土官",是。
⑤ "音主",原漫漶不清,此據元刻明修本。"陽發"至"音主"二十六字,《新校釋》曰當作"陽發散越,而爲裸蟲。裸蟲之屬,麒麟爲之長。宫,土也,位在中央,爲五音主",可備一説。
⑥ "其數",原漫漶不清,此據元刻明修本。
⑦ "土第五",原漫漶不清,此據元刻明修本。
⑧ "土王",原漫漶不清,此據元刻明修本。
⑨ "室中",《新校釋》曰"室中"二字當重,是。
⑩ "也",原漫漶不清,此據元刻明修本。

二曰：黄鐘生林鐘，黄鐘，十一月律。林鐘，六月律。林鐘生太蔟，太蔟，①正月律。太蔟生南吕。南吕，八月律。南吕生姑洗，姑洗，三月律。姑洗生應鐘，應鐘，十月律。應鐘生蕤賓，蕤賓，五月律。蕤賓生大吕，大吕，十二月律。大吕生夷則，夷則，七月律。夷則生夾鐘，夾鐘，二月律。夾鐘生無射，無射，九月律。無射生仲吕。仲吕，四月律。三分所生，益之一分以上生；三分所生，去其一分以下生。黄鐘、大吕、太蔟、夾鐘、姑洗、仲吕、蕤賓爲上。林鐘、夷則、南吕、無射、應鐘爲下。律吕相生，上者上生，下者下生。

大聖至理之世，②天地之氣合而生風，日至則月鐘其風，以生十二律。仲冬日短至，冬至日，日極短，故曰"日短至"。則生黄鐘。季冬生大吕。孟春生太蔟。仲春生夾鐘。季春生姑洗。孟夏生仲吕。仲夏日長至，夏至日，日極長，故曰"日長至"。則生蕤賓。季夏生林鐘。孟秋生夷則。仲秋生南吕。季秋生無射。孟冬生應鐘。天地之風氣正，則十二律定矣。

黄鐘之月，土事無作，慎無發蓋，以固天閉地，陽氣且泄。黄鐘，十一月也。且，將也。大吕之月，數將幾終，大吕，十二月。幾，近。終，盡。歲且更起，而農民，③無有所使。使，役。太蔟之月，陽氣始生，太蔟，正月。冬至後四十六日立春，故曰"陽氣始生"。草木繁動，動，生。令農發土，無或失時。④發土而耕。夾鐘之月，寬裕和平，行德去刑。夾鐘，二月也。行仁德去刑戮也。無或作事以害群生。事，兵戎事也，故曰"以害群生"。姑洗之月，達道

---

① "太"，原作"木"，據《二十二子》本改。
② "理"，《新校釋》曰當作"治"，是。
③ "而"上，《遺誼》曰當有"專"字，是。
④ "時"，《新校釋》曰當作"貢"，可備一説。

通路，溝瀆修利，姑洗，三月也。時雨將降，故修利溝瀆。申之此令，嘉氣趣至。順其陽德，故嘉喜之氣至。① 仲吕之月，無聚大衆，巡勸農事。仲吕，四月。大衆，謂軍旅工役也。順陽長養，無役大衆，妨廢農工，故戒之曰"無"也。必循行農事勸率之。草木方長，無携民心。② 民當務農，長養穀木。徭役聚則心携離，逆上命也，故戒之曰毋也。蕤賓之月，陽氣在上，③安壯養俠，④蕤賓，五月。壯，盛。俠，少也。皆安養之，助陽也。本朝不靜，草木早槁。靜，安。朝政不寧，故草木變動墮落早枯槁也。林鐘之月，草木盛滿，陰將始刑。林鐘，六月。刑，殺也。夏至後四十六日立秋，秋則行刑戮，故曰陰氣將始殺也。無發大事，以將陽氣。發，起。將猶養。夷則之月，修法飭刑，選士厲兵，夷則，七月也。飭讀如敕。飭正刑法，所以行法也。簡選武士，厲利其兵。詰誅不義，以懷遠方。懷，柔也。《詩》云"柔遠能邇，以定我王"也。南吕之月，蟄蟲入穴，南吕，八月也。蟄讀如《詩・文王之什》。⑤ 趣農收聚，仲秋大雨，⑥故收聚。無敢懈怠，以多爲務。務猶事也。無射之月，疾斷有罪，當法勿赦，無射，九月。有罪當斷，故勿赦。⑦ 無留獄訟，以亟以故。亟，疾。故，事。應鐘之月，陰陽不通，閉而爲冬，應鐘，十月。陽伏在下，陰閉於上，故不通。修別一作"辨"。喪紀，審民所終。審，慎。終，卒。修別喪服親疏輕重之紀，故曰"審民所終"也。

## 音律

---

① "喜"，《集釋》曰當作"善"，是。
② "心"，《正誤》曰當作"志"，是。
③ "上"，原作"土"，據《二十二子》本改。
④ "俠"，畢沅曰當作"佼"，是。
⑤ "王"下，原衍"什"字，據《二十二子》本删。
⑥ "雨"，《集釋》曰當作"内"，是。
⑦ "故"，《遺誼》曰當作"殺"，是。

三曰：夏后氏孔甲田于東陽萯山，孔甲，禹後十四世皋之父，[1]發之祖，桀之宗。田，獵也。天大風晦盲，盲，瞑也。孔甲迷惑，入于民室。主人方乳，乳，産。或曰："后來，是良日也。[2]之子是必大吉。"之，其。或曰："不勝也。之子是必有殃。"后乃取其子以歸，曰："以爲余子，誰敢殃之？"子長成人，幕動坼橑，[3]斧斫斬其足，[4]遂爲守門者。以其無足，遂爲守門之官，向謂之子有殃也。孔甲曰："嗚呼！有疾，命矣夫。"乃作爲《破斧》之歌，實始爲東音。[5]爲東陽之音。禹行功，見塗山之女。禹未之遇，而巡省南土。遇，禮也。禹未之禮而巡狩南行也，省南方之土。塗山氏之女乃令其妾候禹于塗山之陽，[6]塗山在九迴，近當塗也。山南曰陽也。女乃作歌，歌曰："候人兮猗。"實始作爲南音。南方國風之音。周公及召公取風焉，以爲《周南》、《召南》。取塗山氏女南音爲樂歌。周昭王親將征荆，周昭王，康王之子，穆王之父。荆，楚也。秦莊王諱"楚"，避之曰"荆"。辛餘靡長且多力，爲王右。右，兵車之右也。還反涉漢，梁敗，王及蔡公抎於漢中。抎，墜，音曰顛隕之隕。辛餘靡振王北濟，又反振蔡公。振，救也。《傳》曰："齊桓公伐楚，讓之曰：'爾貢苞茅不入，王祭不供，無以縮酒，寡人是徵。昭王南征，没而不復，寡人是問。'對曰：'貢之不入，寡君之罪，敢不共乎？昭王之不復，君其問諸水濱。'"由此言之，昭王爲没於漢，辛餘靡焉得振王北濟哉？周公乃侯之于西翟，實爲長公。[7]西翟，西方也。以辛

---

① "世"，原作"生"，據《二十二子》本改。
② "是"，原作"見"，據《二十二子》本改。
③ "坼橑"，原作"拆撩"，據《二十二子》本改。
④ "斬"，《新校釋》曰當作"斷"。
⑤ "始"下，《集釋》曰當有"作"字，是。
⑥ "候"，原作"待"，據《二十二子》本改。"候"上，《彙校》曰當有"往"字，是。
⑦ "周公"至"長公"十二字，《新校釋》曰當作"昭王乃侯之於西翟，賞爲長公"，可備一説。

餘靡有振王之功，①故賞之爲長公。殷整甲徙宅西河一作“阿”。猶思故處，處，居也。實始作爲西音。長公繼是音以處西山，西音，周之音。秦繆公取風焉，實始作爲秦音。取西音以爲秦國之樂音。有娀氏有二佚女，爲之九成之臺，②成猶重。飲食必以鼓。鼓，樂。帝令燕往視一作“劾”。之，鳴若謚隘。二女愛而爭搏之，覆以玉筐，少選，發而視之，少選，須臾。燕遺二卵，北飛，遂不反，帝，天也。天令燕降卵於有娀氏女，吞之生契，《詩》云：“天命玄鳥，降而生商。”又曰：“有娀方將，③立子生商。”此之謂也。二女作歌一終，曰：“燕燕往飛。”實始作爲北音。北國之音。

凡音者，産乎人心者也。感於心則蕩乎音，蕩，動。音成於外而化乎内。内化生内心。④是故聞其聲而知其風，風，俗。察其風而知其志，一作“意”，下同。觀其志而知其德。盛衰、賢不肖、君子小人皆形於樂，不可隱匿，故曰樂之爲觀也深矣。土弊則草木不長，弊，惡。水煩則魚鱉不大，擾，渾。⑤世濁則禮煩而樂淫。煩，亂。淫，邪。鄭衛之聲，桑間之音，説在《孟春紀》。此亂國之所好，衰德之所説。説，樂。流辟誂越慆濫之音出，出，生也。則滔蕩之氣、邪慢之心感矣，感則百奸衆辟從此産矣。故君子反道以修德，修，治也。正德以出樂，和樂以成順。樂以和爲成順。⑥樂和而民鄉方矣。鄉，仰。方，道。

**音初**

---

① “功”，原作“力”，據《二十二子》本改。
② “爲之九成之臺”，《新校釋》曰當作“爲九成之臺以處之”，可備一説。
③ “方”上，原衍“氏女”二字，據《二十二子》本删。
④ 上“内”，《正誤》曰“内”字衍，是。
⑤ 畢沅曰：“據此注則正文本作‘水擾’，後人以《樂記》之文改之。”是。
⑥ “爲”，《新校釋》曰“爲”字當衍。

四曰：欲觀至樂，必於至治。至樂，至和之樂。至治，至德之治。其治厚者其樂治厚，①其治薄者其樂治薄，亂世則慢以樂矣。今室閉户牖，動天地，一室也。故成湯之時，有穀生於庭，昏而生，比旦而大拱。②《書叙》云："伊陟相太戊，亳有桑穀祥，共生于朝。"太戊，太甲之孫，太康之子也，號爲中宗。滿兩手曰拱。湯生仲丁，仲丁生太甲，太甲生太康，太康生太戊，凡五君矣，此云湯之時，不亦謬乎？由此觀之，曝咸陽市門，無敢增損一字者，明畏不韋之埶耳。故揚子雲恨不及其時，車載其金而歸也。其吏請卜其故。灼龜曰卜。湯退卜者曰："吾聞祥者福之先者也，見祥而爲不善則福不至。妖者禍之先者也，見妖而爲善則禍不至。"爲善則福應之，故禍無從至也。於是早朝晏退，問疾弔喪，務鎮撫百姓，三日而穀亡。③亡，滅。故禍兮福之所倚，福兮禍之所伏，聖人所獨見，衆人焉知其極？極猶終。

周文王立國八年，歲六月，文王寢疾五日而地動，東西南北不出國郊。④邑外曰郊。百吏皆請曰："臣聞地之動，爲人主也。今王寢疾五日而地動，四面不出周郊，群臣皆恐，曰'請移之'。"文王曰："若何其移之也？"對曰："興事動衆以增國城，其可以移之乎？"文王曰："不可。夫天之見妖也，以罰有罪也。我必有罪，故天以此罰我也。今故興事動衆以增國城，是重吾罪也。不可。"重猶益也。移咎徵於他人是益吾罪，故曰"不可"。文王曰：⑤"昌也請改行重善以移之，其可以免乎？"於

---

① "樂治"，《新校釋》曰當作"樂"，下同，是。

② "而"，原作"其"，據《二十二子》本改。

③ "亡"，原作"止"，據《二十二子》本改，注亦同。

④ "國"，《舉正》曰當作"周"。

⑤ "文王曰"，《正誤》曰"文王曰"三字衍，《新校釋》曰"文"上當有脱文，疑當作"吏曰'行重善其可以移之乎'"。

是謹其禮秩皮革以交諸侯,飭其辭令、飭讀如敕,飭正其辞令也。幣帛以禮豪士。幣,圭璧。帛,玄纁也。[①] 材倍百人曰豪也。[②] 頒其爵列等級田疇,以賞一作"賓"。群臣。無幾何,疾乃止。止,除也。文王即位八年而地動,已動之後四十三年,凡文王立國五十一年而終。此文王所以止殃翦妖也。翦,除。

宋景公之時,熒惑在心。景公,元公佐之子欒。熒惑,五星之一,火之精也。心,東方宿,宋之分野。公懼,召子韋而問焉,曰:"熒惑在心,何也?"子韋,宋之太史,能占宿度者,故問之。子韋曰:"熒惑者,天罰也。心者,宋之分野也。禍當於君。雖然,可移於宰相。"公曰:"宰相所與治國家也,而移死焉,不祥。"祥,吉。子韋曰:"可移於民。"公曰:"民死,寡人將誰爲君乎?寧獨死。"《傳》曰:"后非衆無以守邑。"故曰"將誰爲君乎"。子韋曰:"可移於歲。"公曰:"歲害則民飢,穀不熟爲飢也。民飢必死。爲人君而殺其民以自活也,[③]其誰以我爲君乎?《傳》曰:"衆非元后何戴?"故曰"其誰以我爲君"。是寡人之命固盡已。子無復言矣。"子韋還走,北面載拜曰:"臣敢賀君。天之處高而聽卑。君有至德之言三,天必三賞君。今昔熒惑其徙三舍,[④]君延年二十一歲。"[⑤]公曰:"子何以知之?"對曰:"有三善言,必有三賞。熒惑有三徙舍,[⑥]舍行七星,星,宿也。星一徙當一年,三七二十一,臣故曰君延年二十一歲矣。以德復星也。徙三舍固其

---

① "纁",原漫漶不清,此據元刻明修本。
② "材倍",原作"林陪",據《二十二子》本改。
③ "而"下,《舉正》曰當有"欲"字,於義爲勝。
④ "昔",《新校釋》、《注疏》作"夕"。
⑤ "延",原漫漶不清,此據元刻明修本。
⑥ "有",《二十二子》本作"必",《新校釋》曰當作"其"。

理也。[1] 死生有命，不可益矣，而延二十一歲，誘無聞也。臣請伏於陛下以伺候之。[2] 熒惑不徙，臣請死。"公曰："可。"是夕熒惑果徙三舍。

## 制樂

五曰：五帝三王之於樂盡之矣。盡，極。亂國之主未嘗知樂者，是常主也。非賢主也。夫有天賞得爲主而未嘗得主之實，未嘗得爲賢主之實。此之謂大悲。此之爲大悲哀之人。是正坐於夕室也，夕室，以喻悲人也。言其室邪夕不正，徒正其坐也。[3] 其所謂正乃不正矣。悲人所爲，如坐夕室，自以爲正，乃不正之謂也。凡生非一氣之化也，長非一物之任也，成非一形之功也。故衆正之所積，其福無不及也；及，至。衆邪之所積，其禍無不逮也。其風雨則不適，適，時也。其甘雨則不降，其霜雪則不時，不當霜雪而霜雪，故曰"不時"也。[4] 寒暑則不當，[5]不當寒而寒，不當暑而暑。陰陽失次，一作"易次"。[6] 四時易節，謂不得其所。"節"一作"位"。人民淫爍不固，淫邪銷爍不一也。不固，不執正道。禽獸胎消不殖，銷爍不成，不得長殖也。草木庳小不滋，[7]滋亦長。五穀萎敗不成，[8]成，熟也。其以爲樂也，若之何哉？言不可以爲樂，故曰"若之何哉"？故至亂之化，君臣相賊，君不君，臣不臣，故相

---

① "三舍固"，原作"二舍國"，據《二十二子》本改。
② "候"，《批校本》曰"候"字衍，是。
③ "徒"，原作"徙"，據元刻明修本改。
④ "時"，原脱，據元刻明修本補。
⑤ "寒"上，《平議》曰當有"其"字，是。
⑥ "一"，原爲空格，據元刻明修本補。
⑦ "庳"，原作"痺"，據《二十二子》本改。
⑧ "萎"，原漫漶不清，此據《二十二子》本。

賊。長少相殺，父子相忍，弟兄相誣，知交相倒，倒，逆。夫妻相冒，日以相危，失人之紀，冒，嫉。危，疑。相嫉則相猜疑，故失人道之綱紀。心若禽獸，長邪苟利，一作"苟且"。不知義理。亂政之化也，心如禽獸，焉知義理？

其雲狀有若犬、若馬、若白鵠、若衆車。雲氣形狀如物之形也。有其狀若人，蒼衣赤首，不動，其名曰天衡。① 衡物之氣。有其狀若懸釜而赤，其名曰雲旍。雲氣之象旍旗者。有其狀若衆馬以鬥，其名曰滑馬。《五行傳》爲馬妖也。有其狀若衆植華一作"雚"。以長，②黄上白下，其名蚩尤之旗。③ 其日有鬥蝕，有倍僪，有暈珥，鬥蝕，④兩日共鬥而相食。倍僪、暈珥，皆日旁之危氣也。在兩傍反出爲倍，在上反出爲僪，在上内向爲冠，兩旁内向爲珥。暈讀如君國子民之君。氣圍繞日周匝，有似軍營相圍守，故曰暈也。有不光，有不及一作"反"。⑤ 景，有衆日並出，有晝盲，盲，冥。有霄見。霄，夜。見，明。其月有薄蝕，⑥薄，迫也。日月激會相掩，名爲薄蝕。有暉珥，有偏盲，有四月並出，有二月並見，並猶俱也。有小月承大月，有大月承小月，有月蝕星，有出而無光。其星有熒惑，熒惑，火精。有彗星，有天棓，有天欃，⑦有天竹，有天英，有天干，干，栖也。有賊星，有鬥星，有賓星。其氣有上不屬天，下不屬地，屬猶至。有豐上殺下，⑧有若水之波，有若山

① "衡"，《舉正》曰當作"衡"，是。
② "華"，《舉正》曰當作"雚"，是。
③ "旗"，原作"旍旍旗"，"旍旗"爲注，據《二十二子》本改。
④ "蝕"，原作"食"，據《二十二子》本改。
⑤ "一"，原爲空格，據元刻明修本補。
⑥ "月"，原作"日"，據《二十二子》本改。
⑦ "欃"，原作"攙"，據《二十二子》本改。
⑧ "豐"，原作"豊"，據《二十二子》本改。

之檝，檝，林木也。春則黄，夏則黑，秋則蒼，冬則赤。其妖孽有生如帶，有鬼投其陴，[1]陴，脚也，音楊子愛骭一毛之骭。有菟生雉，雉亦生鴳，鴳，一名冠爵，於《五行傳》羽蟲之孽。有螟集其國，其音匈匈，食心爲螟，音聲飛匈匈，驚動衆人，集其國都也。國有游蛇西東，於《五行傳》爲蛇妖也。西東，示民流遷，國不安寧也。馬牛乃言，言，語。皆妖也。犬彘乃連，連，合。皆妖也。有狼入於國，[2]國，都也。《河圖》曰："野鳥入，[3]主人亡也。"有人自天降，降，下。人，妖也。市有舞鴟，國有行飛，一作"彘"。馬有生角，於《五行傳》爲馬禍。雄雞五足，羽蟲之孽。有豕一作"豸"。生而彌，彌，蹄不甲也。於《五行傳》爲墨眚黑之祥也。[4]雞卵多瑕，[5]有社遷處，遷，移。有豕生狗。於《五行傳》爲豕禍。國有此物，其主不知驚惶亟革，上帝降禍，凶災必亟。亂惑之主，見妖孽之怪，不知驚惶疾亟革更，共御厥罰，[6]故上帝降之禍，凶災必至。其一作"有"。殘亡死喪，殄絶無類，流散循飢無日矣。循，大也。穀不熟曰飢。無復有期日也。此皆亂國之所生也，不能勝數，盡荆、越之竹猶不能書。楚、越，竹所出也，尚不能勝書者，妖多也。故子華子曰："夫亂世之民，長短頡許百疾。[7]疾，病也。長短者，無節度也。頡猶大。[8]

---

① "陴"，《新校釋》曰當作"限"。

② "國"，《新校釋》曰當作"邦"，是。

③ "鳥"，《新校釋》曰當作"狼"。

④ "墨眚黑"，《二十二子》本、《集釋》作"青黑"，《新校釋》、《注疏》作"墨青黑"。

⑤ "瑕"，原作"假"，據《二十二子》本改。

⑥ "御"，原作"衛"，據《二十二子》本改。

⑦ "許"，原作"訐"，據《二十二子》本改，注亦同。"長短頡許百疾"，《新校釋》曰疑當作"長短頡頏，百疾俱作"，可備一說。

⑧ "頡"，原作"訐"，據《二十二子》本改。

詐,逆也。① 百疾,變詐也。既無節度,大逆爲變詐之疾也。民多疾癘,道多褓繈,盲秃傴尪,萬怪皆生。"褓,小兒被也。繈,褸格繩也。② 言民繈負其子走道,跛而散去。盲,無見。秃,無髪。傴,僂俯者也。尪,短仰者也。怪物妄生非一類,故言萬怪者也。故亂世之主烏一作"焉"。聞至樂?烏,安也。不聞至樂,其樂不樂。亂國之樂怨以悲,不聞至德之樂,故曰"其樂不樂"也。

## 明理

① "逆",原作"迎",據《二十二子》本改,下同。

② "褸格",原作"樓拾上",據《二十二子》本改。

# 卷第七

吕氏春秋訓解　高氏

## 孟秋紀第七　蕩兵一作“用兵”　振亂　禁塞　懷寵

一曰：孟秋之月，[①]孟秋，夏之七月。[②] 日在翼，翼，南方宿，楚之分野。是月，日躔此宿。昏斗中，旦畢中。[③] 斗，北方宿，吴之分野。畢，西方宿，趙之分野。是月昏旦時，皆中於南方。其日庚辛，其帝少皡，庚辛，金日也。少皡，帝嚳之子摯兄也，[④]以金德王天下，號爲金天氏，死配金，爲西方金德之帝。其神蓐收。少皡氏裔子曰該，皆有金德，死托祀爲金神。其蟲毛，其音商，金氣寒，裸者衣毛。[⑤] 毛蟲之屬，而虎爲之長。商，金也，其位在西方。律中夷則，其數九。夷則，陽律也。竹管音與夷則和，太陽氣衰，太陰氣發，[⑥]萬物肅然，[⑦]應法成

---

① “月”下，原衍“長日至四旬六日”七字，據《二十二子》本删。

② “月”下，原衍“夏至後日尚長至四十六日立秋晝夜等故曰長日至四旬六日”二十五字，據《二十二子》本删。

③ “中”下，原衍“則立秋”三字，據《二十二子》本删。

④ “帝嚳之子摯兄也”，《新校釋》曰當作“帝嚳之祖，摯名也”，可備一説。

⑤ “毛”，原脱，據《二十二子》本補。

⑥ “陰”，原作“陽”，據《二十二子》本改。

⑦ “肅然”，《彙校》曰當作“雕傷”，是。

性，故曰"律中夷則"。其數九，五行數五，金第四，故曰九。其味辛，其臭腥，五行，金味辛，金臭腥。其祀門，祭先肝。孟秋始内，由門入，故祀門也。肝，木也。祭祀之肉用其勝，故先進肝。又曰，肝，金也，自用其藏也。涼風至，白露降，涼風，坤卦之風，爲損。① 降，下。寒蟬鳴，鷹乃祭鳥，始用行戮。② 寒蟬得寒氣鼓翼而鳴，時候應也。是月，鷹摯殺鳥於大澤之中，四面陳之，世謂之祭鳥。於是時乃始行戮，刑罰順秋氣。天子居總章左個，總章，西向堂也。西方總成萬物，章明之也，故曰"總章"。左個，南頭室也。乘戎路，駕白駱，戎路，白路也。白馬黑鬣曰駱。載白旗，衣白衣，服白玉。白，順金也。③ 食麻與犬，其器廉以深。犬，金畜也。廉，利也，象金斷割。深，象陰閉藏。

是月也，以立秋。先立秋三日，太史謁之天子，夏至後四十六日立秋，故在是月。謁，告也。曰："某日立秋，盛德在金。"天子乃齋。盛德在金，金主西方也。④ 齋，自禋潔。立秋之日，天子親率三公九卿諸侯大夫以迎秋於西郊。九里之郊。還，乃賞軍率武人於朝。金氣用事，治兵討暴，非率不整，非武不齊，故賞軍將與武人於朝，與衆共之。天子乃命將帥，選士厲兵，⑤簡練桀儁，材過萬人曰桀，千人曰儁。專任有功，以征不義，征，正也。詰誅暴慢，以明好惡，巡彼遠方。巡，行也。遠方，天下也。是月也，命有司修法制，禁令。繕囹圄，具桎梏，禁止奸，囹圄，法室。桎梏謂械，在足曰桎，在手曰梏，所以禁止人之奸邪。慎罪邪，務搏執。命理瞻傷察創，視折審斷，慎，戒。有奸罪者搏執之也。理，獄官也。

---

① "損"，《集釋》曰當作"墳"，是。
② "始用"，畢沅曰當作"用始"，是。
③ "金"下，《集釋》曰當有"色"字，是。
④ "主"，原作"王"，據元刻明修本改。
⑤ "士"，原脱，據《二十二子》本補。

使視傷創毁折者可斷之,故曰“審斷”。決獄訟必正平,戮有罪,嚴斷刑。爭罪曰獄,爭財曰訟。決之者必得其正平,不直者戮而刑之。天地始肅,不可以贏。肅,殺。素氣始行,①不可以驕贏。② 犯令必誅,故曰“不可以贏”。是月也,農乃升穀,天子嘗新,先薦寢廟。升,進也。先致寢廟,《孝經》曰:“四時祭祀,不忘親也。”命百官,始收斂。收斂,孟秋始内。完堤防,謹壅塞,以備水潦。是月,月麗于畢,俾雨滂沲,故預完堤防,備水潦。修宫室,附牆垣,補城郭。附讀如符。附猶培也。是月也,無以封侯、立大官,封侯,裂土封之邑也。③ 大官,謂上公九命之官。無割土地、行重幣、出大使。無割土地,以地賜人。④ 重幣,金帛之幣。大使,使命也。⑤ 方金氣之收藏,皆所不宜行也。⑥ 行之是令,而涼風至三旬。

孟秋行冬令,則陰氣大勝,介蟲敗穀,戎兵乃來。冬,水王,而行其令,故陰氣大勝也。介蟲,龜屬。冬,玄武,故介甲之蟲敗其穀也。金水相并,則戎兵來侵爲害。行春令,則其國乃旱,陽氣復還,五穀不實。春陽亢燥,而行其令,故枯旱也。是月,涼風用事,而行春暖之令,而穀更生,故害而不成實也。行夏令,則多火災,寒熱不節,民多瘧疾。夏,火王,而行其令,故多火災。金氣、火氣,寒熱相干不節,使民病瘧疾,⑦寒熱所生。

## 七月紀

---

① “素”,《新校釋》曰當作“殺”,是。
② “以”,原漫漶不清,此據元刻明修本。
③ “之”,《新校釋》曰“之”字衍,是。
④ “以地賜人”,《新校釋》曰當作“謂無以地賜人”,可備一説。
⑤ “大使使命也”,《集釋》曰當作“大使,命卿使也”,可備一説。
⑥ “所”下,原衍“以”字,據《二十二子》本删。
⑦ 《新校釋》曰:“高注‘瘧疾’二字當重。”

二曰：古聖王有義兵，而無有偃兵。偃，止。兵之所自來者上矣，自，從。上，久。"上"一作"久"。與始有民俱。俱，皆。凡兵也者，威也。威也者，力也。民之有威力，性也。性者，所受於天也，非人之所能爲也，武者不能革，革，更。而工者不能移。移，易。兵所自來者久矣，黄、炎故用水、火矣，黄，黄帝。炎，炎帝也。炎帝爲火災，黄帝滅之也。共工氏固次作難矣，共工之治九州，有異高辛氏爭爲帝而亡，①故曰"次作難"也。五帝固相與爭矣。遞興一作"與"。② 廢，③勝者用事。人曰：④"蚩尤作兵。"蚩尤非作兵也，利其械矣。蚩尤，少皞氏之末九黎之君名也，始作亂，伐無罪，殺無辜，善用兵，爲之無道，非始造之也，故曰"非作兵也"。未有蚩尤之時，民固剥林木以戰矣，勝者爲長。長，率。長則猶不足治之，故立君。⑤ 立，置也。君又不足以治之，故立天子。天子之立也出於君，君之立也出於長，長之立也出於爭。戰勝而爲長，故曰"出於爭"。爭鬥之所自來者久矣，不可禁，不可止，天生五材，民並用之，廢一不可，誰能去兵？兵之來久矣，聖人以治，亂人以亡，廢興存亡昏明之術也，故曰"不可禁，不可止"。故古之賢王有義兵而無有偃兵。⑥

家無怒笞，一作"忿"。則豎子嬰兒之有過也立見；家無嚴親怒笞之威，則小子好爭上下，過立著見也。國無刑罰，則百姓之悟相

① "有異高辛氏爭爲帝而亡"，《舉正》曰當作"與高辛氏爭爲帝而亡"，是。

② "一"，原爲空格，據《二十二子》本補。

③ "廢"上，《注疏》有"遞"字，於義爲勝。

④ "人"，原作"又"，據《二十二子》本改。

⑤ "長則猶不足治之故立君"，《新校釋》曰當作"長則治之。長猶不足以治之，故立君"，可備一説。

⑥ "賢王"，《畢校補正》曰當作"聖王"，是。

侵也立見;①無刑罰可畏,臣下故有相侵凌奪掠之罪。天下無誅伐,②則諸侯之相暴也立見。無誅伐可畏,③故相暴,大兼小也。故怒笞不可偃於家,刑罰不可偃於國,誅伐不可偃於天下,有巧有拙而已矣。巧者以治,拙者以亂。故古之聖王有義兵而無有偃兵。

夫有以饐死者,欲禁天下之食,悖;④悖,惑。有以乘舟死者,欲禁天下之船,悖;有以用兵喪其國者,欲偃天下之兵,悖。夫兵不可偃也,⑤譬之若水火然,水以療湯,火以熟食,兵以除亂,夫何偃也?故曰"若水火然"。善用之則爲福,不能用之則爲禍;《傳》曰:"能者養之以求福,不能者敗之以取禍。"此之謂。若用藥者然,得良藥則活人,得惡藥則殺人。義兵之爲天下良藥也亦大矣。義兵除天下之凶殘,解百姓之倒懸而生育之,故方之於良藥。且兵之所自來者遠矣,未嘗少選不用,貴賤長少賢者不肖相與同,⑥有巨有微而已矣。少選,須臾也。賢不肖者用兵,皆欲得勝,是其同也。巨,粗略。微,要妙,睹未萌之萌也。察兵之微,在心而未發,兵也;疾視,兵也;作色,兵也;傲言,兵也;援推,一作"挂刺"。兵也;連一作"速"。反,兵也;侈鬥,⑦兵也;三軍攻戰,兵也。此八者皆兵也,微巨之爭也。今世之以偃兵疾說者,終身用兵而不自知,悖,故說雖強,談雖辯,文學雖博,猶不見

---

① "悟"下,《新校釋》曰疑當有"逆"字。

② "天下",《新校釋》曰當作"天子"。

③ "伐",原作"罰",據《二十二子》本改。

④ "悖"下,《集釋》曰當有"矣"字,下同,是。

⑤《集釋》曰:"'夫'爲'矣'字之壞,屬上句。'兵'下疑脱'之'字。"可備一說。

⑥ "賢者不肖",《札記》曰當作"賢不肖者",是。

⑦ "侈",《批校本》曰當作"侈",是。

聽。雖以辯文博學，力説偃兵，不自知博者，不聽從也。① 故古之聖王有義兵而無有偃兵。

兵誠義，以誅暴君而振苦民。一作"弱民"。民之説也，② 若孝子之見慈親也，若饑者之見美食也。民之號呼而走之，走，歸。若強弩之射於深溪也，若積大水而失其壅堤也。中主猶若不能有其民，而況於暴君乎？中主，非賢君。

**蕩兵**一作"用兵"

三曰：當今之世，濁甚矣。濁，亂也。君肆害不可禁衛，故亂甚。黔首之苦，不可以加矣。民人之苦毒，不可復增加。天子既絶，賢者廢伏，絶，若三代之末祚數盡也。賢者不見用，故廢伏。世主恣行，與民相離，黔首無所告訴。世主，亂主也。亂政亟行，與民相違，黔首懷怨，無所控告。世有賢主秀士，宜察此論也，則其兵爲義矣。賢主，治主也。秀士，治士也。宜察恣行之主與民相離怨而捨之也，必舉兵誅之。誅其君，弔其民，故曰其兵爲之義也。③ 天下之民，且死者也而生，且，將也。④ 治主之兵救其民，故曰將生也。⑤ 且辱者也而榮，榮，光明也。且苦者也而逸。民見弔恤安逸。⑥ 世主恣行，則中人將逃其君、去其親，又況於不肖者乎？遭恣行之君，中凡之人將逃而去之，不能顧其親戚也。又況下愚不肖之人，能保守其君而不逃去其親者也？故義兵至，則世主不能有其民矣，人親

---

① "不自知博者不聽從也"，畢沅曰當作"不自知悖者，人不聽從也"，可備一説。

② "説"下，《批校本》曰當有"之"字，是。

③ "之"，畢沅曰"之"字疑衍。

④ "將"，原作"行"，據《二十二子》本改。

⑤ 《新校釋》曰："'故曰將生也'當作'故曰將死而生也'。"於義爲勝。

⑥ "恤"下，《新校釋》曰當有"而"字，是。

不能禁其子矣。世主暴亂，若桀、紂者也，民去之而歸湯、武，故不能得其有也，其親不能禁止其子。

凡爲天下之民長也，慮莫如長有道而息無道，①賞有義而罰不義。今之世，學者多非乎攻伐。非攻伐而取救守，取救守則鄉之所謂長有道而息無道、賞有義而罰不義之術不行矣。天下之長民，②其利害在一本下有“此”字。③ 察此論也。攻伐之與救守一實也，攻伐欲陷人，救守欲完人，其實一也。而取舍人異，攻伐欲破人，救守欲全人，故曰“取舍人異”。以辯説去之，終無所定論。固不知，悖也；知而欺心，誣也。論説事情，固不知之，是爲悖。實知之而自欺其心，是爲誣。誣悖之士，雖辯無用矣。辯無所能施，故謂之無用。是非其所取而取其所非也，是利之而反害之也，安之而反危之也。民以爲安，而安之以禮義也。危之，乃危亡之道也。故曰安之反危也。爲天下之長患、致黔首之大害者，若説爲深。説若是者，爲天下之患，爲黔首之害深而大也。夫以利天下之民爲心者，不可以不熟察此論也。論猶别也。夫攻伐之事，未有不攻無道而罰不義也。攻無道而伐不義，則福莫大焉，黔首利莫厚焉。厚，重也。禁之者，禁，止也。是息有道而罰有義也，是窮湯、武之事而遂桀、紂之過也。遂猶長也。凡人之所以惡爲無道不義者，④爲其罰也。惡猶畏。所以蘄有道行有義者，⑤爲其賞也。蘄讀曰祈，或作勤。今無道不義存，存者賞之也；雖存幸耳，賞之非也。而有道行義窮，窮者罰之

① “如”，原作“知”，據《二十二子》本改。
② “長民”，《札記》曰當作“民長”，是。
③ “此”，元刻明修本作“比”。
④ “道”下，《新校釋》曰當有“行”字，是。
⑤ “蘄”下，《批校本》曰當有“爲”字，是。

也。雖窮不幸耳,罰之非也。賞不善而罰善,欲民之治也不亦難乎?治,整也。故亂天下害黔首者,若論爲大。論若是者,賞所當罰者,罰所當賞者,是以亂天下而害黔首最爲大也。

## 振亂

四曰:夫救守之心,未有不守無道而救不義也。守無道而救不義,則禍莫大焉,①莫,無也。無有大之者。爲天下之民害莫深焉。深,重也。無有重之者。凡救守者,太上以説,説,説言也。② 其次以兵。以兵威之。以説則承從一作"徒"。多群,③日夜思之,事心任精,起則誦之,卧則夢之,自今單脣乾肺,費神傷魂。單,盡。乾,晞。費,損。神,人之神也。魂,人之陽精也。陽精爲魂,陰精爲魄。上稱三皇五帝之業以愉其意,愉,悦。下稱五伯名士之謀以信其事,信,明也。其説救守之事。早朝晏罷以告制兵者,制者,主也。謂敵之主兵者。行説語衆以明其道。道畢説單而不行,畢、單,皆盡。不行,不見從。則必反之兵矣。説不見從,故反之以兵威之。反之於兵則必鬥爭,④之情,必且殺人,是殺無罪之民以興無道與不義者也。無道與不義者存,是長天下之害爲天下之害者得兹長。而止天下之利,晋獻公曰:"物不兩施。"害長故利止者也。雖欲幸而勝,⑤禍且始長。晋獻公伐麗戎,史蘇曰:"勝而不吉。"故曰禍乃始長也。先王之法曰:"爲善者賞,爲不善者罰。"古之道也,不可易。易猶違。今不别其義與不

---

① "禍",原作"楇",據《二十二子》本改。
② "説説言也",《新校釋》曰當作"説,言説也",可備一説。
③ "承從多群",《新校釋》曰當作"聚徒朋群",可備一説。
④ "鬥爭",畢沅曰"鬥爭"二字當重,是。
⑤ "欲",《新校釋》曰"欲"字疑衍,是。

義而疾取救守，不義莫大焉，害天下之民者莫甚焉。

故取攻伐者不可，[①]非於義可攻可伐，故不可非也。攻伐不可；取於義不可攻不可伐，故不可取，惟義所在。[②] 救守不可，非於義當救當守，故不可非。救守不可，取於義當守當救，不可取而有之也。惟義兵爲可。[③] 兵苟義，攻伐亦可，以有道攻伐無道，故《司馬法》曰："以戰去戰，雖戰可也。"此之謂也。救守亦可。謂諸侯思啓封疆，[④]以無道攻有道，雖救之可也。極困設守亦可也。兵不義，攻伐不可，若以桀、紂之兵攻伐湯、武，曷當可乎？救守不可。桀、紂堅守而往救之，亦不可也。使夏桀、殷紂無道至於此者，幸也；使吴夫差、智伯瑶侵奪至於此者，幸也；夫差，吴王闔閭之子。智伯，智宣子之子襄子也。使晋厲、陳靈、宋康不善至於此者，幸也。晋厲公，景公之子州蒲也。陳靈公，共公之子平國也。[⑤] 宋康王，在春秋後，當戰國時，僭稱王。若令桀、紂知必國亡身死，殄無後類，吾未知其厲爲無道之至於此也；[⑥]吴王夫差、智伯瑶知必國爲丘墟，身爲刑戮，吾未知其爲不善無道侵奪之至於此也；[⑦]夫差、智伯爲無道，侵奪無厭，夫差爲越王句踐所滅，智伯爲襄子所殺於晋陽之下也。[⑧] 晋厲知必死於匠麗氏，匠麗氏，晋大夫家也。厲公無道，欒書、中行偃殺之於匠麗氏也。陳靈知必死於夏徵舒，夏徵舒，陳大夫御叔之子，夏姬所生也。靈公通於夏姬，與孔寧、義行父飲酒於夏氏，徵

---

① "者"，《札記》曰"者"字衍，是。
② "在"，原作"作"，據《二十二子》本改。
③ "取"，《札記》曰"取"字衍，是。
④ "疆"，原漫漶不清，此據《二十二子》本。
⑤ "國"下，原衍"者"字，據《二十二子》本删。
⑥ "厲"，《正誤》曰"厲"字衍，是。
⑦ "不善無道"，《平議》曰"不善無道"四字衍，是。
⑧ "所"，《新校釋》曰"所"字當衍，是。

舒過之，公謂行父曰："徵舒似汝。"對曰："亦似君。"徵舒病之，①公出自其厩，②射而殺之，故曰"死於夏徵舒"。宋康知必死於温，吾未知其爲不善之至於此也。温，魏邑也。宋康王，名偃，宋元公佐六世之孫辟兵之子也。立十一年，自爲王。東敗齊取五城，南敗楚取二百里，③西敗魏軍於温，與齊、楚、魏爲敵國。以韋囊盛血，懸而射之，號曰射天。諸侯患之，咸曰宋復爲紂，不可不誅。即位四十七年，齊湣王與楚、④魏伐宋，遂滅之，而三分其地，故曰"死於温"。此七君者，大爲無道不義，所殘殺無罪之民者不可爲萬數，萬人一數之，言多不可勝數。壯佼老幼胎𪗋之死者，大實平原，廣堙深溪大谷，赴巨水，積灰，⑤填溝洫險阻，犯流矢，蹈白刃，加之以凍餓饑寒之患。以至於今之世，爲之愈甚，故暴骸骨無量數，言多。爲京丘若山陵。戰鬥殺人，合土築之，以爲京觀，故謂之京丘，若山陵高大也。世有興主仁士，深意念此，亦可以痛心矣，亦可以悲哀矣。哀亦痛也。察此其所自生，生於有道者之廢，而無道者之恣行。恣，放也。⑥ 夫無道者之恣行，⑦幸矣。無道者恣其情欲而見信用，⑧不得誅滅，是乃幸也。故世之患，不在救守，而在於不肖之者幸也。救守之説出，則不肖者益幸也，賢者益疑矣。疑怪其何以益幸也。故大亂天下者，在於不論其義而疾取救守。疾猶爭。

## 禁塞

---

① "之"，原作"也"，據《二十二子》本改。

② "出自其厩"，原作"自出其廖"，據《二十二子》本改。

③ "二"，《二十二子》本作"三"。

④ "湣"，原作"昏"，據《二十二子》本改。

⑤ "廣堙"至"積灰"十一字，《新校釋》曰當作"堙深溪大谷，赴巨水，積盧灰"，可備一説。

⑥ "放"，原作"故"，據《二十二子》本改。

⑦ "夫"，原作"無"，據《二十二子》本改。

⑧ "而見信用"，《新校釋》曰疑當作"而不肖之士見信用"，可備一説。

五曰：凡君子之説也，非苟辯也；士之議也，非苟語也。必中理然後説。理，義。必當義然後議。議，言。故説義而王公大人益好理矣，士民黔首益行義矣。一命爲士民。士民之説爲士者也。義理之道彰，則暴虐奸詐侵奪之術息也。彰，明。息，滅。暴虐奸詐之與義理反也，其執不俱勝，不兩立。故兵入於敵之境，①境，壤。則民知所庇矣，②庇，依蔭也。黔首知不死矣。知義兵救民之命，不殺害。至於國邑之郊，不虐五穀，不掘墳墓，不伐樹木，不燒積聚，不焚室屋，不取六畜。得民虜奉而題歸之，奉，送也。以彰好惡。好其顯民，惡其惡君也。《傳》曰：③"其君是惡，其民何罪？"此之謂也。信與民期，以奪敵資。以信與民期，不違之也。資，用也。敵以暴虐用其民，故以信義奪其民也。若此而猶有憂恨冒疾遂過不聽者，④雖行武焉亦可矣。

先發聲出號號，令。曰："兵之來也，以救民之死。死，命。子之在上無道，據傲子，謂所伐國之君。荒怠，貪戾虐衆，恣睢自用也，辟遠聖制，謷醜先王，排訾舊典，⑤上不順天，順，承。下不惠民，惠，愛。徵歛無期，求索無厭，期，度。厭，足。⑥ 罪殺不辜，慶賞不當。若此者天之所誅也，人之所讎也，不當爲君。今兵之來也，將以誅不當爲君者也，以除民之讎而順天一作"民"。之道也。民有逆天之道、衛人之讎者，身死家戮不

① "兵"上，《集釋》曰當有"義"字，是。
② "民"上，《遺誼》曰當有"士"字，是。
③ "曰"，原作"日"，據《二十二子》本改。
④ "憂"，《雜志》曰當作"复"，是。
⑤ "排"，《新校釋》曰當作"誹"，是。
⑥ "期度厭足"，原作"其度厭之"，據《二十二子》本改。

赦。[1] 衛猶護助也。救無道之君,則身死家戮不赦貸也。[2] 有能以家聽者,禄之以家;以一家禄之。以里聽者,禄之以里;里,閭也。《周禮》:"五家爲比,五比爲閭。"閭,二十五家。以鄉聽者,禄之以鄉;《周禮》:"二千五百家爲州,五州爲鄉。"鄉,萬二千五百家。以邑聽者,禄之以邑;《周禮》:"八家爲井,四井爲邑。"三十二家也。[3] 此上鄉、邑皆不從《周禮》。以國聽者,禄之以國。"國,都也。《周禮》:"二千五百家爲縣,四縣爲都。"然則國都萬家也。故克其國不及其民,克,勝。及,罪。獨誅所誅而已矣。所誅,君也。舉其秀士一本作"秀儁"。而封侯之,秀士,儁士。選其賢良而尊顯之,授以上位。求其孤寡而振恤之,無子曰孤,無夫曰寡。振,贍。矜,恤。[4] 見其長老而敬禮之。尊高年。皆益其禄,加其級。禄,食。級,等。論其罪人而救出之。論猶理。分府庫之金,散倉廩之粟,金,鐵也,可以爲田器,皆布散以與人民。以鎮撫其衆,不私其財。問其叢社大祠,民之所不欲廢者而復興之,興之,舉其祀。曲加其祀禮。[5] 是以賢者榮其名,而長老説其禮,民懷其德。懷,安也。今有人於此,能生死一人,生,活也。[6] 則天下必爭事之矣。事此一人。[7] 義兵之生一人亦多矣,[8]人孰不説?故義兵至,則鄰國之民歸之若流水,民歸之若流水,不可壅禦也。誅國之民望

---

① "赦",原作"救",據《二十二子》本改。

② "赦貸",原作"救貳",據《二十二子》本改。

③ "三",原作"四",據《二十二子》本改。《集釋》曰:"當云'四井爲邑。邑,三十二家也'。"是。

④ "矜恤",《新校釋》曰:"注'矜恤'當作'恤,矜',注正文'恤'字。"是。

⑤ "曲",《新校釋》曰當作"典"。

⑥ "活",原漫漶不清,此據《二十二子》本。

⑦ "一",《吕氏春秋補注》曰"一"字衍,是。

⑧ "一",《札記》曰當作"死",是。

之若父母，行地滋遠，得民滋衆。所誅國之民，睎望義兵之至，若望其父母。滋，益。衆，多也。《孟子》曰："有百姓簞食壺漿以迎王師，奚爲後予？"此之謂。兵不接刃而民服若化。接，交。若被其化也。①

## 懷寵

① "其"，原漫漶不清，此據《二十二子》本。

# 卷第八

吕氏春秋訓解　高氏

## 仲秋紀第八　論威　簡選　決勝　愛士一作"慎窮"

一曰：仲秋之月，日在角，仲秋，夏之八月。角，東方宿，韓、鄭之分野。是月，日躔此宿。昏牽牛中，旦觜嶲中。牽牛，北方宿，越之分野。觜嶲，西方宿，魏之分野。是月昏旦時，皆中於南方。其日庚辛，其帝少皞，其神蓐收。其蟲毛，其音商，説在《孟秋》。律中南吕，南吕，陰律。是月，陽氣内藏，陰吕於陽，任其成功，①竹管音中南吕。其數九。其味辛，其臭腥，其祀門，祭先肝。涼風生，説在《孟秋》。候雁來，玄鳥歸，群鳥養羞。是月，候時之雁從北漠中來，南過周、雒之彭蠡。玄鳥，燕也，春分而來，秋分而去，歸蟄所也。《傳》曰："玄鳥氏，司分者也。"寒氣將至，群鳥養進其毛羽御寒也，故曰"群鳥養羞"。天子居總章太廟，總章，西向堂。太廟，中央室也。乘戎路，駕白駱，載白旗，衣白衣，服白玉。食麻與犬，其器廉以深。説在《孟秋》。

是月也，養衰老，授几杖，行麋粥飲食。陰氣發，老年衰，故

① "任其成功"，《批校本》曰當作"任成其功"，是。

共養之。① 授其几杖，賦行飲食糜粥之禮。② 今之八月，比户賜高年鳩杖粉粢是也。《周禮·大羅氏》掌獻鳩杖以養老，又《伊耆氏》掌共老人之杖。乃命司服具飭衣裳，文綉有常，制有小大，度有短長，衣服有量，必循其故，冠帶有常。司服，主衣服之官。將飾正衣服，③故命之也。上曰衣，下曰裳。青與赤，④五色備謂之綉。《周禮·司服》："掌王之吉服。祀昊天上帝則大裘而冕，⑤祀五帝亦如之。享先王則衮冕，享先公饗射則鷩冕，祀四望山川則毳冕，祭社稷五祀則絺冕，⑥群小祀則玄冕，凡兵事韋弁服，⑦視朝則皮弁服。"皮者鹿皮冠，⑧服者素積也，⑨故曰小大短長，冠帶有常也。命有司申嚴百刑，斬殺必當，有司，理官。刑非一，故言"百"。軍刑斬，獄刑殺，皆重其事，故曰"必當"。無或枉橈，⑩枉橈不當，⑪反受其殃。凌弱爲枉。違強爲橈。反，還。殃，咎。是月也，乃命宰祝巡行犧牲，視全具，案芻豢，宰，於《周禮》爲充人，掌養祭祀之犧牲。繫于牢，芻之三月也。祝，太祝。以騂牷事神，祈福祥也。巡行犧牲，視其全具者，恐其毁傷。案其芻豢之薄厚。⑫ 牛羊曰芻，犬豕曰豢。瞻肥瘠，察物色，物，毛也。必比類，量小大，視長短，皆中度。五者備當，上帝其享。天子乃儺，

---

① "共"，原漫漶不清，此據元刻明修本。
② "禮"，原作"惺"，據《二十二子》本改。
③ "衣"，原脱，據《二十二子》本補。
④ "赤"下，《新校釋》、《注疏》有"謂之文"三字，是。
⑤ "周禮"至"而冕"十九字，原作"禮司服掌主之吉服禮昊天上帝則大喪而冕"，據《二十二子》本改。
⑥ "稷五祀"，原作"五岳"，據《二十二子》本改。
⑦ "韋"，原脱，據《二十二子》本補。
⑧ "皮"下，《新校釋》、《注疏》有"弁"字，是。
⑨ "積"，原作"幘"，據《二十二子》本改。
⑩ "橈"，原作"撓"，據《二十二子》本改，下同。
⑪ "枉橈不當"，《遺誼》曰當作"決獄不當"，是。
⑫ "厚"，原作"言"，據《二十二子》本改。

禦佐疾,[1]以通秋氣。儺,逐疫除不祥也。[2]《語》曰:"鄉人儺,朝服立於阼階。"禦,止也。佐疾謂療也,儺以止之也。以通達秋氣,使不壅閉。以犬嘗麻,先祭寢廟。犬,金畜也。麻始熟,故嘗之。是月也,可以築城郭,建都邑,國有先君宗廟曰都,無曰邑。穿竇窌,修囷倉。穿水通竇,[3]不欲地泥濕也。穿窌所以盛穀也。修治囷倉,仲秋大内,穀當入也。圓曰囷,方曰倉。乃命有司,趣民收斂,務蓄菜,多積聚。有司,於《周禮》爲場人。[4] 場,協入也。蓄菜,乾苴之屬也。《詩》云"亦有旨蓄,以御冬"也。[5] 乃勸種麥,無或失時,行罪無疑。[6] 罪,罰也。是月也,日夜分,雷乃始收聲。[7] 蟄蟲俯户。是月秋分。分,等也。晝漏五十刻,夜漏五十刻,故曰"日夜分"也。雷乃始收藏,其聲不震也。將蟄之蟲,俯近其所蟄之户。殺氣浸盛,陽氣日衰,水始涸。殺氣,陰氣。涸,竭。日夜分,則一度量,一,同也。度,尺丈。量,釜鍾也。平權衡,正鈞石,齊斗甬。[8] 權秤衡也。[9] 三十斤爲鈞,百二十斤爲石。斗、甬,皆量器也。是月也,易關市,來商旅,入貨賄,以便民事。易關市,不征税也,故商旅來。市賤鬻貴曰商。旅者,[10]行商也。貨賄,財賂也。以所有易所無,民得其求,故曰"以便民事"。四方來雜,遠鄉皆至,雜,會也。關市不征,故遠鄉皆至。則財物不匱,上無乏用,百事乃遂。上無乏用,所求得也。事

---

① "禦"上,《新校釋》曰當有"以"字,是。

② "疫",原作"廄",據《二十二子》本改。

③ "穿水通竇",《新校釋》曰當作"穿竇通水"。

④ "場",原漫漶不清,此據《二十二子》本。

⑤ "云"下,原衍"曰"字,據《二十二子》本删。"亦有旨蓄以御冬",《新校釋》曰當作"我有旨蓄,亦以御冬",是。

⑥ "行"上,《新校釋》曰當有"其有失時"四字,是。

⑦ "聲",《批校本》曰"聲"字衍,是。

⑧ "斗甬",原作"升角",據《二十二子》本改,注亦同。

⑨ "權秤衡也",《新校釋》曰疑當作"權衡,秤也"。

⑩ "旅"上,《新校釋》曰當有"商"字。

非一，故百事。遂，成也。凡舉事，無逆天數，天數，天道。必順其時，其時，天時。乃因其類。因順其事類，不干逆。行之是令，白露降三旬。行之是令，行是之令也，故白露降三旬，成萬物也。

仲秋行春令，則秋雨不降，草木生榮，國乃有大恐。天陽炕燥，①而行温仁之令，②故雨不降。尚生育，故草木榮華，李梅之屬冬實也。金木相干，有兵象，故曰民有大惶恐也。行夏令，則其國旱，③蟄蟲不藏，五穀復生。夏氣盛陽，故炎旱，使蟄伏之蟲不潛藏，五穀復萌生也，於《洪範》五行爲恒燠之徵。④ 行冬令，則風災數起，收雷先行，草木早死。冬寒嚴猛，故風災數發。收藏之雷先動，行未當行，故曰"先"也。

## 八月紀

二曰：義也者，萬事之紀也，君臣上下親疏之所由起也，上，長。下，幼。治亂安危過勝之所在也。得紀則治而安，失紀則亂而危也。過猶服也。勝，有所勝也。過勝之，⑤勿求於他，必反於己。人情欲生而惡死，欲，貪也。欲榮而惡辱。死生榮辱之道一，則三軍之士可使一心矣。一於紀。凡軍欲其衆也，衆，多也。以多擊寡，雖拙者猶以克勝，故欲其衆。心欲其一也。三軍一心，則令可使無敵矣。令能無敵者，其兵之於天下也亦無敵矣。古之至兵，民之重令也，⑥至兵，至德君之兵也。令無不化，故

---

① "天陽"，《畢校補正》曰當作"春陽"，是。

② "行"下，《新校釋》曰當有"其"字。

③ "國乃"至"國旱"十二字，畢沅曰當作"國有大恐。行夏令，則其國乃旱"，是。

④ "燠"，原作"懊"，據《二十二子》本改。

⑤ "之"下，《新校釋》曰當有"道"字，是。

⑥ "令"下，《新校釋》曰當有"者"字。

謂之至重也。① 重乎天下，貴乎天子。其藏於民心，捷於肌膚也，深痛執固，捷，養也。不可摇蕩，蕩，動也。物莫之能動。動，移也。若此，則敵胡足勝矣？如此者，勝敵不足以爲武，故言"胡足勝矣"，小之也。故曰其令強者其敵弱，其令信者其敵詘。令強者，不可犯也。令信者，賞不僭，刑不濫也。故能使其敵弱而屈服也。先勝之於此，則必勝之於彼矣。此，近，謂廟堂。彼，遠，謂原野。凡兵，天下之凶器也；勇，天下之凶德也。兵者戰鬥有負敗，勇者凌傲有死亡，故皆謂之凶。舉凶器，行凶德，猶不得已也。已，止也。舉凶器必殺，殺，所以生之也；殺無道所以生有道也。《司馬法》曰："有故殺人，雖殺人可也。"行凶德必威，威，所以慑之也。威，畏也。慑，懼也。以威畏敵人，使之畏懼己也。敵慑民生，此義兵之所以隆也。隆，盛也。故古之至兵，才民未合，合，交。而威已諭矣，諭猶行。敵已服矣，服，降。豈必用枹鼓干戈哉？鼓以進士。干，楯也。戈，戟也。故善諭威者，於其未發也，於其未通也，窅窅乎冥冥，莫知其情，窅，音窈。此之謂至威之誠。誠，實也。

凡兵欲急疾捷先。欲急疾捷先之道，②在於知緩徐遲後而急疾捷先之分也。急疾捷先，此所以決義兵之勝也，③而不可久處。知其不可久處，則知所兔起鳧舉死殙之地矣。起，走。舉，飛也。兔走鳧趍，喻急疾也。殙音悶，謂絶氣之悶。雖有江河之險則凌之，凌，越也。雖有大山之塞則陷之，陷，壞也。并氣專精，心無有慮，無有由豫之慮。目無有視，耳無有聞，一諸武而已矣。冉叔誓必死於田侯而齊國皆懼，冉叔，儀工。田侯，

① "重"，《平議》曰當作"兵"。
② "欲"，《新校釋》曰"欲"字當衍。
③ "義"，《新校釋》曰"義"字當衍。

齊君也。豫讓必死於襄子而趙氏皆恐,豫讓,晋畢陽之孫,因族以爲氏。讓欲報讎殺趙襄子,故趙氏恐也。成荆致死於韓主而周人皆畏,畏其義。又況乎萬乘之國而有所誠必乎,則何敵之有矣?言無有敢敵者。刃未接而欲已得矣。已得欲殺也。① 敵人之悼懼憚恐,單蕩精神盡矣,咸若狂魄,咸,皆。魄飛揚若狂人。形性相離,離,違也。行不知所之,走不知所往,雖有險阻要塞,銛兵利械,心無敢據,意無敢處,此夏桀之所以死於南巢也。今以木擊木則拌,拌,折也。以水投水則散,以冰投冰則沉,以塗投塗則陷,此疾徐先後之勢也。夫兵有大要,知謀物之不謀之不禁也,則得之矣,專諸是也,專諸,吴之勇人,爲闔廬刺吴王僚也。獨手舉劍至而已矣,吴王壹成。專諸一舉而成闔廬爲王,故曰吴王一成。成,謂專諸能成吴王也。② 又況乎義兵,多者數萬,少者數千,密其躅路,開敵之塗,則士豈特與專諸議哉?

**論威**③

三曰:世有言曰:"驅市人而戰之,可以勝人之厚禄教卒;厚禄,大將也。教卒,習戰也。老弱罷民,可以勝人之精士練材;練材,拳勇有力之材。離散係系,④可以勝人之行陣整齊;行陣,五列也。整齊,周旋進退也。鋤櫌白梃,⑤可以勝人之長銚利兵。"櫌,椎。⑥ 梃,杖也。長銚,長矛也。銚讀曰葦苕之苕。此不通乎兵者之論。通,達也。今有利劍於此,以刺則不中,以擊則不

① "殺",《新校釋》曰"殺"字衍,是。
② "謂",原作"説一",據《二十二子》本改。
③ 畢沅曰:"'論'疑本是'諭'字。"
④ 畢沅曰:"疑'系'爲'絫'字之誤。"是。
⑤ "梃",原作"挺",據《二十二子》本改,注亦同。
⑥ "椎",原作"稚",據《二十二子》本改。

及,與惡劍無擇,擇,别。爲是鬥因用惡劍則不可。言不可用也。簡選精良,兵械銛利,發之則不時,縱之則不當,與惡卒無擇,惡卒,怯卒。爲是戰因用惡卒則不可。王子慶忌、陳年猶欲劍之利也。慶忌,吴王僚之子也。陳年,齊人。皆勇捷有力也。簡選精良,兵械銛利,令能將將之,能將,上將。古者有以王者,有以霸者矣。湯、武、齊桓、晋文、吴闔廬是矣。湯,殷主癸之子天乙也。① 武,周文王之子發也。齊桓,②僖公之子小白也。晋文,獻公之子重耳也。吴闔廬,③夷昧之子光也。④

殷湯良車七十乘,必死六千人,以戊子戰於郕,⑤遂禽推移大犧,⑥桀多力,能推移大犧,⑦因以爲號,而禽克之。登自鳴條,乃入巢門,遂有夏。殷湯遂有夏之天下。桀既奔走,於是行大仁慈以恤黔首,反桀之事,桀爲殘賊,湯爲仁惠,故曰"反桀之事"。遂其賢良,順民所喜,遠近歸之,故王天下。殷之王,古之帝也。武王虎賁三千人,簡車三百乘,以要甲子之事於牧野而紂爲禽。⑧ 要,成也。甲子之日,獲紂於牧野。顯賢者之位,進殷之遺老,而問民之所欲,行賞及禽獸,行罰不辟天子,謂殺紂也。親殷如周,視人如己,天下美其德,萬民説其義,故立爲天子。武王爲天所子。齊桓公良車三百乘,教卒萬人,以爲兵首,首,始也。横行海内,天下莫之能禁。⑨ 禁,止也。南至石梁,石梁,在

① "主",原作"壬",據《二十二子》本改。
② "齊",原漫漶不清,此據《二十二子》本。
③ "吴",原漫漶不清,此據元刻明修本。
④ "昧",原作"眛",據《二十二子》本改。
⑤ "戰",原漫漶不清,此據元刻明修本。
⑥ "推",原脱,據《二十二子》本補。
⑦ "移",原脱,據《二十二子》本補。
⑧ "事",《新校釋》曰當作"期",是。
⑨ "禁",《舉正》曰當作"禦",於義爲勝。

彭城也。西至酆郭，酆郭，在長安西南。北至令支。令支，①在遼西。中山亡邢，狄人滅衛，中山，狄國也，一名鮮虞，在今盧奴西。中山伐邢而亡之。邢國今在趙襄國也。狄殺衛懿公於榮澤，故曰滅也。桓公更立邢于夷儀，更立衛于楚丘。晋文公造五兩之士五乘，兩，技也。② 五技之人。兵車五乘，七十五人也。鋭卒千人，先以接敵，在車曰士，步曰卒。諸侯莫之能難。反鄭之埤，東衛之畝，反，覆。覆鄭城埤而取之。使衛耕者皆東畝，以遂晋兵也。③ 尊天子於衡雍。文公率諸侯朝天子於衡雍。衡雍踐土，今之河陽。吴闔廬選多力者五百人，利止者三千人，以爲前陣，趾，足也。陣，列也。與荆戰，五戰五勝，遂有郢。郢，楚都。東征至于庳廬，國名也。西伐至於巴、蜀，北迫齊、晋，令行中國。中國，諸華。

故凡兵勢險阻欲其便也，兵甲器械欲其利也，選練角材欲其精也，角猶量也。精猶鋭利。④ 統率士民欲其教也。教，習也。此四者，義兵之助也，時變之應也，不可爲而不足專恃。專，獨也。此勝之一策也。策，謀術。

## 簡選

四曰：夫兵有本幹，必義，必智，必勇。義則敵孤獨，孤獨，無助。敵孤獨則上下虚，一作“乘”。民解落，解，散。孤獨則父兄怨，賢者誹，亂内作。誹，謗也。智則知時化，知時化則知虚實盛衰之變，知先後遠近縱舍之數。數，術也。勇則能決斷，能決斷則能若雷電飄風暴雨，能若崩山破潰，别辨賈墜；若鷙

---

① “令”，原脱，據《二十二子》本補。
② “技”，原作“枝”，據《二十二子》本改，下同。
③ “遂晋兵”，原作“逐晋亡”，據《二十二子》本改。
④ “精”，原作“揗”，據元刻明修本改。

鳥之擊也，謂如鷹隼感秋霜之節奮擊也。搏攫則殪，殪，死也。中木則碎。此以智得也。[①] 夫民無常勇，亦無常怯。有氣則實，實則勇；無氣則虚，虚則怯。怯勇虚實，其由甚微，不可不知。當知之也。勇則戰，怯則北。北，走也。戰而勝者，戰其勇者也；戰而北者，戰其怯者也。怯勇無常，倏忽往來而莫知其方，方，道也。惟聖人獨見其所由然。故商、周以興，商，湯也。周，武也。桀、紂以亡。巧拙之所以相過，過，絶也。以益民氣與奪民氣，以能鬥衆與不能鬥衆。[②] 軍雖大，卒雖多，無益於勝。多而不能以克，故曰"無益於勝"。軍大卒多而不能鬥，衆不若其寡也。夫衆之爲福也大，其爲禍也亦大。譬之若漁深淵，其得魚也大，其爲害也亦大。爲貫溺則死，故害大。善用兵者，諸邊之内莫不與鬥，雖厮輿白徒，方數百里，皆來會戰，勢使之然也。厮，役。輿，衆。白衣之徒。幸也者，[③]審於戰期而有以羈誘之也。[④] 羈，牽。誘，導。

凡兵，貴其因也。因也者，因敵之險以爲己固，因敵之謀以爲己事。能審因而加勝，[⑤]則不可窮矣。窮，極。勝不可窮之謂神，神則能不可勝也。[⑥] 能勝不能所以勝，故曰"不可勝"。夫兵，貴不可勝。[⑦] 不可勝在己，可勝在彼。聖人必在己者，不必在彼者，故執不可勝之術，以遇不勝之敵，[⑧]若此則兵無失

---

① "此以智得也"，《新校釋》曰當作"此以義智勇得也"，可備一説。

② "不能鬥衆"，《新校釋》曰"不能鬥衆"四字當重，可備一説。

③ "幸"，《畢校補正》曰當作"勢"，是。

④ "戰期"，《新校釋》曰當作"民氣"，可備一説。

⑤ "勝"，《新校釋》曰當作"勢"，可備一説。

⑥ "勝不"至"勝也"十四字，《新校釋》曰當作"不可窮之謂神，神則不可勝也"，於義爲勝。

⑦ "夫兵貴不可勝"，《舉正》曰當作"夫兵不貴勝，而貴不可勝"，是。

⑧ "以遇不勝之敵"，《札記》曰當作"以遇可勝之敵"，是。

矣。凡兵之勝，敵之失也。勝失之兵，必隱必微，必積必摶。[①] 隱則勝闡矣，闡，布也。微則勝顯矣，積則勝散矣，摶則勝雜矣。諸搏攫柢噬之獸，[②]其用齒角爪牙也必托於卑微隱蔽，此所以成勝。若狐之搏雉，俯伏弭毛以喜説之，雉見而信之，不驚憚遠飛，故得禽之。軍賊亦皆如此，[③]故曰"所以成勝"。

## 決勝

五曰：衣人，以其寒也；食人，以其饑也。饑寒，人之大害也，救之，義也。[④] 大仁義也。人之困窮，甚如饑寒，故賢主必憐人之困也，必哀人之窮也。如此，則名號顯矣，國士得矣。得國士也。

昔者秦繆公乘馬而車爲敗，[⑤]右服失而野人取之。四馬車，兩馬在中爲服，《詩》曰："兩服上襄。"是也。[⑥] 兩馬在邊爲驂，《詩》云："兩驂如舞。"是也。繆公自往求之，[⑦]見野人方將食之於岐山之陽。繆公嘆曰："食駿馬之肉而不還飲酒，余恐其傷女也。"於是遍飲而去。處一年，爲韓原之戰，處一年，飲食肉人酒之明年也。伐晋惠公，戰於晋地之韓原。晋人已環繆公之車矣，晋梁由靡已扣繆公之左驂矣，環，圍。扣，持。晋惠公之右路石奮投而

---

① "摶"，原作"搏"，據《二十二子》本改，下同。

② "諸"上，《臆斷》曰當有"譬"字，是。"柢"，《批校本》曰當作"抵"，是。

③ "軍賊"，《新校釋》曰："作'軍戰'義長。"

④ "救之義也"，《舉正》曰當作"救之，大義也"，是。

⑤ "昔者"至"爲敗"十一字，《新校釋》曰當作"昔者秦繆公駕而車敗"，於義爲勝。

⑥ "也"，原脱，據《二十二子》本補。

⑦ "繆公自往求之"，原脱，據《二十二子》本補。

擊繆公之甲，[①]中之者已六札矣。[②]甲，鎧也。陷之六札。野人之嘗食馬肉於岐山之陽者三百有餘人，畢力爲繆公疾鬥於車下，畢，盡。疾，急。遂大克晋，反獲惠公以歸。克，勝也。勝晋，執惠公歸於秦。此《詩》之所謂曰"君君子則正，[③]以行其德。爲君子作君，正法以行德，無德不報。君賤人則寬，以盡其力"者也。此逸詩也。爲賤人作君，寬饒之以盡其力，故繆公戰以勝晋。人主其胡胡，何也。可以無務行德愛人乎？[④] 行德愛人，[⑤]則民親其上。民親其上，則皆樂爲其君死矣。食馬肉人爲繆公死戰，不愛其死，以獲惠公是也。趙簡子有兩白騾而甚愛之。陽城胥渠處陽城，姓。胥渠，名。處猶病也。廣門之官，[⑥]夜款門而謁曰："主君之臣胥渠有疾，廣門，邑名也。官，小臣也。款，扣也。趙簡子，晋大夫也，大夫稱主者也。[⑦] 醫教之曰：'得白騾之肝病則止，止，愈也。不得則死。'"謁者入通。董安于御於側，慍曰："嘻！胥渠也，期吾君騾，請即刑焉。"安于，簡子家臣。慍，怒。即，就也。謂就胥渠而刑之也。簡子曰："夫殺人以活畜，不亦不仁乎？殺畜以活人，不亦仁乎？"於是召庖人殺白騾，取肝以與陽城胥渠。處無幾何，趙興兵而攻翟。廣門之官，左七百人，右七百人，皆

① "投"，《雜志》曰當作"校"，是。

② "札"，原作"扎"，據《二十二子》本改，注亦同。"中之者已六札矣"，《新校釋》曰："此文當從《御覽》作'其甲之抎者已六札矣'，下當有注'抎者，墜隤也'。"於義爲勝。

③ "曰"，《畢校補正》曰"曰"字衍，是。

④ "德"下，原衍"人"字，據《二十二子》本删。

⑤ "行德"，原脱，據《二十二子》本補。

⑥ "陽城胥渠處廣門之官"，《新校釋》曰："竊謂此文當作'陽城胥渠有疾，處廣門之間'，而注語本係在'疾'字下，云'陽城，姓。胥渠，名。疾猶病也'。"於義爲勝。

⑦ "主"，原作"王"，據元刻明修本改。

先登而獲甲首。獲衣甲者之首。人主其胡可以不好士？

凡敵人之來也，以求利也。今來而得死，是不得利而進。① 且以走爲利。敵皆以走爲利，且，將也。《傳》曰："見可而進，知難而退，武之善經也。"故以走爲利。則刃無與接。接，交戰也。故敵得生於我，則我得死於敵；敵克，故得生也。己負，故爲死也。敵得死於我，則我得生於敵。敵負，故我得殺敵也。能殺敵，故己得生也。夫得生於敵與敵得生於我，②豈可不察哉？得勝則生，負則敗，③故不可不察而知。此兵之精者也。存亡死生，決於知此而已矣。言能用兵，④勝負死生之本，所由克敗，故曰此兵之精妙矣。

## 愛士

① "是不得利而進"，《斠補》曰"是不得利而進"疑當是正文，可備一說。
② "夫"下，《新校釋》曰當有"我"字，是。
③ "敗"，《集釋》曰當作"死"，是。
④ "能"，《新校釋》曰"能"字當衍。

# 卷第九

吕氏春秋訓解　高氏

## 季秋紀第九　順民　知士　審己　精通

一曰：季秋之月，日在房，季秋，夏之九月。房，東方宿，宋之分野。是月，日躔此宿。昏虚中，旦柳中。虚，北方宿，齊之分野。柳，南方宿，周之分野。是月昏旦時，皆中於南方。其日庚辛，其帝少皞，其神蓐收。其蟲毛，其音商，律中無射，無射，陽律也。竹管音與無射和也。陰氣上升，陽氣下降，萬物隨而藏，無射出見也。其數九。其味辛，其臭腥，其祀門，祭先肝。説在《孟秋》。候雁來，賓爵入大水爲蛤，是月，候時之雁從北方來，①南之彭蠡，蓋以爲八月來者其父母也，其子羽翼稚弱，未能及之，故於是月來過周雒也。賓爵者，老爵也，栖宿於人堂宇之間，有似賓客，故謂之賓爵。大水，海也，《傳》曰："爵入于海爲蛤。"此之謂也。菊有黄華，豺則祭獸戮禽。豺，獸也，似狗而長毛，②其色黄，於是月殺獸，四圍陳之，③世所謂祭獸。戮者，殺也。天子居總章右個，右個，北頭室也。乘戎路，駕白駱，

① "方"，《集釋》曰當作"漠"，是。
② "毛"，《集釋》曰當作"尾"，是。
③ "圍"，原作"固"，據《二十二子》本改。

載白旗，衣白衣，服白玉。食麻與犬，其器廉以深。説在《孟秋》。

是月也，申嚴號令，命百官貴賤無不務入，季秋畢内，故務入也。以會天地之藏，會，合也。無有宣出；命冢宰，農事備收，舉五種之要，冢宰，於《周禮》爲天官。冢，大。宰，治也。主治萬事，故命之也。舉書五種之要，具文簿也。藏帝籍之收於神倉，祗敬必飭。天子籍田千畝，其所收穀也，①故謂之帝籍之收。於倉受粢，以供上帝神祇之祀，故謂之神倉。飭，正也。祗敬必正，不傾邪也。是月也，霜始降，秋分後十五日寒露，寒露後十五日霜降，故曰始也。則百工休。霜降天寒，朱漆不堅，故百工休，不復作器。乃命有司曰："寒氣總至，民力不堪，其皆入室。"有司，於《周禮》爲司徒。司徒主衆，故命之使民入室也。《詩》云："穹窒熏鼠，塞向墐户，嗟我婦子，②曰爲改歲，入此室處。"此之謂也。上丁，入學習吹。是月上旬丁日，入學吹笙習禮樂。③《周禮·籥師》："掌教國子舞羽吹籥。"④《詩》云："吹笙鼓簧，承筐是將。"此之謂。是月也，大饗帝，嘗犧牲，告備于天子。大饗上帝，嘗犧牲一日，先殺毛以告全，⑤故告備于天子也。合諸侯，制百縣。合，會。諸侯之制度，車服之級，各如其命數。百縣，畿内之縣也。五家爲鄰，五鄰爲里，四里爲酇，五酇爲鄙，五鄙爲縣，然則謂縣者二千五百家也。爲來歲受朔日。與諸侯所税於民輕重之法。貢職之數，以遠近土地所宜爲度，來歲，明年也。⑥秦以十月爲正，故於是月受明年曆日也。由此言之，《月令》爲秦制也。諸侯所税輕重，

---

① "其"上，《新校釋》曰當有"收"字，是。
② "婦"，原作"父"，據《二十二子》本改。
③ "笙"下，《舉正》曰當有"竽"。
④ "吹"下，原衍"笙竽"二字，據《二十二子》本删。
⑤ "全"，原作"令"，據《二十二子》本改。
⑥ "年"下，原衍"年"字，據《二十二子》本删。

職貢多少之數，遠者貢輕，近者貢重，各有所宜。以給郊廟之事，無有所私。郊祀天，廟祀祖，取共事而已。無有所私，多少不如法制也。①是月也，天子乃教於田獵，以習五戎，獀一作"夏"。馬。② 五戎，五兵，謂刀劍矛戟矢也。獀，擇也。爲將田，故習肄五兵。選擇田馬，取堪乘也。命僕及七騶咸駕，載旍旐僕，於《周禮》爲田僕，掌御田輅。七騶，於《周禮》當爲趣馬，掌良馬駕税之任，無七騶之官也。田僕掌佐車之政，令獲者植旍，③故載旍也。輿，受車以級，整設于屏外，輿，衆也。衆當受田車者，各以等級陳于屏外也。天子外屏。屏，樹垣也。《爾雅》云："屏謂之樹。"《論語》曰"樹塞門"者也。司徒搢扑，北向以誓之。搢，插也。扑，所以教也。插置帶間，誓告其衆。天子乃厲服厲飭，執弓操矢以射。是月，天子尚武，乃服猛，厲其所佩之飭以射禽也。《周禮·司服章》："凡田，冠弁服。"戎服，垂衣也。④ 命主祠祭禽於四方。主祠，掌祀之官也。祭始設禽獸者於四方，報其功也。不知其神所在，故博求於四方。⑤ 是月也，草木黄落，乃伐薪爲炭。草木節解，斧入山林，故伐木作炭。⑥ 蟄蟲咸俯在穴，皆墐其户。咸，皆。俯，伏。藏於穴，墐塞其户也。墐讀如斤斧之斤也。乃趣獄刑，無留有罪。陰氣殺僇，⑦故刑獄當者決之，故曰"無留有罪"也。收禄秩之不當者、共養之不宜者。不當者，謂無功德而受禄秩也。不宜者，

---

① "不如"，《集釋》曰："注'不如'當作'亦如'。"《新校釋》曰："'不如'當作'皆如'。"

② "獀馬"，《新校釋》曰當作"獀馬，班馬正"，可備一説。

③ "令獲者植旍"，原作"令獵者揚旍"，據《二十二子》本改。

④ "垂"，畢沅曰當作"韋"，是。

⑤ "博"原作"傳"，據《二十二子》本改。

⑥ "木"，原作"林"，據《二十二子》本改。

⑦ "陰"，原作"除"，據元刻明修本改。

謂若屈到嗜芰、①曾晳嗜羊棗,②非禮之養,故收去之也。一説言所養無勛於國,其先人無賢,所不宜養,③故收斂之也。④ 是月也,天子乃以犬嘗稻,先薦寢廟。稻始升,故嘗之。先進於廟,孝敬親也。

季秋行夏令,則其國大水,冬藏殃敗,民多鼽窒。秋,金氣,水之母也。夏陽布施,多淋雨。二氣相并,故大水也。火氣熱,故冬藏殃敗也。火金相干,故民鼽窒,⑤鼻不通也。鼽讀曰仇怨之仇。行冬令,則國多盗賊,邊境不寧,土地分裂。冬令純陰,奸謀所生之象,故多盗賊,使邊境之人不寧也,則土地見侵削,爲鄰國所分裂。行春令,則暖風來至,民氣解墮,師旅必興。春陽仁,故暖風至,民解墮也。木干金,故師旅並興。二千五百人爲師,五百人爲旅。

## 九月紀

二曰:先王先順民心,故功名成。治天下之功,聖人之功也。⑥ 夫以德得民心以立大功名者,⑦上世多有之矣。神農、黄帝、堯、舜、禹、湯、文、武皆是也,故上世多有之。失民心而立功名者,未之曾有也。蚩尤、夷昕、⑧桀、紂,下至周厲、幽王、晋厲、宋康、衛懿、楚靈之屬,皆以滅亡,故曰"未之曾有也"。得民必有道,⑨萬乘之國、百户之邑,民無有不説。説其仁與義也。取民之所説而

---

① "芰",原作"芟",據元刻明修本改。
② "晳",原作"哲",據《二十二子》本改。
③ "不",原脱,據《二十二子》本補。
④ "之",原作"者",據《二十二子》本改。
⑤ "鼽窒",《新校釋》曰"鼽窒"二字當重,是。
⑥ "治天下之功聖人之功也",《新校釋》曰疑當作"治天下之功,聖人之名成也",可備一説。
⑦ "以德得民心以立大功名",《札記》曰當作"德民心以大立功名",於義爲勝。
⑧ "昕",原漫漶不清,此據元刻明修本。
⑨ "必",《札記》曰當作"心",是。

民取矣。民之所説豈衆哉？此取民之要也。要，約置也。①

昔者湯克夏而正天下，正，治也。天大旱，五年不收，穀不熟，無所收。湯乃以身禱於桑林，禱，求也。桑林，桑山之林，能興雲作雨也。曰："余一人有罪，無及萬夫。萬夫有罪，在余一人。無以一人之不敏，不敏，不材。使上帝鬼神傷民之命。"上帝，天也。天神曰神，人神曰鬼。穀者，民命也，旱不收，故曰"傷民之命"。於是剪其髮，鄽其手，②以身爲犧牲，用祈福於上帝，民乃甚説，雨乃大至。則湯達乎鬼神之化、人事之傳也。達，通。化，變。傳，至。文王處岐事紂，冤侮雅遜，朝夕必時，雅，正。③遜，順也。紂雖冤枉文王而侮慢之，文王正順諸侯之禮，不失其時。上貢必適，④祭祀必敬，貢，職貢也。紂喜，命文王稱西伯，賜之千里之地。文王載拜稽首而辭曰："願爲民請炮烙之刑。"⑤紂常熨爛人手，⑥因作銅烙，布火其下，令人走其上，人墮火而死，觀之以爲娛樂，故名爲"炮烙之刑"。文王非惡千里之地，以爲民請炮烙之刑，必欲得民心也。得民心，則賢於千里之地，賢猶多也。故曰文王智矣。越王苦會稽之恥，⑦恥，辱也。欲深得民心以致必死於吴。必死戰以報吴，欲以滅會稽恥也。身不安枕席，口不甘厚味，⑧目不視靡曼，靡曼，好色。耳不聽鐘鼓。不欲聞音樂。⑨三年苦身勞力，焦脣乾肺，内親群臣，下養百姓，以求其心。欲得

---

① "置"，《新校釋》曰當作"最"，是。
② "鄽"，畢沅曰當作"磿"，是。
③ "正"，原作"至"，據元刻明修本改。
④ "上貢"，《平議》曰當作"貢士"，是。
⑤ "請"下，《集釋》曰當有"去"字，是。
⑥ "常"，元刻明修本作"嘗"，《新校釋》曰"常"下當有"見"字。
⑦ "苦"，原作"若"，據元刻明修本改。
⑧ "甘厚"，原誤倒，據《二十二子》本乙正。
⑨ "欲"，《新校釋》曰"欲"字衍。

其歡心。有甘脆不足分，弗敢食；不敢獨食。有酒流之江，與民同之。投醪同味。身親耕而食，妻親織而衣。味禁珍，珍，異。衣禁襲，襲，重。色禁二。二，青黄也。時出行路，從車載食，以視孤寡老弱之漬病漬亦病也。《公羊傳》曰："大漬者，大病也。"困窮顏色愁悴不贍者，必身自食之。贍猶足也。於是屬諸大夫而告之，屬，會。曰："願一與吴徼天下之衷。① 徼，求。衷，善。今吴、②越之國，相與俱殘。士大夫履肝肺同日而死，孤與吴王接頸交臂而僨，僨，僵也。此孤之大願也。若此而不可得也，内量吾國不足以傷吴，③傷，敗。外事之諸侯不能害之，不能以之害吴。則孤將棄國家，釋群臣，服劍臂刃，變容貌，易名姓，執箕帚而臣事之，服，帶。臂，手。以與吴王爭一旦之死。爭，決。旦，朝。孤雖知要領不屬，屬，連。首足異處，四枝布裂，爲天下戮，孤之志必將出焉。"將出，死以出伐吴也。於是異日果與吴戰於五湖，吴師大敗，遂大圍王宫，④城門不守，禽夫差，戮吴相。夫差，吴王闔廬之子。相，吴臣也。殘吴二年而霸，此先順民心也。越王先順説民心，二年故能滅吴立霸功也。⑤ 齊莊子請攻越，問於和子。和子曰："先君有遺令曰：'無攻越，越猛虎也。'"齊莊子，齊臣也。和子，齊田常之孫田和也，後爲齊侯，因曰和子也。猛虎，言越王武勇多力不可伐也。莊子曰："雖猛虎也，而今已死矣。"言越王衰老不能復致力戰也，故曰"而今已死矣"。和子曰以告鴞子。⑥ 鴞子，齊相。鴞子曰："已死矣，以爲生。"以爲生，爲民

---

① "下"，畢沅曰"下"字疑衍，是。

② "今"，《平議》曰當作"令"，是。

③ "吾"，原作"吴"，據《二十二子》本改。

④ "大"，《新校釋》曰"大"字衍，是。

⑤ 《新校釋》曰："'二年'二字當在'吴'字下。"是。

⑥ "曰"，《舉正》曰"曰"字衍，是。

所説。故凡舉事必先審民心，然後可舉。審，定也。定民心所繫而舉大事以攻伐也。

## 順民

三曰：今有千里之馬於此，非得良工，猶若弗取。良工，相馬工也。良工之與馬也，①相得則然後成。② 成良馬。譬之若枹之與鼓。③ 枹待鼓，鼓待枹，乃發聲也。良馬亦然。夫士亦有千里。高節死義，此士之千里也。能使士待千里者，④其惟賢者也。猶賢者能之也。⑤

靜郭君善劑貌辨。靜郭君，田嬰也，孟嘗君田文之父也，爲薛君，號曰靜郭君。劑貌辨之爲人也多訾，門人弗説。靜郭君門人不説也。士尉以証靜郭君，⑥証，諫。靜郭君弗聽，士尉辭而去。孟嘗君竊以諫靜郭君，竊，私。私諫靜郭君，⑦使聽士尉之言，而止其去。靜郭君大怒曰："剗而類。剗，滅。而，汝也。揆吾家，苟可以傔劑貌辨者，吾無辭爲也。"傔，足也。揆度吾家，誠可以足劑貌辨者，吾不辭也。於是舍之上舍，令長子御，朝暮進食。上舍，甲第也。御，侍也。以館貌辨也。旦暮然。⑧ 數年，威王薨，宣王

---

① "馬"上，《新校釋》曰當有"千里"二字，是。

② "則"，《彙校》疑"則"字衍，是。

③ "譬之若枹之與鼓"，《新校釋》曰"譬之若枹之與鼓"當是注之誤入正文者，可備一説。

④ "待"，《札記》曰當作"得"，是。

⑤ "猶"，《舉正》曰當作"獨"，是。

⑥ "証"，原作"證"，據《二十二子》本改，注亦同。

⑦ "私"，原作"之"，據《二十二子》本改。

⑧ "然"，《二十二子》本作"也"。《新校釋》曰此注當作"上舍，甲第也，以館貌辨也。御，侍也。長子侍貌辨，旦暮進食也"。可備一説。

立。[①] 威王之子。靜郭君之交大不善於宣王,交,接也。大不爲王所善也。辭而之薛,與劑貌辨俱。俱,偕。留無幾何,留於薛。劑貌辨辭而行,請見宣王。靜郭君曰:"王之不説嬰也甚。甚猶深。公往,必得死焉。"劑貌辨曰:"固非求生也。"請必行,靜郭君不能止。止,禁止也。劑貌辨行,至於齊,宣王聞之,藏怒以待之。藏,懷。劑貌辨見,宣王曰:"子靜郭君之所聽愛也?"劑貌辨答曰:"愛則有之,聽則無有。徒見愛耳,[②]言則不見從也。王方爲太子之時,辨謂靜郭君曰:'太子之不仁,[③]過顛涿視,若是者倍反。顛涿,不仁之人也。過猶甚也。太子不仁甚於顛涿,視如此者倍反,不循道理也。不若革太子,更立衛姬嬰兒校師。'嬰兒,幼少之稱,衛姬所生,校師其名也,威王之庶子也。勸靜郭君令廢太子,更立校師爲太子也。靜郭君泫一作"汇"。而曰:'不可。吾弗忍爲也。'且靜郭君聽辨而爲之也,必無今日之患也,此爲一也。言靜郭君聽辨之言則無今日見逐之患也。此一不見聽也。至於薛,昭陽請以數倍之地易薛。辨又曰:'必聽之。'昭陽,楚相也。求以倍地易薛之少,辨勸之可也。靜郭君曰:'受薛於先王,雖惡於後王,吾獨謂先王何乎?先王,威王也。見惡於後王,先王其謂我何?且先王之廟在薛,吾豈可以先王之廟予楚乎?'又不肯聽辨,此爲二也。"二不見聽。宣王太息動於顔色曰:"靜郭君之於寡人一至此乎![④] 寡人少,殊不知此。動,變也。[⑤] 一猶乃也。

---

① "威王薨宣王立",《校補》曰當作"宣王薨,閔王立",是。
② "徒",原漫漶不清,此據元刻明修本。
③ "之"下,《新校釋》曰當有"相"字。
④ "乎",原作"平",據《二十二子》本改。
⑤ "變",原作"言",據《二十二子》本改。

少小,故不知此也。客肯爲寡人少來靜郭君乎?"[①]言猶可也。[②]劑貌辨答曰:"敬諾。"諾,順。靜郭君來,衣威王之服,冠其冠,帶其劍。宣王自迎靜郭君於郊,望之而泣。靜郭君至,因請相之。請以爲相也。靜郭君辭,不得已而受。受爲相。十日,謝病強辭,三日而聽。聽,許。當是時也,靜郭君可謂能自知人矣。知人,知劑貌辨也。能自知人,故非之弗爲阻。阻,止。此劑貌辨之所以外生樂、趨患難故也。外棄其生命,樂解人之患,往見宣王,不辟難之故也。

### 知士

四曰:凡物之然也必有故,故,事。而不知其故,雖當與不知同,[③]其卒必困。當,合。同,等也。困於不知其故也。先王名士達師之所以過俗者,以其知也。水出於山而走於海,走,歸。水非惡山而欲海也,高下使之然也;稼生於野而藏於倉,稼非有欲也,人皆以之也。[④] 以,用也。故子路揜雉而復釋之。所得者小,不欲夭物,故釋之也。子列子常射中矣,請之於關尹子。子列子,賢人,體道者,請問其射所以中於關尹喜。關尹喜師老子也。關尹子曰:"知子之所以中乎?"[⑤]答曰:"弗知也。"關尹子曰:"未可。"弗知射所以中者,未可語。退而習之三年,又請。習,學也。又復請問於關尹子。關尹子曰:"子知子之所以中乎?"子列子曰:"知之矣。"知射心平體正然後能中,自求諸己,不求諸人,故曰

① "少",《新校釋》曰當作"前"。
② "言",《吕氏春秋補注》曰當作"肯",是。
③ "知",《新校釋》曰當作"當"。
④ "皆",《新校釋》曰"皆"字當衍,是。
⑤ "知"上,《舉正》曰當有"子"字,是。

知之。關尹子曰："可矣。守而勿失。"守求諸己，不求諸人，勿失也。非獨射也，國之存也，國之亡也，身之賢也，身之不肖也，亦皆有以。求諸己則存，求諸人則亡。聖人不察存亡賢不肖，而察其所以也。

齊攻魯，求岑鼎，魯君載他鼎以往。齊侯弗信而反之，爲非，①返，還也。以爲非岑鼎，故還也。使人告魯侯曰："柳下季以爲是，請因受之。"齊侯使人告魯君，言柳下季以爲是岑鼎，請因受之也。疑魯君欺之而信柳下季。魯君請於柳下季，欲令柳下季證之爲岑鼎。柳下季答曰："君之賂，一作"欲"。以欲岑鼎也，以免國也。臣亦有國於此，亦有國於此，言己有此以信爲國也。破臣之國以免君之國，此臣之所難也。"於是魯君乃以真岑鼎往也。且柳下季可謂此能説矣，②非獨存己之國也，又能存魯君之國。《論語》云："非信不立。"柳下季有信，故能存魯君之國。齊湣王亡居於衛，亡，出奔。晝日步足，謂公玉丹曰："我已亡矣，而不知其故。吾所以亡者，果何故哉？我當已。"③不自知爲何故而亡。果，竟也。竟爲何等故亡哉？公玉丹答曰："臣以王爲已知之矣，王故尚未之知耶？王之所以亡也者，以賢也。天下之王皆不肖而惡王之賢也，因相與合兵而攻王，此王之所以亡也。"湣王慨焉太息曰："賢固若是其苦耶？"此亦不知其所以也。湣王不自知其所爲亡之故，愚惑之甚也，故曰"亦不知其所以也"。此公玉丹之所以過也。過，謂不忠也。湣王愚惑，阿順而説之也。越王授有子四人。④越王之弟曰豫，欲盡殺之而爲之後。越王授，句

① "爲非"，《舉正》曰當作"以爲非也"，是。
② "此"，《讀吕記》曰"此"字衍，是。
③ "我當已"，《新校釋》曰當作"我當亡邪"，是。
④ "王"，原脱，據元刻明修本補。

踐五世之孫。其弟欲殺王之四子,①而以己代爲之後也。惡其三人而殺之矣,國人不說,大非上。非猶咎也。又惡其一人而欲殺之,越王未之聽。其子恐必死,因國人之欲逐豫,圍王宫。越王太息曰:"余不聽豫之言以罹此難也。"亦不知所以亡也。愚既愚也,②其惑固亦甚也,故曰"亦不知所以亡"。

## 審己

五曰:人或謂兔絲無根。兔絲非無根也,其根不屬也,伏苓是。③ 屬,連也。《淮南子》曰:"下有茯苓,上有兔絲。"一名女羅。《詩》曰:"葛與女羅,④施于松上。"慈石召鐵,或引之也。石,鐵之母也。以有慈石,故能引其子。石之不慈者,亦不能引也。樹相近而靡,或軵之也。聖人南面而立,以愛利民爲心,心在利民。號令未出而天下皆延頸舉踵矣,則精通乎民也。天下皆延頸企踵,立而望之不遑坐也,其精誠能通洞於民使之然也。夫賊害於人,人亦然。爲賊害人,故人亦延頸舉踵,襁負而去之不遑安坐也,故曰"人亦然"。今夫攻者,砥厲五兵,侈衣美食,發且有日矣,所被攻者不樂,非或聞之也,神者先告也。⑤ 非聞將見攻也,神先告之,令其志意愁慼不樂。身在乎秦,所親愛在於齊,死而志氣不安,精或往來也。《淮南記》曰:"慈母在於燕,適子念於荆。"⑥言精相往來者也。德也者,萬民之宰也;宰,主也。月也者,群陰之本也。月望則蚌

① "其弟",原脱,據《二十二子》本補。

② 上"愚",《新校釋》曰"愚"字當衍。

③ "其根不屬也伏苓是",《新校釋》曰當作"其根不屬地,伏苓通之也",可備一説。

④ "葛",《批校本》曰當作"蔦",是。

⑤ "者",《正誤》曰"者"字衍,是。

⑥ "念",原作"今",據《二十二子》本改。

蛤實,群陰盈;月十五日盈滿,在西方與日相望也。蚌蛤,陰物,隨月而盛,其中皆實滿也。月晦則蚌蛤虚,群陰虧。虚,蚌蛤肉隨月虧而不盈滿也。夫月形乎天,而群陰化乎淵;形,見也。群陰,蚌蛤也。隨月盛衰虚實也。聖人形德乎己,而四荒咸飭乎仁。四表荒裔之民,法聖人之德,皆飭正其仁義,化使之然。

養由基射先,中石,矢乃飲羽,誠乎先也。① 飲羽,飲矢至羽。誠以爲真先也。伯樂學相馬,所見無非馬者,誠乎馬也。伯樂,善相馬,秦穆公之臣也。所見無非馬者,親之也。② 宋之包丁好解牛,所見無非死牛者,三年而不見生牛,③用刀十九年,刃若新鄿研,鄿,砥也。順其理,誠乎牛也。鍾子期夜聞擊磬者而悲,鍾,姓也。子,通稱。期,名也。楚人鍾儀之族也。使人召而問之曰:"子何擊磬之悲也?"答曰:"臣之父不幸而殺人,不得生。臣之母得生,而爲公家爲酒。臣之身得生,而爲公家擊磬。臣不睹臣之母三年矣。昔爲舍氏睹臣之母,④量所以贖之則無有,量,度。而身固公家之財也。⑤ 是故悲也。"鍾子期嘆嗟曰:"悲夫,悲夫!心非臂也,臂非椎非石也。悲存乎心,而木石應之,故君子誠乎此而諭乎彼,感乎己而發乎人,豈必強説乎哉?"周有申喜者,亡其母,聞乞人歌於門下而悲之,動於顔色,謂門者内乞人之歌者,自覺而問焉,⑥曰:"何故而乞?"與

① "先",《新校釋》曰當作"兕"。
② "親",《新校釋》曰當作"誠",是。
③ "宋之"至"生牛"二十一字,《新校釋》曰當作"宋之庖丁始解牛,所見無非牛者,三年而不見全牛",於義爲勝。
④ "氏",《新校釋》曰當作"市"。
⑤ "量所"至"財也"十六字,《集釋》曰當作"量所以贖之則無財,而身固公家之有也",於義爲勝。
⑥ "覺",《集釋》曰當作"見",是。

之語,蓋其母也。故父母之於子也,子之於父母也,一體而兩分,同氣而異息。若草莽之有華實也,若樹木之有根心也,雖異處而相通,隱志相及,痛疾相救,憂思相感,感,動。生則相歡,死則相哀。此之謂骨肉之親。神出於忠神,性。而應乎心,兩精相得,豈待言哉?

**精通**

# 卷第十

吕氏春秋訓解　高氏

## 孟冬紀第十　節喪　安死　異寶　異用

一曰：孟冬之月，日在尾，孟冬，夏之十月。尾，東方宿，燕之分野。是月，日躔此宿。昏危中，旦七星中。危，北方宿，齊之分野。七星，南方宿，周之分野。是月昏旦時，皆中於南方。其日壬癸，壬癸，水日。其帝顓頊，其神玄冥。顓頊，黄帝之孫，昌意之子，以水德王天下，號高陽氏，①死祀爲北方水德之帝。② 玄冥，官也。少皞氏之子曰循，爲玄冥師，死祀爲水神。③ 其蟲介，其音羽，介，甲也，象冬閉固，皮漫胡也。④ 羽，水也，位在北方。律中應鐘，其數六。應鐘，陰律也。竹管音與應鐘和也。陰應於陽，轉成其功，萬物聚藏，故曰"律中應鐘"。其數六，五行數五，水第一，故曰六也。其味鹹，其臭朽，水之臭味也，凡鹹朽者皆屬焉。氣之若有若無者爲朽也。其祀行，祭先腎。

---

① "高陽"，原作"湯"，據《二十二子》本改。
② "祀"上，《新校釋》曰當有"托"字，是。
③ "祀"上，《新校釋》曰當有"托"字，是。
④ "也"下，《集釋》曰當有"甲蟲龜爲之長"六字，是。

行，門内地也，冬守在内，①故祀之。“行”或作“井”，②水給人，冬，水王，故祀之也。祭祀之肉先進腎，屬水，自用其藏也。水始冰，地始凍，秋分後三十日霜降，後十五日立冬，水冰地凍也，故曰“始”也。雉入大水爲蜃，虹藏不見。蜃，蛤也。大水，淮也。《傳》曰：“雉入于淮爲蜃。”虹，陰陽交氣也，是月，陰壯，故藏不見。天子居玄堂左個，玄堂，北向堂也。③ 左個，西頭室也。乘玄輅，駕鐵驪，玄輅，黑輅。鐵驪亦黑，象北方也。載玄旗，衣黑衣，服玄玉。玄，黑，順水色。食黍與彘，彘，水屬也。其器宏以弇。宏，大。弇，深。象冬閉藏也。

是月也，以立冬。先立冬三日，太史謁之天子，秋分四十六日而立冬，故多在是月也。謁，告也。曰：“某日立冬，盛德在水。”天子乃齋。盛德在水，④王北方也。立冬之日，天子親率三公九卿大夫以迎冬於北郊。六里之郊。還，乃賞死事，恤孤寡。先人有死王事以安社稷者，賞其子孫。有孤寡者，矜恤之。是月也，命太卜禱祠龜策占兆，審卦吉凶。《周禮》：“太卜掌三兆之法：一曰玉兆，二曰瓦兆，三曰原兆。又掌三《易》之法：一曰《連山》，二曰《歸藏》，三曰《周易》。”龜曰兆，筮曰卦，故命太卜禱祠龜策，占兆審卦以知吉凶。於是察阿上亂法者則罪之，無有揜蔽。阿意曲從，取容於上，以亂法度，必察知之，則行其罪罰，無敢強匿者。是月也，天子始裘。始猶先也。裘，温服，優尊者，故先服之。命有司曰：“天氣上騰，地氣下降。天地不通，閉而成冬。”天地閉，冰霜栗烈成冬也。令百官謹蓋藏。命司徒循行積聚，無有不斂。附城郭，附，益

① “冬”，原作“各”，據《二十二子》本改。
② “井”，《畢校補正》曰“井”字當重，是。
③ “北向”，原作“西北”，據《二十二子》本改。
④ “水”，《新校釋》曰“水”字當重，是。

也，令高固也。戒門閭，修楗閉，慎關籥，①固封璽，璽讀曰移徙之徙。門閭，里門。② 關，籥。固，堅。璽，印封也。備邊境，完要塞，謹關梁，塞蹊徑。要塞，所以固國也。關梁，所以通塗也。塞絶蹊徑，爲其敗田。飭喪紀，辨衣裳，審棺椁之厚薄，紀，數也。正二十五月服之數，遣送衣裳棺椁，尊者厚，卑者薄，各有等差，故别之。審，慎也。營丘壟之小大高卑薄厚之度、貴賤之等級。③ 營，度也。丘，墳。壟，冢也。度其制度，貴者高大，賤者卑小，故曰等級也。是月也，工師效功。陳祭器，按度程，程，法也。無或作爲淫巧，以蕩上心，蕩，動也。必功致爲上。物勒工名，以考其誠，物，器也。勒銘工姓名著於器，使不得詐巧，故曰"以考其誠"。工有不當，必行其罪，以窮其情。不當，不功致也，故行其罪，以窮斷其詐巧之情。是月也，大飲蒸，天子乃祈來年于天宗。是月農功畢矣，天子諸侯與其群臣大飲酒，班齒列也。④ 蒸，俎實體解節折謂肴蒸也。⑤ 祈，求也。求明年於天宗之神。⑥ 宗，尊也。凡天地四時皆爲天宗。萬物非天不生，非地不載，非春不動，非夏不長，非秋不成，非冬不藏，《書》曰"禋于六宗"，此之謂也。大割，⑦祠于公社及門閭，饗先祖五祀，⑧勞農夫以休息之。大割，殺牲也。祠于公社、國社、后土也。生爲上公，死祀爲貴神也。先祠公社，乃及門閭先祖，⑨先公後私之義也。五祀：木正句芒，⑩其祀户；火正祝融，其祀竈；土正后土，其祀中霤，后土爲社；金正蓐收，其

---

① "關"，《新校釋》曰當作"管"，是。
② "門閭里門"，《新校釋》曰當作"門，城門；閭，里門"，於義爲勝。
③ "貴"上，《新校釋》曰疑當有"明"字。
④ "齒列"，原誤倒，據《二十二子》本乙正。
⑤ "體"，原脱，據《二十二子》本補。
⑥ "於天宗之神"，原作"之神於天宗"，據《二十二子》本改。
⑦ "割"下，原衍"牲"字，據《二十二子》本删。
⑧ "先"，原作"禱"，據《二十二子》本改。
⑨ "祖"，原作"社"，據《二十二子》本改。
⑩ "句"，原作"苟"，據《二十二子》本改。

祀門；水正玄冥，其祀井，故曰五祀。社爲土官，稷爲木官，俱在五祀中，以其功大，故别言社稷耳。是月農夫空閒，故勞犒休息之，不役使也。天子乃命將率講武，肄射御，角力。肄，習也。角猶試。是月也，乃命水虞漁師收水泉池澤之賦。虞，官也。① 師，長也。賦，税也。無或敢侵削衆庶兆民，削，刻也。天子曰兆民。兆，大數也。以爲天子取怨于下，税斂重則民怨，故取怨于下。其有若此者，行罪無赦。此爲天子取怨于下者，故行其罪罰無赦貸也。

孟冬行春令，則凍閉不密，地氣發泄，民多流亡。春陽散越，故凍不密，地氣發泄。使民流亡，象陽布散。行夏令，則國多暴風，方冬不寒，蟄蟲復出。冬法當閉藏，②反行夏盛陽之令，故多暴疾之風。陽氣炎温，故盛冬不寒，③蟄伏之蟲復出也，於《洪範》五行"豫恒燠若"之徵也。④ 行秋令，則雪霜不時，小兵時起，土地侵削。秋，金氣干水，不當霜而霜，不當雪而雪，故曰"不時"。小兵數起，鄰國來伐，侵削上地，於《洪範》五行"急恒寒若"之徵也。

## 十月紀

二曰：審知生，聖人之要也；審知死，聖人之極也。知生也者，不以害生，養生之謂也；知死也者，不以害死，安死之謂也。此二者，聖人之所獨決也。決，知。凡生於天地之間，其必有死，所不免也。《莊子》曰："生寄也，死歸也。"故曰"所不免"。孝子之重其親也，重，尊。慈親之愛其子也，愛，心不能亡也。痛於肌骨，性也。所重所愛，死而棄之溝壑，人之情不忍爲也，

① "虞官也"，《批校本》曰當作"水虞，掌水官也"，是。
② "法"，《集釋》曰當作"陰"，是。
③ "盛"，《新校釋》曰"盛"字衍。
④ "徵"，原作"微"，據《二十二子》本改。

故有葬死之義。言情不忍棄之溝壑,故有葬送之義。① 葬也者,藏也,慈親孝子之所慎也。慎,重也。慎之者,以生人之心慮。② 慮,計也。以生人之心爲死者慮也,莫如無動,莫如無發。無發無動,莫如無有可利,則此之謂重閉。③ 無有可利,若楊王孫裸葬,人不發掘,不見動摇,謂之重閉也。

古之人有藏於廣野深山而安者矣,非珠玉國寶之謂也,葬不可不藏也。葬淺則狐狸抇之,抇讀曰掘。深則及於水泉,故凡葬必於高陵之上以避狐狸之患、水泉之濕。此則善矣,而忘奸邪盜賊寇亂之難,豈不惑哉?厚葬,人利之,必有此難,故謂之惑也。譬之若瞽師之避柱也,避柱而疾觸杙也。狐狸、水泉、奸邪盜賊寇亂之患,④此杙之大者也。慈親孝子避一作"備"。之者,得葬之情矣。得薄葬之情也。善棺槨,所以避一作"備"。螻蟻蛇蟲也。今世俗大亂之主愈侈其葬,則心非爲乎死者慮也,生者以相矜尚也。慮,計也。以厚葬奢侈相高大,不爲葬者避發掘之計也,⑤故曰"生者以相矜尚也"。侈靡者以爲榮,榮,譽也。儉節者以爲陋,不以便死爲故,故,⑥事。而徒以生者之誹譽爲務,此非慈親孝子之心也。父雖死,孝子之重之不怠。重,尊。怠,懈。子雖死,慈親之愛之不懈。夫葬所愛所重而以生者之所甚欲,其以安之也,若之何哉?甚欲,欲厚葬也。厚葬必見發掘,故曰"其以安之也,若之何哉?"言不安也。

民之於利也,犯流矢,蹈白刃,涉血盩肝以求之。盩,古抽

① "送",《集釋》曰當作"死",是。
② "以生人之心慮",《札記》曰當作"以生人之心爲死者慮也",於義爲勝。
③ "則",《新校釋》曰"則"字衍,是。
④ "狐狸水泉",《正誤》曰"狐狸水泉"四字衍,是。
⑤ "避",原作"必",據《二十二子》本改。
⑥ "故",原作"古",據《二十二子》本改。

字。野人之無聞者，忍親戚兄弟知交以求利。無聞禮義。今無此之危、無此之醜，醜，耻。其爲利甚厚，乘車食肉，澤及子孫，雖聖人猶不能禁，而況於亂？① 國彌大，弥猶益也。家彌富，葬彌厚，含珠鱗施，含珠，口實也。鱗施，施玉於死者之體如魚鱗也。②夫玩好貨寶，③鐘鼎壺濫，以冰置水漿於其中爲濫，取其冷也。轝馬衣被戈劍，不可勝其數。諸養生之具，無不從者。諸養生之具無不從。從，送也，以送死人。題湊之室，室，椁藏也。題湊，複累。棺椁數襲，襲，重。積石積炭，以環其外。石以其堅。炭以禦濕。環，繞也。奸人聞之，傳以相告。告，語也。上雖以嚴威重罪禁之，猶不可止。不能止其發掘。且死者彌久，生者彌疏。生者彌疏，則守者彌怠。守者彌怠，而葬器如故，言寶賂不渝變。其勢固不安矣。世俗之行喪，載之以大輴，大輴，車也。④ 羽旄旌旗、如雲僂翣以督之，⑤珠玉以佩之，黼黻文章以飭之，喪車有羽旄旌旗之飭，有雲氣之畫。僂，蓋也。翣，棺飭也。畫黼黻之狀如扇翣於僂邊，天子八，諸侯六，大夫四也。引紼者左右萬人以行之，紼，引棺索也。禮，送葬皆執紼。以軍制立之然後可。制，法。以此觀世，觀世猶示人也。則美矣、侈矣。以此爲死，則不可也。於死人不可也。苟便於死，則雖貧國勞民，一作"身"。若慈親孝子者之所不辭爲也。

## 節喪

---

① "亂"下，《正誤》曰當有"國"字，是。

② "玉"，原作"王"，據《二十二子》本改。"鱗施施玉"，《集釋》曰當作"鱗施，玉匣也。施玉匣"，於義爲勝。

③ "夫"，原爲小字，據《二十二子》本改。"含珠鱗施夫玩好貨寶"，《遺誼》曰當作"含珠鱗施，綸組節束，玩好貨寶"，可備一説。

④ "車"上，《畢校補正》曰當有"柩"字，是。

⑤ "督"，《新校釋》曰疑當作"瞀"。

三曰：世之爲丘壟也，其高大若山，其樹之若林，木聚生曰林也。其設闕庭、爲宫室、造賓阼也若都邑，賓階、阼階也。若爲都邑之制。以此觀世示富則可矣，以此爲死則不可也。夫死，其視萬歲猶一瞚也。瞚者，潁川人相視曰瞚也。一曰，瞚者謂人卧始覺也。人之壽久之不過百，中壽不過六十，以百與六十爲無窮者之慮，慮，謀也。其情必不相當矣。以無窮爲死者之慮，則得之矣。今有人於此，爲石銘置之壟上，曰："此其中之物，具珠玉玩好財物寶器甚多，不可不扫，扫，發也。扫之必大富，世世乘車食肉。"謂扫墓富而得爵禄，故乘車食肉，世世相傳也。人必相與笑之，以爲大惑。惑，悖也。世之厚葬也有似於此。自古及今，未有不亡之國也。① 無不亡之國者，是無不扫之墓也。② 以耳目所聞見，齊、荆、燕嘗亡矣，宋、中山已亡矣，趙、魏、韓皆亡矣，其皆故國矣。自此以上者，亡國不可勝數。上猶前也。不可勝數，亡國多也。是故大墓無不扫也。而世皆爭爲之，豈不悲哉？

君之不令民，令，善。父之不孝子，兄之不悌弟，皆鄉里之所釜甋者而逐之，③以釜甋食之人，皆欲討逐之。憚耕稼采薪之勞，不肯官人事，既憚耕稼，又不肯居官循治人事也。④ 而祈美衣侈食之樂，祈，求。智巧窮屈，無以爲之，窮，極。屈，盡。於是乎聚群多之徒，⑤以深山廣澤林藪，扑擊遏奪，又視名丘大墓葬之厚者，求舍便居，以微扫之，日夜不休，必得所利，相與分

---

① "亡"，原作"忘"，據《二十二子》本改。

② "扫"，原作"相"，據元刻明修本改。

③ "甋"，原作"鬲"，據《二十二子》本改，注亦同。"者而逐之"，《新校釋》曰當作"而逐之者"。

④ 畢沅曰："'循治'疑當作'修治'。"是。

⑤ "多"，《新校釋》曰疑當作"朋"。

之。夫有所愛所重而令奸邪盜賊寇亂之人卒必辱之,此孝子忠臣親父交友之大事。[①]《傳》曰:“宋文公卒,始厚葬,用蜃炭,益車馬,始用殉,重器備,椁有四阿,棺有翰檜。君子謂華元、[②]樂吕於是不臣。臣,治煩去惑者也,是以伏死而爭。今二子者,君生則縱其惑,死也又益其侈,是棄君於惡也,何臣之爲?”此之謂也。堯葬於穀林,[③]通樹之;通林以爲樹也。《傳》曰:“堯葬成陽。”[④]此云“穀林”,成陽山下有穀林。舜葬於紀市,不變其肆;市肆如故,言不煩民也。《傳》曰:“舜葬蒼梧九疑之山。”此云“於紀市”,九疑山下亦有紀邑。禹葬於會稽,不變人徒。變,動也。言無所興造,不擾民也。會稽山在會稽山陰縣南。是故先王以儉節葬死也,非愛其費也,費,財也。非惡其勞也,惡猶患也。以爲死者慮也。先王之所惡,惟死者之辱也。發則必辱,儉則不發,故先王之葬,必儉、必合、必同。何謂合?何謂同?葬於山林則合乎山林,葬於阪隰一作“版阬”。則同乎阪隰,此之謂愛人。

夫愛人者衆,知愛人者寡。謂凡愛死人者之衆,[⑤]多厚葬之。知所以愛之者寡,言能儉葬者少也。故宋未亡而東冢扫,東冢,文公冢也。文公厚葬,故冢被發也。冢在城東,因謂之東冢。齊未亡而莊公冢扫。莊公,名購,僖公之父,[⑥]以葬厚,冢見發。國安寧而猶若此,又況百世之後而國已亡乎?故孝子忠臣親父交友不可不

---

① “事”,《批校本》曰當作“患”,於義爲勝。
② “元”,原作“示”,據元刻明修本改。
③ “葬”,原作“舜”,據《二十二子》本改。
④ “陽”,原作“湯”,據《二十二子》本改。
⑤ “者之”,原誤倒,據《二十二子》本乙正。“之”,《彙校》疑“之”字衍,是。
⑥ “父”,原作“公”,據《二十二子》本改。

察於此也。夫愛之而反危之,①其此之謂乎!使見發掘之謂。《詩》曰:“不敢暴虎,不敢馮河,人知其一,莫知其他。”此言不知鄰類也。《詩·小雅·小旻》之卒章也。無兵搏虎曰暴。無舟渡河曰馮。喻小人而爲政,不可以不敬,不敬之則危,猶暴虎馮河之必死也。“人知其一,莫知其他”。一,非也。人皆知小人之爲非,不知不敬小人之危殆,故曰“不知鄰類也”。故反以相非,反以相是。其所非方其所是也,其所是方其所非也。方,比。是非未定,而喜怒鬥爭,反爲用矣。吾不非鬥,不非爭,非猶罪也。而非所以鬥,非所以爭。故凡鬥爭者,是非已定之用也。今多不先定其是非,而先疾鬥爭,②此惑之大者也。魯季孫有喪,孔子往弔之。入門而左,從客也。③主人以璵璠收,喪,季平子意如之喪也。桓子斯在喪位,孔子弔之,入門而左行,故曰從客位也。“主人以璵璠收”,收,斂者也。④孔子徑庭而趨,歷級而上,上堂。曰:“以寶玉收,譬之猶暴骸中原也。”璵璠,君佩玉也。昭公在外,平子行君事,入宗廟佩璵璠,故用之。孔子以平子逐昭公出之,其行惡,不當以斂,而反用之,肆行非度,人又利之,必見發掘,故猶暴骸中原也。徑庭歷級,非禮也,雖然,以救過也。孔子“拜下,⑤禮也。今拜乎上,泰也,⑥雖違衆,吾從下”,言不欲違禮,⑦亦不欲人之失禮,故歷級也。

## 安死

---

① “夫愛之而反危之”,《舉正》曰當作“夫愛之而反害之,安之而反危之”,於義爲勝。

② “先”,《新校釋》曰“先”字當衍。

③ “客”下,《舉正》曰當有“位”字,是。

④ “收斂者也”,《補注》曰當作“收者,斂也”。

⑤ “子”下,《新校釋》曰當有“曰”字,是。

⑥ “泰”,原脱,據《二十二子》本補。

⑦ “吾從下言不欲違禮”,原作“吾從不言下欲違禮”,據《二十二子》本改。

四曰：古之人非無寶也，其所寶者異也。孫叔敖疾，將死，戒其子曰："王數封我矣，①吾不受也。孫叔敖，楚大夫蔿賈之子，莊王之令尹也。爲我死，王則封汝，必無受利地。人所貪利之地。楚、越之間有寢之丘者，此其地不利人不利之。而名甚惡，惡，謂名丘也。荆人畏鬼而越人信禨，言荆人畏鬼神，越人信吉凶之禨祥，此地名丘，②畏惡之名，終不利也。可長有者其唯此也。"唯，獨也。孫叔敖死，王果以美地封其子，而子辭，請寢之丘，故至今不失。孫敖叔之知，知不以利爲利矣。③ 知以人之所惡爲己之所喜，此有道者之所以異乎俗也。衆人利利，孫叔敖病利，故曰所以異於俗也。④

五員亡，荆急求之，登太行而望鄭曰："蓋是國也，地險而民多知，登，升也。太行，山名，處則未聞。多知，將問所以自竄也。其主俗主也，不足與舉。"舉猶謀也。俗主，不肖凡君。去鄭而之許，見許公而問所之。許公不應，東南嚮而唾。欲令之吴也。五員載拜受賜曰："知所之矣。"因如吴。過於荆，至江上，欲涉，涉，渡。見一丈人，丈人，長老稱也。刺小船，方將漁，從而請焉。丈人度之，絶江，絶，過。問其名族，族，姓。則不肯告，丈人不肯告。解其劍以予一作"獻"。丈人，曰："此千金之劍也。願獻之獻，上也。丈人。"丈人不肯受，曰："荆國之法，得五員者爵執圭，禄萬擔，金千鎰。昔者子胥過，吾猶一作"尚"。不取，執圭，《周禮》"侯執信圭"，言爵之爲侯也。萬擔，萬石也。金千鎰，二十兩爲一鎰。不取子胥以受賞也，故曰我何以欲子之千金劍。今我何一作

① "數"下，《新校釋》曰當有"欲"字，於義爲勝。
② "丘"上，《新校釋》曰當有"寢"字，是。
③ "不以"，《札記》曰當作"以不"，是。
④ "異"下，原衍"異"字，據《二十二子》本删。

“昆”。以子之千金劍爲乎?”五員過於吴,①過猶至也。使人求之江上,則不能得也,每食必祭之,祝曰:“江上之丈人,天地至大矣,至衆矣,將奚不有爲也? 而無以爲,爲矣何不有爲,言無不爲也。江上丈人無以爲矣,無以爲,乃大有於五員也,故曰“而無以爲”也。② 而無以爲之。名不可得而聞,聞,知也。身不可得而見,求之江上不能得也。其惟江上之丈人乎?”

宋之野人耕而得玉,獻之司城子罕,子罕不受。司城,官名。野人請曰:“此野人之寶也,③願相國爲之賜而受之也。”子罕曰:“子以玉爲寶,我以不受爲寶。”故宋國之長者曰:“子罕非無寶也,所寶者異也。”今以百金與摶黍以示兒子,④兒子,小兒。兒子必取摶黍矣。以和氏之璧與百金以示鄙人,鄙人必取百金矣。以和氏之璧、道德之至言以示賢者,⑤賢者必取至言矣。其知彌精,⑥其所取彌精;其知彌粗,其所取彌粗。精,微妙也。粗,粗疏也。

## 異寶

五曰:萬物不同,而用之於人異也,此治亂存亡死生之原。原,本。故國廣巨、兵強富一作“充富”。未必安也,尊貴高大未必顯也,在於用之。桀紂用其材而以成其亡,湯武用其材而以成其王。

---

① “過”,《平議》曰當作“適”,是。

② “乃大”至“爲也”十四字,畢沅曰當作“乃大有爲於五員也,故曰而無以爲爲也”,是。

③ “野人之”,《新校釋》曰“野人之”三字當衍。

④ “摶”,原作“搏”,據《二十二子》本改,下同。

⑤ “道”上,《札記》曰當有“與”字,是。

⑥ “其”上,《新校釋》曰疑當有“故曰”二字。

湯見祝網者，置四面，置，設。其祝曰："從天墜者，墜，隕也。從地出者，從四方來者，皆離吾網。"湯曰："嘻！盡之矣。非桀其孰爲此也？"孰，誰也。湯收其三面，"收"一作"放"。置其一面，更教祝曰："昔蛛蝥作網罟，[①]今之人學紓。紓，緩。欲左者左，欲右者右，欲高者高，欲下者下，吾取其犯命者。"漢南之國聞之曰："湯之德及禽獸矣。"漢南，漢水之南。四十國歸之。人置四面未必得鳥，湯去其三面置其一面，以網其四十國，非徒網鳥也。徒猶但也。周文王使人扫池，得死人之骸，吏以聞於文王。文王曰："更葬之。"吏曰："此無主矣。"文王曰："有天下者天下之主也，有一國者一國之主也，今我非其主也？"遂令吏以衣棺更葬之。天下聞之曰："文王賢矣，澤及髊骨，骨有肉曰髊，無曰枯。又況於人乎？"或得寶以危其國，文王得朽骨以喻其意，喻，説。説民意也。故聖人於物也無不材。材，用也。孔子之弟子從遠方來者，孔子荷杖而問之曰："子之公不有恙乎？"搏杖而揖之問曰："子之父母不有恙乎？"置杖而問曰："子之兄弟不有恙乎？"杙步而倍之，問曰："子之妻子不有恙乎？"故孔子以六尺之杖諭貴賤之等，辨疏親之義，又況於以尊位厚禄乎？

古之人貴能射也，以長幼養老也。禮，射中飲不中，故所以長幼養老也。今之人貴能射也，以攻戰侵奪也。其細者以劫弱暴寡也，以遏奪爲務也。仁人之得飴，飴，餳。以養疾侍老也。[②]侍亦養也。跖與企足得飴，以開閉取楗也。跖，盜跖。企足，莊蹻也。皆大盜人名也，以飴取人楗牡，開人府藏，竊人財物者也。

**異用**

---

① "蝥"，原作"螯"，據《二十二子》本改。

② "侍"，《雜志》曰當作"持"，注亦同。是。

# 卷第十一

呂氏春秋訓解　高氏

## 仲冬紀第十一　至忠　忠廉　當務　長見

一曰：仲冬之月，日在斗，仲冬，夏之十一月。斗，北方宿，吴之分野。是月，日躔此宿。昏東壁中，旦軫中。東壁，北方宿，衛之分野。軫，南方宿，楚之分野。是月昏旦時，皆中於南方。其日壬癸，其帝顓頊，其神玄冥。其蟲介，其音羽，説在《孟冬》。律中黄鐘，黄鐘，陽律也。竹管音與黄鐘和也。陽氣聚於下，陰氣盛於上，萬物萌聚於黄泉之下，①故曰"黄鐘"也。其數六。其味鹹，其臭朽，其祀行，祭先腎。冰益壯，地始坼，立冬後三十日大雪節，故冰益壯。地始坼，凍裂也。鶡鴠不鳴，虎始交。鶡鴠，山鳥，陽物也。是月陰盛，故不鳴也。虎乃陽中之陰也，陰氣盛，以類發也。天子居玄堂太廟，太廟，中央室也。乘玄輅，駕鐵驪，載玄旗，衣黑衣，服玄玉。食黍與彘，其器宏以弇。説在《孟冬》。命有司曰："土事無作，無發蓋藏，無起大衆，以固而閉。"有司，於《周禮》爲司徒，掌建邦之土

① "物"下，原衍"黄"字，據《二十二子》本删。

地,①主地圖與民人之教,故命之也。發蓋藏,起大衆,地氣且泄,是謂發天地之房。房,所以閉藏也。諸蟄則死,民多疾疫,又隨以喪,發泄陰氣,②故蟄伏者死,民疾以喪亡也。命之曰暢月。陰氣在上,民人空閒無所事作,故"命之曰暢月"也。

是月也,命閹尹申宫令,審門閭,謹房室,必重閉。閹,宫官。③ 尹,正也。於《周禮》爲宫人,掌王之六寢,故命之。申宫令,審門閭,謹房室,必重閉,皆所以助陰氣也。省婦事,毋得淫,雖有貴戚近習,無有不禁。淫則禁之,尊卑一者也。乃命大酋,秫稻必齊,麴糵必時,大酋,主酒官也。酉醖米麴使之化熟故謂之酉。④ 於《周禮》爲酒正,掌酒之政令,以式法度授酒材,⑤辨五齊之名。秫與稻必得其齊,麴與糵必得其時,⑥則酒善也。湛饎必潔,水泉必香,湛,漬也。饎,炊也。香,美也。炊必清潔,水泉善則酒美也。⑦ 湛讀瀋釜之瀋。饎讀熾火之熾也。陶器必良,⑧火齊必得,兼用六物。大酋監之,無有差忒。陶器,瓦器也。六物,秫、稻、麴、糵、水、火也。大酋監之,皆得其齊,故無有差忒也。天子乃命有司祈祀四海大川名原淵澤井泉。皆有功於人,故祈祀之也。是月也,農有不收藏積聚者,牛馬畜獸有放佚者,取之不詰。詰,誅也。山林藪澤,無水曰藪。有水曰澤。有能取疏食田獵禽獸者,野虞教導之。草實曰疏食。野虞,掌山澤之官也,故教導之也。其有侵奪者,罪之不

---

① "之土地",原作"以土也",據《二十二子》本改。

② "發泄陰氣",《新校釋》曰當作"陽氣發泄,陰氣乘陽",可備一説。

③ "宫官",原誤倒,據《二十二子》本乙正。

④ "酉",原作"酒",據《二十二子》本改。

⑤ "材",原作"財",據《二十二子》本改。

⑥ "與",原脱,據《二十二子》本補。"時"下,原衍"得其時"三字,據《二十二子》本删。

⑦ "水泉善則酒美也",《新校釋》曰當作"水泉香則酒善也"。

⑧ "器",原作"氣",據《二十二子》本改。

赦。必罰之也。是月也，日短至。冬至之日，晝漏水上刻四十五，夜水上刻五十五，故曰“日短至”。牽牛一度也。① 陰陽爭，諸生蕩。陰氣在上，微陽動升，故曰爭也。諸蟄伏當生者皆動摇也。君子齋戒，處必弇，身欲寧，去聲色，禁嗜欲，安形性，弇，深邃也。寧，静也。聲，五聲也。色，五色也。屏去之，崇寂静也。陰陽方爭，嗜欲咸禁絶之，所以安形性也。事欲静，以待陰陽之所定。定猶成也。芸始生，荔挺出，蚯蚓結，麋角解，水泉動。芸，蒿菜名也。荔，馬荔。挺，生出也。蚯蚓，蟲也。結，紆也。② 麋角解墮，水泉涌動，皆應微陽氣也。日短至，則伐林木，取竹箭。是月也，竹木調韧，③又斧斤入山林之時也，故伐取之也。是月也，可以罷官之無事者，去器之無用者。塗闕庭門閭，闕，門闕也，於《周禮》爲象魏。門閭皆塗塞，使堅牢也。築囹圄，此所以助天地之閉藏也。④

仲冬行夏令，則其國乃旱，氣霧冥冥，⑤雷乃發聲。夏火炎上，故其國旱也。清濁相干，氣霧冥冥也。夏氣發泄，故雷動聲也。行秋令，則天時雨汁，瓜瓠不成，國有大兵。秋，金，⑥水之母也。冬節白露，故雨汁也。金用事以干水，故瓜瓠不成，有大兵來伐之也。行春令，則蟲螟爲敗，水泉減竭，民多疾癘。春，木氣。木生蟲，故蟲螟爲敗。食穀心曰螟。⑦ 陽氣炕燥，故水泉減竭也。水木相干，氣不和，故民多疾癘也。

## 十一月紀

---

① “牽牛一度也”，《新校釋》曰疑當作“日在牽牛一度也”。
② “結紆”，原誤倒，據《二十二子》本乙正。
③ “韧”，原漫漶不清，此據《二十二子》本。
④ “此”，《彙校》疑“此”字衍。
⑤ “氣霧”，畢沅曰疑當作“氛霧”，是。
⑥ “金”下，《集釋》曰當有“氣”字，是。
⑦ “爲敗食”，原作“食敗”，據《二十二子》本改。

二曰：至忠逆於耳、①倒於心，倒亦逆也。非賢主其孰能聽之？聽，受也。故賢主之所説，不肖主之所誅也。賢主説忠言也，不肖主反之。《春秋傳》曰："忠爲令德，非其人則不可，況不令之尤者乎？"故被不肖主之所誅也。人主無不惡暴劫者而日致之，惡之何益？日致爲暴劫之政也。《孟子》曰："惡濕而居下。"故曰"惡之何益"也。今有樹於此，而欲其美也，美，茂也。人時灌之，則惡之，②惡其灌之。而日伐其根，則必無活樹矣。夫惡聞忠言，乃自伐之精者也。精猶甚。甚於自伐其根者也。

荆莊哀王獵於雲夢，③荆莊哀王，考烈王之子，在春秋後。雲夢，楚澤也，在南郡華容也。射隨兕，中之。申公子培劫王而奪之。隨兕，惡獸名也。子培，申邑宰也。楚僭稱王，邑宰稱公也。以殺隨兕者之凶，故劫奪王，④代王受殃也。王曰："何其暴而不敬也？"命吏誅之。下陵其上謂之暴。誅之，誅子培也。左右大夫皆進諫曰："子培，賢者也，又爲王百倍之臣。此必有故，願察之也。"⑤子培之賢，百倍於人，必有所爲故也，故曰願王察之也。不出三月，子培疾而死。爲代王殺隨兕故死也。⑥荆興師，戰於兩棠，大勝晋，兩棠，地名也。荆剋晋負，故曰"大勝"。歸而賞有功者。申公子培之弟進請賞於吏曰："人之有功也於軍旅，⑦臣兄之有

---

① "忠"下，《新校釋》曰當有"之言"二字，於義爲勝。

② "人時灌之則惡之"，《新校釋》曰當作"以時灌之，則又惡之"，可備一説。

③ "哀"，畢沅曰"哀"字衍，《新校釋》曰疑當作"襄"。

④ "故劫奪王"，《新校釋》曰當作"故劫王而奪之"，於義爲勝。

⑤ "願"下，《舉正》曰當有"王"字，是。

⑥ "代"，原作"伐"，據《二十二子》本改。"也"下，原衍"者"字，據元刻明修本删。

⑦ "吏曰人之有功也於"，原脱，據《二十二子》本補。"旅"下，原衍"曰"字，據《二十二子》本删。《集釋》曰："《説苑》'吏'字作'王'，義勝。"是。

功也於車下。”於王車下奪王隨兕，①所以代王死之，兄有是功。② 王曰：“何謂也？”對曰：“臣之兄犯暴不敬之名，觸死亡之罪於王之側，其愚心將以忠於君王之身而持千歲之壽也。忠猶愛也。持猶得也。忠愛君上，犯奪隨兕，是代君王受死亡之殃，使君王得千歲之壽也。臣之兄嘗讀故記曰：‘殺隨兕者，不出三月。’③故記，古書也。比三月必死，故曰“不出”也。是以臣之兄驚懼而爭之。驚懼王壽之不長，故與王爭隨兕而奪王也。④ 故伏其罪而死。”罪，殃也。王令人發平府而視之於故記，果有，乃厚賞之。平府，府名也。賞之，賞子培之弟也。申公子培其忠也可謂穆行矣。穆，美也。穆行之意，人知之不爲勸，人不知不爲沮，勸，進。沮，止也。行無高乎此矣。

齊王疾痏，齊王，湣王也，宣王之子。痏，病痏也。⑤ 使人之宋迎文摯。文摯至，視王之疾，謂太子曰：“王之疾必可已也。已猶愈也。雖然，王之疾已，則必殺摯也。”太子曰：“何故？”文摯對曰：“非怒王，怒讀如強弩之弩。則疾不可治。怒王，則摯必死。”太子頓首強請曰：“苟已王之疾，臣與臣之母以死爭之於王，王必幸臣與臣之母，幸，哀也。願先生之勿患也。”文摯曰：“諾。請以死爲王。”爲，治也。與太子期，而將往不當者三，三不如期也。齊王固已怒矣。文摯至，不解屨登牀，履王衣，問王之疾，王怒而不與言。故不解屨以履王衣欲令王怒也，王果甚怒，不與文摯言也。文摯因出辭以重怒王，王叱而起，疾乃

---

① 下“王”，原作“五”，據《二十二子》本改。
② “兄”，原作“兕”，據《二十二子》本改。
③ “月”下，《新校釋》曰當有“必死”二字。
④ “奪王”，《新校釋》曰當作“奪之”。
⑤ “病”，《新校釋》曰當作“痏”。

遂已。已,除愈也。王大怒不説,[①]將生烹文摯。太子與王后急爭之,而不能得,果以鼎生烹文摯。爨之三日三夜,顔色不變。變,毁也。文摯曰:“誠欲殺我,則胡不覆之?以絶陰陽之氣。”王使覆之,文摯乃死。夫忠於治世易,忠於濁世難。賢君賞忠臣,故曰易也。亂主殺之,故曰難也。文摯非不知活王之疾而身獲死也,[②]獲,得也。爲太子行難以成其義也。爲太子,故行其所難也,死之以成太子孝敬之義也。

## 至忠

三曰:士議之不可辱者大之也,議,平也。平之不可得污辱者,士之大者也。[③] 大之則尊於富貴也,利不足以虞其意矣。虞猶回也。雖名爲諸侯,實有萬乘,不足以挺其心矣。挺猶動也。誠辱則無爲樂生。言誠可欲得辱,[④]則無用生爲,故曰“無爲樂生”也。若此人也,有勢則必不自私矣,處官則必不爲污矣,將衆則必不撓北矣。北,走也。忠臣亦然,苟便於主利於國,無敢辭違,殺身出生以徇之。出猶去。去生必死也。徇猶衛也。國有士若此,則可謂有人矣。若此人者固難得,言得之難。其患雖得之有不智。其患者,當其難也,雖得踐其難,踐其難必死,故曰“有不智”也。

吴王欲殺王子慶忌,而莫之能殺,吴王,闔廬光,簒庶父僚,而即其位。慶忌者,僚之子也,故欲殺之。慶忌有力捷疾,[⑤]而人皆畏之,

---

① “不説”,《新校釋》曰“不説”二字疑衍。

② “活”,《新校釋》曰當作“治”,是。

③ “之大”,《新校釋》曰當作“大之”,是。

④ “欲”,畢沅曰“欲”字疑衍,是。“欲得”,《新校釋》曰“欲得”二字衍。

⑤ “力”,原作“方”,據《二十二子》本改。“捷”,原漫漶不清,此據《二十二子》本。

無能殺之者。吴王患之。要離曰："臣能之。"吴王曰："汝惡能乎？惡，安也。吾嘗以六馬逐之江上矣，而不能及。射之矢左右滿把，而不能中。今汝拔劍則不能舉臂，上車則不能登軾，汝惡能？"要離曰："士患不勇耳，奚患於不能？王誠能助臣，請必能。"吴王曰："諾。"明旦加要離罪焉，摯執妻子，①焚之而揚其灰。吴王僞加要離罪，燒其妻子，揚其灰。要離走，往見王子慶忌於衛。王子慶忌喜曰："吴王之無道也，子之所見也，諸侯之所知也。今子得免而去之，亦善矣。"要離與王子慶忌居有間，謂王子慶忌曰："吴之無道也愈甚，②請與王子往奪之國。"王子慶忌曰："善。"乃與要離俱涉於江，涉，渡也。中江，拔劍以刺王子慶忌，王子慶忌捽之，③投之於江，浮則又取而投之，如此者三。其卒曰："汝天下之國士也，幸汝以成而名。"幸，活。而，汝。要離得不死，歸於吴。吴王大説，請與分國。要離曰："不可。臣請必死。"吴王止之。要離曰："夫殺妻子焚之而揚其灰，以便事也，臣以爲不仁。便猶成也。夫爲故主殺新主，臣以爲不義。夫捽而浮乎江，三入三出，特王子慶忌爲之賜而不殺耳，特猶直也。臣已爲辱矣。夫不仁不義，又且已辱，不可以生。"吴王不能止，果伏劍而死。果，終也。要離可謂不爲賞動矣，故臨大利而不易其義，可謂廉矣。廉，故不以貴富而忘其辱。不忘其妻子燒死之辱，以取吴國之貴富也。

衛懿公有臣曰弘演，有所於使。懿公，衛惠公之子赤也。演讀如胤子之胤。翟人攻衛，其民曰："君之所予位禄者，鶴也。

---

① "摯執妻子"，《新校釋》曰當作"執其妻子"，於義爲勝。

② "吴"下，《新校釋》曰當有"王"字，是。

③ 《新校釋》曰："'王子慶忌'不當重。"

所貴富者,宫人也。君使宫人與鶴戰,余焉能戰?”魯閔二年《傳》曰:“翟人伐衛。① 衛懿公好鶴,鶴有乘軒者。② 將戰,國人受甲者皆曰:‘使鶴,鶴有禄位,余焉能戰?’”此之謂也。遂潰而去。翟人至,及懿公於榮澤,殺之,盡食其肉,獨捨其肝。弘演至,報使於肝,畢,呼天而啼,盡哀而止,曰:“臣請爲襮。”因自殺,先出其腹實,内懿公之肝。襮,表也。納公之肝於其腹中,故曰“臣請爲襮”者也。桓公聞之曰:“衛之亡也,以爲無道也。今有臣若此,不可不存。”於是復立衛於楚丘。弘演可謂忠矣,殺身出生以徇其君。出,去也。去生就死以徇從其君。非徒徇其君也,又令衛之宗廟復立,祭祀不絶,可謂有功矣。

**忠廉**

四曰:辯而不當論,信而不當理,勇而不當義,法而不當務,惑而乘驥也,狂而操吴干將也,大亂天下者,必此四者也。四者,辯、信、勇、法也。惑而乘驥必失其道。吴干將,利劍也,狂而操之,必殺害人。故曰“亂天下者,必此四者也”。所貴辯者,爲其由所論也;所貴信者,爲其遵所理也;所貴勇者,爲其行義也;所貴法者,爲其當務也。

跖之徒問於跖曰:“盗有道乎?”跖,大盗之人。③ 徒,其弟子。跖曰:“奚啻其有道也?夫妄意關内,關,閉也。中藏,聖也;以外知内,此幾於聖也。入先,勇也;出後,義也;知時,智也;分均,仁也。不通此五者而能成大盗者,天下無有。”無有成大盗者。

① “伐”,原作“代”,據《二十二子》本改。
② “乘”原作“垂”,據元刻明修本改。
③ “人”,《新校釋》曰疑當作“名”。

備説非六王五伯，[①]備，具也。説，道也。非者，譏呵其闕也。六王，謂堯、舜、禹、湯、文、武也。五伯，齊桓、晋文、宋襄、楚莊、秦繆也。以爲“堯有不慈之名，不以天下與胤子丹朱而反禪舜，故曰“有不慈之名”也。舜有不孝之行，《詩》云：“娶妻如之何？必告父母。”堯妻舜，舜遂不告而娶，故曰“有不孝之行”也。禹有淫湎之意，禹甘旨酒而飲之，故曰“有淫湎之意”。[②] 湯、武有放殺之事，[③]成湯放桀于南巢，周武殺殷紂於宣室，故曰“有放殺之事”。五伯有暴亂之謀。五伯爭國，骨肉相殺，以大兼小，故曰“有暴亂之謀”。世皆譽之，人皆諱之，惑也。”世稱六王之聖、五伯之賢而人諱其放殺暴亂之謀。《論語》曰：“愛之欲其生，惡之欲其死。既欲其生，又欲其死，惑也。”此之謂也。故死而操金椎以葬，曰：“下見六王五伯，將毃其頭矣。”辯若此，不如無辯。毃音㱿，擊也。辯説六王、五伯之闕而欲見毃其頭，辯如此不若無辯也。

楚有直躬者，其父竊羊，而謁之上。謁，告也。上，君也。《語》曰：“葉公告孔子曰：‘吾黨有直躬者，其父攘羊而子證之。’”此之謂也。上執而將誅之。直躬者請代之。[④] 將誅矣，告吏曰：“父竊羊而謁之，不亦信乎？父誅而代之，不亦孝乎？信且孝而誅之，國將有不誅者乎？”言淫刑以逞，誰能免之？故曰“國將有不誅者乎”？荆王聞之，乃不誅也。孔子聞之曰：“異哉直躬之爲信也，一父而載取名焉。”故直躬之信，不若無信。父爲子隱，子爲父隱，直在其中矣。信而證父，故曰“不若無信”也。

齊之好勇者，其一人居東郭，其一人居西郭，卒然相遇於

---

① “備”，《新箋》曰當作“俔”，於義爲勝。
② “曰”，原脱，據《二十二子》本補。
③ “殺”，《新校釋》曰當作“弑”，是。
④ “者”，《遺誼》曰“者”字衍，是。

塗,曰:“姑相飲乎?”觴數行,觴,爵也。曰:“姑求肉乎?”一人曰:“子,肉也。我,肉也。尚胡革求肉而爲?革,更也。於是具染而已。”染,豉醬也。因抽刀而相啖,至死而止。勇若此,不若無勇。《傳》曰:“酒以成禮,弗繼以淫。”勇而相噬,無禮之甚,故曰“不若無勇”。

紂之同母三人,其長曰微子啓,其次曰中衍,其次曰受德。受德乃紂也,甚少矣。少,小也。紂母之生微子啓與中衍也,尚爲妾。已而爲妻而生紂。① 紂之父、紂之母欲置微子啓以爲太子,太史據法而爭之,曰:“有妻之子,而不可置妾之子。”紂故爲後。置,立也。用法若此,不若無法。太子所以繼世樹德化下也,法當以法,②紂爲淫虐以亂天下,③故曰“不若無法”也。

## 當務

五曰:智所以相過,以其長見與短見也。長,遠也。短,近也。今之於古也,猶古之於後世也;今之於後世,亦猶今之於古也。④ 故審知今則可知古,知古則可知後。古,昔也。後,來也。古今前後一也,故聖人上知千歲、下知千歲也。荆文王曰:“莧譆數犯我以義,違我以禮,文王,武王之子也。⑤ 犯我使從義也,違我使入禮也。與處則不安,曠之而不穀得焉,與之居不安之也。曠察之使我從義入禮,則不穀得不危亡焉。不以吾身爵之,後世有聖人,將以非不穀。”非猶罪也。於是爵之五大夫。爵莧譆

---

① “生”上,原衍“後”字,據《二十二子》本删。
② “法當以法”,《新校釋》曰當作“立當以善,徒以法立紂”,可備一説。
③ “下”,原作“子”,據《二十二子》本改。
④ “亦猶今之於古也”,《新校釋》曰當作“亦猶古之於今也”,於義爲勝。
⑤ “子”,原作“父”,據《二十二子》本改。

爲五大夫也。"申侯伯善持養吾意，吾所欲，則先我爲之，意，志也。先意承志，《傳》所謂"從而不違"也。與處則安，曠之而不穀喪焉，與處則安者，臧武仲曰："季孫之愛我，疾疹也；孟孫之惡我，藥石也。美疹不如惡石也。"故曰"而不穀喪焉"也。不以吾身遠之，後世有聖人，將以非不穀。"於是送而行之。魯僖七年《傳》曰："初，申侯之出也，①有寵於楚文王。文王將死，與之璧使行，曰：'惟我知汝，汝專利而不厭，予取予求，不汝玼瑕也。後之人將求多於汝，汝必不免。我死，汝速行，毋適小國，將不汝容焉。'"此之謂也。申侯伯如鄭，阿鄭君之心，先爲其所欲，阿，從也。三年而知鄭國之政也，知猶爲也。五月而鄭人殺之。是後世之聖人，使文王爲善於上世也。上猶前也。晋平公鑄爲大鐘，使工聽之，皆以爲調矣。平公，悼公之子。調，和也。師曠曰："不調。請更鑄之。"平公曰："工皆以爲調矣。"②師曠曰："後世有知音者，將知鐘之不調也。臣竊爲君恥之。"至於師涓而果知鐘之不調也。③是師曠欲善調鐘，以爲後世之知音者也。

吕太公望封於齊，太公望，炎帝之後。四岳佐禹治水有功，錫姓爲姜，氏曰有吕，故曰吕望。遭紂之亂，聞西伯善養老者，遂奔于周，釣於渭濱。文王出田而見之曰："吾望公之久矣。"乃載與俱歸。號爲太公望，使爲太師。文王薨，佐武王伐紂。成王封之於齊，故《傳》曰："齊，大岳之胤。"④周公旦封於魯，周公旦，文王之子，武王之弟也。武王崩，成王幼少，代攝政七年，致太平，成王封之於魯也。二君者甚相善也，相謂曰："何以治國？"太公望曰："尊賢上功。"周公旦曰："親親

① "之"，《新校釋》曰當作"申"，是。
② "以"，原脱，據《二十二子》本補。
③ "師涓"，《新校釋》曰疑當作"師延"。
④ "大"，《集釋》、《新校釋》、《注疏》作"太"，是。

上恩。”太公望曰：“魯自此削矣。”親親上恩，恩多則威武不行，威武不行，故削弱也。周公旦曰：“魯雖削，有齊者亦必非吕氏也。”其後齊日以大，至於霸，二十四世而田成子有齊國。尊賢敬德，故能霸也。上功則臣權重，故能奪君國也。田成子恒殺簡公，適二十四世也。魯公以削，①至於覲存，覲，裁也。三十四世而亡。自魯公伯禽至頃公讎爲楚考烈王所滅，②適三十四世也。吴起治西河之外，王錯譖之於魏武侯，吴起，衛人，爲魏將，善用兵，故能治西河之外，謂北邊也。武侯，文侯之子。武侯使人召之。吴起至於岸門，岸門，邑名。止車而望西河，泣數行而下。其僕謂吴起曰：“竊觀公之意，視釋天下若釋躧。釋，棄。今去西河而泣，何也？”吴起抿泣而應之曰：“子不識。識，知也。君知我而使我畢能西河可以王。③ 能，力也。盡力爲之可以致君於王也。今君聽讒人之議讒人，王錯也。而不知我，西河之爲秦取不久矣，④魏從此削矣。”秦將取之，不復久也。魏失西河，故從此削弱也。吴起果去魏入楚。有間，西河畢入秦，秦日益大。畢由盡也。此吴起之所先見而泣也。魏公叔座疾，惠王往問之，惠王，武侯之子。曰：“公叔之疾，嗟！疾甚矣！將奈社稷何？”公叔對曰：“臣之御庶子鞅，願王以國聽之也。御庶子，爵也。鞅，衛公之孫也，故曰公孫鞅，或曰衛鞅。言其智計足以相社稷，能使用而從也。⑤ 爲不能聽，⑥勿使出境。”言不能用鞅者，必殺之，無令他國得用之也，故曰“勿使出境”。王不應，出而謂左右曰：“豈不悲哉？出，王視公叔疾而

① “公”，《斠補》曰當作“日”，是。

② “考”，原作“孝”，據《二十二子》本改。

③ “能”下，《新校釋》曰疑當有“秦必可亡而”五字。

④ “取”，《新校釋》曰“取”字衍，可備一説。

⑤ “從”上，《新校釋》曰當有“聽”字。

⑥ “聽”下，《新校釋》曰疑當有“必殺之”三字，可備一説。

出也。以公叔之賢,而今謂寡人必以國聽鞅,悖也夫!"公叔死,公孫鞅西游秦,秦孝公聽之,秦果用彊,①魏果用弱。非公叔座之悖也,魏王則悖也。夫悖者之患,固以不悖爲悖。悖者不自知爲悖,故謂不悖者爲悖也。

## 長見

① "彊",原作"疆",據《二十二子》本改。

# 卷第十二

呂氏春秋訓解　高氏

## 季冬紀第十二　士節　介立一作"立意"　誠廉　不侵　序意一作"廉孝"

一曰：季冬之月，日在婺女，季冬，夏之十二月。婺女，北方宿，越之分野。是月，日躔此宿也。昏婁中，旦氐中。婁，西方宿，魯之分野。氐，東方宿，韓之分野。是月昏旦時，皆中於南方。其日壬癸，其帝顓頊，其神玄冥。其蟲介，其音羽，律中大吕，大吕，陰律。竹管音與大吕和也。萬物萌生動於黄泉，①未能達見。② 吕，旅也。所以旅陰即陽，③助其成功，故曰大吕也。其數六。其味鹹，其臭朽，其祀行，祭先腎。雁北鄉，鵲始巢，雁在彭蠡之澤，是月皆北鄉，將來至北漠也。鵲，陽鳥，順陽而動，是月始爲巢也。雉雊雞乳。④《詩》云："雉之朝雊，尚求其雌。"乳，卵也。天子居玄堂右個，玄堂，北向堂。右個，東頭室也。乘玄輅，駕鐵驪，載玄旗，衣黑衣，服玄玉。

---

① "生"，《彙校》曰"生"字衍，是。
② "達"，原作"逵"，據《二十二子》本改。
③ "旅"下，原衍"去"字，據《二十二子》本删。
④ "雉雊雞乳"，原作"乳雉雊"，據《二十二子》本改。

食黍與彘，其器宏以弇。命有司大儺，旁磔，出土牛，以送寒氣。大儺，逐盡陰氣爲陽導也。今人臘歲前一日，擊鼓驅疫謂之逐除，是也。《周禮·方相氏》："掌蒙熊皮，黄金四目，玄衣朱裳，執戈揚楯，率百隸而時儺，以索室驅疫鬼。"此之謂也。旁磔犬羊於四方以攘，其畢冬之氣也。出土牛，令之鄉縣，①得立春節，出勸耕土牛於東門外，是也。征鳥厲疾。乃畢行山川之祀，及帝之大臣、天地之神祇。征猶飛也。厲，高也。言是月群鳥飛行高且疾也。帝之大臣，功施於民，若禹、稷之屬也。天曰神，地曰祇。是月，歲終報功，載祀典諸神畢祀之也。

是月也，命漁師始漁，天子親往。漁讀如《論語》之語。是月也，將捕魚，故命其長也，天子自行觀之。② 乃嘗魚，先薦寢廟。冰方盛，水澤復，復亦盛也。"復"或作"複"，凍重累也。命取冰。③ 冰已入，入凌室也。《詩》云："二之日，鑿冰沖沖。三之日，納于凌陰。"此之謂也。令告民，出五種。出之於窌，簡擇之也。命司農計耦耕事，計，會也。耦，合也。修耒耜，具田器。命樂師，大合吹而罷。《周禮·籥章》："仲春晝擊土鼓、吹《豳詩》以逆暑。仲秋夜逆寒，亦如之。"舉春、秋，省文也，則冬、夏可知。乃命四監收秩薪柴，以供寢廟及百祀之薪燎。四監者，周制，天子畿方千里之内分爲百縣，縣有四郡，郡有一大夫監之，故命四監，使收掌薪柴也。燎者，積聚柴薪，置璧與牲於上而燎之，升其烟氣，故曰"以供寢廟及百祀之薪燎"也。是月也，日窮于次，月窮于紀，星迴于天，次，宿也。是月，日周於牽牛，故曰"日窮于次"也。月遇日相合爲紀。月終紀，光盡而復生曰朔，故曰"月窮于紀"。日有常行，行於中道，五星隨之，故曰"星迴于天"也。一説，十二次窮于牽牛，故曰"窮于次"也。紀，道也。月窮於故宿，故曰"窮于紀"。星迴于天，謂二十八宿更見于南方，是月迴于牽牛，故曰"星迴于

---

① "令"，《新校釋》曰當作"今"，是。
② "子"，原漫漶不清，此據元刻明修本。
③ "命"上，原衍"堅"字，據《二十二子》本删。

天”也。數將幾終，歲將更始。夏以十三月爲正。[①] 夏數得天，言天時者，皆從夏正也，故於是月十二月之數近終，歲將更始於正月也。專於農民，無有所使。農事將起，獨於農民無所役使也。天子乃與卿大夫飭國典，[②]論時令，以待來歲之宜。飭讀曰敕。敕正國法，論時令所宜者而行之。乃命太史次諸侯之列，賦之犧牲，次，列也。諸侯異姓者，太史乃次其列位、國之大小，賦斂其犧牲也。以供皇天上帝社稷之享。皇天上帝，五帝也。社，后土之神，謂句龍也。稷，田官之神，謂列山氏子柱與周棄也。享，祀也。[③] 乃命同姓之國，供寢廟之芻豢。寢廟，祖廟也。親同姓，故使供之也。牛羊曰芻，犬豕曰豢。令宰歷卿大夫至于庶民土田之數，而賦之犧牲，以供山林名川之祀。宰歷，[④]於《周禮》爲太宰，掌建邦之六典八法，[⑤]以御其衆，故命之也。凡在天下九州之民者無不咸獻其力，咸，皆也。獻，致也。以供皇天上帝、社稷寢廟、山林名川之祀。行之是令，[⑥]此謂一終，三旬二日。行之是令，行是之令也。終，一歲十二月終也。三旬二日者，十日一旬也，二十日爲二旬，後一旬在新月，故曰“三旬二日”。

季冬行秋令，則白露蚤降，介蟲爲妖，四鄰入保。[⑦] 金氣白，故白露蚤降，[⑧]介甲之蟲爲妖災也。金爲兵革，故四境之民入城郭，以自保守也。行春令，則胎夭多傷，國多固疾，命之曰逆。季冬

---

① “十”，《新校釋》曰當作“周”，可備一説。
② “卿”上，《新校釋》曰疑當有“公”字。
③ “祀”，原作“禮”，據《二十二子》本改。
④ “歷”，《新校釋》曰“歷”字衍，是。
⑤ “掌”，原脱，據《二十二子》本補。
⑥ “是令”，原誤倒，據《二十二子》本乙正，注亦同。
⑦ “鄰”，《新校釋》曰當作“鄙”，是。
⑧ “蚤”，原作“冬”，據《二十二子》本改。

大寒而行春温仁之令，氣不和調，故胎養夭傷。國多逆氣之由，故命曰逆。① 行夏令，則水潦敗國，時雪不降，冰凍消釋。火氣炎陽，又多沐雨，故水潦敗國也。時雪當降而不降，冰凍不當消釋而消釋，火氣温，干時之徵也。

## 十二月紀

二曰：士之爲人，當理不避其難，理，義也。殺身成義，何難之避也？臨患忘利，道而用之。遺生行義，惟義所在，不必生也，故曰"遺生"也。視死如歸。易也。有如此者，②國君不得而友，天子不得而臣。以其義高任大，一國之君不能得友，天子不能得臣也。堯不能屈許由，周不能移伯夷，漢高不能致四皓，此之類也。大者定天下，其次定一國，必由如此人者也。定天下，舜、禹、周棄是也。定一國，蘧伯玉、段干木是也。故人主之欲大立功名者，不可不務求此人也。務，勉也。賢主勞於求人，③而佚於治事。得賢而任之，故佚於治事也。齊有北郭騷者，結罘罔，捆蒲葦，織萉屨，④以養其母，猶不足，猶，尚也。踵門見晏子曰："願乞所以養母。"晏子之僕謂晏子曰："此齊國之賢者也。其義不臣乎天子，不友乎諸侯，於利不苟取，於害不苟免。於不義之利，不苟且而取也。當義能死，故不苟免。今乞所以養母，是説夫子之義也，必與之。"晏子使人分倉粟、分府金而遺之，⑤辭金而受粟。有間，晏子見疑於齊君，有間，無幾間也。出奔，過北郭騷之門而辭。

---

① "國多逆氣之由故命曰逆"，《新校釋》曰當作"國多篤疾，逆風氣之由也，故命之曰逆"，於義爲勝。

② "此"下，《新校釋》曰疑當有"人"字。

③ "賢"上，《新校釋》曰當有"故曰"二字，可備一説。

④ "萉屨"，原作"屨履"，校云"一作'萉履'"，據《二十二子》本改。

⑤ "分"，畢沅曰"分"字衍，是。

辭者,别也。北郭騷沐浴而出見晏子曰:"夫子將焉適?"適,之也。晏子曰:"見疑於齊君,將出奔。"奔,走也。北郭子曰:"夫子勉之矣。"晏子上車,太息而嘆曰:"嬰之亡豈不宜哉?亦不知士甚矣。"晏子行。行,去也。北郭子召其友而告之曰:"説晏子之義,[①]而當乞所以養母焉。吾聞之曰:'養及親者,身伉其難。'伉,當。今晏子見疑,吾將以身死白之。"白,明也。著衣冠,令其友操劍奉笥而從,造於君庭,求復者曰:"晏子天下之賢者也,去則齊國必侵矣。必見國之侵也,不若先死。請以頭托白晏子也。"因謂其友曰:"盛吾頭於笥中,奉以托。"退而自刎也。其友因奉以托。其友謂觀者曰:[②]"北郭子爲國故死。吾將爲北郭子死也。"又退而自刎。齊君聞之,大駭,乘馹而自追晏子,及之國郊,馹,傳車也。郊,境也。請而反之。晏子不得已而反,聞北郭騷之以死白己也,曰:"嬰之亡豈不宜哉?[③] 亦愈不知士甚矣。"晏子自謂施北郭騷不得其人爲不知士也,[④]又不知北郭騷能爲其殺身以明己,故曰"嬰之亡豈不宜哉?[⑤] 亦愈不知士甚矣",自責深也。

## 士節

三曰:以貴富有人易,以貧賤有人難。今晋文公出亡,[⑥]文公,名重耳,晋獻公之太子申生異母弟也。遭麗姬之亂,太子申生見殺,重耳避難奔翟十二年,自翟經於諸國也。周流天下,窮一作"貧"。

---

① "説"上,《新校釋》曰當有"吾"字,是。
② 《集釋》曰:"'觀者'《晏子》作'復者',義勝。"
③ "嬰"上,原衍"晏"字,據《二十二子》本删。
④ "士",原漫漶不清,此據元刻明修本。
⑤ "故",原漫漶不清,此據元刻明修本。
⑥ "晋",《新校釋》曰當作"昔",可備一説。

矣賤矣，而介子推不去，有以有之也。反國有萬乘，而介子推去之，無以有之也。能其難能以貧賤有人也。不能其易，不能以富貴有人也。此文公之所以不王也。力能霸，德不能王也。晋文公反國，一作"反入"。介子推不肯受賞，自爲賦詩曰："有龍于飛，周遍天下。五蛇從之，爲之丞輔。丞，佐也。輔，相也。龍，君也，以喻文公。五蛇，以喻趙襄、狐偃、賈他、魏犨、介子推也。龍反其鄉，得其處所。四蛇從之，得其露雨。露雨，膏澤。一蛇羞之，橋死於中野。"懸書公門而伏於山下。文公聞之曰："嘻！此必介子推也。"避舍變服，令士庶人曰："有能得介子推者，爵上卿，田百萬。"百萬畝也。或遇之山中，負釜一作"貧攵"。蓋簦，[①]登音。[②] 問焉，曰："請問介子推安在？"應之曰："夫介子推苟不欲見而欲隱，吾獨焉知之？"遂背而行，終身不見。人心之不同豈不甚哉？今世之逐利者，早朝晏退，焦脣乾嗌，日夜思之，猶未之能得。今得之而務疾逃之，介子推之離俗遠矣。

東方有士焉曰爰旌目，將有適也，而餓於道。狐父之盜曰丘，見而下壺餐以餔之。爰旌目三餔之而後能視，[③]曰："子何爲者也？"曰："我狐父之人丘也。"爰旌目曰："嘻！汝非盜耶？胡爲而食我？吾義不食子之食也。"兩手據地而吐之，不出，喀喀然遂伏地而死。昔者，齊飢，黔敖爲食於路。有人戢其履，瞢瞢而來，[④]黔敖呼之曰："嗟！來食。"揚其目而應之曰："吾唯不食嗟來之食，以至於此。"黔敖随而謝之。遂去，不食而死。君子以爲其嗟

① "簦"，原作"萻"，據《二十二子》本改。
② "登音"，《二十二子》本無此二字。
③ "之"，《新校釋》曰"之"字疑衍。
④ "來"，原作"求"，據《二十二子》本改。

也可去，其謝也可食。一介相似，旌目其類也。鄭人之下虩也，虩，邑名也。義則未聞。莊蹻之暴郢也，莊蹻，楚成王之大盜。郢，楚都。秦人之圍長平也，秦使白起圍趙括軍於長平，坑其四十萬衆。韓、荆、趙此三國者之將帥貴人皆多驕矣，其士卒衆庶皆多壯矣，因相暴以相殺，脆弱者拜請以避死，避猶免也。其卒遞而相食，不辨其義，冀幸以得活。如爰旌目已食而不死矣，惡其義而不肯不死，今此相爲謀，[①]豈不遠哉？

**介立**一作"立意"

四曰：石可破也而不可奪堅，性堅。丹可磨一作"靡"，注亦同。也而不可奪赤。堅與赤，性之有也。[②] 磨猶化也。[③] 性也者，所受於天也，非擇取而爲之也。豪士一作"人豪"。之自好者，其不可漫以污也，亦猶此也。倍百人爲豪。昔周之將興也，有士二人，處於孤竹，曰伯夷、叔齊。孤竹國在遼西，殷諸侯國也。二人相謂曰："吾聞西方有偏伯焉，似將有道者。今吾奚爲處乎此哉？"二子西行如周，至於岐陽，則文王已殁矣。武王即位，觀周德，則王使叔旦就膠鬲於次四内四内，地名。而與之盟曰：[④]"加富三等，就官一列。"爲三書同辭，血之以牲，埋一於四内，皆以一歸。又使保召公就微子開於共頭之下共頭，水名。[⑤] 而與之盟曰："世爲長侯，守殷常祀，相奉桑林，宜私孟諸。"相猶使也。使奉桑林之樂。孟諸，澤名也，爲私邑也。爲三書同

---

① "今"，《札記》曰當作"令"，是。

② "堅與赤性之有"，原爲小字，據《二十二子》本改。

③ "化"，《新校釋》曰當作"切"，可備一説。

④ 《新校釋》曰："'次'字非正文，乃校書者所加，謂此處欠二字。""就膠鬲於次四内"，《新校釋》曰當作"就膠鬲於□□四内"。

⑤ "水名"，《畢校補正》曰當作"山名"，是。

辭,血之以牲,埋一於共頭之下,皆以一歸。伯夷、叔齊聞之,相視而笑曰:“嘻!異乎哉!此非吾所謂道也。昔者神農氏之有天下也,時祀盡敬而不祈福也。時,四時。祈,求也。其於人也,忠信盡治而無求焉。無所求於民也。樂正與爲正,樂治與爲治,不以人之壞自成也,不以人之庳自高也。① 今周見殷之僻亂也而遽爲之正與治,遽,疾也。上謀而行貨,阻丘而保威也。② 行貨,謂與膠鬲盟加富三等也。阻,依。保,恃。割牲而盟以爲信,因四内與共頭以明行,揚夢以説衆,宣揚武王威殷之夢,③以喜衆民。殺伐以要利,以此紹殷,是以亂易暴也。紹,續。吾聞古之士,遭乎治世不避其任,任,職也。力所能。④ 遭乎亂世不爲苟在。⑤ 今天下闇,周德衰矣。與其並乎周以漫吾身也,漫,污。不若避之以潔吾行。”二子北行,至首陽之下而餓焉。⑥ 人之情莫不有重,莫不有輕。莫不有重,於天下也;莫不有輕,義重身也。⑦ 有所重則欲全之,有所輕則以養所重。養所重,不污於武王,爲以全其忠也。⑧ 伯夷、叔齊此二士者,皆出身棄生以立其意,輕重先定也。伯夷、叔齊讓國而去,輕身重名,故曰“輕重先定”。

## 誠廉

---

① “也”下,《新校釋》曰當有“不以遭時自利也”七字,可備一説。

② “阻丘”,畢沅曰疑當作“阻兵”,是。

③ “威”,原作“威”,據《二十二子》本改。

④ “能”下,《新校釋》曰疑當有“任”字。

⑤ “在”,《畢校補正》曰當作“存”,是。

⑥ “餓”下,《集釋》曰疑當有“死”字,是。

⑦ “莫不”至“身也”十六字,《新校釋》曰當作“莫不有重,名重於天下也;莫不有輕,義重身輕也”,於義爲勝。

⑧ “忠”,畢沅曰疑當作“重”,是。

五曰：天下輕於身，而士以身爲人。輕於身，重於義也。以身爲人者，爲人殺身。以身爲人者，如此其重也，《淮南記》曰："左手據天下之圖，右手刎其喉，愚夫不爲也。"今以義爲人殺身，故曰"如此其重也"。而人不知，以奚道相得？奚，何也。不知以何道得人，乃令之爲己死也。賢主必自知士，故士盡力竭智、直言交爭而不辭其患，士爲知己者死，故盡力竭智，何患之辭也？豫讓、公孫弘是矣。當是時也，智伯、孟嘗君知之矣。智伯知豫讓，故爲之報讎，言士爲知己者死也。孟嘗君知公孫弘，故爲之不受折於秦也。世之人主，得地百里則喜，四境皆賀，舉國皆賀，國中喜可知也。得士則不喜，不知相賀，不通乎輕重也。不但不知相賀也，乃不知賢也，故曰"不通乎輕重也"。湯、武，千乘也，而士皆歸之。湯，殷受命之王，名天乙，商主癸之子也。武王，周文王之子，名發。桀、紂，天子也，而士皆去之。桀，夏失天下之王，帝皋之孫，帝發之子。紂，殷失天下之王，太丁之孫，帝乙之子也。孔、墨，布衣之士也，[①]孔子、墨翟。萬乘之主、千乘之君不能與之爭士也。萬乘，天子也。千乘，諸侯也。士不歸之而歸孔墨，故曰"不能與之爭士也"。自此觀之，尊貴富大不足以來士矣，來猶致也。必自知之然後可。[②]可者，可致也。

豫讓之友謂豫讓曰："子之行何其惑也？子嘗事范氏、中

---

① "之士"，《新校釋》曰"之士"二字衍，是。

② "賢主"至"後可"一百三十二字，《札記》曰語次錯亂，當作"世之人主，得地百里則喜，四境皆賀，得士則不喜，不知相賀，不通乎輕重也。湯、武，千乘也，而士皆歸之。桀、紂，天子也，而士皆去之。孔、墨，布衣之士也，萬乘之主、千乘之君不能與之爭士也。自此觀之，尊貴富大不足以來士矣，必自知之然後可。賢主必自知士，故士盡力竭智直言交爭而不辭其患，豫讓、公孫弘是矣。當是時也，智伯、孟嘗君知之矣"，於義爲勝。

行氏，諸侯盡滅之，[1]而子不爲報。至於智氏，而子必爲之報。何故？”豫讓曰：“我將告子其故。告，語也。故，事也。范氏、中行氏，我寒而不我衣，我飢而不我食，而時使我與千人共其養，是衆人畜我也。夫衆人畜我者，我亦衆人事之。至於智氏則不然，出則乘我以車，入則足我以養，衆人廣朝而必加禮於吾所，是國士畜我也。夫國士畜我者，我亦國士事之。”豫讓，國士也，而猶以人之於己也爲念，[2]於猶厚也。又況於中人乎？孟嘗君爲從，關東曰從。公孫弘謂孟嘗君曰：“君不若使人西觀秦王。意者秦王帝王之主也，君恐不得爲臣，何暇從以難之？言不能成從以難秦也。意者秦王不肖主也，君從以難之未晚也。”晚，後。孟嘗君曰：“善。願因請公往矣。”往，行。公孫弘敬諾，以車十乘之秦。秦昭王聞之，而欲醜之以辭以觀公孫弘。昭王，秦惠王之子，武王之弟也。“醜”或作“恥”，恥，辱也。觀公孫弘云何也。[3] 公孫弘見昭王，[4]昭王曰：“薛之地小大幾何？”公孫弘對曰：“百里。”昭王笑曰：“寡人之國地數千里，猶未敢以有難也。今孟嘗君之地方百里，而因欲以難寡人猶可乎？”公孫弘對曰：“孟嘗君好士，大王不好士。”昭王曰：“孟嘗君之好士何如？”公孫弘對曰：“義不臣乎天子，不友乎諸侯，得意則不慚爲人君，[5]不得意則不肖爲人臣，[6]如此者三人。有此者三人也。能治可爲管、商之師，管仲、商鞅。說

---

① “諸侯”上，原衍“諸侯”二字，據《二十二子》本删。“諸侯”，《新校釋》曰當作“智氏”，是。

② “於”，《新校釋》曰當作“遇”，於義爲勝。

③ “何”，原作“可”，據《二十二子》本改。

④ “弘”，原脱，據《二十二子》本補。

⑤ “不”，原脱，據《二十二子》本補。

⑥ “肖”，《二十二子》本作“屑”，《集釋》、《新校釋》、《注疏》作“肯”，是。

義聽行，其能致主霸王，如此者五人。有此者五人也。萬乘之嚴主辱其使者，退而自刎也，必以其血污其衣，有如臣者七人。”臣，公孫弘自謂也，故言有如臣者七人也。昭王笑而謝焉，曰：[1]“客胡爲若此？寡人善孟嘗君，欲客之必謹諭寡人之意也。”諭，明。公孫弘敬諾。公孫弘可謂不侵矣。昭王，大王也。[2] 孟嘗君，千乘也。立千乘之義而不可淩，淩，侮。可謂士矣。孔子曰：“使於四方不辱君命，可謂士矣。”此之謂也。

## 不侵

維秦八年，歲在涒灘，八年，秦始皇即位八年也。歲在申名涒灘。涒，大也。灘，循也。萬物皆大循其情性也。涒灘，誇人短舌不能言爲涒灘也。秋，甲子朔。朔之日，良人請問《十二紀》。良人，君子也。文信侯曰：“吕不韋，封洛陽，號文信侯。嘗得學黄帝之所以誨顓頊矣，爰有大圜在上，大矩在下，圜，天也。矩，方，地也。汝能法之，爲民父母。蓋聞古之清世，清，平。是法天地。凡《十二紀》者，所以紀治亂存亡也，所以知壽夭吉凶也。上揆之天，下驗之地，中審之人，若此，則是非可不可無所遁矣。天曰順，順維生；地曰固，固維寧；人曰信，信維聽。三者咸當，無爲而行。行也者，行其理也。[3] 行數，循其理，平其私。夫私視使目盲，私聽使耳聾，私慮使心狂。三者皆私設精，則智無由公。公，正也。智不公，則福日衰、災日隆，隆，盛。以日倪而西望知之。[4] 日中而盛，昳而衰，人之盛衰於此。西望，日暮也，

① “曰”，原作“自”，據《二十二子》本改。
② “大王也”，《新校釋》曰當作“大國之王也”，於義爲勝。
③ “理”，《札記》曰當作“數”，是。
④ “倪”，原作“兒”，據《二十二子》本改。

故曰倪而西望之也。

趙襄子游於囿中，[1]至於梁，馬卻不肯進。青荓一作"荓"。爲參乘，襄子曰："進視梁下，類有人。"類，象也。青荓進視梁下。豫讓卻寢，佯爲死人，叱青荓曰："去！長者吾且有事。"[2]言將殺襄子。青荓曰："少而與子友，子且爲大事而我言之，是失相與友之道。子將賊吾君而我不言之，是失爲人臣之道。如我者惟死爲可。"適可得死也。[3]乃退而自殺。青荓非樂死也，重失人臣之節，惡廢交友之道也。青荓、豫讓可謂之友也。

**序意**一作"廉孝"

---

① "趙襄子游於囿中"一段，《新校釋》曰係《不侵篇》錯簡於此者，是。

② "吾"，畢沅曰："《選注》無'吾'字，是。"是。

③ "適"，原爲大字，據《二十二子》本改。

# 卷第十三

吕氏春秋訓解　高氏

## 有始覽第一　名類[①]　去尤　聽言　謹聽　務本　諭大

此卷闕一篇，疑《季冬紀·序意》篇當冠於此覽。

一曰：天地有始。天微以成，地塞以形。始，初也。天，陽也，虚而能施，故微以生萬物。地，陰也，實而能受，故塞以成形兆也。天地合和，生之大經也。經猶道也。以寒暑日月晝夜知之，[②]知猶别也。以殊形殊能異宜説之。形能各有所施，故説譯之也。[③]夫物合而成，離而生，知合知成，知離知生，則天地平矣。合，和也。平，成也。平也者，皆當察其情、處其形一作"平也者，皆察其情，變其形"。也。

天有九野，地有九州，土有九山，山有九塞，澤有九藪，險阻曰塞。有水曰澤。無水曰藪。風有八等，水有六川。[④]何謂九

---

① "名類"，《二十二子》本作"應同"。
② "寒"下，原衍"以"字，據《二十二子》本删。
③ "譯"，《新校釋》曰疑當作"釋"。
④ "六"，原作"九"，據《二十二子》本改。

野？中央曰鈞天，其星角、亢、氐。鈞，平也。爲四方主，故曰"鈞天"。① 角、亢、氐，東方宿，韓、鄭分野。東方曰蒼天，其星房、心、尾。東方二月建卯，②木之中也。木色青，故曰"蒼天"。房、心、尾，東方宿。房、心，宋分野。尾、箕，燕分野。東北曰變天，其星箕、斗、牽牛。東北，水之季，陰氣所盡，陽氣所始，萬物向生，故曰"變天"。斗、牛，北方宿。尾、箕，③一名析木之津，燕之分野。斗、牛，吴、越分野。北方曰玄天，其星婺女、虚、危、營室。北方十一月建子，水之中也。水色黑，故曰"玄天"也。婺女亦越之分野。虚、危，齊分野。營室，衛分野。西北曰幽天，其星東壁、奎、婁。西北，金之季也。將即太陰，故曰"幽天"。東壁，北方宿，一名豕韋，衛之分野。奎、婁，西方宿，一名降婁，魯之分野。西方曰顥天，其星胃、昴、畢。西方八月建酉，金之中也。金色白，故曰"顥天"。昴、④畢，西方宿，一名大梁，趙之分野。西南曰朱天，其星觜嶲、參、東井。西南，火之季也，⑤爲少陽，故曰"朱天"。⑥ 嶲、參，西方宿，一名實沈，晋之分野。東井，南方宿，一名鶉首，秦之分野。南方曰炎天，其星輿鬼、柳、七星。南方五月建午，火之中也。火曰炎上，⑦故曰"炎天"。輿鬼，南方宿，亦秦之分野。柳、七星，南方宿，一名鶉火，周之分野。東南曰陽天，其星張、翼、軫。東南，木之季也，將即太陽，純乾用事，故曰"陽天"。張、翼、軫，南方宿。⑧ 張，⑨周之分野。翼、軫，一名鶉尾，楚之分野。何謂九州？河、

---

① "主故"，原作"其星"，據《二十二子》本改。

② "二"，原作"一"，據《二十二子》本改。

③ "尾箕"，原誤倒，據《二十二子》本乙正。

④ "昴"上，畢沅曰當有"胃，魏之分野"五字，是。

⑤ "也"，原作"九"，據《二十二子》本改。

⑥ "西南"至"朱天"十三字，《集釋》曰當作"西南，火之季也。朱，陽也。西南爲少陽，故曰朱天"，於義爲勝。

⑦ "曰"，《集釋》曰當作"性"，是。

⑧ "軫南"，原作"北"，據《二十二子》本改。

⑨ "張"下，原衍"翼"字，據《二十二子》本改。

漢之間爲豫州，周也。河在北，漢在南，故曰“之間”。兩河之間爲冀州，晋也。東至清河，西至西河。河、濟之間爲兖州，衛也。河出其北，濟經其南。東方爲青州，齊也。泗上爲徐州，魯也。泗，水名也。東南爲楊州，越也。南方爲荆州，楚也。西方爲雍州，秦也。北方爲幽州，燕也。何謂九山？會稽，太山，會稽山，在今會稽郡。太山，在今太山郡，是爲東岳也。王屋，首山，太華，王屋，在河東垣縣東北，濟水所出也。首山，在蒲坂之南，河曲之中，伯夷所隱。太華，在弘農華陰縣，是爲西岳也。岐山，太行，羊腸，孟門。岐山，在右扶風美陽縣西北，周家所邑。太行，在河内野王縣北。羊腸，其山盤紆譬如羊腸，在太原晋陽縣北。① 何謂九塞？大汾，冥厄，荆阮，方城，大汾，處未聞。冥厄、荆阮、方城，皆在楚。魯定四年，吴伐楚，楚左司馬請塞直轅、②冥厄以擊吴人者也。殽，井陘，令疵，句注，居庸。殽，在弘農澠池縣西。③ 井陘，在常山井陘縣，通太原關。令疵，處則未聞。句注，在雁門。居庸，在上谷沮陽之東，通軍都關也。④ 何謂九藪？藪，澤也。有水曰澤，無水曰藪。吴之具區，⑤具區，在吴、越之間。楚之雲夢，雲夢，在南郡華容。秦之陽華，陽華，在鳳翔，或曰在華陰西。晋之大陸，魏獻子所畋，⑥猶楚之華容也。梁之圃田，圃田，在今河南中牟。宋之孟諸，孟諸，在梁國睢陽之東南。⑦ 齊之海隅，隅猶崖也。趙之鉅鹿，廣阿澤也。燕之大昭。大昭，今太原郡是也。何謂八風？東北曰炎風，炎風，艮氣所生，一曰融風。

---

① “在太原晋陽縣北”，原脱，據《二十二子》本補。“北”下，畢沅曰疑當有“孟門，太行之限也”五字，於義爲勝。

② “塞”，原脱，據《二十二子》本補。

③ “澠”，原作“城”，據《二十二子》本改。

④ “軍”，原漫漶不清，此據《二十二子》本。

⑤ “吴”，原作“越”，據《二十二子》本改。

⑥ “畋”，原作“居”，據《二十二子》本改。

⑦ “睢”，原作“唯”，據元刻明修本改。“南”，畢沅曰當作“北”，是。

東方曰滔風，震氣所生，一曰明庶風。東南曰熏風，熏風，或作"景風"，巽氣所生，一曰清明風。南方曰巨風，离氣所生，一曰凱風。《詩》曰："凱風自南。"西南曰淒風，坤氣所生，一曰涼風。西方曰飂風，兑氣所生，一曰閶闔風。西北曰厲風，乾氣所生，一曰不周風。北方曰寒風。坎氣所生，一曰廣莫風。何謂六川？河水，赤水，遼水，黑水，江水，淮水。河，出昆侖東北陬，赤水，出其東南陬。遼水，出砥石山，自塞北東流，直至遼東之西南入海。黑水，出昆侖西北陬。江水，出岷山，在蜀西徼外。淮水，出桐柏山，在南陽平氏縣也。

凡四海之内，東西二萬八千里，南北二萬六千里，子午爲經，卯酉爲緯。四海之内，緯長經短。水道八千里，受水者亦八千里，通谷六，名川六百，陸注三千，小水萬數。陸無水，水盛内乃注之也。凡四極之内，東西五億有九萬七千里，南北亦五億有九萬七千里。海東西長，南北短。① 極内等。極星與天俱游而天極不移。② 極星，辰星也。《語》曰："譬如北辰，居其所而衆星拱之。"故曰"不移"。冬至日行遠道，周行四極，命曰玄明；遠道，外道也，故曰"周行四極"。玄明，大明也。夏至日行近道，乃參于上。當樞之下，無晝夜。近道，内道也。乃參倍于上，下曰高也。當極之下，③分明不寘，曜統一也，故曰"無晝夜"。白民之南，建木之下，日中無影，呼而無響，蓋天地之中也。白民之國，在海外極内。建木，在廣都南方，衆帝所從上下也，復在白民之南。建木，狀如牛，引之有皮，④黄葉若羅也。日正中將下、日直人下皆無影，大相叫呼又無音響人聲，故謂蓋天地中也。天地萬物，一人之身也，此之謂大同；以一人身喻天

① "短"，原脱，據《二十二子》本補。
② "天極"，原作"天樞"，據《二十二子》本改。
③ "極之下"，原作"游之不"，據《二十二子》本改。"極"，《新校釋》作"樞"。
④ "引"，原作"豕"，據《二十二子》本改。

地萬物。《易》曰："近取諸身，遠取諸物。"故曰"大同"也。衆耳目鼻口也，衆五穀寒暑也，此之謂衆異，①則萬物備也。天斟一作"堪"，注亦同。萬物，聖人覽焉以觀其類。天斟輸萬物，聖人總覽以知人也。解在乎天地之所以形，天地之初始成形也。雷電之所以生，震氣爲雷，激氣爲電，始生時也。陰陽材物之精，陰陽皆由天地，陰陽例萬物也。② 人民禽獸之所安平。人民禽獸，動作萬物，皆由天地陰陽以生，各得其所樂，故曰"之所安平"也。

## 有始

二曰：凡帝王者之將興也，③天必先見祥乎下民。祥，徵應也。黄帝之時，天先見大螾、大螻，螻，螻蛄。④ 螾，蚯蚓。皆土物。黄帝曰："土氣勝。"土氣勝，故其色尚黄，其事則土。則，法也。法土色尚黄。⑤ 及禹之時，天先見草木秋冬不殺，禹曰："木氣勝。"木氣勝，故其色尚青，其事則木。法木色青。及湯之時，天先見金刃生於水，湯曰："金氣勝。"金氣勝，故其色尚白，其事則金。法金色白。及文王之時，天先見火，赤烏銜丹書集于周社，文王曰："火氣勝。"火氣勝，故其色尚赤，其事則火。法火色赤。代火者必將水，天且先見水氣勝。水氣勝，故其色尚黑，其事則水。法水色黑。水氣至而不知，數備，將徙一作"見"。于土。天爲者時，而不助農於下。助猶成也。

類固相召，氣同則合，聲比則應。應，和。⑥ 鼓宫而宫動，

① 《新校釋》曰："'衆異'二字當重。"是。
② "例"，《集釋》、《注疏》作"材"。
③ "之"，《新校釋》曰"之"字衍。
④ "螻螻蛄"，原作"蛄螻"，據《二十二子》本改。
⑤ "尚"，《新校釋》曰"尚"字衍，是。
⑥ "和"，原作"知"，據《二十二子》本改，下同。

鼓角而角動。鼓，擊也。擊大宫而小宫應，擊大角而小角和，言類相感也。平地注水，水流濕；均薪施火，火就燥。水流濕者先濡，火就燥者先然。[①] 山雲草莽，水雲角鱗，旱雲烟火，雨雲水波，無不皆類其所生以示人。故以龍致雨，以形逐影。師之所處，必生莿楚。軍師訓罰，以殺伐爲首，棘楚以戮人，[②]喜生戰地，故生其處也。禍福之所自來，衆人以爲命，安知其所。自，從也。凡人以爲天命，不知其所由也。

夫巢覆毀卵則鳳皇不至，刳獸食胎則麒麟不來，乾澤涸漁則龜龍不往，物之從同，不可爲記。子不遮乎親，臣不遮乎君。遮後遏也。[③] 君同則來，[④]異則去。故君雖尊，以白爲黑，臣不能聽；聽，從。父雖親，以黑爲白，子不能從。黄帝曰："芒芒昧昧，[⑤]因天之威，一作"道"。與元同氣。"芒芒昧昧，廣大之貌。天之威無不敬也。非同氣不協。[⑥] 故曰同氣賢於同義，同義賢於同力，同力賢於同居，同居賢於同名。帝者同氣，同元氣也。王者同義，同仁義也。霸者同力，[⑦]同武力也。勤者同居則薄矣，同居於世。亡者同名則粗矣。[⑧] 同名，不仁不義。粗，惡也。其智彌粗者，其所同彌粗；其智彌精者，其所同彌精。精，微妙也。故凡用意不可不精。夫精，五帝三王之所以成也。成齊類同

---

① "水流"至"先然"十二字，《新校釋》曰當作"水流濕者，濕者先濡；火就燥者，燥者先然"，於義爲勝。

② "戮"，原作"戰"，據《二十二子》本改。

③ "後"，《集釋》曰："'後'字疑是'猶'誤。"是。

④ "君"，《札記》曰"君"字衍，是。

⑤ "芒芒昧昧"，原作"芒昧"，據《二十二子》本改。

⑥ "天之"至"不協"十二字，《舉正》曰當作"因天之威，無不敬也。與元同氣，無不協也"，於義爲勝。

⑦ "力"，《新校釋》曰當作"功"。

⑧ "名"下，原衍"同名"二字，據《二十二子》本删。

皆有合，[1]故堯爲善而衆善至，桀爲非而衆非來。一本作“桀爲惡而衆惡來”。《商箴》云：“天降災布祥，並有其職。”以言禍福人或召之也。職，主也。召，致也。故國亂非獨亂也，又必召寇。獨亂未必亡也，召寇則無以存矣。存，在也。

凡兵之用也，用於利，用於義。攻亂則脆，脆則攻者利。攻亂則義，義則攻者榮。榮且利，中主猶且爲之，況於賢主乎？故割地寶器卑辭屈服不足以止攻，惟治爲足，足止人攻。治則爲利者不攻矣，爲名者不伐矣。凡人之攻伐也，非爲利則因爲名也。[2] 名實不得，國雖強大者，[3]曷爲攻矣？解在乎史墨來而輟不襲衛，趙簡子可謂知動静矣。

**名類**[4]一名“應同”

三曰：世之聽者多有所尤，多有所尤，[5]則聽必悖矣。所以尤者多故，其要必因人所喜與因人所惡。東面望者不見西牆，南鄉視者不睹北方，意有所在也。

人有亡鈇者，意其鄰之子，視其行步竊鈇也，顔色竊鈇也，言語竊鈇也，動作態度無爲而不竊鈇也。相其谷而得其鈇。一作“扫其舌而得其鈇”。他日復見其鄰之子，動作態度無似竊鈇者。其鄰之子非變也，己則變矣。變也者，無他，有所尤也。邾之故法，爲甲裳以帛。以帛綴甲。公息忌一作“忘”。謂邾君曰：“不若以組。凡甲之所以爲固者，以滿竅也。今竅

---

① “成齊”，《新校釋》曰疑當是注文，可備一説。
② “因”，《集釋》、《新校釋》、《注疏》皆曰當作“固”，是。
③ 《新校釋》曰：“‘者’字當衍。”是。
④ “名類”，《二十二子》本作“應同”。
⑤ “多”，《吕氏春秋補注》曰“多”字衍，是。

滿矣而任力者半耳，且組則不然，竅滿則盡任力矣。"邾君以爲然，曰："將何所以得組也?"公息忌對曰："上用之，則民爲之矣。"邾君曰："善。"下令令官爲甲必以組。公息忌知説之行也，因令其家皆爲組。人有傷之者曰："公息忌之所以欲用組者，其家多爲組也。"邾君不説，於是復下令，令官爲甲無以組。以，用。此邾君之有所尤也。爲甲以組而便，公息忌雖多爲組，何傷也？以組不便，公息忌雖無組，①亦何益也？爲組與不爲組，不足以累公息忌之説。用組之心，不可不察也。

魯有惡者，惡，醜。其父出而見商咄，反而告其鄰曰："商咄不若吾子矣。"且其子至惡也，商咄至美也。彼以至美不如至惡，尤乎愛也。故知美之惡，知惡之美，然後能知美惡矣。莊子曰："以瓦投者翔，以鉤投者戰，以黄金投者殆。其祥一也，而有所殆者，必外有所重者也。外有所重者，泄蓋内掘。"魯人可謂外有重矣。解在乎齊人之欲得金也及秦墨者之相妒也，皆有所乎尤也。② 老聃則得之矣。若植木而立乎獨，必不合於俗，則何可擴矣？

## 去尤

四曰：聽言不可不察。不察，則善不善不分。善不善不分，亂莫大焉。三代分善不善，故王。今天下彌衰，聖王一作"人"。之道廢絶。世主多盛其歡一作"觀"。樂，大其鐘鼓，侈其臺榭苑囿以奪人財；輕用民死以行其忿，老弱凍餒，夭瘠壯狡汔盡窮屈，加以死虜；攻無罪之國以索地，誅不辜之民以求

---

① "無"下，《畢校補正》曰當有"爲"字，是。
② "乎"，《吕氏春秋補注》曰"乎"字衍，是。

利，而欲宗廟之安也、社稷之不危也，不亦難乎？今人曰"某氏多貨，①其室培濕，守狗死，其勢可穴也"，則必非之矣；曰"某國饑，其城郭庳，②其守具寡，可襲而篡之"，則不非之：乃不知類矣。《周書》曰："往者不可及，來者不可待，賢明其世，③謂之天子。"故當今之世有能分善不善者，其王不難矣。

善不善本於義，不於愛，④愛利之爲道大矣。夫流於海者，行之旬月，見似人者而喜矣。及其期年也，見其所嘗見物於中國者而喜矣。夫去人滋久而思人滋深歟！亂世之民，其去聖王亦久矣，其願見之，日夜無間。故賢王秀士之欲憂黔首者，不可不務也。務，勉也。

功先名，事先功，言先事。⑤ 不知事，惡能聽言？不知情，惡能當言？安能使其言當合於事乎？其與人穀言也，其有辯乎？其無辯乎？穀言，⑥善言。辯，别也。造父始習於大豆，蜂門始習於甘蠅，習，學也。大豆、甘蠅，蓋御、射人姓名。御大豆，射甘蠅，而不徙人以爲性者也。⑦ 專學不徙，以得深術。不徙之，所以致遠追急也，所以除害禁暴也。專學大豆、甘蠅之法而不徙之，故御、射得。⑧ 御可以致遠追急，⑨射而發中，可以除害禁暴也。凡人亦

---

① "今人曰"，《新校釋》曰當作"今有人曰"，於義爲勝。"某"，原作"其"，據元刻明修本改。

② "庳"，原作"痺"，據《二十二子》本改。

③ "賢明其世"，《新校釋》曰當作"能明其世者"。

④ "本於義不於愛"，《集釋》曰疑當作"本於利本於愛"。

⑤ "功先名事先功言先事"，《新校釋》曰當作"事先功，功先名，名先言，言先事"，於義爲勝。

⑥ "言"，原脱，據《二十二子》本補。

⑦ "人"，《批校本》曰當作"之"，是。

⑧ "射"，原脱，據《二十二子》本補。

⑨ "御"下，《新校釋》曰當有"得"字，於義爲勝。

必有所習其心，然後能聽説。不習其心，習之於學問。不學而能聽説者，古今無有也。解在乎白圭之非惠子也，白圭，周人也。惠子，惠施，仕魏。公孫龍之説燕昭王以偃兵及應空洛之遇也，孔穿之議公孫龍，翟翦之難惠子之法。此四士者之議皆多故矣，不可不獨論。公孫龍、孔穿、翟翦皆辯人。

## 聽言

五曰：昔者禹一沐而三捉髮，一食而三起，以禮有道之士，通乎己之不足也。欲以問知所不知也，①故曰"通乎己之不足"。通乎己之不足，則不與物爭矣。情欲之物不爭。愉易平靜以待之，使夫自得一作"以"。之；因然而然之，使夫自言一作"寧"。之。亡國之主反此，乃自賢而少人。少人，則説者持容而不極，極，至。聽者自多而不得，自多，自賢也。雖有天下，何益焉？是乃冥之昭，亂之定，敗一作"毁"。之成，危之寧，以冥爲明，以亂爲定，以毁爲成，以危爲寧也。故殷、周以亡，比干以死，悖而不足以舉。殷、周以亂而亡，比干以忠而死，不當亂而亂，不可爲忠而忠，故悖不可勝舉。② 故人主之性，③一作"任"。莫過乎所疑而過於其所不疑，所疑者不敢行，故不過也；其所不疑者，不可而行之，故以爲過。不過乎所不知而過於其所以知。所不知者，不敢施，故不爲；④所以知者，不可施而必爲，故曰"過於其所以知"。故雖不疑、雖已知，必察之以法，揆之以量，驗之以數。其所不疑、其所已知，

---

① "欲以問知所不知也"，《遺誼》曰當作"欲以聞所不聞、知所不知故也"，於義爲勝。

② "悖"下，原衍"重"字，據《二十二子》本删。

③ "性"，《新校釋》曰當作"患"。

④ "爲"，《新校釋》曰當作"過"，於義爲勝。

俗主所專用，而賢主能以法制行之，以度量揆之，以數術驗之。若此，則是非無所失而舉措無所過矣。其慎所不疑、審所已知，故不失過也。夫堯惡得賢天下而試舜？舜惡得賢天下而試禹？惡，安；試，用也。何以得賢於天下能用舜、禹？斷之於耳而已矣。耳之可以斷也，反性命之情也。反，本。今夫惑者，非知反性命之情，惑，眩惑也。其次非知觀於五帝、三王之所以成也，成，成其治。則奚自知其世之不可也？奚自知其身之不逮也？奚，何也。逮，及也。太上知之，其次知其不知。生自知其上也，①其次知其不知也。不知則問，不能則學。《周箴》曰："夫自念斯，學德未暮。"暮，晚。學賢問，②三代之所以昌也。學賢知，③昌盛。不知而自以爲知，百禍之宗也。宗，本也。《論語》曰："不知爲不知。"夫不知者而自以爲知，則反於道，百禍歸之，故曰"百禍之宗也"。名不徒立，功不自成，國不虚存，必有賢者。惟賢者然後立名成功而存其國也。《傳》曰："不有君子，其能國乎？"此之謂也。賢者之道，牟而難知，妙而難見。牟猶大也。賢者之道，磥落不凡，惟義所在，非不肖所及，故難知也。其仁愛物，④本於中心，精妙幽微，亦非不肖所及，故難見也。故見賢者而不聳，則不惕於心。不惕於心，則知之不深。不深知賢者師法之也。不深知賢者之所言，不祥莫大焉。祥，善也。

主賢世治，則賢者在上。位在上。主不肖世亂，則賢者在下。今周室既滅，而天子已絶。周厲王無道，流于彘而滅，無天子

---

① "生"，《新校釋》曰"生"字當衍。

② "問"下，《新箋》曰當有"知"字，於義爲勝。

③ "賢"下，《新校釋》曰當有"問"字，於義爲勝。

④ "其仁愛物"，《集釋》曰當作"其仁民愛物"，《新校釋》曰或當做"其仁愛萬物"。

十一年，故曰“已絶”。亂莫大於無天子。① 無天子，則強者勝弱，衆者暴寡，以兵相殘，不得休一作“暫”。息，今之世當之矣。當其時也。故當今之世，求有道之士，則於四海之上、山谷之中、僻遠幽閒之所。② 所，處也。若此，則幸於得之矣。得之，則何欲而不得？何爲而不成？得賢，則欲而得、爲而成也。太公釣於滋泉，遭紂之世也，故文王得之而王。③ 文王，千乘也；紂，天子也。天子失之而千乘得之，知之與不知也。④ 文王知太公賢是以得之，紂不知賢是以失之，⑤故曰知與不知也。諸衆齊民不待知而使，不待禮而令。“令”一作“合”。齊民，凡民。非一，故言諸衆。若夫有道之士必禮必知，然後其智能可盡。可盡得而用也。解在乎勝書之説周公，⑥可謂能聽矣。齊桓公之見小臣稷，魏文侯之見田子方也，皆可謂能禮士矣。能禮士，故曰得士。⑦ 商紂不能禮士，故失太公以滅亡也。

**謹聽**

六曰：嘗試觀上古記，三王之佐，其名無不榮者、其實無不安者，功大也。⑧ 上古記，上世古書也。名者，爵位名也。實者，功實也。《詩》云：“有晻淒淒，興雲祁祁，雨我公田，遂及我私。”

---

① “亂”，原爲小字，據《二十二子》本改。
② “閒”，原作“間”，據《二十二子》本改。
③ 下“王”字，原脱，據《二十二子》本補。
④ “之”，《舉正》曰“之”字衍，是。
⑤ “知”下，《新校釋》曰當有“太公”二字，是。
⑥ 《新校釋》曰：“‘周公’二字當重。”是。
⑦ “曰”，《新校釋》曰“曰”字衍，是。
⑧ “大”下，《新校釋》曰當有“故”字。

《詩·小雅·大田》之三章也。晻,陰雨也。陰陽和,時雨祁祁然不暴疾也。[①] 古者井田,十一而税,公田在中,私田在外。民有禮讓之心,故願先公田而及私也。三王之佐,皆能以公及其私矣。俗主之佐,其欲名實也與三王之佐同,而其名無不辱者、其實無不危者,無公故也。皆患其身不貴於國也而不患其主之不貴於天下也,[②]皆患其家之不富也而不患其國之不大也。此所以欲榮而愈辱,欲安而益一作"愈"。危。安危榮辱之本在於主,主之本在於宗廟,宗廟之本在於民,民之治亂在於有司。有司,於《周禮》爲太宰,掌建國之六典,以佐王治邦國,以治官府,以紀萬民,此之謂也。《易》曰:"復自道,何其咎,吉。"乾下巽上,《小畜》:"初九,復自道,何其咎,吉。"乾爲天,天道轉運,爲乾初得其位。[③] 既天行周匝復始,故曰"復自道"也。復自進退,[④]又何咎乎?動而無咎,故吉也。以言本無異則動卒有喜。乾動,[⑤]反其本,終復始,[⑥]無有異,故卒有喜也。今處官則荒亂,臨財則貪得,[⑦]欲多。[⑧] 列近則持諫,列,位也。持諫,不公正。將衆則罷怯,罷,勞也。怯,無勇。以此厚望於主,豈不難哉?厚,多。今有人於此,修身會計則可一作"不"。恥,臨財物資盡則爲己,[⑨]盡猶略也。[⑩] 無不充仞以爲己有。若此

---

① "晻陰雨也陰陽和時雨",《批校本》曰當作"晻,陰雲也。陰陽和,風雨時",於義爲勝。

② "身"下,《遺誼》曰當有"之"字,是。

③ "乾",原漫漶不清,此據元刻明修本。

④ "復",原作"得",據《二十二子》本改。"進",原漫漶不清,此據元刻明修本。

⑤ "動",原漫漶不清,此據元刻明修本。

⑥ "復始",原漫漶不清,此據元刻明修本。

⑦ "財",原作"射",據《二十二子》本改。

⑧ "多",《新校釋》曰疑當作"得"。

⑨ "臨",《新校釋》曰"臨"字衍。

⑩ "盡",原作"蓋",據《二十二子》本改。

而富者，非盜則無所取。①《詩》云："不稼不穡，胡取禾三百億兮？不狩不獵，胡瞻爾庭有縣特兮？"故曰"非盜則無所取"。故榮富非自至也，緣功伐也。今功伐甚薄而所望厚，誣也；以薄獲厚爲誣也。無功伐而求榮富，詐也。以虛取之爲詐。詐誣之道，君子不由。由，用也。

人之議多曰："上用我則國必無患。"用己者未必是也，而莫若其身自賢。有人於此，言用我者則國無患，而使用之，未必然也。使無患莫若自修其身之賢也。而己猶有患，用己於國，惡得無患乎？猶，尚。惡，安。己，所制也，釋其所制而奪乎其所不制，悖，言身者己所自制也，釋己而不修，故曰奪乎所不制乃悖謬之道也。未得治國，治官可也。官，小政也。推此言之，若此人者未任爲大臣，伹可小政也。若夫內事親，外交友，必可得也。苟事親未孝，交友未篤，是所未得，惡能善之矣？故論人無以其所未得而用其所已得，②可以知其所未得矣。以其孝得於親，則知必忠於君也；以其所行能高仁義，知必輕身，故可以知其未得也。古之事君者，必先服能然後任，服其能堪任也。必反情然後受。反情，常內省也。受，受禄也。主雖過與，臣不徒取。過，多。《大雅》曰："上帝臨汝，無貳爾心。"以言忠臣之行一作"徒"。也。《大雅·大明》之七章也。③言天臨命武王，伐紂必克之，不敢有疑心。④喻君命臣齊一專心輸力，不敢惑忠臣之行也。解在鄭君之問被瞻之義也，見

① "所"下，《新校釋》曰當有"不"字。
② 《新校釋》曰："'用其所已得'五字當重。"於義爲勝。
③ "七"，原作"十一"，據《二十二子》本改。
④ "心"，原作"必"，據《二十二子》本改。

《務大論》。被瞻知齊國衰亂，桓公之薨，①蟲流出户，②蓋不聽管仲臨終之言，因諷鄭君。薄疑應衛嗣君以無重税。此二士者皆近知本矣。嗣君，平侯之子也，秦貶稱君。薄疑勸嗣君以王者富民，故曰"無重税"也。

## 務本

七曰：昔舜欲旗一作"禃"，一作"禓"。古今而不成，旗，覆也。既足以成帝矣。禹欲帝而不成，既足以正殊俗矣。殊俗，異方之俗也。湯欲繼禹而不成，既足以服四荒矣。四表之荒服也。武王欲及湯而不成，既足以王道矣。③五伯欲繼三王而不成，既足以爲諸侯長矣。孔丘、墨翟欲行大道於世而不成，既足以成顯名矣。名，聖賢之名。夫大義之不成，既有成矣已。④《夏書》曰："天子之德一作"惠"，一作"位"。廣運，乃神，⑤乃武乃文。"逸《書》也。故務在事，事在大。⑥事，爲。地大則有常祥、⑦不庭、歧母、群抵、一作"怪"。天翟、常祥、不庭、群抵、歧母、天翟，皆獸名也。不周，山大則有虎豹熊螇蛆，皆獸名。不周山在翟。水大則有蛟龍黿鼉鱣鮪。魚二千斤爲蛟。黿可作羹，《傳》曰："楚人獻黿於鄭靈公，不與公子宋黿羹，公子怒，染指於鼎，嘗之而出。"鼉魚皮可作鼓，《詩》云："鼉鼓韸韸。"鱣、鮪皆大魚，長丈餘，《詩》云："鱣鮪發發。"《商書》曰："五世之廟，可以觀怪。逸《書》。喻山大水大生大

---

① "被瞻"至"之薨"十一字，《新校釋》曰當作"被瞻知鄭國衰亂，以桓公之薨"，於義爲勝。

② "蟲流"，原誤倒，據《二十二子》本乙正。

③ "既足以王道矣"，《平議》曰當作"既足以王通達矣"，於義爲勝。

④ 畢沅曰"矣"、"已"二字當衍其一，是。

⑤ "乃"上，《新校釋》曰當有"乃聖"二字，可備一説。

⑥ "故務在事事在大"，《新校釋》曰疑當作"故務在事大"，可備一説。

⑦ "常"，原作"堂"，據《二十二子》本改。

物。廟者鬼神之所在，五世久遠，故於其所覩魅物之怪異也。萬夫之長，可以生謀。"長，大也。大，故可以成奇謀也。室中之無澤陂也，井中之無大魚也，《淮南記》曰："蜂房不能容鵠卵。"①此之謂也。新林之無長木也。言未久也。凡謀物之成也，必由廣大衆多長久，信也。

季子曰："燕雀爭善處於一屋之下，子母相哺也，姁姁焉相樂也，自以爲安矣。竈突決則火上焚棟，燕雀顔色不變，是何也？乃不知禍之將及己也。爲人臣免於燕雀之智者寡矣。② 夫爲人臣者，進其爵禄富貴，父子兄弟相與比周於一國，姁姁焉相樂也，以危其社稷，其爲竈突近也而終不知也，其與燕雀之智不異矣。故曰：'天下大亂，無有安國。一國盡亂，無有安家。一家皆亂，無有安身。'此之謂也。故小之定也必恃大，大之安也必恃小。小大貴賤交相爲恃，一作"贊"。然後皆得其樂。"定賤小在於貴大，③《淮南記》曰："牛馬之氣烝生蟣蝨，蟣蝨氣烝不能生牛馬。"④小不能生大，故曰"定賤小在於貴大"。解在乎薄疑説衛嗣君以王術，見《務大論》。杜赫説周昭文君以安天下杜赫，周人，杜伯之後。昭文君，周末世分東西之後君號也。説見《務大論》。及匡章之難惠子以王齊王也。匡章，乃孟軻所謂通國稱不孝者，能王齊王亦大也。

## 諭大

① "鶴卵"，《舉正》曰當作"鵠卵"，是。
② "臣"下，《舉正》曰當有"能"字，是。
③ 《新校釋》曰："'賤'字當衍，注同。"是。
④ "蝨"下，《新校釋》曰當有"之"字，是。

# 卷第十四

吕氏春秋訓解　高氏

## 孝行覽第二　本味　首時一曰"胥時"　義賞　長攻　愼人一作"順人"　遇合　必己一作"本知",一作"不遇"

一曰:凡爲天下、治國家,必務本而後末。詹何曰:"身治而國不治者,未之有也。"故曰"必務本"。所謂本者,非耕耘種殖之謂,務其人也。務猶求也。務其人,非貧而富之、寡而衆之,衆,多也。務其本也。務本莫貴於孝。孝爲行之本也,行於孝者,故聖人貴之。人主孝,則名章榮,下服聽,天下譽。譽,樂也。孔子曰:"昔者明王之以孝治天下也,不敢遺小國之臣,而况於公侯伯子男乎?故得萬國之歡心。"人臣孝,則事君忠,處官廉,臨難死;孝於親故能忠於君,《孝經》曰:"以孝事君則忠。"此之謂也。處官廉,《孝經》曰:"修身慎行,恐辱先也。"此之謂也。臨難死,君父之難視死如歸,義重身輕也。士民孝,則耕芸疾,守戰固,不罷北。耕芸疾,用天之道分地之利。衣食足知榮辱,故守則堅、戰必克,無退走者。夫孝,三皇五帝之本務而萬事之紀也。三皇,伏羲、神農、女媧也。五帝,軒轅、帝顓頊、帝嚳高辛、帝堯陶唐、帝舜有粪也。紀猶貫因也。① 夫執一術而百善至、百邪去、天下從者，其惟孝也。一術，孝術。故論人，必先以所親而後及所疏，先本後末，先近後遠。必先以所重而後及所輕。所重，謂其親。所輕，謂他人。今有人於此，行於親重而不簡慢於輕疏則是篤謹孝道，②有人行孝敬於其親以及人之親，故不敢簡慢於輕疏者，是厚慎孝道之謂也。先王之所以治天下也。③ 先王以孝治天下。④ 故愛其親不敢惡人，敬其親不敢慢人。愛敬盡於事親，光耀加於百姓，加，施也。究於四海，究，極也。此天子之孝也。曾子曰："身者，父母之遺體也。行父母之遺體，敢不敬乎？敬，畏慎。居處不莊，非孝也；莊，敬。事君不忠，非孝也；忠，正也。蒞官不敬，非孝也；蒞，臨也。朋友不篤，⑤非孝也；篤，信也。戰陣無勇，非孝也。楊子曰："孟軻勇於義。"勇而立義，揚名於後世，孝之終也。五行不遂，災及乎親，敢不敬乎？"遂，成。《商書》曰："刑三百，罪莫重於不孝。"商湯所制法也。曾子曰："先王之所以治天下者五：貴德，貴貴，貴老，敬長，慈幼。此五者，先王之所以定天下也。定，安也。所謂貴德，爲其近於聖也；所謂貴貴，爲其近於君也；所謂貴老，爲其近於親也；所謂敬長，爲其近於兄也；所謂慈幼，爲其近於弟也。"曾子曰："父母生之，子弗敢殺；父母置之，子弗敢廢；置，立。父母全之，子弗敢闕。闕猶毁。故舟而不游，道而不徑，能全支體以守宗廟，可謂孝矣。"濟水載舟不游涉，行道不從邪徑，爲免没溺畏險之害，⑥故曰"能全支體

---

① "因"，元刻明修本無此字。"紀猶貫因也"，《新校釋》曰當作"紀猶毌也"。
② "行"下，《吕氏春秋補注》曰當有"孝敬"二字，是。
③ "先"上，《新校釋》曰當有"此"字，是。
④ "先王以孝治天下"，《新校釋》曰當係正文，可備一説。
⑤ 《新校釋》曰："'朋'當作'交'。"是。
⑥ "免"，原作"逸"，據《二十二子》本改。

以守宗廟”。

養有五道：修宫室，安牀第，①節飲食，養體之道也；節飲食，肉雖多不使勝食氣；修宫室，不上漏下濕，故曰“養體之道也”。樹五色，施五采，列文章，養目之道也；列，别也。青與赤謂之文，赤與白謂之章，以極目觀，故曰“養目之道也”。正六律，六律，黄鐘、夷則、太蔟、姑洗、蕤賓、無射。和五聲，五聲，宫、商、角、徵、羽。雜八音，養耳之道也；八音，八卦之音，雜會之以聽耳，故曰“養耳之道”。熟五穀，烹六畜，和煎調，養口之道也；熟五穀，烹芻豢，②和快口腹，③故曰“養口之道”。和顔色，説言語，敬進退，養志之道也。和顔色以説父母之志意，故曰“養志之道”。此五者代進而厚用之，可謂善養矣。代，更。更次用之以便親性，可謂爲善養親也。樂正子春下堂而傷足，瘳而數月一作“三月”，下同。不出，猶有憂色。門人問之曰：“夫子下堂而傷足，瘳而數月不出，猶有憂色，敢問其故？”故，事也。樂正子春曰：“善乎而問之。而，汝也。吾聞之曾子，曾子聞之仲尼，父母全而生之，子全而歸之，不虧其身，不損其形，可謂孝矣。君子無行咫步而忘之。余忘孝道，是以憂。”故曰：身者，非其私有也，私猶獨。嚴親之遺躬也。躬，體。民之本教曰孝，本，始。其行孝曰養。養可能也，敬爲難。行敬之難。敬可能也，安爲難。安寧其親難。安可能也，卒爲難。卒，終。父母既没，敬行其身，無遺父母惡名，可謂能終矣。仁者仁此者也，④禮者履此者也，履，行。義者宜此者也，信者信此者也，強者強此者也。樂自順一作“慎”。此生也，刑

---

① “第”，原作“第”，據元刻明修本改。
② “芻”，原漫漶不清，此據《二十二子》本。
③ “和快口腹”，《新校釋》曰當作“和五味，快口腹”。
④ “仁者仁此者也”，原脱，據《二十二子》本補。

自逆此作也。能順行,無遺父母惡名,故樂生也。逆之則刑辟作也。

## 孝行

二曰:求之其本,經旬必得;求之其末,勞而無功。雖久無所得。功名之立,由事之本也,得賢之化也。得賢人與之共治以立其功名,故曰"得賢之化也"。非賢,其孰知乎事化?一作"民"。故曰其本在得賢。① 有侁氏女子采桑,得嬰兒于空桑之中,侁讀曰莘。獻之其君。其君令烰人養之,烰猶庖也。察其所以然。察,省。曰:"其母居伊水之上,孕,任身爲孕。夢有神告之曰:'臼出水而東走,毋顧。'明日視臼出水,告其鄰,東走十里而顧,其邑盡爲水,身因化爲空桑。"伊尹母化作空桑。故命之曰伊尹。此伊尹生一作"出"。空桑之故也。長而賢。湯聞伊尹,使人請之有侁氏。有侁氏不可。伊尹亦欲歸湯。湯於是請取婦一作"妻"。爲婚,有侁氏喜,以伊尹爲媵送女。② 故賢主之求有道之士無不以以,用也。也,③有道之士求賢主無不行也,爲媵言必行。④ 相得然後樂。賢主得賢臣,賢臣得賢主,故曰"相得然後樂"也。⑤ 不謀而親,不約而信,相爲殫智竭力,犯危行苦,殫、竭,皆盡也。危,難也。苦,勤也。志歡樂之,此功名所以大成也。固不獨。⑥ 固,必也。士有孤而自恃,人主有奮而好

---

① "在",原漫漶不清,此據元刻明修本。

② "以伊尹爲媵送女",元刻明修本同,《二十二子》本作"以伊尹媵女",《新校釋》曰:"疑當作'以伊尹爲媵',下有注云:'媵,送女。'"

③ "以也",原作"在以爲",據《二十二子》本改。

④ "爲媵言必行",《新校釋》曰疑當作"言爲媵亦行"。

⑤ "也",原作"之",據《二十二子》本改。

⑥ 《新校釋》曰:"'固不獨'上當有'功名之成'四字。"

獨者，則名號必廢熄，熄，滅也。社稷必危殆。故黄帝立四面，堯、①舜得伯陽、續耳然後成，黄帝使人四面出求賢人，得之立以爲佐，故曰“立四面”也。伯陽、續耳，皆賢人，堯用之以成功也。凡賢人之一作“道”。德，有以知之也。知其賢乃得而用之。伯牙鼓琴，鍾子期聽之，方鼓琴而志在太山，鍾子期曰：“善哉乎鼓琴，巍巍乎若太山。”少選之間，而志在流水，少選，須臾之間也。志在流水，進而不解也。鍾子期又曰：“善哉乎鼓琴，湯湯乎若流水。”鍾子期死，伯牙破琴絶弦，終身不復鼓琴，以爲世無足復爲鼓琴者。伯，姓。牙，名，或作“雅”。鍾，氏。期，名。子，皆通稱。悉楚人也，少善聽音，故曰爲世無足爲鼓琴也。非獨琴若此也，賢者亦然。世無賢者，亦無所從受禮義法則與共治國也。雖有賢者而無禮以接之，賢奚由盡忠？猶御之不善，驥不自千里也。言不肖者無禮以接賢者，賢者何用盡其忠乎？若不知御者御驥，驥亦不爲之從千里也。

湯得伊尹，祓之於廟，爝以爟火，釁以犧猳，《周禮・司爟》：“掌行火之政令。”火者，所以祓除其不祥，置火於桔皋，爝以照之。釁，以牲血塗之曰釁。爟讀曰權衡之權。明日設朝而見之。説湯以至味。爲湯説美味。湯曰：“可對而爲乎？”對曰：“君之國小，不足以具之，爲天子然後可具。夫三群之蟲，三群，謂水居、肉獾、草食者也。水居者腥，肉獾者臊，草食者羶，水居者，川禽魚鱉之屬，故其臭腥也；肉獾者，獾拏肉而食之，謂鷹雕之屬，故其臭臊也；草食者，食草木，謂獐鹿之屬，故其臭羶也。臭惡猶美，皆有所以。臭惡猶美，若蜀人之作羊腊以臭爲美，各有所用也。凡味之本，水最爲始。五味三材，五行之數，水第一，故曰“水最爲始”。五味，鹹、苦、酸、辛、

---

① 《新校釋》曰：“正文‘堯’字當衍，注‘堯’字亦當作‘舜’。”

甘。三材，水、木、火。九沸九變，火爲之紀。[1] 紀猶節也。品味待火然後成，故曰火爲之節。時疾時徐，滅腥去臊除羶，必以其勝，無失其理。用火熟食，或熾或微，治除臊腥，勝去其臭，故曰"必以其勝"也。齊和之節，得其中適，故曰"無失其理"。調和之事，必以甘、酸、苦、辛、鹹，先後多少，其齊甚微，皆有自起。齊，和分也。自，從也。鼎中之變，精妙微纖，口弗能言，志弗能喻，鼎中品味，分齊纖微，故曰不能言也。志意揆度，不能論說。若射御之微，陰陽之化，四時之數。射者望毫毛之近而中蓺於遠也，御者執轡於手、調馬口之和而致萬里，故曰"若射御之微"也。[2] 陰陽之化而成萬物也。四時之數，春生、夏長、秋收、冬藏，物有異功也。故久而不弊，熟而不爛，弊，敗也。爛，失飪也。《論語》云："失飪不食。"甘而不噥，[3]一作"壞"。酸而不酷，鹹而不減，辛而不烈，淡而不薄，肥而不膑。言皆得其中適。肉之美者：猩猩之脣，貛貛之炙，猩猩，獸名也，人面狗軀而長尾。貛貛，鳥名，其形未聞。"貛"一作"獲"。雋觾之翠，鳥名也。翠，厥也。形則未聞也。述蕩之掔，獸名。掔讀如棬椀之椀。掔者，踏也。形則未聞。旄象之約。旄，旄牛也，在西方。象，象獸也，在南方。約，飾也。[4] 以旄牛之尾、象獸之齒以飾物也。一曰，約，美也。旄象之肉美，貴異味也。流沙之西，丹山之南，有鳳之丸，丸，古卵字也。流沙，沙自流行，[5]故曰流沙，在燉煌西八百里。丹山，在南方，丹澤之山也。二處之表有鳳皇之卵。沃民所食。食鳳卵也。沃之國在西方。魚之美者：洞庭之鱄，東海之鮞。洞庭，江水所經之澤名

---

① "爲之"，原誤倒，據《二十二子》本乙正。
② "若"，原作"善"，據《二十二子》本改。
③ 畢沅曰："'噥'乃'噥'字之訛。"是。
④ "飾"，原作"節"，據《二十二子》本改。
⑤ "沙"，原脱，據《二十二子》本補。

也。鱄、鰤，魚名也，一云魚子也。醴水之魚名曰朱鱉，六足，有珠百碧。醴水，在蒼梧，環九疑之山，其魚六足，有珠如蛟皮也。① 雚水之魚名曰鰩，②其狀若鯉而有翼，雚水，③在西極。若，如也。翼，羽翼也。常從西海夜飛游於東海。鰩從西海至東海，乘雲氣而飛。菜之美者：昆侖之蘋，昆侖，山名，在西北，其高九萬八千里。蘋，大蘋，水藻也。④ 壽木之華。壽木，昆侖山上木也。華，實也。食其實者不死，故曰"壽木"。指一作"枯"。姑之東，中容之國，有赤木、玄木之葉焉。指枯乃姑餘，山名也，在東南方。《淮南記》曰"軼鶤雞於姑餘"是也。⑤ 赤木、玄木，其葉皆可食，食之而仙也。餘瞀一作"督"。之南、南極之崖一作"旁"。⑥ 有菜，其名曰嘉樹，其色若碧。餘瞀，南方山名也。有嘉美之菜，故曰"嘉樹"，食之而虛。⑦ 若碧，青色。陽華之芸，陽華乃華陽，山名也。芸，芳菜也。在吴、越之間。雲夢之芹，雲夢，楚澤。芹生水涯。具區之菁。具區，澤名，吴、⑧越之間。菁，菜名。浸淵之草，名曰土英。浸淵，深淵也，處則未聞。英，⑨言其美善。土英，華也。和之美者：陽樸之薑，招摇之桂，陽樸，地名，在蜀郡。招摇，山名，⑩在桂陽。《禮記》曰："草木之滋，薑桂之謂也。"故曰"和之美"。越駱之菌，⑪鱣鮪之醢，越駱，國名。菌，竹筍

---

① "蛟"，《新校釋》曰當作"鮫"，是。
② "雚"，原作"雈"，校云"一作雚"，據《二十二子》本改。
③ "雚"，原作"雈"，據《二十二子》本改。
④ "蘋，大蘋，水藻也"，《批校本》曰當作"蘋，大萍，水薸也"，是。
⑤ "鶤雞"，原作"題難"，據《二十二子》本改。
⑥ 《新校釋》曰："此'旁'字疑係讀者之旁注。"
⑦ "而虛"，《新校釋》曰當作"不霆"。
⑧ "吴"上，《集釋》曰當有"在"字，是。
⑨ "英"，原作"華"，據《二十二子》本改。
⑩ "名"下，原衍"在"字，據《二十二子》本删。
⑪ "越駱"，《舉正》曰當作"駱越"，是。

也。鱣鮪,大魚也,以爲醢醬。無骨曰醢,有骨曰臡。大夏之鹽,宰揭之露,[1]其色如玉,大夏,[2]澤名,或曰山名,在西北。鹽,形鹽。宰揭,山名,處則未聞。長澤之卵。[3] 長澤,大澤,在西方。大鳥之卵,卵大如瓮也。飯之美者:玄山之禾,不周之粟,飯,食也。玄山,[4]處則未聞。不周,山名,在西北方,昆侖之西北。陽山之穄,南海之秬。山南曰陽。昆侖之南,故曰陽山。[5] 南海,南方之海。穄,關西謂之糜,[6]冀州謂之緊。[7] 秬,黑黍也。水之美者:三危之露,三危,西極山名。昆侖之井。井,泉。沮江之丘,名曰摇水。沮漸如江旁之泉水。[8] 曰山之水。高泉之山,其上有涌泉焉,冀州之原。皆西方之山泉也。冀州在中央。水泉東流經於冀州,故曰"之原"。原,本也。果之美者:沙棠之實。沙棠,木名也,昆侖山有之。常山之北,投淵之上,有百果焉,群帝所食。有核曰果,無核曰蓏。群帝,衆帝,先升遐者。箕山之東,青島之所,[9]有甘櫨焉。箕山,許由所隱也,在潁川陽城之西。青島,昆侖山之東。二處皆有甘櫨之果。江浦之橘,雲夢之柚,浦,濱也,橘所生也。生江北則爲枳。雲夢,楚澤,出柚。漢上石耳。[10] 所以致之,漢,水名,出於嶓冢,東注於江。石耳,菜名也。所以致之,致備味也。馬之美者:[11]青龍之匹,遺風之乘。

---

① "揭",原作"楬",據《二十二子》本改,注亦同。
② "夏",原作"厦",據《二十二子》本改。
③ "其色如玉長澤之卵",《新校釋》曰當作"長澤之卵,其色如玉"。
④ 《新校釋》曰:"'玄山'下當有'山名'二字。"
⑤ "山"下,原衍"在"字,據《二十二子》本删。
⑥ "糜",原作"靡",據《二十二子》本改。
⑦ "緊",原作"堅",據《二十二子》本改。
⑧ "如",原作"洳",據《二十二子》本改。
⑨ "青島",《二十二子》本作"青鳥",注亦同。
⑩ 《新校釋》曰:"'漢上石耳'句當係上文'菜之美者'段中錯脱於此者。"可備一説。
⑪ "所以致之馬之美者",《平議》曰當作"所以致之者",於義爲勝。

匹、乘，皆馬名。[①]《周禮》：“七尺以上爲龍。”行迅謂之遺風。非先爲天子，不可得而具。天子不可强爲，必先知道。言當順天命而受之，不可以强取也。道，謂仁義天下之道。道者，止彼在己，彼謂他人。己成而天子成，己成仁義之道而成爲天子。《孟子》曰：“得乎丘民爲天子。”天子成則至味具。天子貢珍，故至味具。故審近所以知遠也，成己所以成人也。聖王之道要矣，豈越越多業哉？”要，約也。[②] 越越，輕易之貌。業，事也。聖王得仁義約要之道以化天下，天下化之，豈必越越然輕易多爲民之事也？

## 本味

三曰：聖人之於事似緩而急、似緩，謂無爲也。急，謂成功也。似遲而速，以待時。謂若武王會於孟津，八百諸侯皆曰：“紂可伐矣。”武王曰：“汝未知天命也。”還歸二年，似遲也。甲子之日剋紂於牧野，故曰“待時”。王季歷困而死，文王苦之，王季歷，文王之父也。勤勞國事以至薨没，故文王哀思苦痛也。有不忘羑里之醜，時未可也。紂爲無道，拘文王於羑里。不忘其醜恥也，所以不伐紂者，天時之未可也。武王事之，[③]夙夜不懈，亦不忘王門之辱，武王繼位，雖臣事紂，不忘文王爲紂所拘於羑里之辱。文王得歸乃築靈臺，作王門，相女童，擊鐘鼓，[④]示不與紂異同也。[⑤] 武王以此爲恥，而不忘也。立十二年而成甲子之事。立爲天子也。甲子之日剋紂牧野，故曰“成甲子之事”。時固不易得。固，常也。太公望，東夷之士也，太公望，河内

---

① “匹乘皆馬名”，《新校釋》曰當作“青龍、遺風，皆馬名”，於義爲勝。
② “也”，原漫漶不清，此據元刻明修本。
③ “之”，《新校釋》曰當作“紂”，是。
④ “擊”，原脱，據《二十二子》本補。
⑤ “異”，原脱，據《二十二子》本補。

人也。於周豐、鎬爲東，①故曰"東夷之士"。欲定一世而無其主，主，謂賢君。聞文王賢，文，謚也，經天緯地曰文。故釣於渭以觀之。渭，水名，近豐、鎬，文王所邑也。觀視文王之德，能有天下也。伍子胥欲見吴王而不得。吴王，王僚也，王子光之庶長子。② 客有言之於王子光者，③見之而惡其貌，④不聽其説而辭之。光惡子胥之顔貌，⑤不受其言，辭謝之也。客請之王子光，王子光曰："其貌適吾所甚惡也。"請，問也。惡，憎也。客以聞伍子胥，伍子胥曰："此易故也。故，事。願令王子居於堂上，重帷而見其衣若手，請因説之。"王子許。⑥ 言於重帷中見衣若手者，爲説霸國之説也。許，諾。伍子胥説之半，王子光舉帷搏其手而與之坐。搏執子胥之手與之俱坐，聽其説。説畢，王子光大説。子胥説霸術畢，子光大説，其將必用之也。伍子胥以爲有吴國者必王子光也，退而耕于野七年。王子光代吴王僚爲王，任子胥。子胥乃修法制，下賢良，選練士，習戰鬥，六年，然後大勝楚于柏舉，柏舉，楚南鄙邑。九戰九勝，⑦追北千里，北，走也。昭王出奔隨，遂有郢，郢，楚都。《傳》云："五戰及郢。"親射王宫，鞭荆平之墳三百。平王，恭王之子棄疾也，後改名熊居，聽費無忌之讒，殺伍子胥父兄，故子胥射其宫，鞭其墳也。鄉之耕，非忘其父之讎也，待時也。鄉，曩者。始之吴時，⑧耕於吴境，待天時，須楚之罪熟也。墨者有田鳩，欲見秦惠王，

---

① "爲"，原作"於"，據《二十二子》本改。

② "子光"，元刻明修本作"夷昧"。"庶長子"，《新校釋》曰當作"庶父"，是。

③ "王"，原脱，據《二十二子》本補。

④ "見"上，《新校釋》曰當有"王子光"三字，是。

⑤ "光"，原作"先"，據《二十二子》本改。

⑥ 《新校釋》曰："'許'下疑脱'之'字。"是。

⑦ "九"，《新校釋》曰當作"五"，是。

⑧ "鄉曩者始之吴時"，《新校釋》曰當作"鄉，曩。曩者始之吴時"，可備一説。

田鳩,齊人,學墨子術。惠王,孝公之子駟也。留秦三年而弗得見。客有言之於楚王者,往見楚王。楚王説之,與將軍之節以如秦,如,之也。至,因見惠王。告人曰:“之秦之道,乃之楚乎?”固有近之而遠、①遠之而近者。留秦三年不得見惠王,近之而遠也。從楚來至而得見,遠之而近也。時亦然。

有湯、武之賢而無桀、紂之時不成,不成其王。有桀、紂之時而無湯、武之賢亦不成。② 聖人之見時,若步之與影不可離。步行日中,影乃逐人,不可得遠之也。人從得時,③如影之隨人,亦不可離之也。故有道之士未遇時,隱匿分竄,勤以待時。分,大。④ 竄,藏。勤,勞。時至,⑤有從布衣而爲天子者,舜是也。有從千乘而得天下者,湯、武是也。有從卑賤而佐三王者,太公望、伊尹、傅説是也。有從匹夫而報萬乘者。豫讓是也。趙襄子兼土拓境,⑥有兵車萬乘,豫讓爲智伯報之,襄子高其義而不殺,豫讓卒不止,終得斬襄子襯身之衣,然後就死也。⑦ 故聖人之所貴,唯時也。水凍方固,固,堅也。后稷不種,后稷之種必待春,故人雖智而不遇時無功。五稼非春不生。智者之功非時不成。方葉之茂美,終日采之而不知,不知其葉之盡也。秋霜既下,衆林皆羸。羸,葉盡也。事之難易不在小大,務在知時。聖人時行則行,時止則止,與萬物終始也。⑧ 鄭子陽之難,猘狗潰之;潰,亂也。子陽,鄭相,或曰

---

① “固”上,《彙校》曰當有“物”字,於義爲勝。
② “紂”,原脱,據元刻明修本補。
③ “得”,《新校釋》曰“得”字衍,是。
④ 《新校釋》曰:“‘大’當係‘去’字之訛。”
⑤ “至”,原作“主”,據《二十二子》本改。
⑥ “土”,原作“上”,據元刻明修本改。
⑦ “也”,原漫漶不清,此據元刻明修本。
⑧ “與”,原作“興”,據《二十二子》本改。

鄭君，好行嚴猛，人家有猘狗者，誅之。人畏誅，國人皆逐猘狗也。齊高國之難，失牛潰之。衆因之以殺子陽、①高國。衆因之以殺二子。逐失牛之亂如逐猘狗之亂也，故禍同。當其時，狗、牛猶可以爲人唱，而況乎以人爲唱乎？飢馬盈廄，嗼然，嗼然，②無聲。未見芻也；飢狗盈窖，嗼然，未見骨也。見骨與芻，動不可禁。動猶爭也。亂世之民，嗼然，未見賢者也，見賢人，則往不可止。往者非其形，心之謂乎？齊以東帝困於天下，而魯取徐州；齊湣王僭號於東，民不順之，故困於天下，是以魯國略取徐州也。邯鄲以壽陵困於萬民，而衛取繭氏。壽陵，魏邑，趙兼有之，萬民不附，是以衛人取其繭氏之邑也。以魯、衛之細而皆得志於大國，遇其時也。細，小也。遇大國之民皆欲之，則取之也。故賢主秀士之欲憂黔首者，亂世當之矣。當亂世憂而濟之者。天不再與，時不久留，能不兩工，事在當之。天不再與，一姓不再興。時不久留，日中則昃者也。

## 首時一作"胥時"

四曰：春氣至則草木産，秋氣至則草木落。産與落，或使之，非自然也。故使之者至，物無不爲；使之者不至，物無可爲。未春無可爲生，未秋無可爲落。古之人審其所以使，故物莫不爲用。使之者，以其時生則生、時落則落，故曰"莫不爲用"。賞罰之柄，此上之所以使也。其所以加者義，則忠信親愛之道彰。彰，明也。久彰而愈長，民之安之若性，此之謂教成。教成，則雖有厚賞嚴威弗能禁。言德教一成，雖復賞罰之使爲不忠不信，人

---

① "之"，原作"人"，據元刻明修本改。
② "嗼"，原作"嘆"，據元刻明修本改。

人自爲忠信若性自然，不可禁止也。故善教者不以賞罰而教成，①教成而賞罰弗能禁。用賞罰不當亦然。言民爲不忠不信亦不能禁。奸僞賊亂貪戾之道興，興，作也。久興而不息，民之雠之若性，雠，用也。戎、夷、胡、貉、巴、越之民是以，雖有厚賞嚴罰弗能禁。禁，止也。郢人之以兩版垣也，吴起變之而見惡。郢，楚都也。楚人以兩版築垣。吴起，衛人也，楚以爲將，變其兩版，教之用四，楚俗習久見怨也。《公羊傳》曰："文公逆祀去者三人，定公順祀叛者五人。"此之謂久習也。賞罰易而民安樂；易其邪而施其正，民去邪從正，故安樂也。氐、羌之民，其虜也，氐與羌二種夷民。言氐、羌之民爲寇賊爲人執虜也。② 不憂其係纍而憂其死不焚也，焚，燒也。皆成乎邪也。不得天之正氣。故賞罰之所加，不可不慎，且成而賊民。③ 賞罰正而民正，賞罰不正而民邪，故曰"且成而賊民"，是以君人慎之也。④

昔晉文公將與楚人戰於城濮，城濮，楚北境之地名。召咎犯而問曰："楚衆我寡，奈何而可？"咎犯，狐偃也，字子犯，文公之舅也，因曰"咎犯"。咎犯對曰："臣聞繁禮之君不足於文，繁戰之君不足於詐。足猶厭也。一本作"以力戰之君不足於力，以詐戰之君不足於詐"。詐者，謂詭變而用奇也。君亦詐之而已。"文公以咎犯言告雍季，雍季曰："竭澤而漁，豈不獲得？而明年無魚；焚藪而田，豈不獲得？而明年無獸。言盡其類。詐僞之道，雖今偷"偷"一作"愈"。可，後將無復，不可復行。非長術也。"文公用咎犯之言，言，謀也。而敗楚人於城濮。敗，破也。反而爲賞，雍季

① "不"，《札記》曰當作"義"，於義爲勝。
② "爲寇賊"，《新校釋》曰"爲寇賊"三字衍，是。
③ 《新校釋》曰："'且成而賊民'句當在'皆成乎邪也'下。"於義爲勝。
④ "人"下，《新校釋》曰當有"者"字，是。

在上，上，首也。左右諫曰："城濮之功，咎犯之謀也，君用其言而賞後其身，[①]一作"資後其賞"。或者不可乎？"文公曰："雍季之言，百世之利也；咎犯之言，一時之務也。務猶事。焉有以一時之務先百世之利者乎？"孔子聞之曰："臨難用詐，足以卻敵；反而尊賢，足以報德。文公雖不終始，足以霸矣。"賞重則民移之，民移之則成焉。移猶歸。成乎詐，其成毀，雖成必毀。其勝敗。雖勝，後必毀敗。[②] 天下勝者衆矣而霸者乃五，乃猶裁也。文公處其一，知勝之所成也。居五霸之一。勝而不知勝之所成，與無勝同。同，等也。秦勝於戎而敗乎殽，秦繆公破西戎而霸，使孟明、白乙丙、西乞術將師東襲鄭，鄭人知之，還。晋襄公禦之殽，大破之，獲其三帥。楚勝於諸夏而敗乎柏舉。莊王服鄭勝晋於邲，[③]故曰勝乎諸夏也。及昭王南與吴人戰，吴破之柏舉。[④] 此皆不知勝之所成也，故曰"與無勝同"。武王得之矣，得猶知。故一勝而王天下。一勝，克紂。衆詐盈國，不可以爲安，患非獨外也。亦從内發之也。趙襄子出圍，[⑤]賞有功者五人，高赦爲首。智伯求地於襄子，襄子不與。智伯率韓、魏之君圍趙襄子於晋陽三月。張孟談私與韓、魏構謀，韓、魏反智伯軍，使趙襄子殺之，故曰"出圍"。張孟談曰："晋陽之中，[⑥]赦無大功，賞而爲首，何也？"襄子曰："寡人之國危，社稷殆，身在憂約之中，與寡人交而不失君臣之禮者，惟赦，惟，獨。吾是以先之。"仲尼聞之曰："襄子可謂善賞

---

① "賞"，《舉正》曰"賞"字當衍，於義爲勝。
② 《新校釋》曰："'毀'字疑衍。"
③ "邲"，原作"祁"，據《二十二子》本改。
④ "吴"，原脱，據《二十二子》本補。
⑤ "趙襄子出圍"，《新校釋》曰疑當作"趙襄子圍於晋陽，出圍"，可備一說。
⑥ "中"，《集釋》曰當作"事"，是。

矣，賞一人，而天下之爲人臣莫敢失禮。”①一人，謂高赦。爲六軍則不可易，易，輕。北取代，東迫齊，令張孟談逾城潛行與魏桓、韓康期而擊智伯，斷其頭以爲觴，觴，酒器也。遂定三家，韓、魏、趙也。豈非用賞罰當耶？當，正也。

## 義賞

五曰：凡治亂存亡，安危強弱，必有其遇然後可成，各一則不設。遇猶遭也。各有一亂不能相治。《傳》曰：“以亂平亂，何治之有？”故不設攻戰相征伐也。故桀、紂雖不肖，其亡，遇湯、武也，遇湯、武，天也，非桀、紂之不肖也；湯、武雖賢，其王，遇桀、紂也，遇桀、紂，天也，非湯、武之賢也。若桀、紂不遇湯、武，未必亡也，桀、紂不亡，雖不肖，辱未至於此；至於此，滅亡也。若使湯、武不遇桀、紂，未必王也，湯、武不王，雖賢，顯未至於此。顯，榮。此，天下。故人主有大功不聞不肖，功名揜也。亡國之主不聞賢。亂以揜也。譬之若良農辯土地之宜、謹耕耨之事，未必收也，然而收者必此人也。收由耕耨始也，②故曰“必此人也”。始，在於遇時雨。遇時雨，天地也，③非良農所能爲也。越國大饑，穀不熟。王恐，召范蠡而謀。范蠡曰：“王何患焉？今之饑，此越之福而吴之禍也。夫吴國甚富而財有餘，其王年少，④智寡材輕，好須臾之名，不思後患。其王，吴王夫差也。王若重幣卑辭以請糴於吴，則食可得也。王，越王勾踐也。食得，其卒越必有吴，而王何患焉？”得其糴，終必得其國，王何憂

① “臣”下，《新校釋》曰當有“者”字，是。
② “由”，原作“田”，據《二十二子》本改。
③ “地”，《平議》曰“地”字衍，是。
④ “其”，原脱，據《二十二子》本補。

焉。越王曰："善。"乃使人請食於吴。吴王將與之，伍子胥進諫曰："不可與也。夫吴之與越，接土鄰境，道易人通，仇讎敵戰之國也，非吴喪越，越必喪吴。若燕、秦、齊、晋，山處陸居，豈能逾五湖九江、越十七厄以有吴哉？逾，度也。越，歷也。謂彼險難也。故曰非吴喪越，越必喪吴。今將輸之粟，與之食，是長吾讎而養吾仇也。財匱而民恐，[①]悔無及也。不若勿與而攻之，固其數也，數，術。此昔吾先王之所以霸。且夫饑，代事也，先王，謂闔閭也。代，更也。猶淵之與阪，誰國無有？"[②]吴王曰："不然。吴王，夫差。吾聞之：'義兵不攻服，仁者食餓饑。'今服而攻之，非義兵也；饑而不食，非仁體也。[③] 不仁不義，雖得十越，吾不爲也。"遂與之食。不出三年，而吴亦饑，使人請食於越。越王弗與，乃攻之，夫差爲擒。夫差，吴王也。擒，爲越所獲。

楚王欲取息與蔡，楚王，文王也。息、蔡，二國名。乃先佯善蔡侯，而與之謀曰："吾欲得息，奈何？"蔡侯曰："息夫人，吾妻之姨也。蔡侯，昭侯也。妻之女弟爲姨，[④]《傳》曰："吾姨也。"此之謂也。吾請爲饗息侯與其妻者，而與王俱，因而一作"以"。襲之。"楚王曰："諾。"於是與蔡侯以饗禮入於息，因與俱，遂取息。旋，舍於蔡，又取蔡。不勞師徒而得之曰取，《傳》曰："易也。"趙簡子病，召太子而告之曰："我死，[⑤]已葬，服衰，而上夏屋之山以望。"趙簡子，晋大夫趙景子成之子鞅也。太子，趙無恤襄子也。

---

① "恐"，畢沅曰"《説苑》作'怨'"，《集釋》曰"'怨'字義長"，是。

② "且夫"至"無有"十五字，《讀吕札記》曰當在"雖得十越，吾不爲也"句下，"遂與之食"句上，於義爲勝。

③ "仁體"，《遺誼》曰當作"體仁"，於義爲勝。

④ "爲"，原作"與"，據《二十二子》本改。

⑤ "我"下，《舉正》曰當有"則"字，於義爲勝。

服衰，謂期年，勿復三年也。夏屋山，代之南山也。觀望，欲令取代也。太子敬諾。簡子死，已葬，服衰，召大臣而告之曰："願登夏屋以望。"大臣皆諫曰："登夏屋以望，是游也。服衰以游不可。"襄子曰："此先君之命也，寡人弗敢廢。"群臣敬諾。襄子上於夏屋以望代俗，[①]俗，土也。其樂甚美，[②]於是襄子曰："先君必以此教之也。"及一作"反"。歸，慮所以取代，乃先善之。代君好色，請以其弟姊妻之，[③]代君許諾。弟姊已往，所以善代者乃萬故。善，好也。襄子所好於代者非一事，故言萬故也。馬郡宜馬，代君以善馬奉襄子。《傳》曰："冀州之北土，馬之所生也。"故謂代爲馬郡也。言代君以馬奉襄子也。襄子謁於代君而請觴之，馬郡盡，[④]謁，告也。觴，饗也。襄子告代君而請飲之酒，醉而殺之，盡取其國也，故曰"馬郡盡"也。先令舞者置兵其羽中數百人，羽，舞者所執持也。置兵其中，不欲代君覺之也。先具大金斗。[⑤] 代君至，酒酣，金斗，酒斗也。金重，大，[⑥]作之可以殺人。酣，飲酒合樂之時。反斗而擊之，一成腦塗地。一成，一下也。首碎，故腦塗地也。舞者操兵以鬥，盡殺其從者。因以代君之車迎其妻，其妻道聞之狀，磨笄以自刺，故趙氏至今有刺笄之證一作"山"。與反斗之號。[⑦] 此三君者，其有所自而得之。不備遵理，三君，越王句踐、楚文王、趙襄子也。自，從也。遵，循也。理，道也。然而後世稱

---

① "代俗"，《新校釋》曰當作"大陸"。

② "其"，《新校釋》曰當作"甚"，於義爲勝。

③ "弟"，畢沅曰"弟"字衍，是。

④ "郡"，《臆斷》曰當作"群"，於義爲勝。"馬郡盡"，畢沅曰當在"代君以善馬奉襄子"句下，"襄子謁於代君而請觴之"句上，於義爲勝。

⑤ "先"上，《舉正》曰當有"又"字，於義爲勝。

⑥ "大"上，《新校釋》曰當有"斗"字，於義爲勝。

⑦ "刺"，《新校釋》曰當作"磨"，可備一說。"反"，原作"及"，據《二十二子》本改。

之，有功故也。有功於此而無其失，雖王可也。此三君有功名，假令無其闕失，雖爲王可也。

## 長攻

六曰：功名大立，天也。爲是故，因不慎其人，不可。推之於天，不復慎其爲人、修仁義，故曰"不可"也。夫舜遇堯，天也。舜耕於歷山，陶於河濱，釣於雷澤。陶，作瓦器。天下説之，秀士從之，人也。夫禹遇舜，天也。禹周於天下以求賢者，事利黔首，事，治也。黔首，①民也。水潦川澤之湛滯壅塞可通者，禹盡爲之，人也。夫湯遇桀、武遇紂，天也。湯、武修身，積善爲義以憂苦於民，人也。苦，勞也。舜之耕漁，其賢不肖與爲天子同。同，辭也。② 其未遇時也，以其徒屬堀地財，③取水利，地財，五穀。水利，濯灌。編蒲葦，結罘網，手足胼胝不居，居，止。然後免於凍餒之患。患，難也。其遇時也，登爲天子，賢士歸之，萬民譽之，丈夫女子，振振殷殷，無不戴説。振振殷殷，衆友之盛。舜自爲詩曰："普天之下，莫非王土。率土之濱，莫非王臣。"所以見盡有之也。盡有之，賢非加也；加，益也。盡無之，賢非損也。損，減。④ 時使然也。

百里奚之未遇時也，亡虢而虜晋，"虢"當爲"虞"。百里奚，虞臣也。《傳》曰："伐虞，獲其大夫井伯以媵秦繆姬。"⑤《孟子》曰："百里奚，虞人也。晋人以垂棘之璧假道於虞以伐虢，⑥宫之奇諫之。百里奚

---

① "黔"，原爲大字，據元刻明修本改。
② "辭"，《集釋》作"等"，《新校釋》曰疑當作"齊"。
③ 畢沅曰："'堀'當作'掘'。"是，《集釋》、《注疏》作"掘"。
④ "減"，原作"滅"，據《二十二子》本改。
⑤ "繆"下，原衍"公"字，據《二十二子》本删。
⑥ "虞"，原漫漶不清，此據元刻明修本。

知虞公之不可諫也，而去之秦。”此云“亡虢”，誤矣。楊子雲恨不及其時，車載其金。飯牛於秦，傳鬻以五羊之皮。公孫枝得而説之，公孫枝，秦大夫子桑。獻諸繆公，三日，請屬事焉。獻，進也。請以大夫職事屬付百里奚也。繆公曰：“買之五羊之皮，而屬事焉，無乃天下笑乎？”①公孫枝對曰：“信賢而任之，君之明也；讓賢而下之，臣之忠也。下，避也。君爲明君，臣爲忠臣。彼信賢，境内將服，敵國且畏，夫誰暇笑哉？”繆公遂用之。謀無不當，舉必有功，非加賢也。使百里奚雖賢，無得繆公，必無此名矣。今焉知世之無百里奚哉？故人主之欲求士者，不可不務博也。孔子窮於陳、蔡之間，七日不嘗食，藜羹不糝。宰予備矣。“備”當作“憊”，憊，極也。②《論語》曰：“衛靈公問陳於孔子，對曰：‘俎豆之事則嘗聞之矣，軍旅之事未之學也。’明日遂行，在陳絶糧，從者病，莫能興。”此之謂也。故曰“宰予憊矣”。孔子弦歌於室，顔回擇菜於外，子路與子貢相與而言曰：“夫子逐於魯，③削迹於衛，伐一作“拔”。樹於宋，窮於陳、蔡。殺夫子者無罪，藉夫子者不禁。藉猶辱也。夫子弦歌鼓舞未嘗絶音，蓋君子之無所醜也若此乎？”醜猶恥也。顔回無以對，入以告孔子。孔子憱然推琴，喟然而嘆曰：“由與賜小人也。召，吾語之。”子路與子貢入，子貢曰：“如此者可謂窮矣。”孔子曰：“是何言也？君子達於道之謂達，窮於道之謂窮。《論語》曰：“君子亦有窮乎？子曰：‘君子固窮，小人窮斯濫矣。’”今丘也拘仁義之道以遭亂世之患，其所也，④何窮之謂？言不窮於道也。故内省而不疚於道，臨難

---

① “乃”下，《舉正》曰當有“爲”字，是。

② “極”上，《新校釋》曰當有“疲”字，於義爲勝。

③ 《新校釋》曰：“‘逐’上疑當有‘再’字。”

④ “其”上，《新校釋》曰當有“固”字，於義爲勝。

而不失其德。大寒既至，霜雪既降，吾是以知松柏之茂也。衆木遇霜雪皆凋，喻小人遭亂世無以自免。松柏，喻君子而能茂盛也。《論語》曰："歲寒然後知松柏之後凋。"此之謂也。昔桓公得之莒，文公得之曹，越王得之會稽。齊桓公遭無知之亂出奔莒，晋文公遇麗姬之讒出過曹，越王句踐與吴戰而敗，栖於會稽之山，卒皆享國，克復其恥，爲霸君，故曰"得之"。陳、蔡之厄，於丘其幸乎！"孔子烈然返瑟而弦，①返，更也。更取瑟而弦歌。子路抗然執干而舞。干，楯也。子貢曰："吾不知天之高也，不知地之下也。"高下喻廣大也。言不能知孔子聖德之如天地。古之得道者窮亦樂、樂其道也。達亦樂，樂兼善天下也。所樂非窮達也，言樂道也。道得於此，則窮達一也，此，近喻身也。言得道之人不爲窮極、不爲達顯，故一之也。爲寒暑風雨之序矣。寒暑，陰陽也。陰陽和，風雨序也。聖人法天地，順陰陽，故能不爲窮達變其節也。故許由虞乎穎陽，虞，樂也。穎水之北曰陽。② 輕天下而不屈於堯，養志於箕山。山在穎水之北，故曰樂乎穎陽也。而共伯得乎共首。共，國。伯，爵也。棄其國隱於共首山而得其志也。不知出何書也。③

**慎人**一作"順人"

七曰：凡遇，合也。時不合，必待合而後行。故比翼之鳥死乎木，比目之魚死乎海。孔子周流海内，再干世主，④如齊至衛，所見八十餘君。委質於弟子者三千人，達徒七十人。七十人者，萬乘之主得一人用可爲師，不於無人。⑤ 以此游，

① "瑟"，《新校釋》曰當作"琴"，可備一説。
② "穎"，《新校釋》曰"穎"字衍，是。
③ "不知出何書也"，《新校釋》曰當係後人校語誤入注者。
④ "干"，原作"於"，據《二十二子》本改。
⑤ "於"，《二十二子》本作"爲"。

僅至於魯司寇。僅猶裁也。孔子有聖德不見大用,裁至於司寇也。此天子之所以時絶也,諸侯之所以大亂也。言不知聖人不能用之,所以絶、所以亂也。亂則愚者之多幸也,幸則必不勝其任矣。多幸受不肖之人而寵用之,故不勝其任。任久不勝則幸反爲禍,其幸大者,其禍亦大,非禍獨及己也。故君子不處幸、不爲苟,處,居也。不爲苟易邀於俗、取容説也。必審諸己然後任,任然後動。任則處德,動則量力。凡能聽説者必達乎論議者也,世主之能識論議者寡,所遇惡得不苟?惡,安也。凡能聽音者必達於一作"乎"。五聲,達,通也。人之能知五聲者寡,所善一作"喜"。惡得不苟?客有以吹籟見越王者,羽角宮徵商不謬,籟,三孔籥也。[1] 不謬,五聲無失。越王不善,爲野音而反善之。野,鄙也。説之道亦有如此者也。説賢人而不用,言不肖而歸之,故曰"亦有如此者也"。

人有爲人妻者。[2] 人告其父母曰:"嫁不必生也,[3]不必生,謂終死。衣器之物可外藏之,以備不生。"其父母以爲然,於是令其女常外藏。藏私財於外也。姑妐知之,曰:"爲我婦而有外心,一作"異心"。不可一本下有"當"字。畜。"因出之。以爲盜竊,犯七出,故出之也。婦之父母以謂爲己謀者以爲忠,[4]終身善之,亦不知所以然矣。不知其女之所以見出由此也。宗廟之滅,天下之失,亦由此矣。亦由此不理者,故宗廟滅没以失其天下也。故曰遇合也無常。説,適然也。若人之於色也,無不知説美者而美者未必遇也。故嫫母執乎黄帝,黄帝説之。黄帝

① "三",原作"二",據元刻明修本改。
② 《新校釋》曰:"上'人'字當衍。"於義爲勝。
③ 《新校釋》曰:"'生'當作'成',下文及注同。"
④ 《新校釋》曰:"下'以'字衍。"於義爲勝。

曰："厲女德而弗忘,[1]與女正而弗衰,雖惡奚傷?"惡,醜也。奚,何也。言敕厲女以婦德而不忘失,付與女以内正而不衰疏,故曰雖醜何傷,明説惡也。若人之於滋味,無不説甘脆而甘脆未必受也。[2] 文王嗜昌蒲菹。昌本之菹。孔子聞而服之,[3]縮頞而食之,三年然後勝之。勝,服。人有大臭者,[4]其親戚兄弟妻妾知識無能與居者,自苦而居海上。苦,傷也。海上人有説其臭者,晝夜隨之而弗能去。去,離也。説亦有若此者。陳有惡人焉,曰敦洽讎糜,雄一作"推"。顙廣顔,色如浹赬,一作"沫赭"。垂眼一作"髮"。臨鼻,長肘而盭。盭,胝也。[5] 陳侯見而甚説之,外使治其國,内使制其身。制陳侯身。楚合諸侯,陳侯病不能往,使敦洽讎糜往謝焉。楚王怪一作"知"。其名而先見之。客有進,狀有惡其名,言有惡狀,[6]楚王怒,合大夫而告之,合,會。曰："陳侯不知其不可使,是不知也。不知,無所知也。知而使之,是侮也。侮,慢。侮且不智,不可不攻也。"興師伐陳,三月然後喪。喪,滅之也。惡足以駭人,言足以喪國,讎糜貌惡足以驚人,其言足以亡國也。而友之足於陳侯而無上也,至於亡而友不衰。友愛敦洽讎糜無有出上者也,[7]楚怒而伐之,以至於滅,而愛之不衰廢也。夫不宜遇而遇者則必廢,若敦洽讎糜醜惡無

---

① "厲",原作"屬",據《二十二子》本改,注亦同。

② "受",原漫漶不清,此據元刻明修本。

③ "而服",《舉正》曰"而服"二字衍,於義爲勝。

④ "人"上,《新校釋》曰疑當有"齊"字,可備一説。

⑤《新校釋》曰:"疑高注當作'盭,戾也'。"

⑥ "客有"至"惡狀"十二字,《遺誼》曰當作"客進,狀有惡其名,言有惡其狀",於義爲勝。

⑦《新校釋》曰:"'出'下疑脱'其'字。"於義爲勝。

德，不宜見遇而反見遇，如此者不必久，[1]故曰“必廢”也。宜遇而不遇者，[2]此國之所以亂，世之所以衰也。賢者至道，宜一遇明世，佐時理物，不遇之，故國不治所以亂也。世不知賢不肖所以衰也。天下之民，其苦愁勞務從此生。從此宜遇而不遇也。凡舉人之本，太上以志，其次以事，其次以功。舉，用也。志，德也。三者弗能，國必殘亡，群孽大至，身必死殃，年得至七十、九十猶尚幸。所遇不當而無此三者，身必死殃也。得至七十、九十者，乃大幸耳。賢聖之後，反而孽民，是以賊一作“殘”。其身，豈能獨哉？陳，舜之苗胤也，故曰“賢聖之後”也。孽，病也。所遇不當，爲楚所滅以殘其身也，并病其民，故曰“豈能獨哉？”

## 遇合

八曰：外物不可必，故龍逄誅，比干戮，龍逄諫桀而桀殺之。比干，紂之諸父也，諫紂，紂剖其心視之，故曰“戮”。箕子狂，惡來死，箕子，紂之庶父也，見紂之亂而佯狂也。惡來，飛廉之子，紂諛臣也，武王殺之。桀、紂亡。殺忠臣，故滅亡。人主莫不欲其臣之忠，而忠未必信，故伍員流乎江，伍子胥諫吴王夫差，不欲與越糴。夫差未信之，不從其言，以鴟夷置子胥而投之江也。萇弘死，藏其血三年而爲碧。萇弘，周敬王大夫，號知天道，欲城成周，支天之所壞，故衛奚知其不得没也。及范吉射、荀寅叛其君，萇弘與知之。周劉氏、范氏世爲婚姻，[3]萇弘事劉文公，故周人與范氏。晋人讓周，周爲之殺萇弘。不當其罪，故血三年而爲碧也。親莫不欲其子之孝而孝未必愛，故孝已

---

① “不必”，《新校釋》曰當作“必不”，於義爲勝。
② “者”下，《吕氏春秋補注》曰當有“則必亡”三字，於義爲勝。
③ 《新校釋》曰：“注‘范氏’上當有‘晋’字。”

疑，曾子悲。孝己，殷王高宗子也。曾參，其至孝，①見疑於其父，故爲之傷悲也。莊子行一作"過"。於山中，見木甚美長大，枝葉盛茂，莊子，名周，宋之蒙人也，輕天下，細萬物，其術尚虚無，著書五十二篇，名之曰《莊子》。伐木者止其旁而弗取，問其故，曰："無所可用。"莊子曰："此以不材得終其天年矣。"出於山，及邑，舍故人之家。舍，止也。故人，知舊也。故人喜，具酒肉，令豎子爲殺雁饗之。豎子請曰："其一雁能鳴，一雁不能鳴，請奚殺？"主人之公曰：②"殺其不能鳴者。"明日，弟子問於莊子曰："昔者山中之木，以不材得終天年，③主人之雁以不材死。一作"以不能鳴死"。先生將何以處？"莊子笑曰："周將處於材、不材之間。材、不材之間，似之而非也，故未免乎累。若夫道德則不然。④無訝一作"謌"。無訾。一龍一蛇，與時俱化，而無肯專爲。專，一。一上一下，以禾爲量，禾兩三變，⑤故以爲法也。一曰，禾，中和。而浮游乎萬物之祖。祖，始。物物而不物於物，則胡可得而累？物物而不物，言制作，喻天地不在萬物中，故曰"不物"。若制禮者不制於禮也，不以物自累之也。此神農、黄帝之所法。法，則也。神農，少典之子炎帝也，居三皇之中，農殖嘉穀而化之，號曰神農。黄帝，軒轅氏也，得道而仙。言二帝以此爲法則者也。若夫萬物之情、人倫之傳則不然，傳猶轉。⑥成則毀，大則衰，廉則銼，廉，利也。銼，缺傷。尊則虧，直則骫，尊，高也。《傳》曰："高位疾顛。"故

---

① "其"上，《二十二子》本有"以"字，《新校釋》曰"其"字當衍。

② 《新校釋》曰："'之公'二字當衍。"

③ "天"上，《新校釋》曰當有"其"字。

④ "若夫道德則不然"，《新校釋》曰："《莊子》作'若夫乘道德而浮游則不然'，當從之。"

⑤ "兩"，《二十二子》本無此字。

⑥ "轉"，原漫漶不清，此據《二十二子》本。

曰"則虧"。骫,曲也。直不可久,故曰"直則骫"。《詩》云:"草木死,無不萎。"此之謂也。合則離,愛則隳,隳,廢也。多智則謀,不肖則欺,多智則人謀料之,不肖則人欺詐之。胡可得而必?"

牛缺居上地,大儒也,①下之邯鄲,遇盜於耦沙之中。牛,姓也。缺,其名。秦人也。秦在西方,故稱下之邯鄲。淤沙爲耦,蓋地名也。盜求其槖中之載,則與之;求其車馬,則與之;求其衣被,則與之。牛缺出而去。② 盜相謂曰:"此天下之顯人也。今辱之如此,此必訴我於萬乘之主,劫奪其財不以禮爲辱。③ 訴,告也。萬乘之主必以國誅我,我必不生,不若相與追而殺之,以滅其迹。"迹,踪也。於是相與趨之,趨,逐。行三十里,及而殺之。此以知故也。盜知牛缺爲賢人故。④ 孟賁過於河,先其五,船人怒而以楫虓其頭,先其伍,超越次第也。虓,暴辱。顧不知其孟賁也。中河,孟賁瞋目而視船人,髮植,目裂,鬢指,植,豎。指,直。舟中之人盡揚播入於河。揚,動也。播,散也。入猶投也。使船人知其孟賁,弗敢直視,直,正。涉無先者,無敢先孟賁也。又況於辱之乎?此以不知故也。船人不知孟賁爲勇士故也。知與不知皆不足恃,其惟和調近之。猶未可必,近之,近無愁難,猶未可必也。⑤ 蓋有不辨和調者,則和調有不免也。宋桓司馬有寶珠,抵罪出亡。桓司馬,桓魋。抵,當也。王使人問珠之所在,曰:"投之池中。"《春秋》魯哀十四年《傳》曰:"宋桓魋之有寵,欲害公。公知之,攻桓魋。魋出奔衛。"公,則宋景公也。春秋時,宋未僭稱王

---

① "牛缺居上地大儒也",《新校釋》曰當作"牛缺者,上地之大儒也",可備一説。

② "出",《札記》曰當作"步",於義爲勝。

③ "爲",原作"以",據《二十二子》本改。

④ 《新校釋》曰:"'故'下疑脱'也'字。"

⑤ "可",原作"守",據《二十二子》本改。

也。此云"王使人問珠",復妄言者也。於是竭池而求之,無得,魚死焉。[①] 此言禍福之相及也。[②] 紂爲不善於商而禍充天地,充猶大。和調何益?和調,善之者也。紂不能行之,故曰"何益"也。張毅好恭,門閭帷一作"帳"。薄,聚居衆無不趨,[③]過之必趨。輿隸姻媾小童無不敬,以定其身,定,安也。不終其壽,内熱一作"崩"。而死。《幽通記》曰:"張毅修襮而内逼。"此之謂也。單豹好術,離俗棄塵,一作"棄世謂不群也"。不食穀實,不衣芮温,不食穀實,行氣道引也。芮,絮也。身處山林巖堀以全其生,不盡其年而虎食之。《幽通記》曰:"單豹治裹而外凋。"[④]此之謂也。孔子行道而息,馬逸,食人之稼,野人取其馬。子貢請往説之,畢辭,野人不聽。有鄙人始事孔子者曰請往説之,[⑤]因謂野人曰:[⑥]"子不耕於東海,吾不耕於西海也,吾馬何得不食子之禾?"其野人大説,[⑦]相謂曰:"説亦皆如此其辯也,[⑧]獨如向之人?"獨猶孰也。向之人,謂子貢也。解馬而與之。説如此其無方也而猶行,方,術。外物豈可必哉?

君子之自行也,敬人而不必見敬,愛人而不必見愛。敬愛人者,己也;見敬愛者,人也。君子必在己者,不必在人者也。必在己,無不遇矣。

**必己**一作"本知",一作"不遇"

---

① "魚"下,《新校釋》曰當有"盡"字,於義爲勝。
② "此言禍福之相及也",《新校釋》曰:"此八字當係注語之羼入正文者。"
③ "居",《集釋》曰當作"見",當在"恭"下。
④ "裹而外凋",原作"衷不外調",據《二十二子》本改。
⑤ "曰",《札記》曰"曰"字衍,於義爲勝。
⑥ "謂",原作"爲",據《二十二子》本改。
⑦ "吾馬"至"大説"十四字,《新校釋》曰當作"吾馬何得不食子之苗,野人大説",於義爲勝。
⑧ 《新校釋》曰:"'皆'當作'有'。"

# 卷第十五

吕氏春秋訓解　高氏

## 愼大覽第三　權勛　下賢　報更　順説　不廣　貴因　察今

一曰：賢主愈大愈懼，愈強愈恐。① 愈，益也。凡大者，小鄰國也；強者，勝其敵也。夫大者，侵削鄰國，使小也；強者，強以克弱，故能勝其敵也。勝其敵則多怨，小鄰國則多患。多患多怨，國雖強大，惡得不懼？惡得不恐？惡，安也。故賢主於安思危，安不忘危。於達思窮，顯不忘約。於得思喪。喪，亡也。有得有失，②故思之。《周書》曰："若臨深淵，若履薄冰。"以言愼事也。《周書》，周文公所作也。若臨深淵，恐隕墜也；如履薄冰，恐陷没也，故曰"以言愼事"。桀爲無道，暴戾頑貪。心不則德義之經爲頑，求無厭足爲貪。天下顫恐而患之，顫，驚也。患，憂也。言者不同，紛紛分分，其情難得。紛紛，殽亂也。分分，恐恨也。其情難得知也。干辛任威，凌轢諸侯，以及兆民，干辛，桀之諛臣也，專桀無道

① 下"愈"字，原脱，據元刻明修本補。
② "得"下，《批校本》曰當有"必"字，是。

之威，以致滅亡。賢良鬱怨。殺彼龍逄以服群凶，衆庶泯泯，皆有遠志，龍逄忠而桀殺之，故衆庶泯泯然亂。有遠志，離散也。莫敢直言，其生若驚。"驚"或作"夢"。驚，亂貌。民不敢保其生也。大臣同患，弗周而畔。患，憂也。心懼盡見誅，故同憂也。不周於義而將背畔也。桀愈自賢，矜一作"給"。過善非，其所行者非而反善也。主道重塞，國人大崩。崩，壞散。湯乃惕懼，憂天下之不寧，欲令伊尹往視曠夏，恐其不信，湯由親自射伊尹。① 恐夏不信伊尹，故由揚言而親自射伊尹，②示伊尹有罪而亡，令夏信之也。伊尹奔夏三年，反報于亳，亳，湯都。曰："桀迷惑於末嬉，好彼琬琰，"琬"當作"婉"，婉順阿意之人也。或作"琬琰"，美玉也。不恤其衆，衆志不堪，上下相疾，民心積怨，皆曰：'上天弗恤，夏命其卒。'"卒，卒盡也。③ 湯謂伊尹曰："若告我曠夏盡如詩。"詩，志也。湯與伊尹盟，以示必滅夏。伊尹又復往視曠夏，聽於末嬉。末嬉言曰："今昔天子夢西方有日，東方有日，兩日相與鬥，西方日勝，東方日不勝。"④伊尹以告湯。商涸旱，涸，枯也。湯猶發師以信伊尹之盟，故令師從東方出於國，西以進。未接刃而桀走，逐之至大沙，⑤身體離散，爲天下戮。不可正諫，雖後悔之，將可奈何？湯立爲天子，夏民大說，如得慈親，朝不易位，農不去疇，疇，畝也。商不變肆，安其所也。親郼如夏。郼讀如衣，今兗州人謂殷氏皆曰"衣"。言桀民親殷如夏氏也。此之謂至公，此之謂至安，此之謂至信。盡行伊尹之盟，不避旱殃，祖

---

① "由"，《新校釋》曰當作"用"，可備一説。
② "由"下，《新校釋》曰當有"是"字，於義爲勝。
③ 《新校釋》曰："注衍一'卒'字。"
④ "勝"，原作"務"，據元刻明修本改。
⑤ 《新校釋》曰："'至'字當衍。"

伊尹世世享商。祖用伊尹之賢。① 世世享商,享之盡商世也。

武王勝殷,入殷,未下轝,命封黄帝之後於鑄,鑄,國名。封帝堯之後於黎,封帝舜之後於陳;下轝,命封夏后之後於杞,立成湯之後於宋以奉桑林。桑山之林,湯所禱也,故使奉之。武王乃恐懼,太息流涕,命周公旦進殷之遺老而問殷之亡故,又問衆之所説、民之所欲。殷之遺老對曰:"欲復盤庚之政。"盤庚,太甲後十七世祖丁之子,②殷之中興王也,故欲復行其政也。武王於是復盤庚之政。不違民欲。發巨橋之粟,巨橋,紂倉名。賦鹿臺之錢,以示民無私;鹿臺,紂錢府。賦,布也。私,愛也。出拘救罪,分財棄責,以振窮困。分財,分有與無也。棄責,③責己不責彼也。振,救也。矜寡孤獨曰窮,無衣食曰困。封比干之墓,以其忠諫而見殺,故封崇其墓以章賢也。靖箕子之宫,以箕子避亂佯狂而奔,故清淨其宫以異之也。表商容之閭,商容,殷之賢人,老子師也,故表異其閭里。士過者趨,④車過者下。過商容之里者趨,車載者下也。三日之内,與謀之士封爲諸侯,與謀委質於武王之士封以爲諸侯也。諸大夫賞以書社,大夫與謀爲國,以書社賞之。二十五家爲社也。庶士施政去賦。施之於政事,去其繇賦也。然後於濟河,西歸報於廟。還濟孟津河,西歸于豐、鎬,報功於文王廟。《傳》曰:"振旅凱入,飲至策勛。"此之謂也。乃税馬於華山、税牛於桃林,税,釋也。華山,在華陰南,西岳也。桃林,秦、晋之塞也,蓋在華陰西,長城是也。馬弗復乘、牛弗復服。⑤ 釁鼓旗甲兵,殺牲祭以血塗之曰釁。

① "用",《新校釋》曰疑當作"祀"。
② 畢沅曰:"注'十七世'當作'十五世'。"《新校釋》曰"太甲"疑當作"成湯"。
③ "棄責",原脱,據《二十二子》本補。
④ "士",《平議》曰當作"徒",於義爲勝。
⑤ "復",原脱,據《二十二子》本補。

鼓以進衆。旗，軍械也。熊虎爲旗。甲，鎧。兵，戈戟箭矢也。藏之府庫，終身不復用。此武王之德也。故周明堂外户不閉，示天下不藏也，唯不藏也，可以守至藏。至德之藏。武王勝殷，得二虜而問焉，曰："若國有妖乎？"若，汝。妖，怪。一虜對曰："吾國有妖。晝見星而天雨血，此吾國之妖也。"一虜對曰："此則妖也。雖然，非其大者也。吾國之妖甚大者，子不聽父，弟不聽兄，君令不行，此妖之大者也。"武王避席再拜之。此非貴虜也，貴其言也。故《易》曰："愬"愬"，一作"逆"字，讀如虩。愬履虎尾，終吉。"愬愬，懼也。居之以禮，行之以恭，恐懼戒慎，①如履虎尾，終必吉也。喻二虜見於武王，有履虎尾之危，以言所知，武王拜之，是終吉也。趙襄子攻翟，勝老人、中人，②使使者來謁之。襄子，趙簡子之子無恤也。使辛穆子伐翟，③勝之，下老人、中人城，使使者來謁襄子。謁，告也。今盧奴西山中有老人、中人城也。襄子方食摶飯，④有憂色。左右曰："一朝而兩城下，此人之所以喜也，⑤今君有憂色何？"⑥襄子曰："江河之大也，大，長。不過三日，三日則消也。飄風一作"猋風"。暴雨，日中不須臾。⑦《易》曰："日中則仄。"故曰"日中不須臾"。今趙氏之德行無所於積，言無積德積行。一朝而兩城下，亡其及我乎？"《傳》曰："知懼如此，斯不亡矣。"孔子聞之曰："趙氏其昌乎！"昌，盛也。夫憂所以爲昌也，而喜

---

① "戒"，原作"成"，據《二十二子》本改。

② "趙襄子攻翟勝老人中人"，《新校釋》曰當作"趙襄子使新稚穆子攻翟，勝左人、中人"，於義爲勝。

③ "辛穆子"，《新校釋》曰當作"新稚穆子"，是。

④ "摶"，原作"搏"，據《二十二子》本改。

⑤ "以"，《舉正》曰"以"字衍，於義爲勝。

⑥ "何"下，《舉正》曰當有"也"字，於義爲勝。

⑦ "雨"下，《讀吕記》曰當有"不終朝"三字，於義爲勝。

所以爲亡也。勝非其難者也,持之其難者也。持猶守。賢主以此持勝,故其福及後世。齊、荆、吴、越皆嘗勝矣而卒取亡,一作"卒敗"。卒,終也。不達乎持勝也。唯有道之主能持勝。孔子之勁,舉國門之關而不肯以力聞。勁,彊也。① 孔子以一手捉城門關顯而舉之,②不肯以有力聞於天下。墨子爲守攻,公輸般服而不肯以兵加。③ 公輸般在楚,楚王使設雲梯爲攻宋之具。墨子聞而往説之。楚王曰:"公輸般,天下之巧工也。寡人使攻宋之城,何爲不得?"墨子曰:"使公輸般攻宋之城,臣請爲宋守之備。"公輸般九攻之,墨子九卻之。又令公輸般守備,墨子九下之。不肯以善用兵見知於天下也。墨子,名翟,魯人也,著書七十篇,以墨道聞也。④ 善持勝者,以術彊弱。⑤ 一本作"善持勝者,不以彊弱"。言能以術彊其弱也。

## 慎大

二曰:利不可兩,忠不可兼。兼,並也。不去小利,則大利不得;不去小忠,則大忠不至。至猶成也。故小利,大利之殘也;殘,害也。小忠,大忠之賊也。聖人去小取大。昔荆龔王與晋厲公戰於鄢陵,荆師敗,龔王傷。晋大夫吕錡射龔王,中其目,故曰"傷"。臨戰,司馬子反渴而求飲,竪陽穀操黍酒而進之。⑥ 酒器受三升曰黍。子反叱曰:"訾!退!酒也。"竪陽穀對曰:"非酒也。"子反曰:"亟退,卻也。"⑦竪陽穀又曰:"非酒

---

① "彊",原作"疆",據《二十二子》本改。
② "顯",《新校釋》曰疑當作"楗"。
③ "加",《新校釋》曰當作"知",是。
④ "也",原作"之",據《二十二子》本改。
⑤ "以術彊弱",原作"以術疆弱",據《二十二子》本改。"以術彊弱",《遺誼》曰當作"以弱術彊",於義爲勝。
⑥ "黍",《新校釋》曰當作"參",可備一説。
⑦ "卻也",畢沅曰:"《説苑》作'酒也',是。"

也。”子反受而飲之。子反之爲人也嗜酒，甘而不能絶於口，[①]以醉。絶，止也。戰既罷，龔王欲復戰而謀，使召司馬子反。[②] 子反辭以心疾。龔王駕而往視之，入幄中，幄，帳也。聞酒臭而還，曰：“今日之戰，不穀親傷，所恃者司馬也，而司馬又若此，[③]是忘荆國之社稷而不恤吾衆也。不穀無與復戰矣。”於是罷師去之，斬司馬子反以爲戮。故豎陽穀之進酒也非以醉子反也，其心以忠也，[④]忠，愛也。而適足以殺之，故曰：“小忠，大忠之賊也。”昔者，晋獻公使荀息假道於虞以伐虢。荀息曰：“請以垂棘之璧與屈産之乘以賂虞公而求假道焉，必可得也。”垂棘，美璧所出之地，因以爲名也。[⑤] 屈産之乘，屈邑所生，四馬曰乘，今河東“北屈駿馬”者是也。獻公曰：“夫垂棘之璧，吾先君之寶也；屈産之乘，寡人之駿也。若受吾幣而不吾假道，將奈何？”荀息曰：“不然。彼若不吾假道必不吾一作“敢”。[⑥] 受也。若受我而假我道，是猶取之内府而藏之外府也，猶取之内皁而著之外皁也。[⑦] 皁，櫪也。君奚患焉？”患猶難也。獻公許之。乃使荀息以屈産之乘爲庭實，爲虞庭中之實。而加以垂棘之璧，以假道於虞而伐虢。虞公濫於寶與馬而欲許之。濫，貪。宫之奇諫曰：“不可許也。虞之與虢也，若車之有輔也。車依輔，輔亦依車，虞、虢之勢是也。車，牙也。輔，頰也。車、輔相依憑

---

① 《新校釋》曰：“‘甘’下疑脱‘之’字。”

② “龔王”至“子反”十三字，《新校釋》曰當作“龔王欲復戰而謀事，使人召司馬子反”，可備一説。

③ 《新校釋》曰：“《韓非・十過》及《説苑》‘若此’上皆有‘醉’字，義勝。”

④ “以忠也”，《新校釋》曰疑當作“以忠愛之”，可備一説。

⑤ “以”，原漫漶不清，此據元刻明修本。

⑥ “一作”，原漫漶不清，此據元刻明修本。

⑦ “皁”，《讀吕記》曰當作“皀”，是。

得以近喻也。① 先人有言曰:‘脣竭而齒寒。’竭,亡也。夫虢之不亡也恃虞,虞之不亡也亦恃虢也。② 若假之道,則虢朝亡而虞夕從之矣。奈何其假之道也?”虞公弗聽,而假之道。荀息伐虢,克之。還反伐虞,又克之。荀息操璧牽馬而報。報,白也。獻公喜曰:“璧則猶是也,馬齒亦薄長矣。”故曰:“小利,大利之殘也。”殘,害也。

中山之國有厹繇者。③ 智伯欲攻之而無道也,厹繇,國之近晋者也,或作“仇首”。智伯,晋大夫智襄子瑶也。爲鑄大鐘,方車二軌以遺之。厹繇之君將斬岸堙溪以迎鐘。赤章蔓枝諫曰:“《詩》云:‘唯則定國。’我胡則以得是於智伯?赤章蔓枝,厹繇之臣也。夫智伯之爲人也貪而無信,必欲攻我而無道也,故爲大鐘,方車二軌以遺君。君因斬岸堙溪以迎鐘,師必隨之。”弗聽。有頃,諫之。④ 君曰:“大國爲歡而子逆之,不祥。子釋之。”釋,置。赤章蔓枝曰:“爲人臣不忠貞,罪也。忠貞不用,遠身可也。”斷轂而行。山中道狹,故斷車轂而行去。至衛七日而厹繇亡。智伯滅之。欲鐘之心勝也,欲鐘之心勝則安厹繇之説塞矣。塞,不行也。凡聽説,所勝不可不審也,故太上先勝。先猶上也。昌國君將五國之兵以攻齊。昌國君,樂毅也,爲燕昭王將伐齊。五國,謂燕、秦、韓、魏、趙也。齊使觸子將,以迎天下之兵於濟上。濟,水名。齊王欲戰,使人赴觸子,恥而訾之曰:“不戰,必剗若類,掘若壟。”剗,滅也。若,汝也。壟,冢也。言不堪

---

① “車輔相依憑得以近喻也”,《新校釋》曰疑當作“車、輔相依憑得以進,喻虞、虢也”,於義爲勝。

② “亡”,原作“忘”,據《二十二子》本改。

③ “厹”,原作“夙”,據《二十二子》本改,下同。

④ “諫”上,《新校釋》曰當有“又”字,於義爲勝。

敵而戰克破燕軍，必剗滅汝種類、平掘汝先人之冢也。觸子苦之，苦，病。欲齊軍之敗。於是以天下兵戰。戰合，擊金而卻一作“退”。之，[①]卒北，北，走也。天下兵乘之，乘猶勝也。觸子因以一乘去，莫知其所，不聞其聲。一作“問”。達子又帥其餘卒達子，齊人也。帥，將也。以軍於秦周，無以賞，使人請金於齊王。軍，屯也。秦周，齊城門名也。請金，將以賞有功也。齊王怒曰：“若殘豎子之類，殘，餘也。豎子，謂達子也。惡能給若金？”惡，安也。給，與也。與燕人戰，大敗，達子死，齊王走莒。走，奔也。莒，齊邑。燕人逐北入國，相與爭金於美唐甚多。美唐，金藏所在。此貪於小利以失大利者也。小利，金也。大利，國也。言湣王貪金，[②]不給達子以失國，乃大惑者也。

## 權勛

三曰：有道之士固驕人主，人主之不肖者亦驕有道之士，日以相驕，奚時相得？若儒、墨之議與齊、荆之服矣。賢主則不然，士雖驕之而己愈禮之，士安得不歸之？士所歸，天下從之，帝。帝也者，天下之適也。適，主也。王也者，天下之往也。[③] 得道之人，貴爲天子而不驕倨，倨，傲也。富有天下而不騁夸，[④]夸，詑而自大也。卑爲布衣而不瘁攝，瘁，病也。攝猶屈也。貧無衣食而不憂慑，慑，懼也。狠乎其誠自有也，[⑤]自有，有道。覺乎其不疑有以也，《詩》云：“何其久也，必有以也。”桀乎其必不

① “金”，原作“令”，據《二十二子》本改。
② “湣”，原作“惛”，據《二十二子》本改。
③ 《舉正》曰：“‘適’上‘往’上並脱‘所’字。”
④ “騁”，原作“聘”，據《二十二子》本改。
⑤ “狠”，原作“很”，據元刻明修本改。“狠”，《二十二子》本作“狠”，畢沅云：“狠”即“懇”字。

渝移也，桀，特也。[1] 渝，變也。移，易也。循乎其與陰陽化也，忽忽乎其心之堅固也，[2]忽忽，明貌。空空乎其不爲巧故也，空空，慤也。巧故，僞詐。迷乎其志氣之遠也，志在江海之上。昏乎其深而不測也，[3]測，盡也。言深不可盡。確乎其節之不庳也，[4]就就乎就就讀如由與之與。[5] 其不肯自是，[6]鵠乎其羞用智慮也，鵠讀如浩浩昊天之浩，大也。假乎其輕俗誹譽也，皆謂體道之人也。以天爲法，以德爲行，以道爲宗，宗，本也。與物變化而無所終窮，[7]窮，極也。精充天地而不竭，充，實。竭，盡。神覆宇宙而無望，[8]四方上下曰宇，以屋喻天地也。往古來今曰宙，言其神而包覆之。[9] 無望，無界畔也。莫知其始，莫知其終，莫知其門，莫知其端，莫知其源，道不可得知也。其大無外，其小無内。此之謂至貴。道在大，能大故無復有外；在小，能小故無復有内，道所貴之也。士有若此者，五帝弗得而友，三王弗得而師，去其帝王之色，則近可一作"於"。得之矣。去猶除也。除其尊寵盈滿之色，則近得師友矣。

堯不以帝見善綣，北面而問焉。善綣，有道之士也。堯不敢以自尊，北面而問焉。堯，天子也。善綣，布衣也。何故禮之若此其甚也？善綣，得道之士也。得道之人，不可驕也。人輕道重也。堯論其德行達智而弗若，若，如也。故北面而問焉。此

---

① "特"，原作"持"，據《二十二子》本改。
② "忽忽"，《新校釋》曰當作"勿勿"。
③ "也"，原脱，據《二十二子》本補。
④ 《新校釋》曰："疑'確'字當重。"
⑤ "之與"，《舉正》曰當作"之由"，是。
⑥ "是"下，《批校本》曰當有"也"字，於義爲勝。
⑦ 《新校釋》曰："'窮'字衍。"
⑧ "無望"，《新校釋》曰當作"無窮"。
⑨ "包"，原作"色"，據元刻明修本改。

之謂至公。非至公，其孰能禮賢？孰，誰也。周公旦，文王之子也，武王之弟也，成王之叔父也，所朝於窮巷之中、瓮牖之下者七十人。瓮牖，以破瓮蔽牖，言貧陋也。文王造之而未遂，造，始也。遂，成也。武王遂之而未成，周公旦抱少主而成之，故曰成王，抱，奉。不唯以身下士邪。齊桓公見小臣稷，一日三至，弗得見。稷不見之也。從者曰："萬乘之主見布衣之士，一日三至而弗得見，亦可以止矣。"止，休也。桓公曰："不然。士驁禄爵者固輕其主，驁亦輕也。其主驁霸王者亦輕其士，縱夫子驁禄爵，吾庸敢驁霸王乎？"庸，用也。遂見之，不可止。世多舉桓公之内行，内行雖不修，霸亦可矣。霸功大，亦可以滅内行之闕也。誠行之此論而内行修，王猶少。猶，尚也。子產相鄭，鄭大夫子國之子公孫僑也。往見壺丘子林，與其弟子坐必以年，是倚其相於門也。年，齒也。子產，壺丘子弟子。坐以齒長少相亞，不以尊位而上之，倚置其相之寵於壺丘之門外，不以加於坐也，故曰"倚其相於門也"。夫相萬乘之國而能遺之，遺猶全也。鄭國，北迫晋，①南近楚，爵則伯也，賦千乘耳。而云"萬乘"，復妄言也。謀志論行，而以心與人相索，索，盡也。孔子曰："子產有君子之道四焉：其行己也恭，其事上也敬，其養民也惠，其使民也義。"推其志行，以忠心與人相極盡，知其情實。一曰，索，法，與人爲法則。其唯子產乎？唯，獨也。故相鄭十八年，刑三人，殺二人，桃李之垂於行者莫之援也，援，攀也。錐刀之遺於道者莫之舉也。舉猶取也。魏文侯見段干木，立倦而不敢息。倦，罷也。反見翟黄，踞於堂而與之言。反，從干木所還也。翟黄不説。以文侯敬干木而慢己也。文侯曰："段干

---

① "北"，原作"此"，據《二十二子》本改。

木官之則不肯,①禄之則不受。今女欲官則相位,欲禄則上卿,既受吾實,實猶爵禄也。又責吾禮,無乃難乎?”故賢主之畜人也,不肯受實者其禮之。禮,敬也。禮一作“卑”。士莫高乎節欲,欲節則令行矣。文侯可謂好禮士矣。好禮士,故南勝荆於連堤,②東勝齊於長城,虜齊侯,獻諸天子,天子賞文侯以上卿。③文侯,畢公高之後,與周同姓,魏桓子之孫,始立爲侯。文,謚也。

## 下賢

四曰:國雖小,其食足以食天下之賢者,其車足以乘天下之賢者,其財足以禮天下之賢者,與天下之賢者爲徒,徒,黨也。此文王之所以王也。《詩》云:“濟濟多士,文王以寧。”此之謂也。今雖未能王,其以爲安也不亦易乎?立王功大,保安其國差小,故曰“不亦易”。此趙宣孟之所以免也,宣孟,晋卿趙盾也,履行仁義,束脯以食翳桑之餓人,④以免靈公伏甲之難。周昭文君之所以顯也,文君,周後所分立東周君也,賓禮張儀,欲與分國。張儀勝之於秦,秦尊奉之,故曰“所以顯也”。孟嘗君之所以卻荆兵也。孟嘗君,齊公子田嬰之子田文也,下士禮賢,養客三千人,行仁義而強,故荆兵卻偃,不敢攻之也。古之大立功名與安國免身者,其道無他,其必此之由也。古立功名安國免身無咎殃者,皆以此仁義之道也。堪士不可以驕恣屈一作“有”。也。⑤堪,樂也。樂士當以禮卑謙,若魏公

---

① “之”,原作“人”,據《二十二子》本改。

② “禮士”至“連堤”三十二字,《新校釋》曰當作“禮士莫高乎節欲,文侯可謂好禮士矣。欲節則令行矣,故南勝荆於連堤”,於義爲勝。

③ “卿”,元刻明修本同,《二十二子》本作“聞”。

④ “餓”,原漫漶不清,此據元刻明修本。

⑤《新校釋》曰:“‘屈’當從舊校作‘有’。”

子之虚己，故不可以驕恣屈而有之也。

昔趙宣孟將上之絳，見骫桑之下有餓人卧不能起者，宣孟止車，爲之下食，蠲而餔之，再咽而後能視。宣孟問之曰："女何爲而餓若是？"對曰："臣宦於絳，歸而糧絶，羞行乞而憎自取，故至於此。"羞於行乞，自憎至此也。① 宣孟與脯一朐，拜受而弗敢食也。問其故，對曰："臣有老母，將以遺之。"宣孟曰："斯食之，吾更與女。"斯猶盡也。乃復賜之脯二束與錢百而遂去之。處二年，晋靈公欲殺宣孟，伏士於房中以待之，因發酒於宣孟。發猶致也。宣孟知之，中飲而出。靈公令房中之士疾追而殺之。一人追疾，先及宣孟，之面曰：②"嘻！君轝，轝，車也。教宣孟使就車也。吾請爲君反死。"反，還也。宣孟曰："而名爲誰？"而，汝也。反走對曰："何以名爲？臣骫桑下之餓人也。"還鬥而死。宣孟遂活。此《書》之所謂"德幾無小"者也。宣孟德一士，猶活其身，而況德萬人乎？故《詩》曰："赳赳武夫，公侯干城。"此《周南》之風，《兔罝》之首章也。言其賢可爲公侯捍難其城藩也，以喻骫桑下之人捍趙盾之難也。③ "濟濟多士，文王以寧。"文王以多士而，④趙盾以桑下之人去患也。人主胡可以不務哀士？哀，愛也。士其難知，唯博之爲可，博，廣也。博則無所遁矣。遁，失也。張儀，魏氏餘子也，大夫庶子爲餘，受氏爲張。⑤ 將西游於秦，過東周。客有語之於昭文君者曰："魏氏人張儀，材士也，將西游於秦，願君之禮貌之也。"昭文君見而謂之曰：

---

① "羞於行乞自憎至此也"，《新校釋》曰當作"羞於行乞，憎於自取，以至此也"，於義爲勝。

② "之面"，《高注補正》曰當作"面之"，於義爲勝。

③ "人"，原脱，據《二十二子》本補。

④ "而"，《新校釋》曰："疑'而'下脱'寧'字。"於義爲勝。

⑤ "受氏爲張"，原作"受民爲長"，據《二十二子》本改。

“聞客之秦。寡人之國小，不足以留客。雖游，然豈必遇哉？客或一作“訾”。訾猶嘆也。不遇，請爲寡人而一歸也。國雖小，請與客共之。”張儀還走，北面再拜。拜昭文君之言也。張儀行，行，去也。昭文君送而資之。至於秦，留有間，惠王説而相之。惠王，孝公之子，始稱王也，説張儀而相之。張儀所德於天下者無若昭文君。德猶恩也。周，千乘也，重過萬乘也，張儀重之。令秦惠王師之，師昭文君。逢澤之會，魏王嘗爲御，韓王爲右，①秦會諸侯於逢澤，魏王爲昭文君御，韓王爲之右也。名號至今不忘。此張儀之力也。孟嘗君前在於薛，荆人攻之。淳于髡爲齊使於荆，還反，過於薛。孟嘗君令人禮貌而親郊送之，謂淳于髡曰：“荆人攻薛，夫子弗爲憂，文無以復待矣。”文，孟嘗名也。待，見也。淳于髡曰：“敬聞命矣。”至於齊，畢報。反命畢也。王曰：“何見於荆？”對曰：“荆甚固，固，護，②以侵兼人。而薛亦不量其力。”王曰：“何謂也？”對曰：“薛不量其力而爲先王立清廟，荆固而攻薛，薛清廟必危，③故曰薛不量其力而荆亦甚固。”齊王知顔色，④齊王，宣王也，威王之子。知猶發也。曰：“嘻！先君之廟在焉。”疾舉兵救之，由是薛遂全。顛蹷之請，坐拜之謁，雖得則薄矣。⑤ 薄，輕少也。故善説者，⑥陳其勢，言其方，見人之急也，若自在危厄之中，豈用强力哉？强力則鄙

① 《新校釋》曰：“此文有錯亂。‘令秦惠王師之’句當移至‘韓王爲右’句下。‘逢澤之會，魏王嘗爲御，韓王爲右’當緊接上文‘周，千乘也，重過萬乘也’。”於義爲勝。

② 《新校釋》曰：“‘護’下疑脱‘吝’字。”

③ “薛”，畢沅曰“薛”字衍，是。

④ “知”，原作“如”，據《二十二子》本改。

⑤ “得”，原作“薄”，據《二十二子》本改。

⑥ 《新校釋》曰：“‘故’字當衍，自‘善説者’至篇末當係下《順説》之首節錯入於此者。”是。

矣。説之不聽也,任不獨在所説,亦在説者。

## 報更

五曰:善説者若巧士,因人之力以自爲力,因其來而與來,因其往而與往。與猶助也。不設形象,與生與長,而言之與響;[①]與盛與衰,以之所歸。歸,終也。力雖多,材雖勁,勁,強也。以制其命。[②] 順風而呼,聲不加疾也;加,益也。際高而望,目不加明也,所因便也。惠盎見宋康王,康王蹀足謦欬,[③]疾言曰:"寡人之所説者勇有力,[④]而無爲仁義者。惠盎者,宋人,惠施族也。康王,宋昭公曾孫辟公之子,名偃,立十一年,僭號稱王,四十五年,大爲不道,故曰宋子不足仁義者也。齊湣王伐滅之。客將何以教寡人?"惠盎對曰:"臣有道於此,有道於此,勇有力者也。使人雖勇,刺之不入;雖有力,擊之弗中。大王獨無意耶?"不可入,不可中,如此者,大王獨無意欲之耶? 王曰:"善。此寡人所欲聞也。"[⑤]惠盎曰:"夫刺之不入、擊之不中,此猶辱也。臣有道於此,使人雖有勇弗敢刺,雖有力不敢擊。大王獨無意耶?"王曰:"善。此寡人之所欲知也。"惠盎曰:"夫不敢刺、不敢擊,非無其志也。臣有道於此,使人本無其志也。本無有擊刺之志也。大王獨無意邪?"王曰:"善。此寡人之所願也。"惠盎曰:"夫無其志也,未有愛利之心也。臣有道於此,使天下丈夫女子莫不驩然皆欲愛利之。此其賢於勇有力也,言以

---

① "而言之與響",《新校釋》曰疑當作"因而言之,與影與響",可備一説。
② "以",《新校釋》曰當作"不"。
③ "王康王蹀足謦欬",原作"成公而謂足聲速",據《二十二子》本改。
④ "力",原作"德",據《二十二子》本改。
⑤ "人"下,《舉正》曰當有"之"字,是。

仁義之德使民皆欲愛利之也,故賢於勇有力。居四累之上。大王獨無意耶?”四累,謂卿、大夫、士及民四等也。君處四分之上,故曰“四累之上”,喻尊高也。臨下以德,則下愛利之矣。大王意獨無欲之耶?王曰:“此寡人之所欲得。”欲得人愛利也。惠盎對曰:“孔、墨是也。言當爲孔丘、墨翟之德,則得所欲也,故曰“是也”。當法則之也。孔丘、墨翟,無地爲君,以德見尊。無官爲長,以道見敬。天下丈夫女子莫不延頸舉踵而願安利之。延頸,引領也。舉踵,企望之也。願其尊高安而利也。今大王萬乘之主也,誠有其志,有孔、墨之志。則四境之内皆得其利矣,其賢於孔、墨也遠矣。”得賢名過於孔、墨。遠猶多也。宋王無以應。應,答也。惠盎趨而出。宋王謂左右曰:“辯矣。客之以説服寡人也。”宋王,俗主也而心猶可服,因矣。因猶便也。因,則貧賤可以勝富貴矣,小弱可以制強大矣。惠盎是也。

田贊衣補衣而見荆王。田贊,齊人也。補衣,敝衣也。荆王曰:“先生之衣何其惡也?”田贊對曰:“衣又有惡於此者也。”荆王曰:“可得而聞乎?”對曰:“甲惡於此。”甲,鎧也。此,惡衣也。王曰:“何謂也?”對曰:“冬日則寒,夏日則暑,衣無惡乎甲者。贊也貧,故衣惡也。今大王萬乘之主也,富貴無敵而好衣民以甲,臣弗得也。得猶取也。意者爲其義耶?甲之事,兵之事也,刈人之頸,刳人之腹,隳人之城郭,刑人之父子也,隳,壞也。刑,殺也。其名又甚不榮。兵殺人以逆名,不得爲榮。意者爲其實耶?苟慮害人,人亦必慮害之。不得財寶也。爲財利廣出,苟謀害人,人亦必謀害之。《傳》曰:“晋侯誣人,人亦誣之。”其此之謂也。苟慮危人,人亦必慮危之。其實人一作“久”。則甚不安。① 之

---

① “其實人則甚不安”,《平議》曰當作“其實又甚不安”,於義爲勝。

其爲事如此，甚不得安也。二者，臣爲大王無取焉。”二者，害與危。臣爲大王計，①無取此二者也。荆王無以應。説雖未大行，田贊可謂能立其方矣。方，道也。若夫偃息之義，則未之識也。段干木偃息以安魏。田贊辯説以服荆，比之偃息，②故曰未知誰賢之也。管子得於魯，魯束縛而檻之，使役人載而送之齊，其謳歌而引。③役人皆謳歌而挽其車以送之也。管子恐魯之止而殺己也，欲速至齊，因謂役人曰："我爲汝唱，汝爲我和。"其所唱適宜走，役人不倦而取道甚速。管子可謂能因矣，因役人用勢欲走，而爲唱歌歡之令走也。④役人得其所欲，己亦得其所欲。以此術也，以，用。此術，道也。是用萬乘之國，其霸猶少，桓公則難與往也。往，王也。言其難與致於王也。

## 順説

六曰：智者之舉事必因時。時不可必成，必成猶必得也。其人事則不廣。廣，博也。成亦可，不成亦可，以其所能托其所不能，若舟之與車。舟不能陸，車不能浮，然更相載，故曰"以其所能托其所不能"也。北方有獸，名曰蹶，鼠前而兔後，趨則跲，走則顛，常爲蛩蛩距虚取甘草以與之。蹶有患害也，蛩蛩距虚必負而走。此以其所能托其所不能。托，寄也。鮑叔、管仲、召忽，三人相善，欲相與定齊國，以公子糾爲必立。召忽曰："吾三人者於齊國也，譬之若鼎之有足，去一焉則不成。且小白則必不立矣，小白，齊桓公名。不若三人佐公子糾也。"管仲

---

① "王"，原漫漶不清，此據元刻明修本。
② "比"，原作"此"，據《二十二子》本改。
③ "其"，《新校釋》曰當作"具"。
④ 畢沅曰："'歡之'疑當作'勸之'。"於義爲勝。

曰："不可。夫國人惡公子糾之母以及公子糾，公子小白無母而國人憐之，事未可知，不若令一人事公子小白。① 夫有齊國必此二公子也。"②二公子，齊僖公之子，襄公之弟也。③ 故令鮑叔傅公子小白，管子、召忽居公子糾所。公子糾外物則固難必。④ 物，事也。糾在外，不可謂必得主，故曰"固難必"。雖然，管子之慮近之矣。慮，謀也。若是而猶不全也，其天邪？人事則盡之矣。

齊攻廩丘。趙使孔青將死士而救之，與齊人戰，大敗之，齊將死。得車二千、得尸三萬以爲二京。古者軍伐克敗，於其所獲尸合土葬之以爲京觀，⑤故孔青欲以齊尸爲二京也。寧越謂孔青曰："惜矣，不如歸尸以内攻之。寧越，趙之中牟人也。言不如歸尸於齊，齊人必怨，其將使葬送以盡其財，是所以内攻之也。越聞之，古善戰者莎隨賁服，莎隨猶相守，不進不卻。賁，置也。服，退也。卻舍延尸，軍行三十里爲一舍。卻舍以緩其尸，使齊人得收之。彼得尸而財費之。車甲盡於戰，府庫盡於葬，此之謂内攻之。"齊人戰敗，盡其車甲。府庫，財所藏也，葬死者以盡之，令其貧窮且相怨，此所謂内攻之術也。孔青曰："敵齊不尸則如何？"言與齊爲敵，不收其尸爲京則如何？寧越曰："戰而不勝，其罪一。與人出而不與人入，其罪二。與之尸而弗取，其罪三。民以此三者怨一作"罪"。上，上無以使下，下無以事上。是之謂重攻之。"寧越可謂知用文武矣。用武，則以力勝；用文，則以德勝。文武盡

---

① "一"，原爲空格，據元刻明修本補。

② "國"下，《新校釋》曰當有"者"字，於義爲勝。

③ "弟"下，《新校釋》曰當有"公子糾與小白"六字，於義爲勝。

④ "公子糾"，《平議》曰"公子糾"三字衍，是。"物"下，原衍"外物"二字，據《二十二子》本删。

⑤ "其"，原漫漶不清，此據元刻明修本。

勝，何敵之不服？能盡服之。晉文公欲合諸侯。① 咎犯曰："不可。天下未知君之義也。"公曰："何若？"咎犯曰："天子避叔帶之難，出居于鄭。君奚不納之以定大義？且以樹譽。"樹，立也。文公曰："吾其能乎？"咎犯曰："事若能成，繼一作"經"。文之業，定武之功，闢一作"開"。土安疆，②於此乎在矣；事若不成，補周室之闕，勤天子之難，勤，憂也。成教垂名，於此乎在矣。成仁義之教，勤天子之名，以示諸侯，於此在矣。君其勿疑。"文公聽之，遂與一作"興"。草中之戎、驪土之翟定天子于成周。天子，周襄王也，避母弟叔帶之難出奔在鄭，晉文納之於成周，故曰"定"也。成周，今雒陽也。於是天子賜之南陽之地，襄王賜之南陽之地，在河之北，晉之山南，故言南陽，今河内陽樊、温之屬是也。遂霸諸侯。舉事義且利以立大功，文公可謂智矣。此咎犯之謀也。出亡十七年，③反國四年而霸，其聽皆如咎犯者耶！管子、鮑叔佐齊桓公舉事，舉猶用也。齊之東鄙人有常致苦者。管子死，豎刁、易牙用，國之人常致不苦。不知致苦卒爲齊國良工，澤及子孫。知大禮，知大禮雖不知國可也。禮，國之本。君子務本，本立而道生，故曰"不知國可也"。

## 不廣

七曰：三代所寶莫如因，因則無敵。禹通三江、五湖，決伊闕，溝迴陸，注之東海，因水之力也。④ 迴，⑤通也。舜一徙

① "文"，原漫漶不清，此據《二十二子》本。
② "疆"，原作"彊"，據《二十二子》本改。
③《新校釋》曰："'七'當作'九'。"是。
④ "力"，《新校釋》曰當作"勢"，可備一説。
⑤《新校釋》曰："'迴'字當係'溝'字。"

成邑，再徙成都，三徙成國，《周禮》“四井爲邑”，邑方二里也。“四縣爲都”，都方二十二里也。① 邑有封，都有成，②然則邑小都大。《傳》曰：“都城過百雉，國之害也。”成國，成千乘之國也。而堯授之禪位，③因人之心也。授之禅位，與之天下也。人皆喜之，故曰“因人之心也”。④ 湯、武以千乘制夏、商，因民之欲也。《傳》曰“衆曹所好，鮮其不濟”，湯、武是也；“衆曹所惡，鮮其不敗”，桀、紂是也，故曰“因民之欲也”。如秦者立而至，有車也；立猶行也。車行陸而至也。適越者坐而至，有舟也。適，之也。秦、越，遠塗也，竫立安坐而至者，因其械也。竫，正也。械，器也。

武王使人候殷，候，視也。反報岐周曰：⑤“殷其亂矣。”武王曰：“其亂焉至？”對曰：“讒慝勝良。”讒，邪也；慝，惡也，而皆進用之，忠良黜遠之，故曰“勝良”也。武王曰：“尚未也。”又復往，⑥反報曰：“其亂加矣。”武王曰：“焉至？”對曰：“賢者出走矣。”謂箕子奔朝鮮。武王曰：“尚未也。”又往。反報曰：“其亂甚矣。”武王曰：“焉至？”對曰：“百姓不敢誹怨矣。”言百姓畏紂無道刑戮之誅，皆閉口無誹怨之言。武王曰：“嘻！”遽告太公。遽，疾。太公對曰：“讒慝勝良，命曰戮；戮，暴也。賢者出走，命曰崩；崩，壞也。百姓不敢誹怨，命曰刑勝。《傳》曰：“厲王虐，國人謗王，⑦王使衛巫監謗者，得而殺之，乃不敢言，而道路以目。”刑辟勝也。其亂至矣，不可以駕矣。”駕，加矣。故選車三百，虎賁三千，朝

---

① “二十二”，《新校釋》曰當作“三十二”，是。
② “成”，《集釋》曰當作“城”，是。
③ 《新校釋》曰：“正文、注文‘禪’字皆當衍。”
④ “曰”，原作“也”，據《二十二子》本改。
⑤ “岐”，原作“歧”，據《二十二子》本改。
⑥ “復”，《集釋》曰“復”字衍，是。
⑦ “謗”，原作“語”，據《二十二子》本改。

要甲子之期，而紂爲禽，朝，早朝也。與諸侯要期甲子之日也。則武王固知其無與爲敵也。因其所用，何敵之有矣？武王至鮪水。殷使膠鬲候周師，武王見之。膠鬲曰："西伯將何之？無欺我也。"武王曰："不子欺，將之殷也。"膠鬲曰："朅至？"朅，何也。言以何日來至殷也。武王曰："將以甲子至殷郊，子以是報矣。"報，白也。膠鬲行。天雨，[1]日夜不休。行猶還也。不休止降雨，天地和同也，武王所以克紂也。武王疾行不輟。輟，止也。軍師皆諫曰："卒病，請休之。"休，息也。武王曰："吾已令膠鬲以甲子之期報其主矣。今甲子不至，是令膠鬲不信也。膠鬲不信也，其主必殺之。吾疾行，以救膠鬲之死也。"武王果以甲子至殷郊。殷已先陳矣。至殷，因戰，大克之。此武王之義也。人爲人之所欲，己爲人之所惡，先陳何益？人，謂武王也。人之所欲，天必從之，順天誅也。己，謂紂也。人之所惡，天必壞之，所壞不可支，故曰"先陳何益"？適令武王不耕而穫。不耕而穫，不戰而克也。故《孫子》曰："不戰而屈人之兵，善之善者也。"此之謂也。武王入殷，聞殷有長者，武王往見之，而問殷之所以亡。殷長者對曰："王欲知之，則請以日中爲期。"武王與周公旦明日早要期，則弗得也。武王怪之。周公曰："吾已知之矣。此君子也，取不能其主，[2]有以其惡告王，不忍爲也。若夫期而不當、言而不信，此殷之所以亡也。已以此告王矣。"

夫審天者，察列星而知四時，因也。一本此字下有"動作因日光而治萬事，因也"十一字。推曆者，視月行而知晦朔，因也。禹之裸國，裸入衣出，一本作"入衣出否"。因也。墨子見荆王，

---

① "天雨"，《新校釋》曰當作"天雨雪"，可備一説。
② 《新校釋》曰："'不能'下當有脱文，擬補'殉'字。"可備一説。

錦衣吹笙,①因也。墨子好儉非樂,錦與笙非其所服也而爲之,因荆王之所欲也。孔子道一作"遵"。彌子瑕見釐夫人,因也。彌子瑕,衛靈公之幸臣也。孔子因之欲見靈公夫人南子。《論語》云:"子見南子,子路不悦。夫子矢之曰:'予所不者,天厭之,天厭之。'"是也。此釐夫人,未之聞。或云爲謚。《謚法》:"小心畏忌曰釐。"南子淫佚,與宋朝通。太子蒯聵過宋野,②野人歌之曰:"既定爾婁豬,盍歸我艾豭?"推此言之,不得謚爲"釐",明矣。湯、武遭亂世,臨苦民,揚其義,成其功,因也。故因則功,專則拙。因則成,故曰"功";專則敗,故曰"拙"。因者無敵。因民之欲,道以義,③故無與之敵者,湯、武是也。國雖大,民雖衆,何益?民雖衆多,不能使之不亡,故曰"何益",桀、紂是也。

## 貴因

八曰:上胡不法先王之法?非不賢也,爲其不可得而法。胡,何也。先王之法,經乎上世而來者也,人或益之,人或損之,胡可得而法?雖人弗損益,猶若不可得而法。東夏之命,④古今之法,言一作"世"。異而典殊,東夏,東方也。命,令也。故古之命多不通乎今之言者,今之法多不合一作"同"。乎古之法者。殊俗之民,有似於此。其所爲欲同,⑤其所爲欲異。口惽之命不愉,若舟車衣冠滋味聲色之不同,人以自是,反以

---

① "錦衣",《舉正》曰當作"衣錦",是。
② "過宋",原作"于",據《二十二子》本改。
③ "道",原作"遵",據《二十二子》本改。
④ "東",《新校釋》曰當作"夷",於義爲勝。
⑤ "所",《新校釋》曰"所"字當衍。

相誹。[①] 天下之學者多辯，言利辭倒，不求其實，務以相毁以勝爲故。故，事也。先王之法胡可得而法？雖可得，猶若不可法。凡先王之法有要於時也，時不與法俱至。法雖今而至，猶若不可法。故擇一作"釋"。先王之成法，而法其所以爲法。先王之所以爲法者，何也？先王之所以爲法者，人也，而己亦人也，故察己則可以知之，察今則可以知古，古今一也，人與我同耳。有道之士，貴以近知遠，以今知古，以益所見知所不見。故審堂下之陰陰，日夕昃也。[②] 而知日月之行、陰陽之變；見一作"先"。瓶水之冰而知天下之寒、魚鱉之藏也；嘗一脟肉而知一鑊之味、[③]一鼎之調。調，和也。

荆人欲襲宋，使人先表澭一作"灌"。水。澭水暴益，暴，卒。益，長。荆人弗知，循表而夜涉，溺死者千有餘人，軍驚而壞都舍。嚮其先表之時可導也，導，涉也。嚮其施表時水可涉也。今水已變而益多矣，荆人尚猶循表而導之，此其所以敗也。今世之主，法先王之法也，有似於此。似此表澭水而不知其長益也。其時已與先王之法虧矣，[④]虧，毁也。而曰"此先王之法也"而法之，以此爲治，[⑤]豈不悲哉？故治國無法則亂，守法而弗變則悖，悖亂不可以持國。世易時移，變法宜矣。譬之若良醫，病萬變，藥亦萬變。病變而藥不變，嚮之壽民今爲殤

① "殊俗"至"相誹"四十四字，《新校釋》曰當作"殊俗之民，有似於此。若舟車衣冠滋味聲色之不同，其爲欲同，其所爲欲異；口惛之命不愉，人以自是，反以相誹"，於義爲勝。

② "夕昃"，《彙校》曰當作"月晷"，是。

③ "脟"，原作"脬"，據《二十二子》本改。

④ "其時已與先王之法虧矣"，《新校釋》曰當作"其時已與先王之時異，而先王之法虧矣"，於義爲勝。

⑤ "治"，原漫漶不清，此據元刻明修本。

子矣。嚮，曩也。未成人夭折曰殤子也。故凡舉一作“學”。事必循法以動，動，作也。“循”一作“循”。[①] 變法者因時而化。若此論則無過務矣。[②] 務猶事也。夫不敢議法者，衆庶也；以死守者，[③]有司也；因時變法者，[④]賢主也。是故有天下七十一聖，[⑤]其法皆不同，非務相反也，時勢異也。故曰良劍期乎斷，[⑥]不期乎鏌鋣；鏌鋣，良劍也。[⑦] 取其能斷無取於名也，故曰“不期乎鏌鋣”。良馬期乎千里，不期乎驥驁。驁，[⑧]千里馬名也。王者乘之游驁，因曰“驥驁”也。夫成功名者，此先王之千里也。楚人有涉江者，涉，渡也。其劍自舟中墜於水，遽契一作“刻”。其舟，曰：“是吾劍之所從墜。”遽，疾也。疾刻舟識之於此下墜劍者也。舟止，從其所契者入水求之。舟已行矣，而劍不行，求劍若此，不亦惑乎？以此故法爲其國與此同。[⑨] 爲，治也。與此契舟求劍者同也。時已徙矣而法不徙，以此爲治，豈不難哉？有過於江上者，見人方引嬰兒而欲投之江中。嬰兒啼，人問其故，[⑩]曰：“此其父善游。”其父雖善游，其子豈遽善游哉？此任物，[⑪]亦必悖矣。任，用也。荆國之爲政有似於此。似此悖也。

## 察今

---

① “循一作循”，《二十二子》本無此四字。
② “若”下，《新校釋》曰當有“行之”二字，於義爲勝。
③ 畢沅曰：“‘守’下亦當有‘法’字。”是。
④ “時”，原作“持”，據《二十二子》本改。
⑤ “下”下，《新校釋》曰當有“者”字，是。
⑥ 《新校釋》曰：“此及下文二‘良’字，皆係後人所加。”
⑦ “鋣良劍”，原漫漶不清，此據元刻明修本。
⑧ “驁”上，《畢校補正》曰當有“驥”字，是。
⑨ 《批校本》曰：“上‘此’字因下文‘以此’而衍。”於義爲勝。
⑩ “人”，《新校釋》曰“人”字衍，是。
⑪ “此”上，《批校本》曰當有“以”字，是。

# 卷第十六

吕氏春秋訓解　高氏

## 先識覽第四　觀世　知接　悔過　樂成　察微　去宥　正名

一曰：凡國之亡也，有道者必先去，古今一也。《傳》曰："君子見機而作，不俟終日。"故必先去也。孔子曰："賢者避世，其次避地，其次避人，其次避言。"故曰"古今一也"。地從於城，城不下，地不遷。城從於民，民不潰，城不壞。民從於賢。亶父處邠，狄人攻之，杖策而去，邑乎岐周，邠人襁負而隨之，故曰民從賢也。故賢主得賢者而民得，民得而城得，城得而地得。夫地得，豈必足行其地、人説其民哉？① 得其要而已矣。《孝經》曰："非家至而日見之也。"以得化耳，故曰"得其要而已矣"。夏太史令終古，②出其圖法，執而泣之。夏桀迷惑，暴亂愈甚，太史令終古乃出奔如商。湯喜而告諸侯曰："夏王無道，暴虐百姓，窮其父兄，恥其功臣，輕其賢良，棄義聽讒，衆庶咸怨，守法之臣自歸于商。"知桀之必

---

① "人"，《新校釋》曰疑當作"户"，於義爲勝。

②《新校釋》曰："'夏太史令終古'下當補'見桀惑亂'四字。"於義爲勝。

亡也。殷内史向摯見紂之愈亂迷惑也,於是載其圖法,出亡之周。武王大說,以告諸侯曰:"商王大亂,沈于酒德,辟遠箕子,爰近姑與息,箕子忠臣而疏遠之,姑息之臣而與近之。妲己爲政,賞罰無方,方,道。不用法式,殺三不辜。剖比干之心,折材士之股,①刳孕婦而觀其胞。② 民大不服,守法之臣出奔周國。"周國在豐、鎬也。

晋太史屠黍見晋之亂也,③見晋公之驕而無德義也,以其圖法歸周。屠黍,晋出公之太史也。出公,頃公之孫,定公之子也。《史記》曰:"智伯攻出公,出公奔齊而道死焉。"周威公見而問焉,曰:"天下之國,孰先亡?"周敬王後五世考烈王封其弟於河南爲桓公。威公,桓公之孫也。對曰:"晋先亡。"威公問其故。對曰:"臣比在晋也,不敢直言。示晋公以天妖,日月星辰之行多以不當,④曰:'是何能爲?'不敢直言其亂也,但語以日月星辰之行多不當其宿度也,而云是無能爲也。又示以人事多不義、百姓皆鬱怨,曰:'是何能傷?'又示以鄰國不服、賢良不舉,曰:'是何能害?'如是,是不知所以亡也,⑤故臣曰晋先亡也。"居三年,晋果亡。屠黍居周三年也。威公又見屠黍而問焉,曰:"孰次之?"對曰:"中山次之。"威公問其故。對曰:"天生民而令有别。有别,人之義也,所異於禽獸麋鹿也,君臣上下之所以立也。中山之俗,以晝爲夜,以夜繼日,男女切倚,固無休息,切,磨;倚,近也。無休息,夜淫不足,續以晝日。康樂,⑥歌謡好悲。康,安

① "股",原作"肝",據《二十二子》本改。
② "胞"下,原衍"之"字,據《二十二子》本删。
③ "太",原作"大",據《二十二子》本改。
④ "以",《舉正》曰"以"字衍,是。
⑤ "是不知所以亡也",《自序》曰當作"是不知所以存所以亡也",於義爲勝。
⑥ "康"上,《集釋》曰當有"淫昏"二字,是。

也。安淫酒之樂。樂極則繼之以悲也。其主弗知惡。此亡國之風也，風，化也。臣故曰中山次之。”居二年，中山果亡。威公又見屠黍而問焉，曰：“孰次之？”屠黍不對。威公固問焉，對曰：“君次之。”威公乃懼，求國之長者，得義蒔、田邑而禮之，二人賢者也。得史𩣡、趙駢以爲諫臣，二人直人。去苛令三十九物，物，事。以告屠黍。對曰：“其尚終君之身乎！”①其尚，尚也。曰：②“臣聞之，國之興也，天遺之賢人與極言之士；極，盡。國之亡也，天遺一作“予”。之亂人與善諛之士。”諛，諂也。威公薨，肂，九月不得葬，周乃分爲二。下棺置地中謂之肂。故有道者之言也不可不重也。

周鼎著饕餮，有首無身，食人未一作“來”。咽，害及其身，以言報更也。爲不善亦然。白圭之中山，中山之王欲留之，白圭固辭，乘輿而去。又之齊，白圭，周人。齊王欲留之仕，③又辭而去。人問其故。曰：“之二國者皆將亡。所學有五盡。”“何謂五盡？”曰：“莫之必，則信盡矣；莫之譽，則名盡矣；莫之愛，則親盡矣；行者無糧，居者無食，則財盡矣；不能用人，又不能自用，則功盡矣。國有此五者，無幸，必亡。④中山、齊皆當此。”當此五盡。若使中山之王與齊王聞五盡而更之，則必不亡矣。⑤更猶革也。其患不聞，雖聞之又不信。然則人主之務，在乎善聽而已矣。夫五割而與趙，悉起而距軍乎濟上，未有益也。中山五割地與趙，趙卒亡之。齊悉起軍以距燕人

---

① “君”下，原衍“子”字，據《二十二子》本删。
② “曰”，《新校釋》曰當作“威公問其故。對曰”，於義爲勝。
③ “仕”，《新校釋》曰“仕”字疑衍。
④ “幸”，原作“𡴘”，據《二十二子》本改。
⑤ “亡”，原作“忘”，據《二十二子》本改。

於濟上，燕卒破之。① 不能自存，故曰"未有益也"。是棄其所以存而造其所以亡也。保地養民，所以存也，棄而不修。割地與趙，棄民於燕，不能自衛而衆破亡，故曰"造其所以亡也"。

## 先識

二曰：天下雖有有道之士，國猶少。千里而有一士，比肩也；累世而有一聖人，繼踵也。士與聖人之所自來若此其難也，而治必待之，治奚由至？《淮南記》曰："欲治之君不世出，可與治之臣不萬一，以不萬一待不世出，何由遇哉？"故曰"治奚由至"？雖幸而有，未必知也，未必知其爲賢也。不知，則與無賢同。不知其賢而不用之，故不治，則與無賢同。此治世之所以短而亂世之所以長也。短，少。長，多也。故王者不四，霸者不六，亡國相望，囚主相及。言不絶也。得士則無此之患。② 無亡、囚之患也。此周之所封四百餘、③封，建。服國八百餘，今無存者矣，雖存，皆嘗亡矣。賢主知其若此也，故日慎一日，④以終其世。没世爲世。⑤ 譬之若登山，登山者處已高矣，左右視，尚巍巍焉山在其上。賢者之所與處有似於此，身已賢矣，行已高矣，左右視，尚盡賢於已。故周公旦曰："不如吾者，⑥吾不與處，累我者也。與我齊者，吾不與處，無益我者也。"齊，等也。等則不能勝己，故曰"無益我者也"。惟賢者必與賢於己者處。賢者之可得與處也，禮之也。主賢世治則賢者在上，上，上位也。主不

① "燕"，原脱，據《二十二子》本補。
② "得士則無此之患"，《新校釋》曰："此句疑是注語羼入正文。"可備一説。
③ "四"，《新校釋》曰當作"國"，可備一説。
④ 上"日"字，原作"曰"，據元刻明修本改。
⑤ "没世爲世"，畢沅曰："疑是'没身爲世'。"於義爲勝。
⑥ "不如吾者"，原作"吾不如者"，據《二十二子》本改。

肖世亂則賢者在下。今周室既滅，天子既廢。[①] 亂莫大於無天子。無天子，則強者勝弱，衆者暴寡，以兵相剗，剗，滅。不得休息，而佞進，[②]佞諂者進而升用也。今之世當之矣。今，謂衰周無天子之世，故曰"當之"。故欲求有道之士，則於江海之上、山谷之中、僻遠幽閒之所，[③]若此，則幸於得之矣。太公釣於滋泉，[④]遭紂之世也，故文王得之。[⑤] 文王，千乘也。紂，天子也。天子失之而千乘得之，知之與不知也。[⑥] 紂不知太公賢，故失之也。諸衆齊民，不待知而使、不待禮而令，令亦使也。若夫有道之士，必禮必知，然後其智能可盡也。可盡得而用也。

晏子之晋，見反裘負芻息於塗者，以爲君子也，晏子，齊大夫晏平仲也。使人問焉，曰："曷爲而至此？"對曰："齊人累之，名爲越石父。"累之，累然有罪。[⑦] 晏子曰："嘻！"遽解左驂以贖之，載而與歸。至舍，弗辭而入。越石父怒，請絶。晏子使人應之曰："嬰未嘗得交一作"友"。也，今免子於患，吾於子猶未邪？"[⑧]越石父曰："吾聞君子屈乎不己知者而伸乎己知者，吾是以請絶也。"晏子乃出見之曰："嚮也見客之容而已，今也見客之志。嬰聞察實者不留聲，實，功實也。言欲察人之功實，不復留意考其名聲也。觀行者不譏辭。欲觀人之至行，不譏刺之以辭。嬰可以辭而無棄乎？"辭，謝也。謝不敏而可以勿棄也。越石父

---

① "子"，原作"下"，據《二十二子》本改。
② "而佞進"，《平議》曰"而佞進"三字衍，於義爲勝。
③ "閒"，原作"間"，據《二十二子》本改。
④ "公"，原作"上"，據元刻明修本改。
⑤ "之"下，《新校釋》曰當有"而王"二字，是。
⑥ "之"，《新校釋》曰"之"字當衍，是。
⑦ "累然"，原誤倒，據《二十二子》本乙正。
⑧ "邪"下，原衍"也"字，據《二十二子》本删。"未"下，《舉正》曰當有"可"字，於義爲勝。

曰:“夫子禮之,敢不敬從?”晏子遂以爲客。客,敬。俗人有功則德,德則驕。今晏子功免人於厄矣而反屈下之,①其去俗亦遠矣。此令功之道也。子列子窮,容貌有饑色。子列子,禦寇,②體道人也,著書八篇,在莊子前,莊子稱之也。客有言之於鄭子陽者,子陽,鄭相也,一曰鄭君。曰:“列禦寇,③蓋有道之士也,居君之國而窮,君無乃爲不好士乎?”鄭子陽令官遺之粟數十秉。④子列子出見使者,再拜而辭。使者去。子列子入,其妻望而拊心,曰:“聞爲有道者妻子皆得逸樂。今妻子有饑色矣,君過而遺先生食,先生又弗受也,豈非命也哉?”子列子笑一作“嘆”。而謂之曰:“君非自知我也,以人之言而遺我粟也,至已而罪我也,有罪且以人言,⑤此吾所以不受也。”其卒民果作難,殺子陽。子陽嚴猛,刑無所赦。家人有折弓者,畏誅,⑥因國人逐猘狗之亂,而殺子陽也。受人之養,而不死其難則不義,死其難則死無道也。死無道,逆也。子列子除不義,去逆也,豈不遠哉?且方有饑寒之患矣而猶不苟取,先見其化也。先見其化而已動,遠乎性命之情也。⑦孔子曰:“貧觀其所取。”此之謂也。

## 觀世

---

① “子”下,《舉正》曰當有“有”字,於義爲勝。

② “禦”上,《新校釋》曰當有“名”字,於義爲勝。

③ “列”上,原衍“子”字,據《二十二子》本删。

④ “遺之”,原爲小字,據《二十二子》本改。

⑤ “至已”至“人言”十二字,《新校釋》曰當作“至其罪我也,有且以人言”,於義爲勝。

⑥ “畏”,原作“果”,據《二十二子》本改。

⑦ “遠”,畢沅曰疑當作“達”,於義爲勝。

三曰：人之目，以照見之也，以瞑則與不見同，①同一目也。其所以爲照、所以爲瞑異。謂見與不見，故曰異。瞑士未嘗照故未嘗見，②瞑者目無由接也。接，見。無由接而言見，謊。③謊讀誣妄之誣，億不詳審也。④智亦然。其所以接智、所以接不智同，一同智也。⑤其所能接、所不能接異。異，謂能與不能。智者，其所能接遠也；智者達於明，見未萌之前，故曰"接遠"。愚者，其所能接近也。愚者蔽於明，禍至而不知，故曰"接近"。所能接近而告之以遠化，奚由相得？無由相得，説者雖工，不能喻矣。雖子貢辯敏，無由何如，故曰弗能喻。戎人見暴布者而問之曰："何以爲之莽莽也？"爲，作也。莽莽，長大貌也。指麻而示之。怒曰："孰之壤壤也，可以爲之莽莽也？"壤壤猶養治之。莽莽，均長貌。故亡國，非無智士也，非無賢者也，謂雖有賢智之士，不能爲昏主謀，以存將亡之國也。其主無由接故也。無由接之患，自以爲一作'長"。智，智必不接。今不接而自以爲智，悖。悖，惑。若此，則國無以存矣，主無以安矣。智無由接而自知弗智，則不聞亡國、不聞危君。言人君自知不智，則求賢而任之，故不聞亡國危君也。桀、紂所以國亡身滅，不自知不智故也。

管仲有疾，桓公往問之，曰："仲父之疾病矣，病，困也。將何以教寡人？"管仲曰："齊鄙人有諺曰：'居者無載，行者無埋。'謂臣居職有謀計，皆當宣之於君，無有載藏之於心也。行，謂即世也，亦當輸寫所知使君行之，無有懷藏埋之地中。今臣將有遠行，胡

---

① "以瞑則與不見同"，《新校釋》曰當作"以瞑則不見，其所以接見、所以接不見同"，於義爲勝。

② "士"，《臆斷》曰當作"者"，是。

③ "謊"，原作"詤"，據《二十二子》本改，注亦同。

④ "億"，《新校釋》曰當作"意"，是。

⑤ "一同"，畢沅曰當作"同一"，是。

可以問?”言不足問。桓公曰:“願仲父之無讓也。”管仲對曰:“願君之遠易牙、竪刁、常之巫、衛公子啓方。”遠猶疏也。無令相近。公曰:“易牙烹其子以慊寡人,慊,快。猶尚可疑耶?”管仲對曰:“人之情非不愛其子也,其子之忍,又將何有於君?”子,所愛也而忍殺之,何能有愛於君? 公又曰:“竪刁自宫以近寡人,宫,割陰爲奄人。① 猶尚可疑耶?”管仲對曰:“人之情非不愛其身也,其身之忍,又將何有於君?”公又曰:“常之巫審於死生,能去苛病,苛,鬼病,魂下人病也。猶尚可疑耶?”管仲對曰:“死生,命也;苛病,失也。精神失其守,魍魎鬼物乘以下人,故曰“失”。君不任其命、守其本而恃常之巫,彼將以此無不爲也。”爲妖惑也。公又曰:“衛公子啓方事寡人十五年矣,其父死而不敢歸哭,猶尚可疑耶?”管仲對曰:“人之情非不愛其父也,其父之忍,又將何有於君?”公曰:“諾。”管仲死,盡逐之,食不甘,宫不治,苛病起,朝不肅。居三年,公曰:“仲父不亦過乎?孰謂仲父盡之乎?”誰謂仲父言盡可用乎? 於是皆復召而反之。明年,公有病,常之巫從中出曰:“公將以某日薨。”易牙、竪刁、常之巫相與作亂,塞宫門,築高牆,不通人,矯以公令。令矯公命爲不通人之命。② 有一婦人踰垣入,至公所。公曰:“我欲食。”婦人曰:“吾無所得。”公又曰:“我欲飲。”婦人曰:“吾無所得。”言無從得飲食與公。公曰:“何故?”對曰:“常之巫從中出曰:‘公將以某日薨。’易牙、竪刁、常之巫相與作亂,塞宫門,

① “割”,原作“害”,據《二十二子》本改。
② “令矯公命爲不通人之命”,畢沅曰當作“令,命。矯公爲不通人之命”,於義爲勝。

築高牆，不通人，故無所得。無使得飲食也。① 衛公子啓方以書社四十下衛。”下，降也。社，二十五家也。四十社，凡千家。以降歸于衛。公慨焉嘆涕出曰：“嗟乎！聖人之所見豈不遠哉？若死者有知，我將何面目以見仲父乎？”蒙衣袂而絶乎壽宫。蒙，冒也。袂，衣袖也。② 以衣覆面而絶。壽宫，寢堂也。蟲流出於户，上蓋以楊門之扇，楊門，門名。扇，屏也。③ 邪臣爭權，莫能舉喪事，六十日而殯，蟲流出户，不欲人見，故掩以楊門之扇也。三月不葬。④ 此不卒聽管仲之言一作“敗”。也。桓公非輕難而惡管子也，輕，易。無由接見也。⑤ 無由接，固卻其忠言接，知也。卻，不用。而愛其所尊貴也。愛其所尊所貴，謂豎刁、易牙、常之巫、衛公子啓方之屬也。

## 知接

四曰：穴深尋則人之臂必不能極矣，八尺曰尋。是何也？不至故也。智亦有所不至。所不至，⑥說者雖辯，爲道雖精，不能見矣。精，微妙也。故箕子窮于商，爲紂所困。范蠡流乎江。佐越王勾踐滅吴，雪會稽之恥，功成而還，輕舟浮于江而去也。

昔秦繆公興師以襲鄭，不鳴鐘鼓密聲曰襲。蹇叔諫曰：“不可。臣聞之，襲國邑，以車不過百里、以人不過三十里，軍行三

---

① “無使得飲食也”，《新校釋》曰當作“無使通人，故不得飲食也”，於義爲勝。

② “袖”，原作“紳”，據《二十二子》本改。

③ “屏”，《批校本》曰當作“扉”，是。

④ “三月不葬”，《新校釋》曰當作“三月不殯，九月不葬”，於義爲勝。

⑤ 畢沅曰：“疑‘見’字衍。”是。

⑥ “所”上，《新校釋》曰當有“智”字，於義爲勝。

十里一舍。① 皆以其氣之趫與力之盛，至，是以犯敵能滅，②去之能速。趫，壯也。故進能滅敵，去之能疾也。今行數千里又絶諸侯之地以襲國，③臣不知其可也。絶，過也。過諸侯之土地，遠行襲國，必不能以克，故曰"不知其可也"。君其重圖之。"重，深。繆公不聽也。蹇叔送師於門外而哭曰："師乎！見其出，而不見其入也。"蹇叔有子曰申與視，申，白乙丙也。視，孟明視也。皆蹇叔子也。與師偕行。蹇叔謂其子曰："晋若遏師，必於殽。殽，澠池縣西崤塞是也。女死不於南方之岸，④必於北方之岸，爲吾尸女之易。"識之易也。繆公聞之，使人讓蹇叔曰："寡人興師，未知何如。今哭而送之，是哭吾師也。"蹇叔對曰："臣不敢哭師也。臣老矣，有子二人皆與師行，比其反也，非彼死則臣必死矣，是故哭。"彼，謂其子。師行過周，周，今河南城，所謂王城也。《公羊傳》曰："王城者，西周。"襄王時也。王孫滿要門而窺之，王孫滿，周大夫。要，徼也。曰："嗚呼！是師必有疵。疵，病。若無疵，吾不復言道矣。夫秦非他，周室之建國也，周家所封立也。過天子之城宜櫜甲束兵、左右皆下以爲天子禮。今袀服回建，⑤左不軾，而右之袀，同也。兵服上下無别，故曰"袀服"。回建者，兵車四乘也。左，君位也。君不載而車右之不軾。⑥ 超乘者五百乘，力則多矣，然而寡禮，安得無疵？"超乘，巨踊車上也。⑦ 不下車爲天子禮，故曰力多而寡禮。師過周而東。鄭賈人弦高、奚施

---

① "三"，原作"二"，據《二十二子》本改。
② "滅"，《讀吕札記》曰當作"威"，於義爲勝。
③ "絶"上，《新校釋》曰當有"數"字，於義爲勝。
④ 《新校釋》曰："'岸'疑爲'阜'形近之訛。"
⑤ "袀"，原作"初"，據《二十二子》本改，注亦同。
⑥ "軾"，原漫漶不清，此據《二十二子》本。
⑦ "巨"，畢沅曰當作"距"，是。

將西市於周，道遇秦師，曰："嘻！師所從來者遠矣，此必襲鄭。"遽使奚施歸告，乃矯鄭伯之命以勞之，擅稱君命曰矯。曰："寡君固聞大國之將至久矣。大國不至，寡君與士卒竊爲大國憂，日無所與焉，惟恐士卒罷弊與糗糧匱乏。何其久也，①使人臣犒勞以璧，膳以十二牛。"秦三帥對曰："寡君之無使也，使其三臣丙也、術也、②視也於東邊候晤一作"瑠"，注亦同。之道，③候，視也。晤，晋國也。過是，以迷惑陷入一作"以及"。大國之地。"不敢固辭，再拜稽首受之。三帥乃懼而謀曰："我行數千里、數絶諸侯之地以襲人，未至而人已先知之矣，此其備必已盛矣。"盛，強。還師去之。當是時也，晋文公適薨，未葬。先軫言於襄公，襄公，文公之子驩。曰："秦師不可不擊也，臣請擊之。"襄公曰："先君薨，尸在堂，見秦師利而因擊之，無乃非爲人子之道歟？"先軫曰："不弔吾喪，不憂吾哀，是死吾君而弱其孤也。若是而擊，可大強。強，霸也。一作"若是而弗擊，不可大強"。臣請擊之。"襄公不得已而許之。先軫遏秦師於殽而擊之，大敗之，獲其三帥以歸。繆公聞之，素服廟臨哭也。以説於衆曰："天不爲秦國，使寡人不用蹇叔之諫，以至於此患。"此繆公非欲敗於殽也，智不至也。言但慮襲鄭之利，不知將有殽之敗也，故曰"智不至也"。智不至，④則不信。蹇叔哭其子云"晋人遏師必於殽"，繆公不信。言之不信，⑤師之不反也從此生，

① "何其久也"，《新校釋》曰疑當作"《詩》曰：何其久也，必有以也；何其處也，必有與也"，於義爲勝。

② "術"，原作"林"，據《二十二子》本改。

③ "晤"，原作"晋"，據《二十二子》本改，注亦同。

④ "不"，原脱，據元刻明修本補。

⑤ "言之不信"，原作"而言不可不信"，據《二十二子》本改。

蹇叔言信，不可不信也。師之不反，敗殽也。《穀梁傳》曰：①“匹馬隻輪無反者。”從蹇叔言信生也。故不至之爲害大矣。師敗師執，故害大也。

## 悔過

五曰：大智不形，大器晚成，大音希聲。禹之決江水也，民聚瓦礫。事已成，功已立，爲萬世利。禹之所見者遠也而民莫之知，故民不可與慮化舉始，始，首也。而可以樂成功。孔子始用於魯，魯人鷖誦之曰：“麛裘而韠，②投之無戾。韠而麛裘，投之無郵。”孔子衣麛裘。投，棄也。“郵”字與“尤”同。言投棄孔子無罪尤也。用三年，男子行乎塗右，女子行乎塗左，財物之遺者民莫之舉。舉，取也。大智之用，固難逾也。逾，邁也。子産始治鄭，使田有封洫，都鄙有服。封，界。洫，溝也。服，法服也。君子小人各有制。民相與誦之曰：“我有田疇而子産賦之，我有衣冠而子産貯之。③ 孰殺子産，吾其與之。”與猶助也。《左傳》曰：“鄭子産作丘賦，國人謗之。”此之謂也。後三年，民又誦之曰：“我有田疇而子産殖之，殖，長也。我有子弟而子産誨之。誨，教也。子産若死，其使誰嗣之？”嗣，續也。使鄭簡、魯哀當民之誹訕也而因弗遂用，④則國必無功矣，言二國人民誹訕仲尼、子産之時，⑤二君因不復用，則二國亦無用賢聖之功。子産、孔子必無能矣。若二人不見用，則必無所能爲也。非徒不能也，雖罪

---

① “梁”，原作“羊”，據《二十二子》本改。
② “韠”，原作“鞞”，據《二十二子》本改，下同。
③ “貯”，原漫漶不清，此據元刻明修本。
④ 《校補》曰：“‘哀’字兩見，皆當作‘定’。”是。
⑤ “之”，原作“也”，據《二十二子》本改。

施，於民可也。言非但不能有爲也，雖施二人罪罰，①於民意亦可。今世皆稱簡公、哀公爲賢，稱子産、孔子爲能，此二君者達乎任人也。任，用也。舟車之始見也，三世然後安之。安，習也。夫開善豈易哉？開，通也。故聽無事治。事治之立也，②人主賢也。聽無事，謂民謗子産、孔子無用之爲事也，乃賢主所以爲事也。謗之無治也，又賢主能聽之，故曰"聽無事治，事治之立也"。魏攻中山，樂羊將，樂羊爲將以伐中山。已得中山，還反報文侯，報，白也。有貴一作"責"。功之色。文侯知之，命主書曰："群臣賓客所獻書者，操以進之。"主書舉兩篋以進。令將軍視之，書盡難攻中山之事也。難，説。將軍還走，北面再拜曰："中山之舉，非臣之力，君之功也。"當此時也，論士殆之日幾矣，③論士，議士也。殆，危。幾，近。中山之不取也，奚宜二篋哉？一寸而亡矣。④"中山之不取"，謂樂羊不敢取以爲己功，一方寸之書則亡矣，何乃二篋也？文侯賢主也，而猶若此，又況於中主耶？中主之患，不能勿爲而不可與莫爲。夫唯賢主能無爲耳。中庸之主不能無爲，故不可與爲無爲也。凡舉無易一作"爲"。之事，氣志視聽動作無非是者，人臣且孰敢以非是邪疑爲哉？皆壹於爲則無敗事矣。此湯、武之所以大立功於夏、商，成湯得夏，武王得商，故曰"立功"也。⑤而勾踐之所以能報其讎也。越王勾踐破吴於五湖，故曰"能報其讎也"。以小弱皆壹於爲而猶若此，又況於以強大乎？湯、武以百里，越王臣事吴王夫差，爲之前馬，故稱"小弱"。

---

① "施"，原作"此"，據《二十二子》本改。
② "事"，《新校釋》曰"事"字當衍。
③ "論士殆之日幾矣"，《新校釋》曰疑當作"論士已幾矣"，可備一説。
④ "亡"，《畢校補正》曰當作"已"，可備一説。
⑤ "功"，原漫漶不清，此據《二十二子》本。

魏襄王與群臣飲，酒酣，王爲群臣祝，令群臣皆得志。魏襄王，孟子所見梁惠王之子也。祝，願也。史起興而對曰："群臣或賢或不肖，賢者得志則可，不肖者得志則不可。"賢臣得志則忠，故曰"可"也。不肖得志則驕，驕則亂，故曰"不可"。公孫丑曰："伊尹放太甲于桐宫，太甲賢，又反之。賢者之爲人臣，其君不賢則可放歟?"孟子曰："有伊尹之志則可，無伊尹之志則簒也。"王曰："皆如西門豹之爲人臣也。"史起對曰："魏氏之行田也以百畝，鄴獨二百畝，是田惡也。漳水在其旁而西門豹弗知用，是其愚也；知而弗言，是不忠也。愚與不忠，不可效也。"魏王無以應之。明日召史起而問焉，曰："漳水猶可以灌鄴田乎?"史起對曰："可。"王曰："子何不爲寡人爲之?"史起曰："臣恐王之不能爲也。"王曰："子誠能爲寡人爲之，寡人盡聽子矣。"聽，從也。史起敬諾，言之於王曰："臣爲之，民必大怨臣。大者死，其次乃藉臣。臣雖死、藉，願王之使他人遂之也。"遂，成也。王曰："諾。"使之爲鄴令。史起因往爲之，鄴民大怨，欲藉史起，史起不敢出而避之。王乃使他人遂爲之。水已行，民大得其利，相與歌之曰："鄴有聖令，時爲史公，決漳水，灌鄴旁，終古斥鹵，生之稻粱。"使民知可與不可則無所用矣。① 賢主忠臣不能導愚教陋，則名不冠後、實不及世矣。史起非不知化也，以忠於主也。魏襄王可謂能決善矣。誠能決善，衆雖喧嘩而弗爲變。功之難立也，其必由哅哅邪? 國之殘亡亦猶此也。故哅哅之中不可不味也，中主以之哅哅也止善，賢主以之哅哅也立功。按《魏王世家》，文侯生武侯，武侯生惠王，惠王生襄王。西門豹，文侯用爲鄴令，史起亞之，不得爲四世之君臣也。又孟子見梁襄

---

① "用"下，畢沅曰"似脱一'賢'字"，《新校釋》曰"似脱一'智'字"。

王，出，語人曰："望之而不似人君，就之而不見所畏焉。"何能決善哉？此言復謬也。

## 樂成

六曰：使治亂存亡，若高山之與深溪，有水曰澗，無水曰溪。若白堊之與黑漆，則無所用智，雖愚猶可矣。且治亂存亡則不然，如可知、如可不知，如可見、如可不見。故智士賢者相與積心愁慮以求之，積累其仁心，思慮其善政，以求致治也。猶尚有管叔、蔡叔之事與東夷八國不聽之謀。成王幼少，①周公攝政，勤心國家以致太平。管叔，周公弟也；蔡叔，周公兄也，流言作亂。東夷八國附從二叔不聽王命。周公居攝三年，伐奄，八國之中最大，著在《尚書》。② 餘七國小又先服，故不載於《經》也。故治亂存亡其始若秋毫，喻微細也。察其秋毫則大物不過矣。過，失也。魯國之法，魯人爲人臣妾於諸侯，有能贖之者，取其金於府。子貢贖魯人於諸侯，來而讓不取其金。孔子曰："賜失之矣。自今以往，魯人不贖人矣。取其金則無損於行，言無所損於德行也。不取其金則不復贖人矣。"《淮南記》曰："子貢讓而止善。"③此之謂也。子路拯溺者，其人拜之以牛，子路受之。孔子曰："魯人必拯溺者矣。"《淮南記》曰："子路受而勸德。"此之謂也。孔子見之以細，觀化遠也。見其始，知其終，故曰"觀化遠也"。楚之邊邑曰卑梁，其處女與吴之邊邑處女桑於境上，戲而傷卑梁之處女。卑梁人操其傷子以讓吴人，吴人應之不恭，怒殺而去之。吴人往報之，盡屠其家。卑梁公怒，公，卑梁大夫也。楚僭稱王，守邑大夫

---

① "成"，原作"武"，據《二十二子》本改。
② "在"，原作"作"，據《二十二子》本改。
③ "止善"，原作"亡義"，據《二十二子》本改。

皆稱公，若周之單襄公、成肅公、劉文公也。曰："吴人焉敢攻吾邑？"舉兵反攻之，反，更也。老弱盡殺之矣。吴王夷昧聞之怒，使人舉兵侵楚之邊邑，克夷而後去之。夷，平也。吴、楚以此大隆。"隆"當作"格"。① 格，鬥也。吴公子光又率師與楚人戰於雞父，公子光，夷昧之子也。大敗楚人，獲其帥潘子臣、小帷子、陳夏嚙，潘子臣、小帷子，楚二大夫也。雞父之戰，胡、沈、陳、蔡皆佐楚戰，故吴獲之。夏，姓；嚙，名，陳大夫。又反伐郢，又，復也。郢，楚國都也。得荆平王之夫人以歸，實爲雞父之戰。凡持國，太上知始，其次知終，其次知中。三者不能，國必危，身必窮。言楚不知始與終，又不知中，故國危身窮也。《孝經》曰："高而不危，所以長守貴也；滿而不溢，所以長守富也。富貴不離其身，然後能保其社稷而和其民人。"②楚不能之也。

鄭公子歸生率師伐宋。魯宣二年《傳》曰：③"鄭公子歸生受命于楚伐宋。"言受命於楚與晉爭盟也。宋華元率師應之大棘，應，擊也。大棘，宋邑，今陳留襄邑南大棘是也。羊斟御。明日，將戰，華元殺羊饗士，羊斟不與焉。與，及也。明日，戰，怒謂華元曰："昨日之事，子爲制；昨日之事，殺羊事也。今日之事，我爲制。"今日之事，御事也。遂驅入於鄭師。宋師敗績，華元虜。爲鄭虜。夫弩機差以米則不發。戰，大機也。饗士而忘其御也，將以此敗而爲虜，豈不宜哉？《傳》曰："羊斟非人也，以其私憾，敗國殄民，刑孰大焉。"此之謂也。故凡戰，必悉熟偏備，知彼知己，然後可也。古之良將，人遺之單醪，輸之於川，與士卒從下流飲之，示不自獨

---

① "作"，原脱，據《二十二子》本補。

② 《正誤》曰："吕氏時《孝經》未出，無從引用。'孝經曰'四十六字當是注語。"可備一説。

③ "二"，原作"三"，據《二十二子》本改。

享其味也。[1] 華元羊肉不及羊斟而身見虜，故曰"凡戰，必悉熟偏備，[2]知彼知己"。魯季氏與郈氏鬥雞。郈氏介其雞，介，甲也。作小鎧著雞頭也。季氏爲之金距。以利鐵作鍛距，沓其距上。季氏之雞不勝，季平子怒，因歸郈氏之宮而益其一作"而築之"。宅。[3] 平子，名意如，悼子紇之子也。[4] 侵郈氏宮以益己宅。[5] 郈昭伯怒，傷之於昭公，郈氏，魯孝公子惠伯華之後也，以字爲氏，[6]因曰郈氏。昭，謚也。傷猶譖也。曰："禘於襄公之廟也，舞者二人而已，[7]其餘盡舞於季氏。[8] 禘，大祭也。襄公，昭公之父也。禮，天子八佾，諸侯六佾。六佾者，[9]四十八人。於襄公廟二人，餘在季氏，季氏僭也。季氏之舞道，無上久矣，弗誅，必危社稷。"公怒不審，審，詳也。乃使郈昭伯將師徒以攻季氏，遂入其宮。仲孫氏、叔孫氏相與謀曰："無季氏，則吾族也死亡無日矣。"遂起甲以往，陷西北隅以入之，三家爲一，郈昭伯不勝而死。昭公懼，遂出奔齊，卒於乾侯。乾侯，晋邑。魯昭聽傷而不辨其義，辨，别。義，宜。懼以魯國不勝季氏，而不知仲、叔氏之恐而與季氏同患也，是不達乎人心也。不達乎人心，位雖尊，何益於安也？以魯國恐不勝一季氏，況於三季？同惡同惡昭公。固相助。權物若此其過也。非獨仲、叔氏也，魯國皆恐。魯國皆恐，則是與一國爲敵也，其得至乾侯而卒猶遠。不斃國内，乃至乾侯，故以爲

---

① "享"，原作"周"，據《二十二子》本改。
② "偏"，原脱，據《二十二子》本補。
③ "歸"，《舉正》曰當作"侵"，是。
④ "紇"，原作"純"，據《二十二子》本改。
⑤ "宫以"，原誤倒，據《二十二子》本乙正。
⑥ "字"，畢沅曰當作"邑"，於義爲勝。
⑦ "人"，畢沅曰當作"八"，是。
⑧ "餘"，原作"飲"，據《二十二子》本改。
⑨ "六佾"，原脱，據《二十二子》本補。

遠也。

## 察微

七曰：東方之墨者謝子，將西見秦惠王。謝子，關東人也，學墨子之道。惠王，秦孝公之子駟也。惠王問秦之墨者唐姑果。唐姑果恐王之親一作“視”。謝子賢於已也，對曰：“謝子，東方之辯士也，其爲人甚險，將奮於説以取少主也。”奮，強也。少主，惠王也。王因藏怒以待之。謝子至，説王，王弗聽。謝子不説，遂辭而行。行，去也。凡聽言以求善也，所言苟善，雖奮於取少主，①何損？所言不善，雖不奮於取少主，何益？不以善爲之慤而徒以取少主爲之悖，慤，誠也。惠王失所以爲聽矣。用志若是，見客雖勞，耳目雖弊，猶不得所謂也。此史定所以得行其邪也，史定，秦史。此史定所以得飾鬼以人，罪殺不辜，群臣擾亂，國幾大危也。人之老也，形益衰衰，肌膚消也。而智益盛。老者見事多，所聞廣，故“智益盛”。今惠王之老也，形與智皆衰耶！皆，俱也。荆威王學書於沈尹華，昭釐惡之。威王好制，威王，楚懷王之父也。制，術數也。有中謝佐制者爲昭釐謂威王曰：②“國人皆曰：王乃沈尹華之弟子也。”中謝，官名也。佐王制法制也。王不説，因疏沈尹華。中謝，細人也，細，③小人也。一言而令威王不聞先王之術，文學之士不得進，令昭釐得行其私。故細人之言不可不察也。且數怒人主以爲奸人除路，奸路以除而惡壅卻，豈不難哉？除猶開通也，故曰“而惡壅卻，豈不

---

① 《札記》曰：“‘奮於’下皆當有‘説以’二字。”是。

② “者”下，原衍注文“爲昭釐也”四字，據《二十二子》本删。“爲”，原脱，據《二十二子》本補。

③ 《集釋》曰：“‘細’下脱一‘人’字。”是。

難"也。[1] 夫激矢則遠,激水則旱,激主則悖,悖則無君子矣。夫不可激者,其唯先有度。度,法也。鄰父有與人鄰者,[2]有枯梧樹。其鄰之父言梧樹之不善也,[3]鄰人遽伐之。[4] 鄰父因請而以爲薪。其人不説曰:"鄰者若此其險也,豈可爲之鄰哉?"此有所宥也。宥,利也,[5]又云爲也。夫請以爲薪與弗請,此不可以疑枯梧樹之善與不善也。齊人有欲得金者,清旦,被衣冠,往鬻金者之所,見人操金,攫而奪之。吏搏而束縛之,問曰:"人皆在焉,子攫人之金,何故?"對吏曰:[6]"殊不見人,徒見金耳。"此真大有所宥也。夫人有所宥者,固以晝爲昏,以白爲黑,以堯爲桀,宥之爲敗亦大矣。亡國之主其皆甚有所宥邪? 故凡人必别宥然後知,别宥,則能全一作"令"。其天矣。[7] 天,身也。

## 去宥

八曰:名正,則治;名喪,則亂。使名喪者,淫説也。説淫,則可不可而然不然,是不是而非不非。不可者而可之也,不然者而然之也,不是者而是之也,不非者而非之也,故曰"淫説也"。故君子之説也,足以言賢者之實、不肖者之充而已矣,充亦實也。足以喻治之所悖、亂之所由起而已矣,喻,明。悖,惑。足以知

---

① "故曰而惡壅卻豈不難也",《新校釋》曰疑當作"奸路已開通而惡壅卻,故曰豈不難也",可備一説。

② 《新校釋》曰:"'鄰父'二字當因下而衍。"

③ "言"下,《新校釋》曰當有"枯"字,是。

④ "鄰",《札記》曰當作"其",於義爲勝。

⑤ "利",《新校釋》曰疑當作"制",可備一説。

⑥ "吏",《舉正》曰"吏"字衍,是。

⑦ "則",原作"别",據《二十二子》本改。

物之情、人之所獲以生而已矣。凡亂者，刑名不當也。人主雖不肖，猶若用賢，猶若聽善，猶若爲可者。其患在乎所謂賢從不肖也，從使人從不肖自謂賢。① 所爲善而從一作“徒”。邪辟，②使人從邪辟自謂善，故曰“其患”也。所謂可從悖逆也，可者，乃從悖逆之道也。③ 是刑名異充而聲實異謂也。夫賢不肖、善邪辟、可悖逆，不肖者賢之，邪辟者善之，悖逆者可之也。國不亂、身不危奚待也？言亂亡立至，無所復待也。齊湣王是以知說士而不知所謂士也。④ 湣王，齊田常之孫田和立爲宣王，⑤湣王，宣王之子也。言知當敬義士，不能知其所行，徒謂之士也。故尹文問其故問所以爲士之故也。而王無以應。此公王丹之所以見信而卓齒之所以見任也。任卓齒而信公王丹，豈非以自讎邪？公王丹，齊臣。卓齒，楚人，亦爲湣王讎。⑥ 其斃由在此二人，⑦非欲以自斃也，然二人卒斃之。湣王無道，齒殺之而擢其筋，懸之於東廟終日，以自斃者也。

尹文見齊王。尹文，齊人，作《名書》一篇，在公孫龍前，公孫龍稱之。齊王謂尹文曰：“寡人甚好士。”⑧尹文曰：“願聞何謂士？”王未有以應。尹文曰：“今有人於此，事親則孝，事君則忠，交友則信，居鄉則悌，有此四行者，可謂士乎？”齊王曰：“此眞所

---

①《新校釋》曰：“上‘從’字當衍。”是。

② “所”，原作“不”，據《二十二子》本改。“所爲善而從邪辟”，《吕氏春秋補注》曰當作“所謂善，從邪辟也”，是。

③ “可者乃從”，原作“可從者乃”，據《二十二子》本改。

④ “齊湣王是以知說士”，《新校釋》曰當作“是以齊湣王知說士”。

⑤《新校釋》曰：“‘湣王齊田常之孫田和立爲宣王’十三字，所說謬甚，疑是後人所加，當删。”

⑥ “讎”，元刻明修本同，《二十二子》本作“臣”。《新校釋》曰：“疑此注‘亦爲湣王讎’原作‘亦爲湣王臣。讎，斃也’。”可備一說。

⑦ “在”，《讀吕札記》曰當作“任”，於義爲勝。

⑧ “士”下，《新校釋》曰當有“以齊國無士何也”七字，可備一說。

謂士已。”一作“矣”。尹文曰:“王得若人,肯一作“用”。以爲臣乎?”王曰:“所願而不能得也。”尹文曰:“使若人於廟一作“廣”。朝中,深見侮而不鬥,王將以爲臣乎?”王曰:“否。大夫見侮而不鬥,①則是辱也。辱,則寡人弗以爲臣矣。”尹文曰:“雖見侮而不鬥,未失其四行也。未失其四行者,是未失其所以爲士一矣。未失其所以爲士一而王以爲臣,失其所以爲士一而王不以爲臣,則嚮之所謂士者乃士乎?”②王無以應。尹文曰:“今有人於此,將治其國,民有非則非之,民無非則非之,民有罪則罰之,民無罪則罰之,③而惡民之難治,可乎?”王曰:“不可。”尹文曰:“竊觀下吏之治齊也,方若此也。”王曰:“使寡人治信若是,④則民雖不治,寡人弗怨也。雖不可治,言不怨也。意者未至然乎?”王言意以爲未至如是。尹文曰:“言之不敢無説。請言其説。王之令曰:‘殺人者死,傷人者刑。’民有畏王之令,深見侮而不敢鬥者,是全王之令也,而王曰‘見侮而不敢鬥,是辱也’。夫謂之辱者,非此之謂也。以爲臣、不以爲臣者罪之也,此無罪而王罰之也。”⑤齊王無以應。論皆若此,故國殘身危,走而之穀,穀,齊邑也。如衛。如,之也。

---

① “大夫”,《集釋》曰當作“夫士”,是。

② “未失其四行者”至“乃士乎”五十二字,《遺誼》曰當作:“未失其四行者,是未失其所以爲士矣。未失其所以爲士,而王一以爲臣,一不以爲臣,則嚮之所謂士者乃非士乎?”於義爲勝。

③ 《新校釋》曰:“‘民無非則非之’當作‘民無非則亦非之’,‘民無罪則罰之’當作‘民無罪則亦罰之’,脱二‘亦’字。”於義爲勝。

④ 《新校釋》曰:“疑此‘寡人治’下脱‘國’字。”

⑤ “夫謂”至“罰之也”二十九字,《新校釋》曰當作:“夫謂之辱者,非之也,此無非而王非之也,因除其籍,不以爲臣。不以爲臣者,罰之也,此無罪而王罰之也。”可備一説。

齊湣王,周室之孟侯也。孟,長也。太公之所老也。[1] 桓公嘗以此霸矣,管仲之辯名實審也。桓公以繼絶存亡,[2]率義以霸,管子輔而成之,不以土地之大也。今此湣王繼篡國之胄,[3]僭號不義之人,無管子之輔,假有之又不能用,喻以桓公,山頭井底,不得方之者也。

## 正名

① "所"下,《二十二子》本有"以"字。《新校釋》曰:"'太公'上當有'齊'字。"

② "桓",原作"相",據《二十二子》本改。"亡",原作"亾",據《二十二子》本改。

③ "胄",原作"冒",據《二十二子》本改。

# 卷第十七

吕氏春秋訓解　高氏

## 審分覽第五　君守　任數　勿躬　知度　慎勢　不二　執一

一曰：凡人主必審分，然後治可以至，主，謂君也。分，謂仁義禮律殺生與奪之分也。至者，至於治也。奸僞邪辟之塗可以息，息，滅也。惡氣苛疾無自至。自，從也。君德合，則祥瑞應，故苛疾無從來至也。夫治身與治國，一理之術也。身治則國治，故曰"一理之術也"。今以衆地者，公作則遲，有所匿其力也；作，爲也。遲，徐也。遲用其力而不勤也。分地則速，無所匿遲也。① 分地，獨也。速，疾也。獲稼穡則入己分而有之，各自欲得疾成，無藏匿，無舒遲也。主亦有地，臣主同地則臣有所匿其邪矣，邪，私也。② 不欲君知，故蔽之也。主無所避其累矣。累猶負也。謂主不以正臨之，令臣自欲容私，故君無所避其負也。凡爲善難，任善易，奚以知之？人與驥俱走則人不勝驥矣，居於車上而任驥則驥不勝人矣。人主

① "無所匿遲也"，《新校釋》曰當作"無所匿其力也"，於義爲勝。
② 《新校釋》曰："'私也'下疑當有'匿，蔽也'三字。"

好治人官一作"臣"。之事則是與驥俱走也，言君好爲人臣之官事，是謂與驥俱走，無以勝之也。必多所不及矣。言力不贍也。好自治人臣之所官事亦如之。夫人主亦有居車，無去車，去猶釋也。去讀去就之去。則衆善皆盡力竭能矣，諂諛詖賊巧佞之人無所竄其奸矣，竄猶容也。堅窮廉直堅，剛也。忠敦之士畢競勸騁騖矣。畢，盡也。人主之車所以乘物也，察乘物之理則四極可有。① 察，明也。有之易也。不知乘物而自怙恃，奪其智能，②多其教詔而好自以。詔亦教。以，用也。若此，則百官恫擾，恫，動。擾，亂。少長相越，萬邪並起，權威分移，政在家門。不可以卒，不可以教，此亡國之風也。風，化。王良之所以使馬者，約審之以控其轡而四馬莫敢不盡力。王良，晋大夫孫無正郵良也，以善御之功，死托精於星，天文"王良策駟"是也。有道之主，其所以使群臣者亦有轡。其轡何如？正名審分，是治之轡已。故按其實而審其名以求其情，聽其言而察其類，無使放悖。放，縱也。悖，亂也。夫名多不當其實而事多不當其用者，故人主不可以不審名分也。不審名分，是惡壅而愈塞也。名，虚實爵號之名也。分，殺生與奪之分也。《傳》曰："唯器與名不可以假人，君之所慎也。"③故曰不可不審。愈，益也。不審之而欲治，猶惡濕而居下也，故曰"惡壅而愈塞也"。壅塞之任，不在臣下，在於人主。君明則臣忠，臣忠則政無壅塞，故曰"在於人主"。堯、舜之臣不獨義，湯、禹之臣不獨忠，得其數也；御之得其術。桀、紂之臣不獨鄙，幽、厲之臣

---

① "可"，原作"何"，據元刻明修本改。
② "奪"，《正誤》曰當作"奮"，是。
③ "慎"，《新校釋》曰當作"司"，於義爲勝。

不獨辟，失其理也。厲王，①周宣王之父。幽王，②周宣王之子。言先幽、厲，偶文耳。殺戮不辜曰厲，壅過不達曰幽，皆惡謚也。

今有人於此，求牛則名馬，求馬則名牛，所求必不得矣。失其名，故不得也。而因用威怒，有司必誹怨矣，牛馬必擾亂矣。百官，衆有司也；萬物，一作“邦”。群牛馬也。不正其名，不分其職，而數用刑罰，亂莫大焉。夫説以智通而實以過一作“遇”。悗，以，用。譽以高賢而充以卑下，充，實。贊以潔白而隨以污德，③以污穢之德隨潔白之踪，里諺所謂“牛頭而賣馬脯”，此理之謂也。④ 任以公法而處以貪枉，與上“賣馬脯”義同。用以勇敢而堙以罷怯，將行罷怯以充勇敢之用，故芎窮之似槁本，⑤蛇牀之類蘼蕪，碧盧之亂美玉，非猗頓不能别也。闇主之於名實亦不能知也，是以趙高壅蔽二世，以鹿爲馬，此之類也。此五者，皆以牛爲馬、以馬爲牛，名不正也。故名不正，則人主憂勞勤苦而官職煩亂悖逆矣。國之亡也，名之傷也，從此生矣。白之顧益黑、顧，反。求之愈不得者，其此義耶！此牛名馬之類也。故至治之務，在於正名。名正，則人主不憂勞矣。不憂勞，則不傷其耳目之主。⑥ 主猶性也。問而不詔，詔，教也。好問而行之，不自專獨爲教詔。知而不爲，雖知與之，⑦不與爲名其功也。和而不矜，和則成矣，不自矜伐。成而不處。處，居也。《老子》曰：“功成而弗居。”此之

---

① “王”，原作“三”，據《二十二子》本改。
② “幽”，原漫漶不清，此據《二十二子》本。
③ 《新校釋》曰：“‘污德’當作‘污優’。”
④ 《畢校補正》曰：“注‘牛頭’上宜有‘懸’字，‘理’字衍。”是。
⑤ “芎”，原作“穹”，據《二十二子》本改。
⑥ 畢沅曰：“案注，似‘主’本是‘生’字。”是。
⑦ “與”，《二十二子》本無此字。

謂也。止者不行，行者不止，因形而任之，①不制於物，無肯爲使，止者不行，謂土也。行者不止，謂水也。因形而任之，不令土行，不令水止也。不制於物者，②不爲物所制，物不能制之也。若此人者，王公不能屈，何肯爲人之使令者乎？清静以公，公，正。神通乎六合，德耀乎海外，六合，四方上下也。海外，③四海之外。意觀乎無窮，譽流乎無止，流，行。此之謂定性於大湫，性，命也。大湫猶大竇。命之曰無有。無有，無形也。道無形，無形言得道也。故得道忘人，乃大得人也，夫其非道也？④ 得道，淡然無所思慮，⑤故忘人也。而人慕之，此乃所以大得人也。夫其非道也，⑥亦在其人也。不能使人人得之也，故曰"夫其非道也"。知德忘知，乃大得知也，夫其非德也？自知有德，忘人知之而人仰之，此乃所以大得知也。夫其非德也，亦在其人也。不能使人人知之也，⑦故曰"夫其非德也"。⑧ 至知不幾，静乃明幾也，夫其不明也？幾，近也。至有德，雖萬里人猶知之，故曰"不幾"也。静，安也。安處其德，乃所以使人明之也。望遠若近，故曰"静乃明幾也"。夫其不明也，亦在其人也。明不能使人人見之，故曰"夫其不明也"。大明不小事，⑨假乃理事也，夫其不假也？⑩ 大明者，垂拱無爲而化流行，不治小事也。假，攝。若周公、魯隱勤理成、致之也。夫其不假也，⑪亦在其人也。久假不歸，惡乃知非，故曰"夫其不假

---

① "形"，元刻明修本同，《二十二子》本作"刑"。
② "於"，原脱，據《二十二子》本補。
③ "外"，原作"内"，據《二十二子》本改。
④ "其非"，原誤倒，據《二十二子》本乙正，注亦同。
⑤ "然"下，原衍"得"，據《二十二子》本删。
⑥ "其"，原脱，據《二十二子》本補。
⑦ "使"，原脱，據《二十二子》本補。
⑧ "也"，原脱，據《二十二子》本補。
⑨ 《遺誼》曰："'小'字疑衍。"是。
⑩ "也"，原脱，據《二十二子》本補。
⑪ "夫"，原作"天"，據《二十二子》本改。

也”。莫人不能,全乃備能也,夫其不全也?假攝者,務濟國事,事濟歸之,故曰“莫人不能,全乃備能也”。夫其不全也,亦在其人也。周公有流言之謗,魯隱有鍾巫之難,故曰“夫其不全也”。推其本情,但管、蔡傾邪,不達聖人之旨也,其大乎子翬有欲太宰之志,①於是生之也。是故於全乎去能,於假乎去事,於知乎去幾,所知者妙矣。妙,微也。若此,則能順其天,意氣得游乎寂寞之宇矣,形性得安乎自然之所矣。全乎萬物而不宰,宰,主。澤被天下而莫知其所自姓,自姓,始首。雖不備五者,其好之者是也。人於此五者,雖不能備有,但能好慕則幾矣。

## 審分

二曰:得道者必静。静者無知,知乃無知,可以言君道也。故曰中欲不出謂之扃,外欲不入謂之閉。既扃而又閉,天之用密。有準不以平,有繩不以正,準,法。正,直。天之大静。既静而又寧,可以爲天下正。寧,安。正,主。身以盛心,心以盛智,智乎深藏,而實莫得窺乎。窺,見。《鴻範》曰:“惟天陰騭下民。”陰之者,所以發之也。陰陽升陟也。言天覆生下民,王者助天舉,發明之以仁義也。故曰:“不出於户而知天下,不窺於牖而知天道。因人之知以知之。其出彌遠者,其知彌少。”不知人而恃己明,②不能察偏遠,故彌少也。故博聞之人、彊識之士闕矣,③闕,短。事耳目、深思慮之務敗矣,敗,傷。堅白之察、無厚之辯外矣。外,棄所以爲也。④ 不出者所以出之也,不爲者

---

① “大”,《新校釋》曰當作“卒”。

② “己”,原作“以”,據《二十二子》本改。

③ “彊”,原作“疆”,據《二十二子》本改。

④ “所以爲”,《新校釋》曰“所以爲”三字衍,是。

所以爲之。不出户庭而知天下，與出無異，故曰“所以出之”；不爲而有所成，與爲無異，故曰“所以爲之”。此之謂以陽召陽，以陰召陰。①召，致也。東海之極，水至而反，反，還。夏熱之下，化而爲寒。寒暑更也。故曰天無形而萬物以成，②天無所制而物自成。至精無象而萬物以化，③説與昊天同。大聖無事而千官盡能。官得其人，人任其職，故盡能也。此乃謂不教之教、④無言之詔。故有以知君之狂也，以其言之當也；君狂言，臣不敢諫之，而自以其言爲當也，是以知其言之狂。有以知君之惑也，以其言之得也。狂言而自得，所以知其惑也。君也者，以無當爲當、以無得爲得者也。當與得，不在於君而在於臣。待臣匡正。故善爲君者無識，其次無事。有識則有不備矣，物不可悉識，備識其物則爲不備也。有事則有不恢矣。恢亦備也。⑤ 不備不恢，此官之所以疑而邪之所從來也。今之爲車者，數官然後成。輪輿轅軸，各自有材，故曰“數官然後成”。夫國豈特爲車哉？特，但。衆智衆能之所持也，不可以一物一方安車也。⑥ 方，道也。

夫一能應萬、無方而出之務者，⑦一者，道也。唯有道者能之。魯鄙人遺宋元王閉，鄙人，小人也。閉，結不解者也。元王號令於國，有巧者皆來解閉。人莫之能解。兒説之弟子請往解之，乃能解其一，不能解其一，⑧且曰：“非可解而我不能解

---

① “以陽召陽，以陰召陰”，《新校釋》曰當作“以陽召陰，以陰召陽”，是。
② “曰”，《平議》曰當作“昊”，於義爲勝。
③ “象”，《雜志》曰當作“爲”，是。
④ “乃”，《畢校補正》曰當作“之”，是。
⑤ “恢”，原漫漶不清，此據《二十二子》本。
⑥ 《批校本》曰：“《治要》‘安’下無‘車’字，是也。”是。
⑦ “無方而出之務者”，《新校釋》曰疑當作“無方而持之者”，可備一説。
⑧ 《札記》曰：“兩‘能’字皆涉上下文而衍，本作‘乃解其一，不解其一’。”於義爲勝。

也，固不可解也。”問之魯鄙人，鄙人曰：“然。固不可解也。我爲之而知其不可解也，今不爲而知其不可解也，是巧於我。”故如兒説之弟子者以不解解之也。言此不可以解也乃能解。鄭大師文終日鼓瑟而興，再拜其瑟前曰：“我效於子，效於不窮也。”故若大師文者，以其獸者先之，所以中之也。徼射其獸，走與矢會，故中之也。故思慮自心傷也，①思慮勞精神而亂於心，故自傷也。智差自亡也，差，過也。用智過差，②極其情欲，以自消亡也。奮能自殃，奮，強也。夏桀強其能以肆無道，自取破滅之殃。其有處自狂也。③故至神逍遥倏忽而不見其容，至聖變習移俗而莫知其所從，離世别群而無不同，同，和。君民孤寡而不可障壅，④孤寡，人君之謙稱也。能自卑謙名譽者，不可防障。此則奸邪之情得得猶知也。而險陂讒慝、諂諛巧佞之人無由入。無從自入而見用也。⑤凡奸邪險陂之人必有因也。何因哉？因主之爲。因猶順也。人主好以己爲，己所好、情所欲則爲也。則守職者舍職而阿主之爲矣，阿，從。阿主之爲，有過則主無以責之，則人主日侵而人臣日得。得其阿主之志也。是宜動者靜，宜靜者動也；尊之爲卑，卑之爲尊，從此生矣。此國之所以衰而敵之所以攻之者也。

奚仲作車，奚仲，黄帝之後，任姓也。《傳》曰：“爲夏車正，封于薛。”蒼頡作書，蒼頡生而知書，寫仿鳥迹以造文章。后稷作稼，后，君。稷，官也。列山氏子曰柱，能植百穀蔬菜以爲稷。皋陶作刑，《虞

---

① 《正誤》曰：“‘心’字據下文當删。”是。

② “智”，原漫漶不清，此據《二十二子》本。

③ “奮能自殃其有處自狂也”，《平議》曰當作“奮能自殃也，有處自狂也”，於義爲勝。

④ “民”，《札記》曰當作“名”，於義爲勝。

⑤ “見”，原漫漶不清，此據《二十二子》本。

書》曰:"皋陶,蠻夷猾夏,寇賊奸宄,①女作士師,五刑有服。"昆吾作陶,昆吾,顓頊之後,吴回之孫,②陸終之子,己姓也,爲夏伯製作陶冶埏埴爲器。③夏鮌作城,鮌,禹父也,築作城郭。此六人者所作當矣。當,合也,合其宜。然而非主一作"至"。道者,故曰:"作者憂,④因者平。惟彼君道,得命之情。"故任天下而不强,此之謂全人。全人,全德之人,無虧闕也。

## 君守

三曰:凡官者,以治爲任,以亂爲罪。今亂而無責,則亂愈長矣。長,大。人主以好暴一作"爲"。示能,以能暴示衆。以好唱自奮;奮,强。人臣以不爭持位,《孝經》云:"臣不可以不爭於君。"此不爭持位,非忠臣也。以聽從取容。阿意曲從以自容。是君代有司爲有司也,有司,大臣也。大臣匡君,進思盡忠,退思補過,此聽從取容,無有正君者,君當自正耳,是爲代有司爲有司。是臣得後隨以進其業。⑤後隨,隨後也。其業,不爭取容定業也。君臣不定,君不君,臣不臣,故不定也。耳雖聞不可以聽,不可以聽五音。目雖見不可以視,不可以視五色。心雖知不可以舉,不可舉取。⑥勢使之也。言其人不忠不正,苟取容説,志意傾邪,故曰"勢使之也"。凡耳之聞也藉於静,藉,假也。静無聲,乃有所聞,故藉於静。目之見也藉於昭,昭,明也。非明目無所見,故藉明以見物。心之知也藉於理。處物斷義,非理不決,故藉於理以決物。君臣易操,則上之三

---

① "寇",原漫漶不清,此據《二十二子》本。
② "回"下,原衍"黎"字,據《二十二子》本删。
③ "冶",原作"治",據《二十二子》本改。
④ "憂",《批校本》曰當作"擾",是。
⑤ "業"下,《批校本》曰當有"也"字。
⑥ "可"下,《新校釋》曰當有"以"字,於義爲勝。

官者廢矣。三官，耳、目、心。不得其正，故曰“廢”。亡國之主，其耳非不可以聞也，其目非不可以見也，其心非不可以知也，君臣擾亂，上下不分别，雖聞曷聞？雖見曷見？雖知曷知？雖知就利避害，不知仁義與就利辟害之本也。去其本而求之於末，故曰“雖知曷知”？其聞、見之義亦然。馳騁而因耳矣，此愚者之所不至也。馳騁，田獵也。田獵禽獸，亡國之主所樂及，修其本者弗爲也，故曰“愚者之所不至也”。不至則不知，不知則不信。言不知其君，不信修仁義，①無欲爲可以致治安國之本。無骨者不可令知冰。亡國之主，不知去貪暴、施仁惠，若無骨之蟲，春生秋死，不知冬寒之有冰雪。有土之君，能察此言也則災無由至矣。

且夫耳目智巧固不足恃，惟修其數、行其理爲可。理，道。韓昭釐侯視所以祠廟之牲，其豕小，昭釐，謚也。晋宣子起之後也。起生貞子，居平陽。生康子，②與趙襄子共滅智伯而分其地。生武子，都宜陽。生景侯處，③徙陽翟。釐侯，景侯子也。昭釐侯令官更之。以豕小，使官更易大者。官以是豕來也。昭釐侯曰："是非嚮者之豕邪？"官無以對。命吏罪之。從者曰："君王何以知之？"君曰："吾以其耳也。"言識其耳。申不害聞之，申不害，鄭之京人，昭釐侯之相。曰："何以知其聾？以其耳之聰也；④何以知其盲？以其目之明也；何以知其狂？以其言之當也。故曰去聽無以聞則聰，去視無以見則明，去智無以知則公。去三者不任則治，⑤三者任則亂。"任，用也。以此言耳目心智之不足

---

① "修"，原作"備"，據《二十二子》本改。
② "生"，原作"王"，據元刻明修本改。
③ "處"，《新校釋》曰當作"虔"。
④ "聰"，原作"聽"，據《二十二子》本改。
⑤ "去"，《新校釋》曰"去"字當衍，於義爲勝。

恃也。[①] 耳目心智，其所以知識甚闕，闕，短。其所以聞見甚淺。[②] 以淺闕博居天下、[③]安殊俗、治萬民，其説固不行。博，曠。固，必。十里之間而耳不能聞，帷牆之外而目不能見，三畝之宫而心不能知，其以東至開梧、東極之國。南撫多顒、南極之國。西服壽靡、西極之國。"靡"亦作"麻"。北懷儋耳，北極之國。若之何哉？故君人者不可不察此言也。治亂安危存亡，其道固無二也。故至智棄智，至仁忘仁，至德不德。無言無思，靜以待時，時至而應，心暇者勝。凡應之理，清淨公素，而正始卒。[④] 焉此治紀，一作"治亂"。無唱有和，無先有隨。古之王者，[⑤]其所爲少，其所因多。因者，君術也；爲者，臣道也。爲則擾矣，因則靜矣。因冬爲寒，因夏爲暑，君奚事哉？故曰君道無知無爲而賢於有知有爲，則得之矣。賢，愈。得，知。

有司請事於齊桓公，桓公曰："以告仲父。"有司又請，公曰："告仲父。"若是三。[⑥] 習者曰："一則仲父，二則仲父，易哉爲君！"習，近習，[⑦]所親臣也。桓公曰："吾未得仲父則難，已得仲父之後，曷爲其不易也？"桓公得管子，事猶大易，又況於得道術乎？孔子窮乎陳蔡之間，藜羹不斟，[⑧]七日不嘗粒，無藜羹可斟，無粒可食，故曰不斟不嘗。晝寢。顔回索米，得而爨之，幾熟。孔子望見顔回攫其甑中而食之。選間，食熟，選間，須

① 《讀吕札記》曰："'此'字衍文。"
② "甚"，原作"其"，據《二十二子》本改。
③ 《新校釋》曰："'居'字乃後人所加，當删。"
④ 《讀吕札記》曰："'始卒'當爲'卒始'。"於義爲勝。
⑤ "王"，原作"主"，據《二十二子》本改。
⑥ "是"下，《舉正》曰當有"者"字，於義爲勝。
⑦ "近"上，原衍"遠"字，據《二十二子》本删。
⑧ 畢沅曰："'斟'乃'糂'之譌。"是。

臾。謁孔子而進食。孔子佯爲不見之。① 孔子起曰："今者夢見先君，食潔而後饋。"②顔回對曰："不可。嚮者煤室入甑中，棄食不祥，回攫而飯之。"煤室，烟塵之煤也。入猶墜也。孔子嘆曰："所信者目也，而目猶不可信；所恃者心也，而心猶不足恃。目見妄，不可信；心憶妄，不足恃。弟子記之，知人固不易矣。"記，識。故知非難也，孔子之所以知人難也。③

## 任數

四曰：人之意苟善，雖不知，可以爲長。長，上。故李子曰："非狗則不得兔，兔化而狗，則不爲兔。"人君而好爲人官，有似於此。作君而好治人官職，似兔化而爲狗也。其臣蔽之，人時禁之，人時有止之者。君自蔽，則莫之敢禁。夫自爲人官，自蔽之精者也。精，甚。祓篲日用而不藏於篋，④祓篲，賤物也。日用掃除，故不藏於篋。喻人君好治人臣之職，與祓篲何異？故用則衰，動則暗，作則倦。君用思臣職則志衰也。舉動作臣安社稷利民之事，未必能獨當，是自見蒙闇也。⑤ 代臣作趨走力役之事則心倦。衰、暗、倦三者，非君道也。大橈作甲子，黔如作虜首，⑥"虜"一作"慮"。容成作曆，⑦羲和作占日，尚儀作占月，后益作占歲，胡曹作衣，夷羿作弓，祝融作市，儀狄作酒，⑧高元作室，虞姁作舟，

---

① "孔子佯爲不見之"，《平議》曰當在"選間食熟"之上，於義爲勝。

② "食潔而後饋"，《新校釋》曰當作"饗而後饋"，可備一説。

③ 《札記》曰："'孔子之'三字衍。"是。

④ "祓篲日用而不藏於篋"，《新校釋》曰當作"祓篲日用而不藏於篋則衰，□□日動而不□□□則暗，□□日作而不□□□則倦"，可備一説。

⑤ "蒙"，原作"家"，據《二十二子》本改。

⑥ 畢沅曰："疑'虜首'當是'蔀首'。"可備一説。

⑦ "作"下，《新校釋》曰當有"調"字，可備一説。

⑧ "儀狄"，原誤倒，據《二十二子》本乙正。

伯益作井，赤冀作臼，乘雅一作“特”。作駕，寒哀作御，[①]王冰作服牛，史皇作圖，巫彭作醫，巫咸作筮，蓍，筮。此二十官者，聖人之所以治天下也。聖王不能二十官之事，然而使二十官盡其巧、畢其能，聖王在上故也。聖王在上，官使人人任其事也，[②]故盡畢其巧能也。聖王之所不能也，所以能之也；用其人，得其任，故所以能。所不知也，[③]所以知之也。《老子》曰：“不知乃知之。”此之謂。[④] 養其神、修其德而化矣，無所思慮勞神是養神也。無狀而能化，化育萬物謂也。[⑤] 豈必勞形愁弊耳目哉？[⑥] 是故聖王之德，融乎若月之始出，極燭六合極，北極，天太陰也，月能燭之。而無所窮屈；昭乎若日之光，變化萬物而無所不行。神合乎太一，生無所屈而意不可障；大通也。神與通合生道，乃無詘厭，[⑦]志意通達不可障塞。精通乎鬼神，深微玄妙而莫見其形。今日南面，百邪自正而天下皆反其情，南面，當陽而治，謂之天子也。反，本。黔首畢樂其志、安育其性而莫爲不成。莫，無。故善爲君者，矜服性命之情而百官已治矣，黔首已親矣，名號已章矣。章，明也。

管子復於桓公，復，白。曰：“墾田大邑，辟土藝粟，盡地力之利，臣不若寧遬，請置以爲大田。寧遬，寧戚。登降辭讓，進退閒習，臣不若隰朋，請置以爲大行。大行，官名也。《周禮·大

---

① “哀”，原作“衰”，據《二十二子》本改。

② 《新校釋》曰：“‘官’字當衍。”於義爲勝。

③ “所”，原爲空格，據《二十二子》本補。

④ 《新校釋》曰：“‘謂’下疑脱‘也’字。”

⑤ 畢沅曰：“‘謂’疑衍。”

⑥ 《集釋》曰：“‘愁’下疑脱‘慮’字。”可備一説。

⑦ “大通”至“詘厭”十三字，《新校釋》曰當作“太一，道也。神與道合生□，乃無所詘厭”，可備一説。

行人》:"掌大賓客之禮以親諸侯。"蚤入晏出,犯君顔色,進諫必忠,不辟死亡,不重貴富,臣不如東郭牙,請置以爲大諫臣。楚有箴尹之官,亦諫臣。平原廣城,①車不結軌,士不旋踵,結,交也。車兩輪間曰軌。鼓之,三軍之士視死如歸,臣不若王子城父,請置以爲大司馬。司馬,主武之官也。《周禮·大司馬之職》:"掌建國之九法以佐王平邦國也。"②決獄折中,不殺不辜,不誣無罪,臣不若弦章,請置以爲大理。大理,治獄官。君若欲治國强兵,則五子者足矣,君欲霸王,③則夷吾在此。"桓公曰:"善。"令五子皆任其事,以受令於管子。受管子之令。十年九合諸侯,④一匡天下,皆夷吾與五子之能也。管子,人臣也,不任己之不能而以盡五子之能,況於人主乎?人主知能、不能之可以君民也,則幽詭愚險之言無不職矣,百官有司之事畢力竭智矣。⑤五帝三王之君民也,⑥下固不過畢力竭智也。夫君人而知無恃其能、勇、力、誠、信,則近之矣。凡君也者,處平静、任德化以聽其要,若此,則形性彌羸而耳目愈精,百官慎一作"順"。職而莫敢愉綖,⑦愉,解。綖,緩。人事其事以充其名。上"事",治也。名實相保,之謂知道。

## 勿躬

---

① 畢沅曰:"'城'疑'域'。"於義爲勝。
② "平",原脱,據《二十二子》本補。
③ "君",《新校釋》曰"君"字當衍,於義爲勝。
④ "十",《新校釋》曰當作"七"。
⑤《新校釋》曰:"'之事'二字當衍。"於義爲勝。
⑥ "王",原作"皇",據《二十二子》本改。
⑦ "綖",《雜志》曰當作"綎",是。

五曰：明君者非遍見萬物也，[①]明於人主之所執也。有術之主者非一自行之也，知百官之要也。知百官之要，故事省而國治也。明於人主之所執，故權專而奸止。奸止，則説者不來而情諭矣，情者不飾飾，虚。而事實見矣。此謂之至治。至治之世，其民不好空言虚辭，不好淫學流説，不學正道爲淫學。邪説謂之流説。賢不肖各反其質，反，本。質，正。行其情不雕其素，[②]素，樸也。[③] 本性純樸，不雕飾之以爲華藻也。蒙厚純樸以事其上。若此，則工拙、愚智、勇懼可得以故易官，易官，則各當其任矣。故有職者安其職不聽其議，有亂衆干度之議者不聽之。無職者責其實以驗其辭。驗，功。[④] 此二者審，則無用之言不入於朝矣。君服性命之情，去愛惡之心，愛惡，好憎。用虚無爲本虚無，無所愛惡也。無所愛惡則公正，治之本也。以聽有用之言，謂之朝。有用之言，謂忠正有益於國者。凡朝也者，相與召理義也，[⑤]召，致。相與植法則也。植，立。上服性命之情，則理義之士至矣，法則之用植矣，枉僻邪撓之人退矣，撓，曲。貪得僞詐之曹遠矣。曹，衆。故治天下之要存乎除奸，除奸之要存乎治官，治官之要存乎治道，治道之要存乎知性命。知性命，則不珍難得之物，不爲無益之事，唯道是從，利民而已。故子華子曰："厚而不博，敬守一事，子華子，體道人也。一事，正事。正性是喜。群衆不周而務成一能。一能，專一之能，言公正。盡能既成，四夷乃平。平，和。唯彼天符，不周而周。忠信爲周。

---

① "遍"，原作"偏"，據《二十二子》本改。

② "行其"，原誤倒，據《二十二子》本乙正。

③ "樸"，原作"授"，據《二十二子》本改。

④ "功"，原漫漶不清，此據《二十二子》本，畢沅曰"疑當爲'効'，又疑是'劾'"，《新校釋》曰疑當作"巧"。

⑤ "召"，原作"名"，據《二十二子》本改，注亦同。

此神農之所以長，而堯、舜之所以章也。”長猶盛也。章，著明也。以，用也。人主自智而愚人，自巧而拙人，自智謂人愚，自巧謂人拙。《詩》云：“惟彼不順，自獨俾臧。自有肺腸，俾民卒狂。”愚拙者此之謂也。[①] 若此，則愚拙者請矣，[②]君自謂智而巧，故愚拙者從之請也。巧智者詔矣。詔，教。詔多則請者愈多矣，聽益亂。請者愈多，且無不請也。主雖巧智，未無不知也。未能盡無所不知也。以未無不知應無不請，其道固窮。固，必。爲人主而數窮於其下，將何以君人乎？窮而不知其窮，其患又將反以自多，反，更。多，大。是之謂重塞之主，[③]無存國矣。故有道之主，[④]因而不爲，因循舊法不改爲。責而不詔，責臣成功，不妄以偏見教詔。去想去意，靜虛以待，不伐之言，不奪之事，督名審實，官使自司，以不知爲道，以奈何爲實。道尚不知，不知乃知也。以不知爲貴。因循長養，不戾自然之性，故以不可奈何爲實也。“實”一作“寶”。[⑤] 堯曰：“若何而爲及日月之所燭？”燭，照。[⑥] 舜曰：“若何而服四荒之外？”荒，裔遠也。禹曰：“若何而治青北，化九陽、奇怪之所際？”[⑦]皆四夷之遠國。際，至也。[⑧]

趙襄子之時，以任登爲中牟令，上計，言於襄子，曰：“中牟有士曰膽、[⑨]胥己，請見之。”襄子見而以爲中大夫。[⑩] 以，用

---

① “此”，原作“從”，據《二十二子》本改，畢沅曰：“注‘此’字疑衍。”於義爲勝。

② “請”，原作“謂”，據《二十二子》本改。

③ 《正誤》曰：“‘重塞’二字當叠。”是。

④ “故”，原作“固”，據《二十二子》本改。

⑤ “實”，原脱，據《二十二子》本補。

⑥ “燭照”，原漫漶不清，此據《二十二子》本。

⑦ 《札迻》曰：“‘青北’當作‘青丘’，‘奇怪’當作‘奇肱’。”於義爲勝。

⑧ “至”，原作“主”，據《二十二子》本改。

⑨ “膽”，《批校本》曰當作“中瞻”，是。

⑩ “見”下，《新校釋》曰當有“之”字，於義爲勝。

也。相國曰:“意者君耳而未之目耶?爲中大夫若此其見也,非晋國之故。”故,法。襄子曰:“吾舉登也,已耳而目之矣。登所舉,吾又耳而目之,①謂耳任登之名,目任登之實,登之所舉,豈復假耳目哉?是耳目人終無已也。”遂不復問而以爲中大夫。襄子何爲任人,②則賢者畢力。畢,盡也。人主之患,必在任人而不能用之,用之而與不知者議之也。絶江者托於船,致遠者托於驥,霸王者托於賢。伊尹、吕尚、管夷吾、百里奚,此霸王者之船、驥也。③ 釋父兄與子弟,非疏之也;言其父兄子弟不肖,不能爲霸王之船、驥,故釋之,非苟遠也。④ 任庖人、釣者與仇人、僕虜,非阿之也,持社稷、立功名之道不得不然也。庖人即伊尹,釣者即吕尚,仇人即管夷吾,⑤僕虜即百里奚之輩。非阿之,取其可以爲社稷功名之道。⑥ 猶大匠之爲宫室也,量小大而知材木矣,訾功丈一作“力”。而知人數矣。訾,相也。相功力丈尺而知用人數多少也。故小臣、吕尚聽,而天下知殷、周之王也;殷之盡,周之興。管夷吾、百里奚聽,一作“任”。而天下知齊、秦之霸也。⑦ 豈特驥遠哉?⑧ 夫成王霸者固有人,亡國者亦有人。桀用羊辛,⑨

---

① “之”下,原衍“矣”字,據《二十二子》本删。

② “子”下,《新校釋》曰當有“若”字,可備一説。

③ “者”,《舉正》曰“者”字衍,是。

④ “遠”下,《新校釋》曰疑當有“之”字。

⑤ “即”,原脱,據《二十二子》本補。

⑥ “之輩”至“之道”十六字,《新校釋》曰疑當作“用庖人、釣者之輩,非阿之,取其可以爲社稷功名之道,不得不用也”,可備一説。

⑦ “也”,原脱,據《二十二子》本補。

⑧ “豈特驥遠哉”,畢沅曰當作“豈特船驥哉”,《新校釋》曰當作“豈特船驥之絶江致遠哉”。

⑨ 《新校釋》曰:“‘羊辛’當作‘干辛’。”是。

紂用惡來，宋用駃唐，[1]齊用蘇秦，而天下知其亡。[2] 非其人而欲有功，譬之若夏至之日而欲夜之長也，射魚指天而欲發之當也，當，中。舜、禹猶若困，而況俗主乎？

## 知度

六曰：失之乎數，求之乎信，疑。失誠信之數，欲人信之，故疑。失之乎勢，求之乎國，危。失居上之勢以恃有國，故危也。吞舟之魚，陸處則不勝螻蟻。螻蟻食也。[3] 權鈞則不能相使，[4]勢等則不能相并，治亂齊則不能相正，故小大、輕重、少多、治亂不可不察，此察，知也。禍福之門也。凡冠帶之國，舟車之所通，通，達。不用象、譯、狄鞮，方三千里。《周禮·象胥》："掌蠻、[5]夷、閩、越、戎、狄之國使，傳通其言也。"東方曰羈，南方曰象，西方曰狄鞮，北方曰譯。《國語》所謂曰羈南三千里内，被服五常，華夏之盛明，胡不用象、譯、狄鞮也。[6] 古之王者擇天下之中而立國，國，千里之畿。擇國之中而立宮，擇宮之中而立廟。天下之地，方千里以爲國，所以極治任也。非不能大也，其大不若小，其多不若少。在德不在人。《傳》曰："楚子觀兵于周疆，[7]問鼎之大小輕重焉。王孫滿對曰：'在德不在鼎。德之休明，雖小，重；其奸回昏亂，雖大，輕。'"[8]是也。故曰"其大不若小，其多不若少"。衆封建，非以私賢

---

① "駃唐"，《二十二子》本作"唐鞅"，《新校釋》曰當作"唐鞅"。

② "知其"，原作"甚"，據《二十二子》本改。

③ "也"，《新校釋》曰當作"之"，於義爲勝。

④ "鈞"，原缺筆，誤作"釣"。

⑤ "掌"上，原衍"古"字，據《二十二子》本删。

⑥《正誤》曰："注'所謂'下脱'舌人'二字。其'曰羈南'三字因上文而衍也。'胡'字亦衍。"是。

⑦ "疆"，原作"彊"，據《二十二子》本改。

⑧ "在德"至"大輕"二十字，原作"在德之休明雖大輕"，據《二十二子》本改。

也，所以便勢全威，①衆，多。所以博義。義博利則無敵。② 無敵者安。故觀於上世，③其封建衆者其福長、其名彰。神農十七世有天下，與天下同之也。神農，炎帝也。農植嘉穀，化養兆民，天下號之曰"神農"。王者之封建也，彌近彌大，彌遠彌小，近國大，遠國小，強幹弱枝。海上有十里之諸侯。海上，四海之上，言遠也。十里，小國。以大使小，以重使輕，以衆使寡，此王者之所以家以完一作"室"。也。④ 家，室也。王者以天下爲家，故所以天下爲國。故曰以滕、費則勞，以鄒、魯則逸，滕、費小，故勞也。鄒、魯大，故逸也。以宋、鄭則猶倍日而馳也，倍日而馳，以行其威，易也。以齊、楚則舉而加綱旃而已矣。⑤ 齊、楚最大，舉綱紀加之於小國，無大勞，故曰"而已矣"。所用彌大，所欲彌易。用大使小，欲盡濟，故曰"彌易"。湯其無郼，武其無岐，⑥賢雖十全，不能成功。郼、岐，湯、武之本國。假令無之，賢雖十倍，不能以成功業。湯、武之賢而猶藉知乎勢，又況不及湯、武者乎？故以大畜小吉，以小畜大滅；滅，亡也。以重使輕從，從，順。以輕使重凶。凶，逆。自此觀之，夫欲定一世，安黔首之命，功名著乎槃盂，銘篆著乎壺鑑，其勢不厭尊，其實不厭多。多實尊勢，賢士制之，以遇亂世，王猶尚少。⑦ 以尊勢賢士之佐，遇亂世而王尚爲少。

天下之民，窮矣苦矣。民之窮苦彌甚，王者之彌易。苦紂

---

① "所以便勢全威"，《新校釋》曰當作"所以便勢，所以全威"，於義爲勝。

② "義博利則無敵"，《新校釋》曰當作："義博、威全、勢便則無敵。"可備一說。

③ "世"，原作"出"，據《二十二子》本改。

④ "此王者之所以家以完也"，《新校釋》曰疑此文當作："此王者之所以家，而國之所以完也。"可備一說。

⑤ "舉而加綱旃而已矣"，《新校釋》曰當作"舉綱加旃而已矣"，於義爲勝。

⑥ "岐"，原作"歧"，據《二十二子》本改，注亦同。

⑦ 《新校釋》曰："'尚'字當衍。"

之民紂之亂，①與武王陳其牧野，②倒矢而射，横戈而戰，武王由是彌易。凡王也者，窮苦之救也。水用舟，陸用車，塗用輴，沙用鳩，山用樏，因其勢也。者令行。③ 位尊者其教受，受，因。威立者其姦止，此畜人之道也。故以萬乘令乎千乘易，以千乘令乎一家易，以一家令乎一人易。嘗識及此，④雖堯、舜不能。不能以行其化。諸侯不欲臣於人而不得已，其勢不便，則奚以易臣？奚，何也。權輕重，審大小，多建封，所以便其勢也。王也者，勢也；⑤王也者，勢無敵也。勢有敵，則王者廢矣。有知小之愈於大、少之賢於多者，則知無敵矣。知無敵，則似類嫌疑之道遠矣。故先王之法，立天子不使諸侯疑焉，立諸侯不使大夫疑焉，立適子不使庶孽疑焉。尊卑皆有别。疑生爭，爭生亂，是故諸侯失位則天下亂，大夫無等則朝廷亂，妻妾不分則家室亂，適孽無别則宗族亂。慎子曰："今一兔走，百人逐之，慎子，名到，作《法書》四十一篇，在申不害、韓非前，申、韓稱之也。非一兔足爲百人分也，由未定。未定者，人欲望之也。由未定，堯且屈力，而況衆人乎？屈，竭也。積兔滿市，行者不顧，顧，視。非不欲兔也，分已定矣。分已定，人雖鄙不爭。故治天下及國，在乎定分而已矣。"分土畫界，各守其封，故定分也。⑥ 莊王圍宋九月，莊王，楚穆王子，⑦共王父也。圍宋在魯宣十五年。康

---

①《遺詛》曰："疑'之'下脱一'王'字耳。又高注'苦紂之民紂之亂'，'苦'字應乙轉在'民'字下。"於義爲勝。

②"其"，《集釋》作"兵"，是。

③"者令行"，畢沅曰似當作"因其勢者其令行"，於義爲勝。

④"嘗識及此"，畢沅曰疑當作"嘗試反此"，是。

⑤《新校釋》曰："'王也者勢也'乃因下而複衍。"

⑥《畢校補正》曰："'故'下當有'曰'字。"

⑦"穆"，原漫漶不清，此據《二十二子》本。

王圍宋五月，康王，楚共王審之子，莊王之孫也。宋君病，不以告，故不書於《經》。聲王圍宋十月，聲王，楚惠王熊章之孫，簡王之子，在春秋後。楚三圍宋矣而不能亡，非不可亡也，以宋攻楚，①奚時止矣？宋無德，楚亦無德，故曰"以宋攻楚"也。凡功之立也，賢不肖、強弱、治亂異也。齊簡公有臣曰諸御鞅，諫於簡公，曰："陳成常與宰予，②之二臣者甚相憎也，簡公，悼公陽生之子壬也。③陳成常，陳乞之子恒也。④宰予，字子我。臣恐其相攻也。相攻唯固則危上矣，願君之去一人也。"相憎不可並也，故願去一人。簡公曰："非而一作"汝"。⑤細人所能識一作"議"。也。"居無幾何，陳成常果攻宰予於庭，即簡公於廟。簡公喟焉太息曰："余不能用鞅之言以至此患也。"失其數，無其勢，雖悔無聽鞅也與無悔同，悔，恨。是不知恃可恃而恃不恃也。周鼎著象，爲其理之通也。理通，君道也。

## 慎勢

七曰：聽群衆人議以治國，⑥國危無日矣。聽，從也。聽從衆人之議，人心不同如其面焉，故國不能安寧也。《詩》曰："如彼築室于道謀，是用不潰于成。"此之謂也。何以知其然也？老耽貴柔，孔子貴仁，墨翟貴廉，關尹貴清，關尹，關正也，名喜，作《道書》九篇，

---

① "以宋攻楚"，《新校釋》曰"當作'以宋攻宋，以楚攻楚'，高注亦同"，可備一說。

② 《校補》曰："'成'是謚，當衍。"是。

③ "壬"，原作"王子"，據《二十二子》本改。

④ "恒"，原缺筆。

⑤ "一"，原爲空格，據元刻明修本補。

⑥ "人"，《新校釋》曰疑當作"之"。

能相風角，知將有神人而老子到，喜説之，請著《上至經》五千言而從之游也。① 子列子貴虚，體道人也，壺子弟子。陳駢貴齊，陳駢，齊人也，作《道書》二十五篇，②貴齊，齊死生、等古今也。陽生貴己，輕天下而貴己。《孟子》曰："陽子拔體一毛以利天下弗爲也。"孫臏貴勢，孫臏，楚人，爲齊臣，作《謀》八十九篇，權之勢也。王廖貴先，兒良貴後。③王廖謀兵事貴先建策也。④ 兒良作兵謀貴後。有金鼓，⑤所以一耳。金，鍾也。擊金則退，擊鼓則進。必同法令，⑥所以一心也。智者不得巧，愚者不得拙，所以一衆也；勇者不得先，懼者不得後，所以一力也。故一則治，異則亂；一則安，異則危。夫能齊萬不同，愚智工拙皆盡力竭能，如出乎一穴一作"空"。者，其唯聖人矣乎！無術之智、不教之能而恃強速貫習，不足以成也。

## 不二

八曰：天地陰陽不革而成萬物不同。革，改也。不同，區以别也。目不失其明而見白黑之殊，耳不失其聽而聞清濁之聲。⑦ 清，商。濁，宫。王者執一而爲萬物正。一者平。正者主。軍必有將所以一之也，將，主。國必有君所以一之也，天下必有天子所以一之也，天子必執一所以摶之也。一則治，兩則亂。今御驪馬者，⑧使四人，人操一策，則不可以出於門閭

---

①《新校釋》曰："'上至經'疑本作'上言至德經'，'五千言'三字爲後人所加，當删。"

② "二"，原作"一"，據《二十二子》本改。

③ "後"下，《二十二子》本有"此十人者皆天下之豪士也"十一字。

④ "策"，原作"茡"，據《二十二子》本改。

⑤ "有"，《新校釋》曰當作"置"。

⑥《高注補正》曰："'必'當作'也'，屬上爲句。"是。

⑦ "聽"，《正誤》曰當作"聰"。

⑧ "今"，原作"令"，據《二十二子》本改。

者，不一也。驪馬，騑馬也。在中曰服，在邊曰騑。策，轡策也。御四馬者六轡，乃四人持，故曰“不一”。楚王問爲國於詹子，詹何，隱者。詹子對曰：“何聞爲身，不聞爲國。”身治國亂，未之有也，故曰“爲身”。詹子豈以國可無爲哉？以爲爲國之本在於爲身，身爲而家爲，家爲而國爲，國爲而天下爲。故曰以身爲家，以家爲國，以國爲天下。爲，治。此四者異位同本。故聖人之事，廣之則極宇宙、窮日月，窮亦極也。約之則無出乎身者也。慈親不能傳於子，忠臣不能入於君，唯有其材者爲近之。近猶知也。田駢以道術説齊，①齊王應之曰：“寡人所有者齊國也，願聞齊國之政。”田駢對曰：“臣之言，無政而可以得政。譬之若林木，無材而可以得材。材從林生。願王之自取齊國之政也。”駢猶淺言之也，博言之，豈獨齊國之政哉？變化應來而皆有章，因性任物而莫不宜當。當，合。彭祖以壽，三代以昌，彭祖，殷賢大夫，治性，②壽益七百。《論語》曰：“竊比於我老彭。”此之謂也。三代，夏、殷、周，以治性而昌盛。五帝以昭，神農以鴻。五帝，黄帝軒轅、顓頊高陽、帝嚳高辛、帝堯陶唐、帝舜有虞。神農炎帝，三皇之一也。皆以治世體道。昭，明。鴻，盛也。

吴起謂商文曰：“事君果有命矣夫！”吴起，衛人，爲楚將，又相魏，爲西河太守。③ 商文，蓋魏臣也。商文曰：“何謂也？”吴起曰：“治四境之内，成馴教，變習俗，使君臣有義，父子有序，子與我孰賢？”商文曰：“吾不若子。”若，如也。曰：“今日置質爲臣，其主安重；置猶委也。今日釋璽辭官，其主安輕，子與我孰賢？”商文曰：“吾不若子。”子謂吴起。曰：“士馬成列，馬與人

① “齊”下，《斠補》曰當有“王”字，是。
② “殷賢大夫治性”，原作“殷賢大大治性”，據元刻明修本改。
③ “爲”，原作“焉”，據《二十二子》本改。

敵,人在馬前,援枹一鼓,使三軍之士樂死若生,子與我孰賢?"商文曰:"吾不若子。"吴起曰:"三者,子皆不吾若也,位則在吾上,命也夫事君!"言事君由天命。商文曰:"善。子問我,我亦問子。世變主少,群臣相疑,黔首不定,[1]屬之子乎?屬之我乎?"吴起默然不對,少選,曰:"與子。"少選,須臾也。與猶歸。商文曰:"是吾所以加於子之上已。"吴起見其所以長,[2]而不見其所以短;知其所以賢,而不知其所以不肖,故勝於西河而困於王錯,王錯譖之於武侯,故曰"困於王錯"。傾造大難,身不得死焉。大難,車裂之難。夫吴勝於齊吴王夫差破齊於艾陵。[3] 而不勝於越,越王句踐破吴王夫差於五湖。齊勝於宋齊宣王伐宋而勝。而不勝於燕,燕昭使樂毅伐齊,下其城七十二也。故凡能全國完身者,其唯知長短嬴絀之化邪?

## 執一

---

① "定"下,《新校釋》曰當有"當此之時"四字,於義爲勝。
② "吴",原作"矣",據《二十二子》本改。
③ "艾",原脱,據《二十二子》本補。

# 卷第十八

呂氏春秋訓解　高氏

## 審應覽第六　重言　精諭　離謂　淫辭　不屈　應言　具備

一曰：人主出聲應容，不可不審。凡主有識，言不欲先，《淮南記》曰："先唱者窮之路，後動者達之原也。"故言動欲後。人唱我和，人先我隨，以其出爲之入，以其言爲之名，取其實以責其名。實，德行之實也。名，德行之名也。虛稱不可以爲致，①顯實難以詐成，故以其實考責其名也。則説者不敢妄言，其爲名實不相當也。而人主之所執其要矣。要，約也。

孔思請行，魯君曰："天下主亦猶寡人也，將焉之？"孔思，子思，伯魚之子也。行，去。之，佗也。② 孔思對曰："蓋聞君子猶鳥也，駭則舉。"魯君曰："主不肖而皆以然也，違不肖、過不肖而自以爲能論天下之主乎？"凡鳥之舉也，去駭從不駭。駭，擾也。去駭從不駭，未可知也。去駭從駭則鳥曷爲舉矣？孔思

---

① "虛稱不可以爲致"，《二十二子》本作"蓋虛名可以僞致"，《新校釋》作"虛稱可以爲致"。

② "佗"，《集釋》曰當作"往"，於義爲勝。

之對魯君也亦過矣。[①] 魏惠王使人謂韓昭侯曰:“夫鄭乃韓氏亡之也,願君之封其後也,惠王,魏武侯子也,孟子所見梁惠王也。韓哀侯滅鄭,初兼其國。昭侯,哀侯之孫也,故適使封鄭之後。此所謂存亡繼絶之義,君若封之,則大名。”昭侯患之。公子食我曰:“臣請往對之。”公子食我至於魏,見魏王,曰:“大國命弊邑封鄭之後,弊邑不敢當也。弊邑爲大國所患,昔出公之後聲氏爲晋公拘於銅鞮,大國弗憐也。而使弊邑存亡繼絶,弊邑不敢當也。”大國,謂魏國也。言韓當爲大國所憂。出公、聲氏,韓之先君也,曾爲晋公所執於銅鞮,魏國不救,故曰大國不憐也。欲使韓封鄭之後,故曰“弊邑不敢當也”。[②] 魏王慚曰:“固非寡人之志也,客請勿復言。”言封鄭非寡人意也,故令客勿復言也。是舉不義以行不義也。魏王雖無以應,韓之爲不義愈益厚也。厚,多也。公子食我之辯適足以飾非遂過。飾好其非,遂成其過。魏昭王問於田詘曰:“寡人之在東宫之時,昭王,襄王之子也。東宫,世子也。《詩》云:“東宫之妹,邢侯之姨。”[③]聞先生之議曰:‘爲聖易。’有諸乎?”有是言不?[④] 田詘對曰:“臣之所舉也。”言有是言。昭王曰:“然則先生聖于?”于,乎也。田詘對曰:“未有功而知其聖也,是堯之知舜也;待其功而後知其舜也,是市人之知聖也。[⑤] 今詘未有功而王問詘曰‘若聖乎’,敢問王亦其堯邪?”昭王無以應。田詘之對,昭王固非曰“我知聖也”耳,[⑥]問曰

---

① “孔思之對魯君”,《新校釋》曰當作“魯君之對孔思”,可備一説。

② “也”,原作“之”,據《二十二子》本改。

③ “邢”,原作“刑”,據《二十二子》本改。

④ “不”下,原衍“可”字,據《二十二子》本删。

⑤ “待其”至“聖也”十六字,《新校釋》曰當作“待其有功而後知其聖也,是市人之知舜也”,是。

⑥ “耳”,《新校釋》曰當作“且”,下屬爲句,於義爲勝。

“先生其聖乎”，己因以知聖對昭王，己，謂田詘。昭王有非其有，田詘不察。察，知也。

趙惠王謂公孫龍曰：“寡人事偃兵十餘年矣而不成，兵不可偃乎？”惠王，趙襄子後七世武靈王之子，①吴姬所生。事，治。偃，止也。公孫龍對曰：“偃兵之意，兼愛天下之心也。兼愛天下，不可以虚名爲也，必有其實。虚，空。實，誠。今藺、離石入秦二縣叛趙自入於秦也，今屬西河。而王縞素布總，②縞素布總，喪國之服。③ 東攻齊得城而王加膳置酒。得國之樂也。言王不兼愛也。秦得地而王布總，秦得藺、離石也。齊亡地而王加膳，置酒而爲歡。所非兼愛之心也。此偃兵之所以不成也。”今有人於此，無禮慢易而求敬，阿黨不公而求令，煩號數變而求静，暴戾貪得而求定，雖黄帝猶若困。困，不能諧。衛嗣君欲重税以聚粟，民弗安，以告薄疑曰：“民甚愚矣。嗣君，蒯聵後八世平侯之子也，④秦貶其號爲君。薄疑，其臣也，故以重税告之，謂民爲愚。夫聚粟也，將以爲民也。其自藏之與在於上奚擇？”言民自藏粟於家與藏之於官何擇。擇，失也。⑤ 薄疑曰：“不然。其在於民而君弗知，知猶得也。其不如在上也；爲官言，不如其在上。上，謂官。其在於上而民弗知，其不如在民也。”爲民言，不如在於民。凡聽必反諸己，審則令無不聽矣。聽，從。國久則固，⑥固則難亡。今虞、夏、殷、周無存者，皆不知反諸己也。公子沓相周，申向説之而戰。申向，周人，申不害之族也。爲公子沓相，説見公子而戰。

---

① “靈”，原作“陵”，據《二十二子》本改。
② “布總”，原作“出總”，校云“‘出’一作‘布’”，據《二十二子》本改，下同。
③ “國”，原漫漶不清，此據《二十二子》本。
④ “後”下，原衍“也”字，據《二十二子》本删。
⑤ 畢沅曰：“‘失也’似當作‘異也’。”於義爲勝。
⑥ “久”，《新校釋》曰當作“反”，可備一説。

戰.懼也。公子沓訾之曰:"申子説我而戰,爲吾相也夫?"訾,毀也。説我,我説之也,而戰懼。毀之,言不任爲吾相也夫。不滿之辭。申向曰:"向則不肖。雖然,公子年二十而相,見老者而使之戰,請問孰病哉?"孰,誰也。公子沓無以應。應,答也。戰者,不習也。不慣習見尊者,故懼而戰。使人戰者,嚴駔也。嚴,尊。駔,驕。意者恭節而人猶戰,任不在貴者矣。故人雖時有自失者,猶無以易恭節。自失不足以難,以嚴駔則可。言以嚴駔者,失則可也。①

## 審應

二曰:人主之言,不可不慎。高宗,天子也,即位諒闇,三年不言。高宗,殷王盤庚之弟小乙之子也,德義高美,殷人尊之,故曰高宗。諒闇三年不言,在小乙之喪也。《論語》曰:"高宗諒闇,三年不言,何謂也?孔子曰:'古之人皆然。君薨,百官總己,聽於冢宰三年。'"此之謂也。卿大夫恐懼,患之。患,憂。高宗乃言曰:"以余一人正四方,余唯恐言之不類也,茲故不言。"類,善。茲,此。古之天子其重言如此,故言無遺者。遺,失也。成王與唐叔虞燕居,援梧葉以爲珪而授唐叔虞,曰:"余以此封女。"削桐葉以爲珪,冒以授叔虞。《周禮》:"侯執信圭,七寸。"故曰"余以此封女"。叔虞喜,以告周公。周公以請曰:"天子其封虞邪?"成王曰:"余一人與虞戲也。"戲,不誠也。周公對曰:"臣聞之,天子無戲言。天子言,則史書之,工誦之,士稱之。"於是遂封叔虞于晉。②叔虞,成王之母弟也。《傳》曰:"當武王邑姜方娠太叔,夢天帝謂己曰:

---

① 《新校釋》曰:"疑高注'可'下脱'難'字。"

② "遂"下,《新校釋》曰當有"唐"字,可備一説。

‘余命而子曰虞，將與之唐。’①及生，有文在其手曰‘虞’，遂以命之。及成王滅唐而封太叔爲晋侯。”此之謂也。周公旦可謂善説矣，一稱而令成王益重言，明愛弟之義，有輔王室之固。輔，正。

荆莊王立三年，②不聽而好讔。莊王，楚繆王商臣之子旅也。讔，謬言。成公賈入諫，王曰：“不穀禁諫者，今子諫，何故？”禁，止也。對曰：“臣非敢諫也，願與君王讔也。”王曰：“胡不設不穀矣？”③設，施也。④何不施讔言於不穀也。對曰：“有鳥止于南方之阜，三年不動不飛不鳴，是何鳥也？”王射之使王射不動不鳴何意也。曰：“有鳥止於南方之阜，其三年不動，將以定志意也；其不飛，將以長羽翼也；其不鳴，將以覽民則也。覽，觀。是鳥雖無飛，飛將沖天。雖無鳴，鳴將駭人。沖，至也。駭，驚。賈出矣，不穀知之矣。”明日朝，所進者五人，所退者十人。群臣大説，荆國之衆相賀也。故《詩》曰：“何其久也，必有以也；何其處也，必有與也。”其莊王之謂邪？成公賈之讔也，賢於太宰嚭之説也。太宰嚭之説，聽乎夫差而吴國爲墟。嚭，晋柏州犁之子。州犁奔楚，⑤嚭自楚之吴，以爲太宰。成公賈之讔，喻乎荆王而荆國以霸。莊王霸。

齊桓公與管仲謀伐莒，謀未發而聞於國。發，行。聞，知。桓公怪之曰：“與仲父謀伐莒，謀未發而聞於國，其故何也？”管仲曰：“國必有聖人也。”桓公曰：“嘻！日之役者，有執蹠痡而上視者，蹠，逾。意者其是耶？”乃令復役，無得相代。少頃，

① “唐”，原作“虞”，據《二十二子》本改。
② “立”下，《批校本》曰當有“政”字，可備一説。
③ “胡不設不穀矣”，《新校釋》曰疑當作“胡不設讔言於不穀矣”，可備一説。
④ “設施”，原誤倒，據《二十二子》本乙正。
⑤ “州”，原作“世”，據元刻明修本改。

東郭牙至。管仲曰："此必是已。"乃令賓者延之而上，分級而立。延，引。級，階陛。管子曰：[1]"子邪，言伐莒者？"對曰："然。"子，謂東郭牙。牙曰"然"也。[2] 管仲曰："我不言伐莒，子何故言伐莒？"對曰："臣聞君子善謀，小人善意。臣竊意之也。"管仲曰："我不言伐莒，子何以意之？"對曰："臣聞君子有三色：顯然喜樂者，[3]鍾鼓之色也；湫然清靜者，衰絰之色也；艴然充盈手足矜者，兵革之色也。矜，嚴也。日者臣望君之在臺上也，艴然充盈手足矜者，此兵革之色也。君呿而不吟，呿，開。吟，閉。所言者'莒'也。君舉臂而指，所當者莒也。臣竊以慮諸侯之不服者其惟莒乎，臣故言之。"凡耳之聞以聲也，今不聞其聲而以其容與臂，是東郭牙不以耳聽而聞也。桓公、管仲唯善匿，弗能隱矣。匿，藏。隱，蔽。故聖人聽於無聲，視於無形，詹何、田子方、老耽是也。詹何，體道人也。田子方，學於子貢，尚賢仁而貴禮義，魏文侯友之。老耽，學於無爲而貴道德，[4]周史伯陽也，三川竭，知周將亡，孔子師之也。

## 重言

三曰：聖人相諭不待言，有先言言者也。[5] 海上之人有好蜻者，每居海上，[6]從蜻游，蜻之至者百數而不止，前後左右盡蜻也，蜻，蜻蜓，小蟲，細腰四翅，一名白宿。終日玩之而不去。

---

① 畢沅曰："'管子'亦當作'管仲'。"是。
② "牙"，原脱，據《二十二子》本補。
③ "喜"，原作"善"，據《二十二子》本改。
④ "道"，原作"導"，據元刻明修本改。
⑤ 下"言"，《遺誼》曰當作"諭"，於義爲勝。
⑥ "每"下，《新校釋》曰當有"朝"字，於義爲勝。

玩,弄。其父告之曰:“聞蜻皆從女居,居,所。① 取而來,吾將玩之。”明日之海上而蜻無至者矣。勝書説周公旦曰:“廷小人衆,徐言則不聞,疾言則人知之,徐言乎?疾言乎?”周公旦曰:“徐言。”勝書曰:“有事於此,而精言之而不明,勿言之而不成,精言乎?勿言乎?”精,微。勿,無。周公旦曰:“勿言。”故勝書能以不言説而周公旦能以不言聽,此之謂不言之聽。不言之謀,不聞之事,殷雖惡周,不能疵矣。疵,病。口唔不言,以精相告,紂雖多心,弗能知矣。紂多惡周之心,不能知周必病。目視於無形,耳聽於無聲,商聞雖衆,弗能窺矣。窺猶見。同惡同好,志皆有欲,雖爲天子,弗能離矣。孔子見温伯雪子,不言而出。伯雪子,得道人。子貢曰:“夫子之欲見温伯雪子好矣,今也見之而不言,其故何也?”孔子曰:“若夫人者,目擊一作“解”。而道存矣,不可以容聲矣。”故未見其人而知其志,見其人而心與志皆見,天符同也。符,道也。同,合也。聖人之相知,豈待言哉?白公問於孔子曰:“人可與微言乎?”孔子不應。白公,楚平王之孫,太子建之子勝也。白,楚縣也。楚僭稱王,守縣大夫皆稱公。太子建爲費無極所譖,②出奔鄭,與晋通謀,欲反鄭於晋,鄭人殺之。勝與庶父令尹子西、③司馬子期伐鄭,報父之仇,許而未行。晋人伐鄭,子西、子期率師救鄭。勝怒曰:“鄭人在此,④讎不遠矣。”欲殺子西、子期,故問微言。微言,陰謀密事也。孔子知之,故不應之。白公曰:“若以石投水,奚若?”喻微言若石沈没水中,人不知。孔子曰:“没人能取之。”没行水中之人能取之。白公曰:“若以水投水,奚

---

① “居所”,《新校釋》曰疑當作“居,所止也”,於義爲勝。
② “太”,原脱,據《二十二子》本補。
③ “與”,畢沅曰當作“請”,於義爲勝。
④ “此”,原作“比”,據《二十二子》本改。

若?”孔子曰:“淄、澠之合者,易牙嘗而知之。”淄、澠,齊之兩水名也。易牙,齊桓公識味臣也,能别淄、澠之味也。白公曰:“然則人不可與微言乎?”孔子曰:“胡爲不可? 唯知言之謂者爲可耳。”知言,言仁言義。言忠信仁義大行於民,民欣而戴之則可用也。① 白公弗得也。弗得,不得知言之言。② 知謂則不以言矣。③ 不欲白公以微言言。言者,謂之屬也。謂不仁不義之言。求魚者濡,爭獸者趨,④非樂之也。故至言去言,去不仁不義之言。至爲無爲。至德之人,爲乃無爲。無爲因天無爲,天無爲而萬物成,乃有爲也,故至德之人能體之也。淺智者之所爭則末矣。此白公之所以死於法室。末,小也。白公不能蹈無爲,遂行其志,殺子西、子期而有荆國。葉公子高率方城外衆,攻白公,九日而殺之法室。⑤ 法室,司寇也,一曰,浴室,澡浴之室也。

齊桓公合諸侯,合,會也。衛人後至。公朝而與管仲謀伐衛,退朝而入。衛姬望見君,下堂再拜,請衛君之罪。公曰:“吾於衛無故,子曷爲請?”對曰:“妾望君之入也足高氣強,有伐國之志也。見妾而有動色,伐衛也。”明日君朝,揖管仲而進之。管仲曰:“君舍衛乎?”公曰:“仲父安識之?”管仲曰:“君之揖朝也恭而言也徐,見臣而有慚色,臣是以知之。”君曰:“善。仲父治外,夫人治内,寡人知終不爲諸侯笑矣。”桓公之所以匿者不言也,今管子乃以容貌音聲,夫人乃以行步氣志,桓公雖不言,若暗夜而燭燎也。晉襄公使人於周曰:

---

① “則”,原作“别”,據《二十二子》本改。

② “不得知言之言”,《新校釋》曰當作“不得言之謂”,於義爲勝。

③ 《札記》曰:“‘不以言’下當叠‘言’字。”是。

④ “求魚者濡爭獸者趨”,《新校釋》曰當作“爭魚者濡,逐獸者趨”,可備一說。

⑤ “九日”,《新校釋》曰當作“十九日”,可備一說。

“弊邑寡君寢疾，卜以守龜曰：‘三塗爲祟。’弊邑寡君使下臣願藉途而祈福焉。”三塗之山，陸渾之南，故假道於周也。襄公，文公之子驩也。按《春秋經》，襄公以魯僖三十三年即位，至魯文公六年卒，無卜三塗爲祟之言也。魯昭十七年《傳》曰：“晋侯使屠蒯如周，請事於洛與三塗。① 萇弘謂劉子：‘客容猛，②非祥也，其伐戎乎？陸渾睦於楚，③必是故也。君其備之。’乃儆戎備。④ 九月丁卯，晋荀吴帥師涉自棘津，⑤使祭史先用牲于洛，⑥陸渾人不知師從之。庚午，遂滅陸渾，數之以自二於楚也。”計襄公卒至此，乃九十六年，曆世亡失。⑦ 按《傳》，晋頃公也，⑧此云襄公，復妄言也。天子許之。天子，周景王子。⑨ 朝，禮使者事畢，客出。萇弘謂劉康公曰：“夫祈福於三塗而受禮於天子，此柔嘉之事也而客武色，⑩殆有他事，願公備之也。”晋襄公，周襄王時也。萇弘乃景王、敬王之大夫，春秋之末也。以世推之，當爲晋頃公，其不得爲襄公明矣。⑪ 劉康公乃儆戎車卒士以待之。晋果使祭事先，因令楊子將卒十二萬而隨之，涉於棘津，襲聊、阮、梁蠻氏，滅三國焉。此形名不相當，聖人之所察也，萇弘則審矣。故言不足以斷小事，⑫唯知言

① “三塗”，原脱，據《二十二子》本補。
② “客”，原脱，據《二十二子》本補。
③ “睦”，原作“二”，據《二十二子》本改。
④ “備”，原脱，據《二十二子》本補。
⑤ “荀吴”，原作“曷”，據《二十二子》本改。
⑥ “史”，原作“吏”，據《二十二子》本改。
⑦ “失”，原作“矣”，據《二十二子》本改。
⑧ “頃”，原作“傾”，據《二十二子》本改。
⑨《新校釋》曰“疑此注末‘子’字係下文之正文，下文疑當作‘天子朝’”，可備一説。
⑩ “柔”，原作“矛”，據《二十二子》本改。
⑪ “其”，原脱，據《二十二子》本補。“公”，原作“王”，據《二十二子》本改。
⑫《札記》曰：“‘小’字當衍。”是。

之謂者可爲。①

## 精諭

四曰：言者，以諭意也。言意相離，凶也。亂國之俗，甚多流言而不顧其實，務以相毁，務以相譽，毁譽一本作"巧辭"。成黨，衆口熏天，熏，感動也。賢不肖不分。以此治國，賢主猶惑之也，分，别。惑，疑。又況乎不肖者乎？惑者之患，不自以爲惑，故惑惑之中有曉焉，冥冥之中有昭焉。亡國之主不自以爲惑，故與桀、紂、幽、厲皆也。然有亡者國，無二道矣。

鄭國多相縣以書者，子産令無縣書，鄧析致之；子産令無致書，鄧析倚之。令無窮，則鄧析應之亦無窮矣，是可不可無辨也。辨，别。可不可無辨而以賞罰，其罰愈疾，其亂愈疾，此爲國之禁也。爲，治。禁，法。② 故辨而不當理則僞，僞，巧也。知而不當理則詐，詐僞之民，先王之所誅也。理也者，是非之宗也。③ 宗，本也。洧水甚大，鄭之富人有溺者。人得其死者，富人請贖之，其人求金甚多，以告鄧析。鄧析曰："安之。人必莫之賣矣。"得死者患之，以告鄧析。鄧析又答之曰："安之。此必無所更買矣。"夫傷忠臣者有似於此也，夫無功不得民則以其無功不得民傷之，有功得民則又以其有功得民傷之。此鄧析之讒辨，所以車裂而死。人主之無度者無以知此，豈不悲哉？比干、萇弘以此死，以世詭辨，反白爲黑而主不知，故死。箕子、商容以此窮，箕子，紂之庶父也。商容，紂時賢人，老子所從學

① "可爲"，《批校本》曰當作"爲可"，是。
② "法"下，《新校釋》曰當有"禁"字，是。
③ 《新校釋》曰："'理也者，是非之宗也'，當在上文'故辨而不當理'上，文義乃順。"是。

者也。以主不知,故窮。周公、召公以此疑,以管、蔡流言,故疑也。《論語》曰:"雖有周親,不如仁人。"此之謂也。① 范蠡、子胥以此流,流,放。死生存亡安危從此生矣。此讒辨無理若鄧析。子産治鄭,鄧析務難之,與民之有獄者約,大獄一衣,小獄襦褲。一作"裈",下同。② 民之獻衣、襦褲而學訟者,不可勝數。以非爲是,以是爲非,是非無度而可與不可日一作"因"。變。所欲勝因勝,所欲罪因罪。鄭國大亂,民口歡嘩。子産患之,③於是殺鄧析而戮之,民心乃服,是非乃定,法律乃行。今世之人多欲治其國而莫之誅鄧析之類,有如鄧析者無能誅。此所以欲治而愈亂也。

齊有事人者,所事有難而弗死也,遇故人於塗。故人曰:"固不死乎?"對曰:"然。凡事人以爲利也。死不利,故不死。"故人曰:"子尚可以見人乎?"對曰:"子以死爲顧可以見人乎?"顧,反。是者數傳。不死於其君長,大不義也,其辭猶不可服,辭之不足以斷事也明矣。夫辭者,意之表也。鑑其表而棄其意,悖。悖,惑。故古之人得其意則舍其言矣。聽言者,以言觀意也。聽言而意不可知,其與橋言無擇。橋,戾也。擇猶異。齊人有淳于髡者,以從説魏王。魏王辯之,關東六國爲從也。魏王以爲辯達。約車十乘,將使之荆。辭而行,有以横説魏王,魏王乃止其行。關西爲横。髡以合關東從爲未足,復説欲連關西之横,王多其言,故輟不使行之也。失從之意,又失横之事。夫其多能,不若寡能。寡,少。其有辯,不若無辯。周鼎著倕而齕其指,先生有以見大巧之不可爲也。倕,堯之巧工也,以巧

① "之",原作"言",據《二十二子》本改。
② "一作裈下同",《二十二子》本無此五字。
③ 《新校釋》曰:"疑此上文'子産'皆當作'子然'。"

聞天下。周家鑄鼎，著倕於鼎，使自嚙其指，明不當大巧爲也。① 一説，周鑄鼎象百物，技巧絶殊，假令倕見之則自銜嚙其指，不能復爲，故言大巧之不可爲也。

## 離謂

五曰：非辭無以相期，從辭則亂。亂辭之中又有辭焉，②心之謂也。言不欺心則近之矣。凡言者以諭心也，言心相離而上無以參之，則下多所言非所行也、所行非所言也。③ 言行相詭，不祥莫大焉。

空雄之遇，秦、趙相與約。空雄，地名。遇，會也。約，盟。約曰：④"自今以來，秦之所欲爲，趙助之；趙之所欲爲，秦助之。"居無幾何，秦興兵攻魏，趙欲救之。秦王不説，使人讓趙王曰："約曰：'秦之所欲爲，趙助之；趙之所欲爲，秦助之。'今秦欲攻魏而趙因欲救之，此非約也。"趙王以告平原君。趙王，趙惠王也。平原君，趙公子勝也。⑤ 平原君以告公孫龍。公孫龍曰："亦可以發使而讓秦王曰：'趙欲救之，今秦王獨不助趙，此非約也。'"孔穿、公孫龍相與論於平原君所，深而辯，至於藏三牙。公孫龍言藏之三牙甚辯，公孫龍、孔穿，皆辯士也。論，相易奪也。龍言藏之三牙。辯，説也。若乘白馬禁不得度關，因言馬白非白馬，此之類也，故曰"甚辯"也。孔穿不應，少選，辭而出。少選，須臾。明日，孔穿朝。朝，見也。平原君謂孔穿曰："昔者公孫龍之言甚辯。"昔，昨日也。甚辯，謂藏三牙之説也。孔穿曰："然。

---

① "爲"，原作"僞"，據《二十二子》本改。
② 《正誤》曰："'亂辭'，'亂'字因上句而衍。"是。
③ "所行"，原脱，據《二十二子》本補。
④ 《讀呂札記》曰："'約'字不當重。"於義爲勝。
⑤ "勝"下，原衍"孫"字，據《二十二子》本删。

幾能令藏三牙矣。雖然,難。言藏三牙之說近難成也。① 願得有問於君,謂藏三牙甚難而實非也,謂藏兩牙甚易而實是也,難易之說未聞。不知君將從易而是者乎?② 將從難而非者乎?"平原君不應。明日,謂公孫龍曰:"公無與孔穿辯。"辯,相易奪也。

荆柱國莊伯柱國,官名,若秦之有相國。令其父視。曰:"日在天。""視其奚如?"曰:"正圓。""視其時。""日當今。"令謁者駕。曰:"無馬。"令涓人取冠。"進上。"問馬齒,圉人曰:"齒十二與牙三十。"③馬上下齒十二,牙上下十八,合爲三十。謂若公孫龍滅去其三牙,多而偏,不可均,故難也;藏去其二,少而均,故易。人有任臣不亡者,臣亡,莊伯決之,任者無罪。斷之便無罪,④析言破律之刑。宋有澄子者,亡緇衣,求之塗,塗,道也。見婦人衣緇衣,援而弗舍,欲取其衣,曰:"今者我亡緇衣。"婦人曰:"公雖亡緇衣,此實一作"真"。吾所自爲也。"澄子曰:"子不如速與我衣。昔吾所亡者紡緇也,今子之衣禪緇也,以禪緇當紡緇,子豈不得哉?"得猶便也。澄子横認路婦緇衣,計其禪與紡以爲便,非其理也,言宋亂無法也。

宋王謂其相唐鞅曰:"寡人所殺戮者衆矣,而群臣愈不畏,其故何也?"宋王,康王也。言何故不畏我。唐鞅對曰:"王之所罪盡不善者也,罪不善,善者故爲不畏。王欲群臣之畏也,不若無辨其善與不善而時罪之,若此,則群臣畏矣。"居無幾

① "近",原漫漶不清,此據《二十二子》本。

② "是"下,原衍"也"字,據《二十二子》本删。

③ "荆柱"至"三十"五十三字,《新校釋》曰當作"荆柱國莊伯令其父'視日',曰'在天';'視其奚如'? 曰'正圓';'視其時',曰'當今'。令謁者'駕',曰'無馬'。令涓人'取冠',曰'進上'。問'馬齒',圉人曰'齒十二與牙三十'",於義爲勝。

④ 畢沅曰:"'便'似當作'使'。"

何，宋君殺唐鞅。唐鞅之對也，不若無對。鞅令宋王善與不善皆罪之以立威，王是以殺唐鞅，故曰唐鞅之對，不若無對。惠子爲魏惠王爲法，爲法已成，以示諸民人，一作"良人"。民人皆善之。惠子，惠施，宋人也，仕魏，爲惠王相也，孟子所見梁惠王也。獻之惠王，惠王善之，以示翟翦。翟翦曰："善也。"翟翦，翟黄之後也。惠王曰："可行耶？"翟翦曰："不可。"惠王曰："善而不可行，何故？"翟翦對曰："今舉大木者前呼輿謣後亦應之，此其於舉大木者善矣，"輿謣"或作"邪謣"。前人倡後人和，舉重勸力之歌聲也。豈無鄭、衛之音哉？然不若此其宜也。鄭、衛之音皆新聲，非雅樂，凡人所説也，不如呼"輿謣"宜於舉大木也。夫國亦木之大者也。"言惠子之法，若鄭、衛之音，宜於衆人之耳，於治國之法，未可用也，故曰"善而不可行"也。

## 淫辭

六曰：察士以爲得道則未也。雖然，其應物也，辭難窮矣。辭雖一作"難"。窮，其爲禍福猶未可知。猶，尚也。察而以達理明義則察爲福矣，察而以飾非惑愚則察爲禍矣。惑，誤。古者之貴善御也，以逐暴禁邪也。魏惠王謂惠子曰："上世之有國必賢者也，[1]今寡人實不若先生，願得傳國。"傳，授。惠子辭。謝不受之。王又固請曰："寡人莫有之國於此者也，而傳之賢者，民之貪爭之心止矣。欲先生之以此聽寡人也。"聽，從。惠子曰："若王之言，則施不可而聽矣。王固萬乘之主也，以國與人猶尚可。[2] 今施，布衣也，可以有萬乘之國而辭

---

① 《集釋》曰："'有國'下當有'者'字。"是。

② 《札記》曰："'猶尚可'下當有'止貪爭之心'五字。"於義爲勝。

之，此其止貪爭之心愈甚也。”惠王謂惠子曰：“古之有國者，必賢者也。”夫受而賢者舜也，是欲惠子之爲舜也；夫辭而賢者許由也，是惠子欲爲許由也；傳而賢者堯也，是惠王欲爲堯也。堯、舜、許由之作，非獨傳舜而由辭也，他行稱此。今無其他而欲爲堯、舜、許由，故惠王布冠而拘于鄄，鄄，邑名也。自拘於鄄，將服於齊也。齊威王幾弗受；威王，田和之孫，孟子所見宣王之父。幾，危。危不受魏惠王也。惠子易衣變冠乘輿而走，幾不出乎魏境。① 言幾不免難於魏境内也。凡自行不可以幸，爲必誠。言惠王幸享傳國之名，惠子幸享以不受之名，以爲必誠也。

匡章謂惠子於魏王之前曰：“蝗螟，②農夫得而殺之，奚故？爲其害稼也。匡章，孟子弟子也。蝗，③螽也。食心曰螟，食葉曰螣。今兖州謂蝗爲螣。諭王與惠子擅相禪受，害於義者也。今公行，④多者數百乘、步者數百人，少者數十乘、步者數十人。此無耕而食者，其害稼亦甚矣。”甚於蝗螟。⑤ 惠王曰：“惠子施也，難以辭與公相應。公，謂匡章。雖然，請言其志。惠子曰：‘今之城者，或者操大築乎城上，⑥或負畚而赴乎城下，或操表掇以善睎望。若施者，其操表掇者也。施，惠子名也。表掇，儀度。使工女化而爲絲，不能治絲；使大匠化而爲木，不能治木；使聖人化而爲農夫，不能治農夫。施而治農夫者也。’⑦

① “不”，原漫漶不清，此據元刻明修本。

② “蝗螟”，《批校本》曰當作“螣螟”，是。

③ “蝗”，《批校本》曰當作“螣”，是。

④ 《新校釋》曰：“‘今公行’當作‘今惠公行’。”於義爲勝。

⑤ “蝗”，《新校釋》曰當作“螣”，是。

⑥ 《集釋》曰：“首二句有脱誤，當作‘今之城城者，或者操大築築乎城上’。”於義爲勝。

⑦ “夫”下，原衍“之”字，據《二十二子》本删。

而,能也。公何事比施於螣螟乎?"惠子之治魏爲本,①其治不治。當惠王之時,五十戰而二十敗,所殺者不可勝數,大將、愛子有禽者也。言惠王用惠子之謀,爲土地之故,糜爛其民而戰之,大敗,又將復之,恐不勝,用乃驅其所愛子弟以殉之,②此謂以其所不愛及其所愛,③故曰"大將、愛子有禽者"矣。大術之愚,爲天下笑,得舉其諱,天下人笑之,④得舉書其諱惡。乃請令周大史更著其名。言惠王比惠子於管夷吾,欲更著其名。名,仲父之名也。圍邯鄲三年而弗能取,士民罷潞,潞,羸也。國家空虚,府藏竭也。天下之兵四至,救邯鄲之兵從四方来至也。衆庶誹謗,怨望多也。諸侯不譽。一作"舉"。皆道其惡也。謝於翟翦而更聽其謀,社稷乃存。翟翦言惠子之法善而不可行,又爲惠王説舉大木,⑤前呼輿謣,後亦和之,豈無鄭、衛之音,不若此其□宜也。⑥ 嘗謝負於翟翦而從其謀,社稷乃存也。⑦ 名寶散出,土地四削,魏國從此衰矣。名寶散出,以賂鄰國也。土地爲四方所侵削,故曰"魏國從此衰"。仲父,大名也。讓國,大實也。説以不聽、不信。聽而若此,⑧不可謂工矣。不工而治,賊天下莫大焉,賊,害。幸而獨聽於魏也。言惠子之言獨見聽用於魏者,幸也。以賊天下爲實,以治之爲名,匡章之非,不亦可乎?匡章之非惠子不亦可也。

---

① "惠子之治魏爲本",《新校釋》曰疑當作"惠子之治魏,以大術爲本",於義爲勝。

② "乃",原作"勝",據《二十二子》本改。

③ "及",原作"反",據《二十二子》本改。

④ "天",原漫漶不清,此據元刻明修本。

⑤ "木",原作"不",據《二十二子》本改。

⑥ "□",元刻明修本同,《二十二子》本無此方框。

⑦ "也",原作"之",據《二十二子》本改。

⑧ "聽",《新校釋》曰當作"説",是。

白圭新與惠子相見也，惠子説之以彊，[①]以彊力也。白圭無以應。惠子出，白圭告人曰：“人有新取婦者，婦至，宜安矜烟視媚行。媚行，徐行。豎子操蕉火而鉅，新婦曰：‘蕉火大鉅。’入於門，門中有斂陷，“陷”一作“埳”。斂讀曰脅□。[②] 新婦曰：‘塞之，將傷人之足。’此非不便之家氏也，家氏，婦氏。然而有大甚者。今惠子之遇我尚新，遇，見。其説我有大甚者。”惠子聞之曰：“不然。《詩》曰：‘愷悌君子，民之父母。’愷者，大也。悌者，長也。君子之德，長且大者則爲民父母。父母之教子也，豈待久哉？何事比我於新婦乎？《詩》豈曰‘愷悌新婦’哉？”誹污因污，誹辟因辟，是誹者與所非同也。白圭曰“惠子之遇我尚新，其説我有大甚者”，惠子聞而誹之，因自以爲爲之父母，其非有甚於白圭亦有大甚者。[③]

**不屈**

七曰：白圭謂魏王曰：“市丘之鼎以烹雞，多洎之則淡而不可食，市丘，魏邑也。鼎，大鼎，不宜烹小也。能知五味也。肉汁曰洎。淡者，洎多無味，故不可食之也。少洎之則焦而不熟，焦，燥。雞難臑熟。然而視之蝺焉美，無所可用。蝺讀齵齒之齵。齵，[④]鼎好貌。惠子之言有似於此。”似此鼎，好而不可用。惠子聞之曰：“不然。使三軍饑而居鼎旁，適爲之甑，則莫宜之此鼎矣。”白圭聞之曰：“無所可用者，意者徒加其甑邪？”白圭之論自悖，

---

① “彊”，原作“疆”，據《二十二子》本改，注亦同。

② “曰”，原作“口”，據《二十二子》本改。“□”，元刻明修本同，《二十二子》本無此方框。

③ “亦”，《新校釋》曰當作“之”。

④ “齵”，《新校釋》曰當作“蝺”，是。

其少魏王大甚。以惠子之言蝺焉美無所可用，是魏王以言無所可用者爲仲父也，是以言無所用者爲美也。公孫龍説燕昭王以偃兵，龍，魏人也。昭王，燕王噲之子也。偃，止也。昭王曰："甚善。寡人願與客計之。"公孫龍曰："竊意大王之弗爲也。"王曰："何故？"公孫龍曰："日者大王欲破齊，諸天下之士，其欲破齊者，大王盡養之；知齊之險阻要塞、君臣之際者，大王盡養之；雖知而弗欲破者，大王猶若弗養，[1]其卒果破齊以爲功。今大王曰'我甚取偃兵'，諸侯之士在大王之本朝者盡善用兵者也，臣是以知大王之弗爲也。"王無以應。司馬喜難墨者師於中山王前以非攻，司馬喜，趙之相國也。曰："先生之所術非攻夫？"墨者師曰："然。"然，如是。曰："今王興兵而攻燕，先生將非王乎？"墨者師對曰："然則相國是攻之乎？"司馬喜曰："然。"墨者師曰："今趙興兵而攻中山，相國將是之乎？"司馬喜無以應。路説謂周頗曰："公不愛趙，天下必從。"周頗曰："固欲天下之從也，天下從，則秦利也。"路説應之曰："然則公欲秦之利夫？"周頗曰："欲之。"路説曰："公欲之，則胡不爲從矣？"

魏令孟卬割絳、[2]窌、安邑之地以與秦王。王喜，令起賈爲孟卬求司徒於魏王。魏王不説，應起賈曰："卬，寡人之臣也。寡人寧以臧爲司徒，無用卬。臧亦魏臣。願大王之更以他人詔之也。"詔，告。起賈出，遇孟卬於廷。曰："公之事何如？"起賈曰："公甚賤於公之主。公之主甚賤公。公之主曰'寧用臧爲司徒'，無用公。"公謂卬。孟卬入見，謂魏王曰："秦客

---

① "弗養"，《札記》曰當作"養之"，於義爲勝。
② "孟卬"，畢沅曰當作"孟卯"。

何言?"王曰:"求以女爲司徒。"孟卬曰:"王應之謂何?"王曰:"寧以臧,無用卬也。"孟卬太息曰:"宜矣王之制於秦也。王何疑秦之善臣也?以絳、窌、安邑令負牛書與秦,①猶乃一作"之"。善牛也。言王使負牛持絳、窌、安邑之書致之於秦,秦猶善牛。卬雖不肖,獨不如牛乎?且王令三將軍爲臣先,曰'視卬如身',王,身。是重臣也。令二輕臣也,②二,疑也。臣見疑,則不重矣。令臣責,令秦責臣。③ 卬雖賢,固能乎?"言不能也。居三日,魏王乃聽起賈。聽起賈言,用卬爲司徒。凡人主之與其大官也,爲有益也。今割國之錙錘矣而因得大官,割,分也。錙錘,銖兩也。謂分絳、窌、安邑而得大官。大官,司徒也。且何地以給之?給,足。大官,人臣之所欲也。孟卬令秦得其所欲,所欲田邑。秦亦令孟卬得其所欲,所欲司徒。責以償矣,尚有何責?魏雖強,猶不能責無責,又況於弱?魏王之令乎孟卬爲司徒以棄其責則拙也。④ 秦王立帝,宜陽令許綰誕魏王,誕,詐也。許綰,秦臣也。秦實未爲帝也,詐魏王,言帝欲令魏王入朝也。魏王將入秦。魏敬謂王曰:"以河内孰與梁重?"王曰:"梁重。"又曰:"梁孰與身重?"王曰:"身重。"又曰:"若使秦求河内,則王將與之乎?"王曰:"弗與也。"魏敬曰:"河内,三論之下也;三論,謂河内與梁及身也。身,三論之上也。秦索其下而王弗聽,索其上而王聽之,臣竊不取也。"王曰:"甚然。"甚善。⑤ 乃輟行。⑥輟,止。不入秦。秦雖大勝於長平,三年然後決,秦將白起攻趙三

① "負牛",《正誤》曰當作"牛負",是。
② "令二",《平議》曰當作"今王",於義爲勝。
③ "令秦責臣",《平議》曰當作"令臣責秦",於義爲勝。
④ "乎",《平議》曰:"'乎'字衍文。"是。
⑤ "甚善",原在"甚"下,據《二十二子》本改。
⑥ "乃"下,原衍"輒"字,據《二十二子》本删。

年，坑其卒四十萬衆於長平，故曰"大勝"也。士民倦，糧食。[①] 當此時也，兩周全，其北存。[②] 魏舉陶削衛，地方六百，有之勢是有之勢是，有是之勢。而入大蚤，[③]入秦大蚤。奚待於魏敬之説也？言何必待魏敬之説乃不入秦耶。夫未可以入而入，其患有將可以入而不入，[④]入與不入之時，不可不熟論也。論，辯也。

## 應言

八曰：今有羿、蜂蒙、繁弱於此而一作"向"。無弦，則必不能中也。羿，夏之諸侯，有窮之君也，善射，百發百中。蜂蒙，羿弟子也，亦能百中。繁弱，良弓所出地也，因以爲弓名。中，非獨弦也，而弦爲弓中之具也。[⑤] 夫立功名亦有具，不得其具，賢雖過湯、武，則勞而無功矣。湯嘗約於郼薄矣，薄或作亳。武王嘗窮於畢裎矣，畢裎，畢豐。伊尹嘗居於庖厨矣，太公嘗隱於釣魚矣，賢非衰也，知非愚也，皆無其具也。故凡立功名，雖賢必有其具然後可成。

宓子賤治亶父，恐魯君之聽讒人而令己不得行其術也，[⑥]子賤，孔子弟子宓不齊。將辭而行，請近吏二人於魯君，與之俱至於亶父。邑吏皆朝，宓子賤令吏二人書。吏方將書，宓子賤從旁時掣摇其肘。吏書之不善，[⑦]則宓子賤爲之怒。

---

① "食"下，《新校釋》曰疑當有"索"字，可備一説。

② "北"，《新校釋》曰當作"比"，可備一説。

③ "有之勢是"，《札記》曰當作"有之是勢"，是。

④ "其"上，原衍"其患有將將大可以入而入"十一字，其中"將大"爲注文，據《二十二子》本删。"將"下，原衍注文"將大"二字，據《二十二子》本删。

⑤ "弓"，《平議》曰："'弓'字衍文也。"是。

⑥ "讒"，原作"説"，據《二十二子》本改。"讒人"，《新校釋》曰當作"讒言"，於義爲勝。

⑦ "之"，原作"云"，據《二十二子》本改。

吏甚患之，辭而請歸。宓子賤曰："子之書甚不善，子勉歸矣。"勉猶趣也。二吏歸報於君，報魯君也。曰："宓子不可爲書。"君曰："何故？"吏對曰："宓子使臣書而時掣摇臣之肘，書惡而有甚怒，吏皆笑宓子，吏，邑吏也。此臣所以辭而去也。"魯君太息而嘆曰："宓子以此諫寡人之不肖也。寡人之亂子而令宓子不得行其術，[①]必數有之矣。微二人，寡人幾過。"遂發所愛發，遣。而令之亶父，告宓子曰："自今以來，亶父非寡人之有也，子之有也。有便於亶父者，子決爲之矣。五歲而言其要。"要，約最，簿書。宓子敬諾，乃得行其術於亶父。三年，巫馬旗短褐衣弊裘而往觀化於亶父，見夜漁者，得則舍之。巫馬旗問焉，曰："漁爲得也。今子得而舍之，何也？"對曰："宓子不欲人之取小魚也。古者魚不尺不升于俎。宓子體聖人之化，爲盡類也，[②]故不欲人取小魚。所舍者小魚也。"巫馬旗歸，告孔子曰："宓子之德至矣。使民闇行，[③]闇，夜。若有嚴刑於旁。敢問宓子何以至於此？"孔子曰："丘嘗與之言曰：'誠乎此者刑乎彼。'施至誠於近以化之，使刑行於遠。宓子必行此術於亶父也。"夫宓子之得行此術也，魯君後得之也。魯君後得之者，宓子先有其備也。先有其備，豈遽必哉？此魯君之賢也。

三月嬰兒，軒冕在前，弗知欲也，斧鉞在後，弗知惡也，慈母之愛諭焉，誠也。故誠有誠乃合於情，精有精乃通於天。乃通於天，水木石之性，皆可動也，[④]又況於有血氣者乎？故

① 《札記》曰："'亂子'當作'亂宓子'。"是。

② "爲"下，《新校釋》曰當有"不"字，是。

③ "使"下，原有一空格。

④ "乃通"至"動也"十三字，《新校釋》曰："當作'通於天，水火木石之性，皆可動也'。"可備一説。

凡説與治之務，莫若誠。以誠説則信著之，以誠治則化行之。聽言哀者，不若見其哭也；聽言怒者，不若見其鬥也。説與治不誠，其動人心不神。動，感。神，化。言不誠不能行其化也。

**具備**

# 卷第十九

吕氏春秋訓解　高氏

## 離俗覽第七　高義　上德　用民　適威　爲欲　貴信　舉難

一曰：世之所不足者，理義也；人能蹈之者少，故曰"不足"。所有餘者，妄苟也。妄作苟爲，不尊理義，君子少，小人多，故有餘也。民之情，貴所不足，賤所有餘。所不足者理與義也，故貴之；所有餘者妄與苟也，故賤之。故布衣人臣之行，潔白清廉中繩，①愈窮愈榮。繩，正也。行如此者，益窮困益有榮名。雖死，天下愈高之，所不足也。② 高，貴也。所潔白中正，若周時伯夷、衛之弘演，身雖死亡，天下聞之而益貴。然而以理義斫削，神農、黄帝猶有可非，微獨舜、湯。微亦非也。舜有卑父之謗，③湯有放弑之事，然以通義斫削，神農、黄帝之行，猶有可苛者，非獨舜與湯也。言雖聖不能無闕，況賢者乎？飛兔、要褭，古之駿馬也，材猶有短。飛兔、要褭，皆馬名也，日行萬里，馳若兔之飛，因以爲名也。材猶有短，力有所不足。褭字讀如

---

① 《新校釋》曰："'中繩'上當脱二字，兹擬補'進退'二字。"可備一説。

② "所"上，《新校釋》曰當有"貴"字，於義爲勝。

③ "卑"，原作"俾"，據《二十二子》本改。

曲撓之撓也。故以繩墨取木則宫室不成矣。正材難得,故宫室不成也。舜讓其友石户之農,①石户之農曰:"棬棬乎后之爲人也,葆力之士也。"以舜之德爲未至也,於是乎夫負妻戴攜子以入於海,②去之終身不反。③ 舜又讓其友北人無擇,北人無擇曰:"異哉后之爲人也,居於甽畝之中而游入於堯之門。④不若是而已,已,止也。又欲以其辱行漫我,我羞之。"⑤漫,污也。而自投於蒼領之淵。投猶沈也。"蒼領"或作"青令"。湯將伐桀,因卞隨而謀,卞隨辭曰:"非吾事也。"湯曰:"孰可?"卞隨曰:"吾不知也。"湯又因務光而謀,務光曰:"非吾事也。"湯曰:"孰可?"務光曰:"吾不知也。"湯曰:"伊尹何如?"務光曰:"強力忍訽。訽,辱也。吾不知其他也。"湯遂與伊尹謀夏伐桀,⑥克之,以讓卞隨。卞隨辭曰:"后之伐桀也謀乎我,必以我爲賊也。勝桀而讓我,必以我爲貪也。吾生乎亂世而無道之人再來訽我,吾不忍數聞也。"乃自投於潁水而死。以湯伐桀,故謂之無道之人也。以受湯之讓爲貪辱也,不忍聞之,故投水而死。潁出於潁川陽城西山中也。湯又讓於務光,曰:"智者謀之,圖之也。武一作"賢"。者遂之,遂,成也。仁者居之,居,處也。古之道也。吾子胡不位之？請相吾子。"胡,何。何不位天子之位也。⑦ 言己請爲吾子爲相。⑧ 務光辭曰:"廢上,非義也;上,天子,

---

① "舜"下,《新校釋》曰當有"以天下"三字,於義爲勝。

② "戴",原作"妻",據《二十二子》本改。"於是"至"於海"十三字,《新校釋》曰:"當作'於是夫負妻携子以入於海'。"可備一説。

③ 《新校釋》曰:"'去之'二字當衍。"

④ "入",《新校釋》曰"入"字當衍,於義爲勝。

⑤ 《新校釋》曰:"《莊子》'羞'下有'見'字,疑此脱。"

⑥ 畢沅曰:"《莊子》無'夏'字。"

⑦ "子",原作"下",據《二十二子》本改。

⑧ 《新校釋》曰:"下'爲'字當作'之'。"於義爲勝。

謂桀。廢之,非禮義也。殺民,非仁也。戰伐殺民,非仁心。人犯其難,我享其利,非廉也。吾聞之:'非其義不受其利,無道之世不踐其土。'况於尊我乎?吾不忍久見也。"乃負石而沈於募水。募,水名也,音千伯之伯。① 故如石户之農、北人無擇、卞隨、務光者,其視天下若六合之外,人之所不能察;察,見也。其視貴富也,苟可得已則必不之賴。不之賴,不賴之也。賴,利也,一曰善也。高節厲行、獨樂其意而物莫之害,不欲於物,故物無能害。不漫於利、不牽於埶,②漫,污。牽,拘也。而羞居濁世,惟此四士者之節。③ 四士,謂石户之農、北人無擇、卞随、務光。羞居亂世皆遠引而去,或自投而死,此四人介之大者。若夫舜、湯,則苞裹覆容,緣不得已而動,因時而爲,以愛利爲本,以萬民爲義。譬之若釣者,魚有小大,餌有宜適,羽有動靜。羽,釣浮也。

齊、晋相與戰,平阿之餘子亡戟得矛,失戟得矛心不平。平阿,齊邑也。餘子,官氏也。與晋人戰,亡其所執戟而得晋人之矛也。卻一作"退"。而去,不自快,失戟得矛,心不自安。謂路之人曰:"亡戟得矛,可以歸乎?"路之人曰:"戟亦兵也,矛亦兵也,亡兵得兵,何爲不可以歸?"去行,心猶不自快。遇高唐之孤叔無孫,當其馬前,曰:"今者戰,亡戟得矛,可以歸乎?"高唐,齊邑也。孤,④孤特,位尊。叔,姓。無孫,名。守高唐之大夫也。餘子當其馬前而問之。叔無孫曰:"矛非戟也,戟非矛也,亡戟得矛,豈亢責也哉?"亢,當也。平阿之餘子曰:"嘻!還反戰,趨尚及之。"遂戰而死。叔無孫曰:"吾聞之,君子濟人於患,必離其

---

① 《新校釋》曰:"'音千伯之伯'五字乃後人所加。"
② "埶",原作"執",據《二十二子》本改。
③ 《新校釋》曰:"'惟此'當作'此惟'。"可備一說。
④ "孤",原作"孫",據《二十二子》本改。

難。”濟，入也。疾驅而從之，亦死而不反。反，還也。令此將衆，亦必不北矣。北，走也。令此處人主之旁，亦必死義矣。今死矣而無大功，其任小故也。任小者，不知大也。今焉知天下之無平阿餘子與叔無孫也？故人主之欲得廉士者，不可不務求。齊莊公之時，莊公，名光，頃公之孫，靈公之子，景公之兄。有士曰賓卑聚，夢有壯子，白縞之冠，丹績之䘿，䘿，纓也。東布之衣，①新素履，墨劍室，從而叱之，唾其面。惕然而寤，徒夢也，寤，覺。徒，但。終夜坐不自快。明日，召其友而告之曰："吾少好勇，年六十而無所挫辱。今夜辱，吾將索其形，期得之則可，不得，將死之。"每朝與其友俱立乎衢，三日不得，卻一作"退"。而自殁。謂此當務，則未也。雖然，其心之不辱也，有可以加乎！加，上也。

## 離俗

二曰：君子之自一作"爲"。行也，動必緣義，行必誠義，所行誠義也。俗雖謂之窮，通也；通，達也。行不誠義，動不緣義，俗雖謂之通，窮也。然則君子之窮通有異乎俗者也。故當功以受賞，當罪以受罰。賞不當，雖與之，必辭；辭，不敢受也。罰誠當，雖赦之，不外。不敢遠也。度之於國必利，長久長久之於主必宜，②内反於心不慚然後動。③ 孔子見齊景公，景公，名杵臼，莊公光之弟，靈公環之子。景公致廩丘以爲養，孔子辭不受，入謂弟子曰："吾聞君子當功以受禄。今説景公，景公未

① "東"，《新校釋》曰疑當作"柬"，可備一説。

② "長久長久之於主必宜"，《新校釋》曰當作"張之於主必宜"，於義爲勝。

③ "反"，原作"及"，據《二十二子》本改。

之行而賜之廩丘，其不知丘亦甚矣。”令弟子趣駕，辭而行。行，去也。孔子，布衣也，官在魯司寇，爲魯定公之司寇。萬乘難與比行，三王之佐不顯焉，取舍不苟也夫！一作“不苟且也”。①子墨子游公上過於越。公上過，子墨子弟子也。公上過語墨子之義，義，道。越王説之，謂公上過曰：“子之師苟肯至越，苟，誠也。請以故吴之地陰江之浦書社三百以封夫子。”社，二十五家也。三百社，七千五百家。公上過往復於子墨子。復，白也。子墨子曰：“子之觀越王也，能聽吾言、用吾道乎？”公上過曰：“殆未能也。”殆，近也。墨子曰：“不唯越王不知翟之意，雖子亦不知翟之意。若越王聽吾言、用吾道，翟度身而衣，量一作“裹”。腹而食，比於賓萌，未敢求仕。賓，客也。萌，民也。越王不聽吾言、不用吾道，雖全越以與我，吾無所用之。無用越爲之也。越王不聽吾言、不用吾道而受一作“愛”。其國，是一作“退”。以義翟也，義翟何必越？雖於中國亦可。”凡人不可不熟論。秦之野人以小利之故，弟兄相獄，親戚相忍。今可得其國，恐虧其義而辭之，可謂能守行矣，其與秦之野人相去亦遠矣。

荆人與吴人將戰，荆師寡，吴師衆。荆將軍子囊曰：“我與吴人戰，必敗。敗王師，辱王名，虧壤土，忠臣不忍爲也。”不復於王而遁。復，白也。遁，走也。至於郊，使人復於王曰：“臣請死。”王曰：“將軍之遁也以其爲利也，今誠利，將軍何死？”子囊曰：“遁者無罪，②則後世之爲王將者，③皆依不利之

---

① “作”，原脱，據《二十二子》本補。《新校釋》曰：“‘不苟且也’四字疑是注語。”可備一説。

② “遁”，原漫漶不清，此據元刻明修本。

③ “將者”，原誤倒，據《二十二子》本乙正。

名而效臣遁。若是，則荆國終爲天下撓。”撓，弱也。① 遂伏劍而死。王曰：“請成將軍之義。”②乃爲之桐棺三寸，加斧鑕其上。人主之患，存而不知所以存，亡而不知所以亡，此存亡之所以數至也。郼、岐之廣也，③郼，湯所居也。岐，武王所居也。萬國之順也，從此生一作“至”。矣。順，從。荆之爲四十二世矣，④嘗有乾溪、白公之亂矣，靈王爲乾溪之臺，百姓愁怨，公子棄疾弑之而立，是爲平王。白公勝，平王太子建之子也，出奔鄭，鄭人殺之，勝請令尹子西、⑤司馬子旗伐鄭復讎，許而未行。⑥ 晋人伐鄭，子西、子旗率師救鄭，勝怒殺令尹子西、司馬子旗，故曰“乾溪、白公之亂”也。⑦ 嘗有鄭襄、⑧州侯之避矣，鄭襄、州侯事晋而伐楚，楚人避之也。而今猶爲萬乘之大國，其時有臣如子囊與？子囊之節，非獨厲一世之人臣也。言子囊之忠，雖百世猶不可忘，故曰“非獨厲一世之人臣”。荆昭王之時，有士焉，曰石渚。其爲人也，公直無私，王使爲政昭王，楚平王棄疾之子熊軫。廷。⑨ 有殺人者，石渚追之，則其父也。還車而反，立於廷曰：“殺人者僕之父也。以父行法，不忍；不忍行刑於父，孝也。阿有罪，廢國法，不可。阿，私也。失法伏罪，人臣之義也。”於是乎伏斧鑕，請死於王。免父殺身，忠孝之義。王曰：“追而不及，豈必伏罪哉？子復事矣。”事，職事也。石渚辭曰：“不私其親，不可謂孝子；事君枉法，不可

---

① “弱”，原作“搦”，據《二十二子》本改。
② “之”，原脱，據《二十二子》本補。
③ “岐”，原作“歧”，據《二十二子》本改，注亦同。
④ “爲”下，《新校釋》曰疑當有“國”字，於義爲勝。
⑤ “之勝請”，原作“報”，據《二十二子》本改。
⑥ “許”，原作“計”，據《二十二子》本改。
⑦ “白”，原作“曰”，據元刻明修本改。
⑧ 《批校本》曰：“‘襄’當作‘褱’。”是。
⑨ 《新校釋》曰：“‘政廷’當作‘廷理’。”可備一說。

謂忠臣。君令一作"令吏"。赦之,上之惠也;不敢廢法,臣之行也。"不去斧鑕,歿頭乎王廷。正法枉必死,父犯法而不忍,王赦之而不肯,石渚之爲人臣也,可謂忠且孝矣。

## 高義

三曰:爲天下及國,爲,治也。莫如以德,莫如行義。以德以義,不賞而民勸,勸,善也。不罰而邪止,此神農、黄帝之政也。以德以義,則四海之大、江河之水不能亢矣,太華之高、西岳也。會稽之險山名,在吴郡。不能障矣,障,防也。闔廬之教、孫吴之兵不能當矣。孫、吴,吴起、孫武也。吴王闔廬之將也,《兵法》五千言是也。① 故古之王者,德迴乎天地,迴,通。澹乎四海,澹,之也。② 東西南北,極日月之所燭,天覆地載,愛惡一作"思"。不臧,臧,匱也。虚素以公,素,質也。惡其質以奉公,③王之實也。小民皆之。皆公己也。其之敵而不知其所以然,④此之謂順天;教變容改俗而莫得其所受之,⑤得猶知也。此之謂順情。情,性也。順其天性也。故古之人,身隱而功著,形息而名彰,身没於前,名明於後世。説通而化奮,利行乎天下利民之化,行滿天下。而民不識,識,知也。堯時,民不知堯德,以季世視之則睹也。豈必以嚴罰厚賞哉?嚴罰厚賞,此衰世之政也。三苗不服,禹請攻之,三苗,遠國,在豫章之彭蠡也。舜曰:"以德可也。"行德

---

① "言",原作"年",據《二十二子》本改。"孫吴"至"是也"二十一字,《新校釋》曰:"注當作'孫、吴,孫武、吴起也。孫武,吴王闔廬之將也,《兵法》五千言是也'。"於義爲勝。

② "之",《平議》曰當作"足",是。

③ 畢沅曰:"'惡'疑當作'虚'。"是。

④ 《新校釋》曰:"此當衍'其'下'之'字。"

⑤ "教"上,《新校釋》曰當有"其"字,於義爲勝。

三年而三苗服。孔子聞之曰："通乎德之情，則孟門、太行不爲險矣。孟門，太行之險也。太行塞在河内野王之北上黨關也。故曰德之速，疾乎以郵傳命。"周明堂，金在其後，有以見先德後武也。作樂，金鎛在後，①故曰"先德後武"。舜其猶此一作"上"。乎？其臧武通於周矣。

晉獻公爲麗姬遠太子。太子申生居曲沃，②公子重耳居蒲，公子夷吾居屈。麗姬謂太子曰："往昔君夢見姜氏。"太子祠而膳于公。姜氏，申生母也。膳，胙之也。麗姬易之。易猶毒也。③公將嘗膳，姬曰："所由遠，請使人嘗之。"太子自曲沃歸膳，故曰"所由遠"。姬施酖于酒，寘毒于肉，故先使人嘗之。嘗人，人死。食犬，犬死。故誅太子。太子不肯自釋，釋，理也。曰："君非麗姬，居不安，食不甘。"遂以劍死。公子夷吾自屈奔梁，公子重耳自蒲奔翟。去翟過衛，衛文公無禮焉。文公，名燬，宣公庶子頑烝宣姜而生之。無禮，不禮重耳也。過五鹿如齊，齊桓公死。去齊之曹，曹共公視其駢脅，使袒而捕池魚。共公，名襄，昭公之子。去曹過宋，宋襄公加禮焉。襄公，名茲父，④桓公御説之子。之鄭，鄭文公不敬，文公，名捷，鄭厲公之子。被瞻諫一作"曰"。曰："臣聞賢主不窮窮。今晉公子之從者皆賢者也。君不禮也，不如殺之。"鄭君不聽。去鄭之荆，荆成王慢焉。慢，易，不敬也。《傳》曰："及楚，楚子饗之曰：'公子若反晉國，則何以報不穀？'對曰：'子女玉帛則君有之，羽毛齒革則君地生焉，其波及晉國者，君之餘也，其何以報君？'曰：'雖然，則何以報我？'對曰：'若以君之靈得

---

① "鎛"，原作"鏄"，據《二十二子》本改。
② "曲沃"，原作"新城"，據《二十二子》本改。
③ "猶"，畢沅曰疑當作"以"。
④ "父"，原作"文"，據《二十二子》本改。

反晉國,①晉、楚治兵,遇于中原,其避君三舍。若不獲命,其左執鞭弭,右屬櫜鞬,以與君周還。'子玉請殺之,楚子曰:'晉公子廉而儉,文而有禮,其從者肅而寬,忠而能力。晉侯無親,外内惡之。吾聞姬姓,唐叔之後,其後衰者也。其將由晉公子重耳乎?天將與之,誰能廢之?違天必有大咎。'乃送諸秦。"推此言之,不得爲慢之也。去荆之秦,秦繆公入之。② 入,晉納也。晉既定,興師攻鄭,求被瞻。被瞻謂鄭君曰:"不若以臣與之。"鄭君曰:"此孤之過也。"被瞻曰:"殺臣以免國,臣願之。"被瞻入晉軍,文公將烹之。被瞻據鑊而呼曰:"三軍之士皆聽瞻也。自今以來,無有忠於其君,忠於其君者將烹。"文公謝焉,罷師,歸之於鄭。且被瞻忠於其君而君免於晉患也,行義於鄭而見說於文公也,故義之爲利博矣。博,大也。

墨者鉅子孟勝善荆之陽城君。鉅子、孟勝,二人學墨道者也,③爲陽城君所善。陽城君令守於國,毁璜以爲符,約曰:"符合聽之。"荆王薨,群臣攻吴起,兵於喪所。陽城君與焉,荆罪之。陽城君走,荆收其國。孟勝曰:"受人之國,與之有符。今不見符而力不能禁,不能死,不可。"其弟子徐弱諫孟勝曰:"死而有益陽城君,死之可矣。無益也而絶墨者於世,不可。"孟勝曰:"不然。吾於陽城君也,非師則友也,非友則臣也。不死,自今以來,求嚴師必不於墨者矣,求賢友必不於墨者矣,求良臣必不於墨者矣。死之,所以行墨者之義而繼其業者也。義,道。繼,續也。我將屬鉅子於宋之田襄子。我,謂孟勝

---

① "若",原作"共",據《二十二子》本改。

② 《新校釋》曰:"正文當云'秦繆公入之晉',注當是'入,納也'。"於義爲勝。

③ 畢沅曰:"《莊子·天下》釋文引向秀云:'墨家號其道理成者爲鉅子,若儒家之碩儒。'此注非。下云'我將屬鉅子於宋之田襄子',亦以名歸之,而使其弟子皆從之受學也。"

也。屬,托也。田襄子,賢者也,何患墨者之絶世也?”田襄子亦墨者也。徐弱曰:“若夫子之言,弱請先死以除路。”還殁頭前於。① 孟勝因使二人傳鉅子於田襄子。二人,孟勝之弟子也。傳,送也。孟勝死,弟子死之者百八十。三人以致令於田襄子,②欲反死孟勝於荆,田襄子止之曰:“孟子已傳鉅子於我矣,當聽。”遂反死之。③ 反死孟勝於荆。墨者以爲不聽鉅子不察,嚴罰厚賞一作“停當”。不足以致此。今世之言治,多以嚴罰厚賞,此上世之若客也。④ 一作“若客也”。

## 上德

四曰:凡用民,太上以義,其次以賞罰。其義則不足死,賞罰則不足去就,若是而能用其民者,古今無有。民無常用也,無常不用也,唯得其道爲可。可用也。闔廬之用兵也,不過三萬;闔廬,吴王光也。吴起之用兵也,不過五萬。吴起,衛人,爲楚將。萬乘之國,其爲三萬、五萬尚多。今外之則不可以拒敵,内之則不可以守國,其民非不可用也,不得所以用之也。不得所以用之,國雖大,勢雖便,卒雖衆,何益?不知用之,何益於不能以剋敵也。古者多有天下而亡者矣,其民不爲用也。自古以来,有天下者多而多無遺,民不爲之用,故滅亡。用民之論,不可不熟。劍不徒斷,車不自行,或使之也。夫種麥而得麥,種稷而得稷,人不怪也。用民亦有種,不審其種而祈民之用,惑莫大焉。祈,求。當禹之時,天下萬國,至於湯而三千餘國,今無

---

① “前於”,《新校釋》曰當作“於前”,於義爲勝。
② 《新校釋》曰“三人”乃“二人”之誤,是。
③ “遂”上,《新校釋》曰當有“不聽”二字,於義爲勝。
④ “若客”,《新校釋》曰當作“苦害”,於義爲勝。

存者矣，皆不能用其民也。民之不用，賞罰不充也。當賞不賞，當罰不罰，則民不懷不威，故不爲之用也。湯、武因夏、商之民也，得所以用之也；管、商亦因齊、秦之民也，得所以用之也。管，管仲。商，商鞅。民之用也，有故，故，事也。得其故，民無所不用。用民有紀有綱，壹引其紀，萬目皆起；壹引其綱，萬目皆張。爲民紀綱者，何也？欲也惡也。何欲何惡？欲榮利，惡辱害。辱害所以爲罰，充也；榮利所以爲賞，實也。賞罰皆有充實，則民無不用矣。無不可用也。

闔廬試其民於五湖，劍皆加於肩，地流血幾不可止。① 試，用，習肄之也。勾踐試其民於寢宫，民爭入水火，死者千餘矣，遽擊金而卻之，"卻"一作"退"。② 卻猶止也。③ 賞罰有充也。莫邪不爲勇者興、一作"與"。懼者變，莫邪，良劍也，不爲勇者利、怯者鈍也。勇者以工，懼者以拙，能與不能也。夙沙之民，自攻其君而歸神農；夙沙，大庭氏之末世也。其君無道，故自攻之。神農，炎帝。④ 密須之民，自縛其主而與文王。《詩》云："密人不共，敢距大邦。"此之謂也。湯、武非徒能用其民也，又能用非己之民。能用非己之民，國雖小，卒雖少，一作"年雖少"。功名猶可立。立，成也。古昔多由布衣定一世者矣，終一人之身爲世。皆能用非其有也。用非其有之心，不可察之本。⑤ 本，始也。三代之道無二，以信爲管。管，准法。宋人有取道者，其馬不進，倒而投之鸂水。⑥ 倒，殺。投，棄之。又復取道，其馬不進，又倒

① "地流血幾不可止"，《新校釋》曰當作"流血至地，幾不可止"，於義爲勝。
② "卻一作退"，《二十二子》本無此四字。
③ "卻猶止也"，原作"退止也"，據《二十二子》本改。
④ "炎"，原作"文"，據《二十二子》本改。
⑤ "不可察之本"，畢沅曰疑當作"不可不察之本"，於義爲勝。
⑥ "倒"，《雜志》曰當作"到"。

而投之濄水。如此三者。雖造父之所以威馬不過此矣。不得造父之道而徒得其威,無益於御。無益於不知御之道。人主之不肖者有似於此,不得其道而徒多其威。威愈多,民愈不用。民不爲之用。亡國之主,多以多威使其民矣。故威不可無有而不足專恃。譬之若鹽之於味,凡鹽之用,有所托也,不適,則敗托而不可食。[①] 威亦然,必有所托然後可行。行之也。惡乎托?托於愛利。愛利之心諭,威乃可行。威太甚,則愛利之心息。愛利之心息而徒疾行威,身必咎矣。"咎"一作"見"。此殷、夏之所以絶也。君,利勢也,次官也。處次官,執利勢,不可而不察於此。夫不禁而禁者,其唯深見此論邪。

## 用民

五曰:先王之使其民,若御良馬,輕任新節,節,節也。欲走不得,故致千里。善用其民者亦然。民日夜祈用而不可得,祈,求也。苟得爲上用,民之走之也若決積水於千仞之溪,七尺曰仞。其誰能當之?《周書》曰:"民善之則畜也,不善則讎也。"《周書》,周公所作。畜,好。有讎而衆,不若無有。厲王,天子也,厲王,名胡。《謚法》:"殺戮不辜曰厲。"周夷王之子,宣王之父。有讎而衆,故流于彘,禍及子孫,流,放也。[②] 彘,地名,今河東永安是也。微召公虎而絶無後嗣。微,無也。虎,臣宣王。[③]《詩》云:"王命召虎,式辟四方,徹我疆土。"此之謂也。今世之人主,多欲衆之而不知善,此多其讎也。不善則不有,不得有其位。有必緣

---

① 《舉正》曰:"'敗托'當作'敗所托'。"於義爲勝。

② "放",原作"故",據《二十二子》本改。

③ "虎臣宣王",《新校釋》曰當作"虎,宣王臣",於義爲勝。

其心愛之謂也。緣其仁心,故曰"心愛之謂也"。有其形不可謂有之。形,體也。不可謂有天下之位也。舜,布衣而有天下;桀,天子也而不得息,由此生矣。息,安也。不得安其位,由此多其讎生矣。① 有無之論,不可不熟。熟猶知。湯、武通於此論,故功名立。立猶見也。古之君民者,仁義以治之,愛利以安之,忠信以導之。導猶先也。務除其災,思致其福。故民之於上也,若璽之於塗也,抑之以方則方,抑之以圜則圜;若五種之於地也,必應其類而蕃息於百倍,②此五帝三王之所以無敵也。無能敵之也。③ 身已終矣而後世化之如神,從其化有如神也。其人事審也。其所施行皆可爲人法式,故曰"審也"。

魏武侯之居中山也,④問於李克曰:"吴之所以亡者何也?"武侯,文侯之子也。樂羊伐中山得中山,故武侯居之也。李克對曰:"驟戰而驟勝。"驟,數也。武侯曰:"驟戰而驟勝,國家之福也。其獨以亡,何故?"對曰:"驟戰則民罷,驟勝則主驕。以驕主使罷民,然而國不亡者,天下少矣。驕則恣,恣則極物;極盡可欲之物。罷則怨,怨則極慮,極其巧欺不臣之慮。上下俱極,吴之亡猶晚,猶,尚。此夫差之所以自殁於干隧也。"爲越所破,自到於干隧。東野稷以御見莊公,進退一作"卻"。中繩,左右旋中規。東野,姓。稷,其名。莊公曰:"善。"以爲造父不過也,過猶勝也。使之鉤百而少及焉。⑤ 不達也。顔闔入見。見,謁也。莊公曰:"子遇東野稷乎?"對曰:"然。臣遇之。按《魯世家》,莊

---

① "讎",原作"難",據《二十二子》本改。
② "倍",原作"陪",據《二十二子》本改。
③ "也"下,原衍"如神"二字,據《二十二子》本删。
④ "魏武侯",《集釋》曰當作"魏文侯",是。
⑤ "及",《新校釋》曰當作"反"。

公，桓公之子同也。① 顔闔在春秋後，蓋魯穆公時人也，在莊公後十二世矣。若實莊公，顔闔爲妄矣。若實顔闔，莊公爲妄矣。由此觀之，咸陽市門之金，固得載而歸也。② 其馬必敗。”莊公曰：“將何敗？”少頃，東野之馬敗而至。莊公召顔闔而問之，曰：“子何以知其敗也？”顔闔對曰：“夫進退一作“卻”。中繩，左右旋中規，造父之御，無以過焉。鄉臣遇之，猶求其馬，臣是以知其敗也。”善當自求於心而反求於御馬速疾，故知其敗也。故亂國之使其民，不論人之性，不反人之情，煩爲教而過不識，過，責。識，知。數爲令而非不從，令不可從，而非人不從之也。③ 巨爲危而罪不敢，不敢登其危者而罪之也。④ 重爲任而罰不勝。不能勝其所任者而罪之也。民進則欲其賞，退一作“知”。則畏其罪。知其能力之不足也，則以爲繼矣。以爲繼知，⑤則上又從而罪之，罪之，罪其爲也。是以罪召罪，召，致也。上下之相讎也由是起矣。故禮煩則不莊，業煩則無功，一作“准”。令苛則不聽，禁多則不行。設禁而不禁，爲不行也。桀、紂之禁不可勝數，故民因一作“用”。而身爲戮，極也，不能用威適。適，宜也。⑥ 子陽極也好嚴，⑦有過而折弓者恐必死，遂應猘狗而弒子陽，極也。子陽，鄭君也，一曰鄭相也，好嚴猛，於罪刑無所赦。家人有折弓者恐誅，因國人有逐狡

① “桓”，原缺筆。

② “歸”下，原衍“之”字，據《二十二子》本删。

③ “不”，原漫漶不清，此據元刻明修本。

④ “其”，原漫漶不清，此據《二十二子》本。

⑤ “則以爲繼矣以爲繼知”，《札記》曰當作“則以爲繼之矣。以爲繼之”，可備一説。

⑥《正誤》曰“‘不能用威適宜也’，據文義當爲‘極也’句下之注”，誤以“‘不能用威適’爲正文，而以‘宜也’爲注，遂多出‘適’字”。於義爲勝。

⑦ “極也”，《正誤》曰“極也”二字衍，是。

狗之擾而殺子陽，極於刑之故也。周鼎有竊，[①]一作“窮”。曲狀甚長，上下皆曲，以見極之敗也。未聞。

## 適威

六曰：使民無欲，上雖賢，猶不能用。民無欲，不爲物動，雖有賢君，不能得用之也。夫無欲者，其視爲天子也與爲輿隸同，輿，[②]衆也。其視有天下也與無立錐之地同，同，等也。其視爲彭祖也與爲殤子同。彭祖，殷賢大夫也，蓋壽七百餘歲。九歲以下爲下殤，七歲以下爲無服殤。天子至貴也，天下至富也，彭祖至壽也，誠無欲，則是三者不足以勸；勸，樂也。輿隸至賤也，無立錐之地至貧也，殤子至夭也，誠無欲，則是三者不足以禁。會有一欲，則北至大夏，南至北户，西至三危，東至扶木，不敢亂矣；亂猶難也。犯白刃，冒流矢，趣一作“赴”。水火，不敢卻也；卻猶止也。晨寤興，務耕疾庸，耦耦，古耕字。爲煩辱，不敢休矣。故人之欲多者，其可得用亦多；人之欲少者，其得用亦少。無欲者，不可得用也。人之欲雖多而上無以令之，人雖得其欲，人猶不可用也。令人得欲之道，不可不審矣。善爲上者能令人得欲無窮，故人之可得用亦無窮也。蠻夷反舌殊俗異習之國，反舌，夷語，與中國相反，故曰“反舌”也。其衣服冠帶、宫室居處、舟車器械、聲色滋味皆異，其爲欲使一也。[③]一，同也。三王不能革，不能革而功成者，順其天也；天，身也。桀、紂不能離，不能離而國亡者，逆其天也。逆而不知其逆

① “有”，《高注補正》當作“著”，是。
② “輿”，原作“與”，據《二十二子》本改。
③ 《新校釋》曰：“‘使’字當衍。”

也，湛於俗也。久湛而不去，則若性。性異非性，①不可不熟。不聞道者何以去非性哉？無以去非性，則欲未嘗正矣。欲不正，以治身則夭，以治國則亡。故古之聖王審順其天而以行欲，則民無不令矣，功無不立矣。聖王執一，四夷皆至者，其此之謂也。執一者，至貴也。至貴者，無敵。聖王托於無敵，故民命敵焉。

群狗相與居，皆靜無爭，投以炙雞，則相與爭矣。炙雞，狗所欲之，②故鬥爭之。或折其骨，或絶其筋，爭術存也。爭術存，因爭；不爭之術存，因不爭。取爭之術而相與爭，③萬國無一。凡治國令其民爭行義也，亂國令其民爭爲不義也；強國令其民爭樂用也，弱國令其民爭競不用也。夫爭行義、樂用與爭爲不義、競不用，此其爲禍福也，天不能覆，地不能載。言其大也。晋文公伐原，原，晋邑。文公復國，原不從，故伐之。今河内軹縣北原城是也。與士期七日，七日而原不下，下，降。命去之。謀士言曰：④"原將下矣。"師吏請待之。公曰："信，國之寶也。得原失寶，吾不爲也。"遂去之。明年復伐之，與士期必得原然後反。原人聞之，乃下。衛人聞之，⑤以文公之信爲至矣，乃歸文公。故曰"攻原得衛"者，⑥此之謂也。文公非不欲得原也，以不信得原，不若勿得也，必誠信以得之，歸之者非獨衛也。文公可謂知求欲矣。

**爲欲**

---

① "異"，《高注補正》曰當作"與"，於義爲勝。
② "之"，《新校釋》曰當作"也"，於義爲勝。
③ 《高注補正》曰："上'爭'字上當有'不'字。"於義爲勝。
④ "謀士"，《雜志》曰當作"諜出"，可備一説。
⑤ "衛"，《新校釋》曰當作"温"，可備一説。
⑥ "攻"，原作"次"，據《二十二子》本改。

七曰：凡人主，必信。信而又信，誰人不親？誰猶何也。故《周書》曰："允哉允哉！"以言非信則百事不滿也。《周書》，逸書也。滿猶成。故信之爲功大矣。信立，則虚言可以賞矣。虚言可以賞，則六合之内皆爲己府矣。信之所及，盡制之矣。制之而不用，人之有也；人之有，他人之有也。制之而用之，己之有也。己有之，則天地之物畢爲用矣。畢，盡也。人主有見此論者其王不久矣，人臣有知此論者可以爲王者佐矣。天行不信，不能成歲；地行一作"安"。不信，草木不大。不信，氣節陰陽皆不交，故不成歲也。春之德風，風不信，其華不盛，華不盛則果實不生；在木曰果，在地曰蓏。夏之德暑，暑不信，其土不肥，土不肥則長遂不精；遂，成也。秋之德雨，雨不信，其穀不堅，穀不堅則五種不成；堅，好。成，熟也。冬之德寒，寒不信，其地不剛，地不剛則凍閉不開。不開，氣不通也。天地之大、四時之化而猶不能以不信成物，又況乎人事？乎，於也。君臣不信則百姓誹謗、社稷不寧；處官不信則少不畏長、貴賤相輕；賞罰不信則民易犯法、不可使令；易，輕也。交友不信則離散鬱怨、不能相親；親，比也。百工不信則器械苦僞、丹漆染色不貞。① 貞，正也。夫可與爲始，可與爲終，可與尊通，可與卑窮者，其唯信乎！信而又信，重襲於身，乃通於天。以此治人，則膏雨甘露降矣，寒暑四時當矣。當猶應也。

齊桓公伐魯，魯人不敢輕戰，去魯國五十里而封之。② 魯請比關内侯以聽，桓公許之。曹翽謂魯莊公曰："君寧死而又死乎？其寧生而又生乎？"莊公曰："何謂也？"曹翽曰："聽

① 《高注補正》曰："'染色'二字當是注文。"於義爲勝。
② 《新校釋》曰："'國'上'魯'字當衍。"於義爲勝。

臣之言，國必廣大，身必安樂，是生而又生也；不聽臣之言，國必滅亡，身必危辱，是死而又死也。”莊公曰：“請從。”於是明日將盟，莊公與曹翽皆懷劍至於壇上。莊公左搏桓公，右抽劍以自承，承，佐也。曰：“魯國去境數百里，今去境五十里，亦無生矣。鈞其死也，戮於君前。”鈞，等也。戮亦死也。管仲、鮑叔進，曹翽按劍當兩陛之間，曰：“且二君將改圖，毋或進者。”莊公曰：“封於汶則可，不則請死。”管仲曰：“以地衛君，非以君衛地，君其許之。”乃遂封於汶南，與之盟。歸而欲勿予。管仲曰：“不可。人特劫君而不盟，君不知，不可謂智；臨難而不能勿聽，不可謂勇；許之而不予，不可謂信。不智不勇不信，有此三者，不可以立功名。予之，雖亡地，亦得信。以四百里之地見信於天下，君猶得也。”莊公，仇也。曹翽，賊也。信於仇賊，又況於非仇賊者乎？《公羊傳》曰：“莊公升壇，曹子手劍而從之，①請復汶陽之田。管子曰：‘君許之。’桓公曰：‘諾。’曹子請盟。桓公下，與之盟。要盟可犯而桓公不欺，曹子可讎而桓公不怨。桓公之信著乎天下，自柯之盟始焉。”此之謂也。夫九合之而合，壹匡之而聽，從此生矣。管仲可謂能因物矣。以辱爲榮，以窮爲通，雖失乎前，可謂後得之矣。物固不可全也。②

## 貴信

八曰：以全舉人固難，物之情也。物，事。事難全也。人傷堯以不慈之名，舜以卑父之號，禹以貪位之意，湯、武以放弑之謀，五伯以侵奪之事。傷，毁也。由此觀之，物豈可全哉？

---

① “手”，原作“乎”，據《二十二子》本改。

② “物固不可全也”，《高注補正》曰：“此句於上文不相繫屬，當是下篇之首句。”是。

故君子責人則以人，自責則以義。責人以人則易足，易足則得人；自責以義則難爲非，難爲非則行飾。飾讀曰敕。敕，正也。故任天地而有餘。德饒也。不肖者則不然，責人則以義，自責則以人。責人以義則難瞻，[①]難瞻則失親；難贍則恐，[②]恐則離叛，故失所親也。[③] 自責以人則易爲，易爲則行苟。苟且，不從禮義也。故天下之大而不容也，身取危、國取亡焉，此桀、紂、幽、厲之行也。尺之木必有節目，寸之玉必有瑕璫。先王知物之不可全也，[④]故擇務而貴取一也。一，分。季孫氏劫公家。孔子欲諭一作"論"。術則見外，季孫氏，武子，季文子子也。[⑤] 劫奪公家政事而自專之也。孔子欲以道而見遠外。[⑥] 於是受養而便說，孔子受其養而季氏便之。魯國以訾。訾，毁也。毁孔子也。孔子曰："龍食乎清而游乎清，螭食乎清而游乎濁，魚食乎濁而游乎濁。螭，龍之别也。今丘上不及龍，下不若魚，丘其螭邪？"夫欲立功者豈得中繩哉？救溺者濡，追逃者趨。趨，走也。

魏文侯弟曰季成，友曰翟璜。文侯欲相之而未能決，以問季充。[⑦] 季充對曰："君欲置相，置，立。則問樂騰與王孫苟端孰賢。"孰，誰。文侯曰："善。"以王孫苟端爲不肖，[⑧]翟璜進之；以樂騰爲賢，[⑨]季成進之，故相季成。凡聽於主，言人不

---

① 畢沅曰："'瞻'疑當作'贍'。"於義爲勝。

② "恐"，《後序》曰當作"怨"，於義爲勝。

③ "親"下，原衍"之"字，據《二十二子》本删。

④ "可"下，原衍"不"字，據《二十二子》本删。

⑤ "文"，原脱，據《二十二子》本補。

⑥ "孔子欲以道而見遠外"，畢沅曰當作"孔子欲以道術諭之而慮見遠外也"，於義爲勝。

⑦ "季充"，《集釋》、《新校釋》、《注疏》作"李克"，下同，是。

⑧ "爲"，原作"而"，據《二十二子》本改。

⑨ "賢"，原作"貴"，據《二十二子》本改。

可不慎。季成,弟也;翟璜,友也,而猶不能知,何由知樂騰與王孫苟端哉?疏賤者知,親習者不知,[①]理無自然。[②] 自然而斷相過,季充之對文侯也亦過。[③] 過,長也。《論語》曰:"過猶不及。"言俱不得其適。雖皆過,譬之若金之與木,金雖柔,猶堅於木。孟嘗君問於白圭曰:"魏文侯名過桓公而功不及五伯,何也?"孟嘗君,齊公子田嬰之子田文也。白圭,周人。問文侯功何以不及五伯也。白圭對曰:"文侯師子夏,友田子方,敬段干木,此名之所以過桓公也。卜相曰'成與璜孰可',此功之所以不及五伯也。卜,擇也。成,季成。璜,翟璜也。相也者,百官之長也。擇者,欲其博也,今擇而不去二人,與用其讎亦遠矣。且師友也者,公可也;戚愛也者,私安也。以私勝公,衰國之政也。然而名號顯榮者,三士羽之也。"翼羽,[④]佐之。

寧戚欲干齊桓公,窮困無以自進,於是爲商旅將任車以至齊,任亦將也。暮宿於郭門之外。桓公郊迎客,夜開門,辟任車,爝火甚盛,從者甚衆。寧戚飯牛居車下,望桓公而悲,擊牛角疾歌。[⑤] 歌《碩鼠》也。其詩曰"碩鼠碩鼠,無食我黍,三歲貫女,莫我肯顧。逝將去女,適彼樂土,樂土樂土,爰得我所。碩鼠碩鼠,無食我麥,三歲貫女,莫我肯得。逝將去女,適彼樂國,樂國樂國,爰得我直。碩鼠碩鼠,無食我苗,三歲貫女,莫我肯逃。逝將去女,適彼樂郊,樂郊樂郊,誰之永號"者是也。桓公聞之,撫其僕之手曰:"異哉!之歌者非常人也。"命後車載之。桓公反,至,從者以請。請所置。桓公賜之衣冠,將見之。寧戚見,説桓公以治境内,明日

---

① "親"上,原衍"親習者"三字,據《二十二子》本刪。
② 《平議》曰:"'理無自然'下奪'理無'二字。"是。
③ "對"下,原衍"曰"字,據《二十二子》本刪。
④ 《新校釋》曰:"'翼'字當係後人旁注所羼入。"可備一説。
⑤ 《新校釋》曰:"'歌'上疑脱'商'字。"

復見,説桓公以爲天下。爲,治。桓公大説,將任之。任,用也。群臣爭之曰:"客,衛人也。衛之去齊不遠,君不若使人問之,而固賢者也,用之未晚也。"桓公曰:①"不然。問之,患其有小惡。以人之小惡,亡人之大美,此人主之所以失天下之士也已。"凡聽必有以矣。今聽而不復問,合其所以也。且人固難全,權而用其長者,當舉也。桓公得之矣。

**舉難**

① "曰",原作"口",據元刻明修本改。

# 卷第二十

呂氏春秋訓解　高氏

## 恃君覽第八　長利　知分　召類　達鬱　行論　驕恣　觀表

一曰：凡人之性，爪牙不足以自守衛，衛，捍也。肌膚不足以捍寒暑，捍，禦也。筋骨不足以從利辟害，從，隨也。勇敢不足以卻猛禁悍，禁，止也。然且猶裁萬物，制禽獸，服狡蟲，狡蟲，蟲之狡害者。寒暑燥濕弗能害，古人知爲之備。不唯先有其備而以群聚邪！群之可聚也，相與利之也。利之出於群也，君道立也。衆之所奉戴，故道立。故君道立，則利出於群，群，衆也。而人備可完矣。昔太古嘗無君矣，太古，上古。兩儀之始，未有君臣之制。其民聚生群處，知母不知父，無親戚、兄弟、夫妻、男女之別，無上下、長幼之道，無進退、揖讓之禮，無衣服、履帶、宮室、畜積之便，無器械、舟車、城郭、險阻之備，此無君之患。上苟所無者無以化下，故以無君爲患。故君臣之義不可不明也。明，知也。自上世以來，天下亡國多矣，而君道不廢者，天下之利也。[1] 君

---

① "之利"，《札記》曰當作"利之"，是。

施慶賞威刑以正之，故天下之利也。故廢其非君而立其行君道者。行，奉也。君道何如？利而物利章。熊虎爲旗。章，明識也。

非濱之東，①朝鮮樂浪之縣，箕子所封，濱於東海也。夷、穢之鄉，東方曰夷。穢，夷國名。② 大解、陵魚、其、③鹿野、摇山、揚島、大人之居，多無君；東方之夷，無有君長。揚、漢之南，楊州、漢水南。百越之際，越有百種。敝凱諸、夫風、餘靡之地，縛婁、陽禺、驩兜之國，多無君；皆南越之夷無君者。④ 氐、羌、呼唐、離水之西，僰人、野人、僰讀如匍匐之匐。篇笮之川，舟人、送龍、突人之鄉，多無君；西方之戎無君者。先言氐、⑤羌，後言突人，自近及遠也。雁門之北，鷹隼、所鷙、須窺之國，饕餮、窮奇之地，叔逆之所，儋耳之居，多無君，北方狄無君者也。孔子曰："夷、狄之有君，不如諸夏之亡。"故曰"多無君"也。此四方之無君者也。其民麋鹿禽獸，不知禮義，無長幼之别，如麋鹿禽獸也。少者使長，長者畏壯，有力者賢，賢，豪者也。暴傲者尊，⑥日夜相殘，無時休息，以盡其類。類，種也。聖人深見此患也，故爲天下長慮，慮，計也。莫如置天子也；置，立也。爲一國長慮，莫如置君也。置君，非以阿君也；阿猶私爲也。⑦ 置天子，非以阿天子也；置官長，非以阿官長也。德衰世亂，然後天子利天下，幼奉長，⑧卑

---

① "非"，畢沅曰疑當作"北"，《新校釋》曰疑當作"渭"。
② "國"，《新校釋》曰當作"别"，可備一説。
③ "其"，《新校釋》曰疑當作"共人"，可備一説。
④ "夷"，原作"夫"，據《二十二子》本改。
⑤ "氐"，原作"氏"，據元刻明修本改。
⑥ "傲"，原漫漶不清，此據元刻明修本。
⑦ "爲"，《新校釋》曰"爲"字當衍，於義爲勝。
⑧ "幼"上，原衍"長"字，據《二十二子》本删。

事尊，彊不得陵弱，[①]衆不得暴寡，以此利之。國君利國，官長利官，此國所以遞興遞廢也，[②]亂難之所以時作也。不得常，施時盜作耳。[③] 故忠臣廉士，内之則諫其君之過也，諫，止也。外之則死人臣之義。義重於身。

豫讓欲殺趙襄子，欲爲智伯殺趙襄子也，已説在上篇。滅鬚去眉，[④]自刑以變其容，爲乞人而往乞於其妻之所。其妻曰："狀貌無似吾夫者，其音何類吾夫之甚也？"又吞炭以變其音。其友謂之曰："子之所道甚難而無功。謂子有志則然矣，謂子智則不然。以子之材而索事襄子，索，求也。襄子必近子，子得近而行所欲，此甚易而功必成。"豫讓笑而應之曰："是先知報後知也，[⑤]爲故君賊新君矣，大亂君臣之義者無此，失吾所爲爲之矣。凡吾所爲爲此者，所以明君臣之義也，非從易也。"[⑥]柱厲叔事莒敖公，莒，子國也。敖公，[⑦]謚。公，君也。自以爲不知而去居於海上，柱厲叔自以不爲敖公之所知，而遠去居於海上也。夏日則食菱芡，菱，芰也。芡，雞頭也，一名雁頭，生水中。冬日則食橡栗。橡，皂斗也，其狀似栗。莒敖公有難，柱厲叔辭其友而往死之。往死敖公之難也。[⑧] 其友曰："子自以爲不知故去，今又往死之，是知與不知無異别也。"言叔爲不見知於敖公而舍之去，今復往死其難，是與見知、不見知無别異也。柱厲叔曰："不

① "彊"，原作"疆"，據《二十二子》本改。"陵"，原漫漶不清，此據元刻明修本。

② "國"下，《集釋》曰當有"之"字，是。

③ "時盜"，《新校釋》曰當作"盜時"。

④ "滅"上，《新校釋》曰疑當有"漆身爲厲"四字。

⑤ "是"下，《新校釋》曰當有"爲"字，於義爲勝。

⑥ 《新校釋》曰："'豫讓欲殺趙襄子'至'非從易也'係《不侵》錯簡在此。"

⑦ 《新校釋》曰："'公'字當衍。"

⑧ "難"，原漫漶不清，此據元刻明修本。

然。自以爲不知故去,今死而弗往死,是果知我也。今不死其難,是爲使敖公果知我爲不良臣也。吾將死之以醜後世人主之不知其臣者也,醜,愧也。唯明君能知忠臣耳,敖公弗及也。死其難,可以使後世不知良臣之君慚於不知人也。所以激君人者之行而厲人主之節也。激,發也。所以發起君人之行。厲,高也。人君務在知人,知人則哲,所以厲人主之志節也。行激節厲,忠臣幸於得察。察,知也。忠臣察,則君道固矣。"臣見知則盡忠以衛上,故君道安固不危殆也。

## 恃君

二曰:天下之士也者,慮天下之長利而固處之以身若也:①利雖倍於今而不便於後,弗爲也;爲,施也。安雖長久而以私其子孫,弗行也。私,利也。自此觀之,陳無宇之可醜亦重矣,陳無宇,齊大夫,陳須無之子桓子也。醜,謂其貪也。與鮑文子俱伐欒、高氏,戰于稷,欒、高氏敗,又敗於莊,國人追之,又敗於鹿門,欒施、高彊出奔。② 陳、鮑分其室,是其貪禄也。其與伯成子高、周公旦、戎夷也,③形雖同,取舍之殊,豈不遠哉?伯成子高辭諸侯而耕。周公旦股肱周室,輔翼成王而致太平。戎夷,齊之仁人也。陳無宇雖身形與之同,然其行貪欲,相去絶遠也。堯治天下,伯成子高立爲諸侯。堯授舜,舜授禹,伯成子高辭諸侯而耕。④ 禹往見之,則耕在野。禹趨就下風而問曰:"堯理天下,吾子立爲諸侯,今

---

① "固",原作"顧",據《二十二子》本改。
② "高",原脱,據《二十二子》本補。"彊",原作"疆",據《二十二子》本改。
③ "戎",《校補》曰當作"式"。
④ "辭"下,《新校釋》曰當有"爲"字,於義爲勝。

至於我而辭之，[1]故何也？”[2]伯成子高曰：“當堯之時，未賞而民勸，未罰而民畏，民不知怨，不知説，愉愉其如赤子。今賞罰甚數，而民爭利且不服，德自此衰，利自此作，作，起也。後世之亂自此始。始，首也。夫子盍行乎，無慮吾農事！”盍，何不也。行，去也。慮猶亂也。協而耰，遂不顧。協，和悦也。耰，覆種也。顧，視也。夫爲諸侯，名顯榮，實佚樂，繼嗣皆得其澤，伯成子高不待問而知之，然而辭爲諸侯者，以禁後世之亂也。以止後世爭榮之亂也。

辛寬見魯繆公曰：“臣而今而後知吾先君周公之不若太公望封之知也。昔者太公望封於營丘之渚海阻山高險固之地也，[3]是故地日廣，子孫彌隆。廣，大也。隆，盛也。吾先君周公封於魯，無山林溪谷之險，諸侯四面以達，達，通也。是故地日削，子孫彌殺。”削，小也。殺，衰也。辛寬出。南宫括入見，[4]公曰：“今者寬也非周公，其辭若是也。”南宫括對曰：“寬，少者，弗識也。少，小也。不知也。君獨不聞成王之定成周之説乎？其辭曰：‘惟余一人，營居于成周。惟余一人，有善易得而見也，有不善易得而誅也。’言恃德不恃險也。故曰善者得之，不善者失之，古之道也。得之者，若湯、武也；失之者，若桀、紂，故曰“古之道也”。夫賢者豈欲其子孫之阻山林之險以長爲無道哉？小人哉寬也！今使燕爵爲鴻鵠、鳳凰慮，則必不得矣。燕爵，諭辛寬也，言寬亦不能爲賢者慮也。其所求者，瓦之間隙、屋之翳蔚也，燕爵志小而近也。與一舉則有千里之志，德不盛、義

---

① “我”，原漫漶不清，此據元刻明修本。
② “故”上，《新校釋》曰當有“其”字，於義爲勝。
③ 《新校釋》曰：“‘高’字當衍。”
④ “南宫括”，《新校釋》曰當作“南宫邊”，可備一説。

不大則不至其郊。爲聖德之君至其郊也。愚庳之民,其爲賢者慮,亦猶此也。固妄誹訾,豈不悲哉?"亦如燕爵爲鴻鵠、鳳皇慮,何時能得?既不得又妄誹謗訾毁之,故曰"豈不悲哉"?痛傷之也。

戎夷違齊如魯,天大寒而後門,違,去。去齊至魯也。後門,日夕門已閉也。與弟子一人宿於郭外,寒愈甚,謂其弟子曰:"子與我衣,我活也;我與子衣,子活也。我國士也,爲天下惜死;惜,愛也。子不肖人也,不足愛也。愛亦惜也。子與我子之衣。"弟子曰:"夫不肖人也,又惡能與國士之衣哉?"惡,安也。不肖人亦自愛其死,安能與國士之衣哉?① 戎夷太息嘆曰:"嗟乎!道其不濟夫。"死之,道其不濟也。解衣與弟子,夜半而死,弟子遂活。謂戎夷其能必定一世,則未之識。識,知也。若夫欲利人之心,不可以加矣。加,上也。達乎分仁愛之心識也,②故能以必死見其義。誘以戎夷不義之義耳。欲求弟子之衣以惜其死,是不義也。弟子拒之以不肖人惡能與國士之衣,計不能兩生,窮乃解衣,是不義之義也。《淮南記》曰:"楚有賣其母者,而謂其買者曰:'此母老矣,幸善食之。'"③不亦不義也。④

## 長利

三曰:達士者達乎死生之分,君子死義,不求苟生,不義而生,弗爲也,故曰"達乎死生之分"。《淮南記》曰:"左手據天下之圖,右手刎其喉,愚夫弗爲,生貴於天下也。"死君親之難者,則當視死如歸,蓋義重於身也,此之謂達於死生之分者也。達乎死生之分,則利害存亡弗

① "國",原作"則",據《二十二子》本改。

② "達乎分仁愛之心識也",《高注補正》曰當作"達乎死生之分,仁愛之心誠也",於義爲勝。

③ "幸",原作"辛",據元刻明修本改。

④ "不亦不義也",《新校釋》曰當作"亦不義之義也",於義爲勝。

能惑矣。不爲利存而遂苟生，不爲害亡而辭死，故曰利害存亡弗能惑移也。故晏子與崔杼盟而不變其義；崔子盟，國人曰："所不與崔、慶者晏子。"晏子仰天曰："盟，所以移忠於君，①利社稷者是與。"故曰"不變其義"。延陵季子，吴人願以爲王而不肯；季子，吴壽夢子札也，②不肯爲王，去之延陵，不入吴國，故曰"延陵季子"也。孫叔敖三爲令尹而不喜，叔敖，薳賈伯盈之子。三去令尹而不憂，令尹，楚卿也。《論語》云"令尹子文"，不云叔敖。皆有所達也。達於高位疾顛、厚味腊毒者也。有所達，則物弗能惑。惑，動也。荆有次非者得寶劍于干遂，干遂，吴邑。還反涉江，涉，度也。至於中流，有兩蛟夾繞其船。魚滿二千斤爲蛟。③ 次非謂舟人曰："子嘗見兩蛟繞船能兩活者乎？"船人曰："未之見也。"次非攘臂袪衣拔寶劍曰："此江中之腐肉朽骨也。④ 棄劍以全己，余奚愛焉！"於是赴江刺蛟，赴，入也。殺之而復上船，舟中之人皆得活。荆王聞之，仕之執圭。《周禮》："侯執信圭。"楚以次非勇武而侯之。孔子聞之曰："夫善哉！不以腐肉朽骨而棄劍者，其次非之謂乎？"禹南省，方濟乎江，黄龍負舟。舟中之人五色無主，禹仰視天而嘆曰："吾受命於天，竭力以養人。生，性也；死，命也。余何憂於龍焉？"憂，懼也。龍俯耳低尾而逝。⑤ 逝，去也。則禹達乎死生之分、利害之經也。經，道。凡人物者，陰陽之化也。陰陽者，造乎天而成者也。天固有衰嗛廢伏，有盛盈坌息；人亦有困窮屈匱，有充實達遂。達，通。遂，成。此皆天之容、物

---

① "忠"，原漫漶不清，此據元刻明修本。

② "子"，原作"孫"，據《二十二子》本改。"札"，原漫漶不清，此據《二十二子》本。

③ "千"，原作"十"，據《二十二子》本改。

④ "江中之"，《新校釋》曰"江中之"三字衍，可備一説。

⑤《新校釋》曰："'俯耳'當作'俯首'。"於義爲勝。

理也,[1]而不得不然之數也。古聖人不以感私傷神,感念私邪,傷神性也。俞然而以待耳。俞,安。

晏子與崔杼盟,其辭曰:[2]"不與崔氏而與公孫氏者,受其不祥。"公孫氏,齊群公子之子,故曰"公孫氏"。公黨之不與崔杼同者也,故曰"不祥"也。晏子俯而飲血,仰而呼天曰:"不與公孫氏而與崔氏者,受此不祥。"反其盟也。崔杼不説,直兵造胸,勾兵鈎頸,直,矛也。勾,戟也。謂晏子曰:"子變子言,變,更。則齊國吾與子共之;子不變子言,則今是已。"已,竟也。言今竟子。[3]晏子曰:"崔子,子獨不爲夫詩乎?詩曰:'莫莫葛藟,延于條枚,凱弟君子,求福不回。'《詩·大雅·旱麓》之卒章。莫莫,葛藟之貌。延蔓于條枚之上,得其性也。樂易之君子,求福不以邪道,順於天性,以正直受大福。嬰且可以回而求福乎?子惟之矣。"[4]惟,宜也。[5] 崔杼曰:"此賢者,不可殺也。"罷兵而去。晏子授綏而乘,其僕將馳,晏子無良其僕之手曰:[6]"安之,毋失節。疾不必生,徐不必死。鹿生於山而命懸於厨。今嬰之命,有所懸矣。"晏子可謂知命矣。命也者,不知所以然而然者也,人事智巧以舉錯者不得與焉。故命也者,就之未得,去之未失。蹈義就死,未必死也,故曰"就之未得"。[7] 苟從不義以去死求生,未必生,故曰"去之未失"也。國士知其若此也,故以義爲之決而安處

---

① "物"下,《遺諠》曰當有"之"字,於義爲勝。

② "辭",原漫漶不清,此據元刻明修本。

③ "竟",原作"競",據《二十二子》本改。

④ "惟",《平議》曰當作"推",於義爲勝。

⑤ "惟宜也",原漫漶不清,此據元刻明修本。

⑥ "無良",《二十二子》本作"撫",《新校釋》曰:"'無良'當本作'撫順'。"可備一説。

⑦ "曰",原作"日",據元刻明修本改。

之。處，居也。白圭問於鄒公子夏后啓曰：①"夏后啓，鄒公子之名。踐繩之節，四上之志，三晋之事，此天下之豪英。踐繩之節，正直也。四上，謂君也。卿、大夫、士與君爲四，四者之中，君處其上，故曰"四上之志"。晋之三卿韓、魏、趙氏皆以豪英之才，專制晋國，三分之爲諸侯，卒皆稱王，故曰"三晋之事，此天下之豪英"。萬人爲英，百人爲豪。以處於晋而迭一作"亟"。聞晋事，未嘗聞踐繩之節、②四上之志，處，居。居於晋，數聞三晋之事。願得而聞之。"願聞踐繩之節、四上之志也。夏后啓曰："鄙人也，焉足以問？"言不足問。白圭曰："願公子之毋讓也。"夏后啓曰："以爲可爲故爲之，爲之，天下弗能禁矣；禁，止也。以爲不可爲故釋之，釋之，天下弗能使矣。"釋，舍。白圭曰："利弗能使乎？威弗能禁乎？"夏后啓曰："生不足以使之則利曷足以使之矣？生重利輕。言令必生猶不可使也，但以所利諭之，何足以使之？死不足以禁之則害曷足以禁之矣？"死重害輕也。言爲義者雖死爲之，故曰"不足以禁之"。死且猶弗禁，何況害也，何足以禁之也？白圭無以應。夏后啓辭而出。出，去。凡使賢不肖異，使賢以義，使不肖以利，故曰"異"也。使不肖以賞罰，言賞必生、罰必死，不肖者喜生惡死，則可使矣。使賢以義。賢者不畏義死，不好不義生，唯義之所在，死生一也。故賢主之使其下也必義，審賞罰，③然後賢不肖盡爲用矣。盡可得使爲己用也。

## 知分

---

① 《新校釋》曰："'夏后啓'疑當作'夏侯啓'。"可備一説。
② "未"上，《新校釋》曰當有"今處於鄒"四字，於義爲勝。
③ "必義審賞罰"，《集釋》曰："《治要》引作'必以義，必審賞罰'，較今本爲優。"是。

四曰：類同相召，召，致也。氣同則合，合，會也。聲比則應。應，和也。① 故鼓宫而宫應，鼓大宫，小宫應。鼓角而角動。擊大角，小角動。以龍致雨，以形逐影。龍，水物也，故致雨。影出於形，形行日中，則影随之，故曰"以形逐影"。禍福之所自來，衆人以爲命焉，不知其所由。② 故國亂非獨亂，有必召寇。召，致。獨亂未必亡也，召寇則無以存矣。凡兵之用也，用於利，用於義。《傳》曰："利，義之和也。"攻亂則服，服則攻者利；得其利。攻亂則義，義則攻者榮。得榮名也。榮且利，中主猶且爲之，有況於賢主乎？故割地寶器戈劍卑辭屈服不足以止攻，③唯治爲足。足以止人攻。治，則爲利者不攻矣，爲利動者不来攻己。爲名者不伐矣。爲武移者不来伐己。④ 凡人之攻伐也，非爲利則固爲名也。名實不得，國雖强大，則無爲攻矣。無名實之國雖强大，⑤則無爲往攻之矣。《傳》曰："取亂侮亡。"此是也。兵所自來者久矣。堯戰於丹水之浦以服南蠻；丹水在南陽。浦，岸也，一曰崖也。舜卻苗民，更易其俗；苗民，有苗也。卻猶止。更，改。禹攻曹魏、攻，伐。屈驁、⑥有扈以行其教。《春秋傳》曰："啓伐有扈。"言屈驁，不知出何書也。三王以上，固皆用兵也。亂則用，治則止。治而攻之，不祥莫大焉；亂而弗討，害民莫長焉。此治亂之化也，化，變也。文武之所由起也。文者愛之徵也，武者惡之表

---

① "和"，原作"知"，據《二十二子》本改。

② 《雜志》曰："'焉不知其所由'，本作'焉知其所'。其'不知其所由'五字，乃是高注，非正文也。"可備一説。

③ 《補注》曰："《應同篇》無'戈劍'二字，是也。"

④ "武"，《補注》曰當作"名"，是。

⑤ "之"下，《新校釋》曰疑當有"利"字，可備一説。

⑥ 《新校釋》曰："譚謂'屈驁'上當有'啓伐'二字，是也。'魏'字下注之'攻伐'二字，蓋本係正文'啓伐'二字。"可備一説。

也。愛惡循義，文武有常，聖人之元也。元，寶。譬之若寒暑之序；時至而事生之。聖人不能爲時而能以事適時，事適於時者其功大。事之適得其時，則無不成，故功大。

士尹池爲荆使於宋，①司城子罕觴之。司城，司空，卿官。宋武公名司空，故改爲司城。② 觴，爵飲尹池酒也。南家之牆，犨於前而不直；犨猶出。曲出子罕堂前也。西家之潦，徑一作"注"。其宫而不止。西家地高，潦東流經子罕之宫而不禁。士尹池問其故。問不直牆、③不止潦之故。司城子罕曰："南家，工人也，爲鞔者也。④ 鞔，履也。作履之工也。一曰，鞔，靷也。作車靷之工也。吾將徙之，其父曰：'吾恃爲鞔以食三世矣。作鞔以共食。今徙之，是宋國之求鞔者不知吾處也，吾將不食。鞔不售，無以自食。願相國之憂吾不食也。'爲是故，吾弗徙也。西家高，吾宫庳，潦之經吾宫也利，故弗禁也。"士尹池歸荆，荆王適興兵而攻宋，士尹池諫於荆王曰："宋不可攻也。其主賢，主，君。⑤ 其相仁。相，子罕。賢者能得民，得民歡心。仁者能用人。人爲之用也。荆國攻之，其無功而爲天下笑乎！"故釋宋而攻鄭。孔子聞之曰："夫修之於廟堂之上而折衝乎千里之外者，其司城子罕之謂乎？"衝車所以衝突敵之軍，能陷破之也。有道之國，不可攻伐，⑥使欲攻己者折還其衝車於千里之外，不敢來也。宋在三大萬乘之間，南有楚，北有晋，東有齊，故曰"三大萬乘之間"也。子罕之時無所相侵，邊境四益，四境不侵削則爲益。相平公、元公、景公，以

---

① "士尹"，《畢校補正》曰當作"工尹"，是。
② "改"，原作"故"，據《二十二子》本改。
③ "直"，《新校釋》曰當作"徙"。
④ "者"，原作"百"，據《二十二子》本改。
⑤ "君"，原作"臣"，據《二十二子》本改。
⑥ "伐"，原作"代"，據《二十二子》本改。

終其身,其唯仁且節與?① 節,儉也。故仁節之爲功大矣。按《春秋》,子罕殺宋昭公,不但相三君以終身。用明堂茅茨蒿柱,②土階三等,以見節儉。等,級也。茅可覆屋。蒿非柱任也,雖云儉節,實所未聞。趙簡子將襲衛,使史默往睹之,睹,視。期以一月,六月而後反。反,還也。趙簡子曰:"何其久也?"史默曰:"謀利而得害,猶弗察也?察,知。今蘧伯玉爲相,史鰌佐焉,伯玉,衛大夫蘧莊子無咎之子瑗,謚曰成子。史鰌亦衛之大夫,字子魚。《論語》云:"直哉史魚。"孔子爲客,子貢使令於君前,甚聽。君從其言。《易》曰:'涣其群,元吉。'涣者,賢也。群者,衆也。元者,吉之始也。涣其群元吉者,其佐多賢也。"謂孔子、子貢之客也。吴公子札適衛,説蘧瑗、史鰌、公子荆、公叔發、公子朝曰:③"衛多君子,未有患也。"④故曰"其佐多賢也"。⑤ 趙簡子按兵而不動。凡謀者,疑也。疑則從義斷事,從義斷事則謀不虧,謀不虧則名實從之。既有美名又有其實,故曰"名實從之"。賢主之舉也,豈必旗僨將斃而乃知勝敗哉?察其理而得失榮辱定矣。故三代之所貴,無若賢也。若,如也。

## 召類

五曰:凡人三百六十節,九竅五藏六府。肌膚欲其比也,比猶致也。血脈欲其通也,通,利。筋骨欲其固也,固,堅。心志欲其和也,和,調也。精氣欲其行也。精氣以行血脈,榮衛三百六

---

① "節",原漫漶不清,此據元刻明修本。
② "用",元刻明修本同,《二十二子》本作"故",《彙校》曰當作"周"。
③ "朝",《校補》曰當作"鼂",可備一説。
④ "患",原漫漶不清,此據元刻明修本。
⑤ "曰",原脱,據《二十二子》本補。

十節，故曰“欲其行也”。若此，則病無所居而惡無由生矣。病之留、惡之生也，精氣鬱也。鬱，滯，不通也。故水鬱則爲污，水淺不流曰污。樹鬱則爲蠹，蠹，蝎，木中之蟲也。草鬱則爲蕢。蕢，穢。國亦有鬱，生德不通，①民欲不達，此國之鬱也。國鬱處久，則百惡並起而萬災叢至矣。叢，聚也。上下之相忍也，由此出矣。出，生也。故聖王之貴豪士與忠臣也，爲其敢直言而決鬱塞也。周厲王虐民，國人皆謗。謗，怨。召公以告曰：“民不堪命矣。”王使衛巫監謗者，召公，周大夫召公奭也。② 監，視。得則殺之。國莫敢言，③道路以目。以目相視而已，不敢失口。王喜，以告召公曰：“吾能弭謗矣。”弭，止也。召公曰：“是障之也，非弭之也。障，防。防民之口，甚於防川。川壅而潰，敗人必多。夫民猶是也。是故治川者決之使導，治民者宣之使言。是故天子聽政，使公卿列士正諫，好學博聞獻詩，矇箴師誦，目不見曰矇。師，瞽師。《詩》云：“矇叟奏功。”庶人傳語，庶人，無官者，不得見王，故傳語，因人以通。近臣盡規，規，諫。親戚補察，而後王斟酌焉。斟酌，取其善而行。是以下無遺善，善皆達王所。上無過舉。過，失。今王塞下之口而遂上之過，恐爲社稷憂。”王弗聽也。三年，國人流王于彘。流，放也。彘，河東永安是也。此鬱之敗也。鬱者，不陽也。周鼎著鼠，令馬履之，爲其不陽也。不陽者，亡國之俗也。

管仲觴桓公。④ 日暮矣，⑤桓公樂之而徵燭，觴，饗也。徵，

---

① “生”，《集釋》、《新校釋》、《注疏》作“主”，是。

② “召公奭”，《新校釋》曰當作“召公虎”，是。

③ “國”下，《新校釋》曰當有“人”字，是。

④ “桓”，原缺筆，下同。

⑤ “日”，原作“曰”，據元刻明修本改。

求也。管仲曰："臣卜其晝，未卜其夜。君可以出矣。"出，罷。公不説，曰："仲父年老矣，寡人與仲父爲樂將幾之？請夜之。"以夜繼晝。管仲曰："君過矣。夫厚於味者薄於德，沈於樂者反於憂。壯而怠則失時，怠，懈。老而解則無名。無善終之名。① 臣乃今將爲君勉之，勉，勵。勵君使不沈於夜樂。若何其沈於酒也？"管仲可謂能立行矣。凡行之墮墮，壞。也於樂，酣樂。② 今樂而益飭；飭，正也。行之壞也於貴，③貴則驕。今主欲留而不許。伸志行理，貴樂弗爲變，以事其主，此桓公之所以霸也。管仲不與桓公燭，不留桓公夜樂，所以能致桓公於霸也。列精子高聽行乎齊湣王，列精子高，六國時賢人也。聽行，其德行見敬於齊王也。湣王，宣王之子。善衣東布衣，④白縞冠，顙推之履，特會朝雨袪步堂下，⑤謂其侍者曰："我何若？"顙推之履，弊履也。袪步，⑥舉衣而步也。列精子高自謂其從者曰："我好醜如何也？"侍者曰："公姣且麗。"姣、麗，皆好貌也。列精子高因步而窺於井，粲然惡丈夫之狀也，臨井自照，見不好，故曰"惡丈夫之狀也"。喟然嘆曰："侍者爲吾聽行於齊王也，夫何阿哉？阿，曲媚也。列精子高言侍者以我爲齊王所聽而敬，⑦謂我美麗不言惡，故曰阿我也。又況於所聽行乎萬乘之主，人之阿之亦甚矣，萬乘之主，謂齊王，從者且猶阿也，而云美且麗也。人之阿齊王，齊王實不良而言其良，甚於己侍者之言也。而無所鏡，其殘亡無日矣。言齊王無所用自見其殘暴也，

① "無善終之名"，原作"無慎終之始"，據《二十二子》本改。
② "酣樂"，《新校釋》曰疑當作"樂則酣"，可備一說。
③ "行"，《新校釋》曰當作"理"，於義爲勝。
④ "東"，《新校釋》曰當作"柬"，可備一說。
⑤ "雨袪"，《新校釋》曰當作"兩袪"，可備一說。
⑥ "袪"，原作"扶"，據《二十二子》本改。
⑦ "以"，原脱，據《二十二子》本補。

亡無期日矣。孰當可而鏡？孰，誰。鏡，照。其唯士乎？獨士履禮蹈正，不阿於俗而能鏡之也。人皆知説鏡之明己也而惡士之明己也。鏡明見人之醜而人不椎鏡破之，①而扢以玄錫、摩以白旃，是説鏡之明己也。士有明己者，陳己之短，欲令改之以除其病，②而不德之，反欲殺之，是惡士之明己也。鏡之明己也功細，細，小。士之明己也功大。正己之服而以匡君致治、安定社稷，故功之大也。③得其細，失其大，不知類耳。”類，事。趙簡子曰：“厥也愛我，鐸也不愛我。厥，趙厥，趙簡子家臣也。鐸，尹鐸，④亦家臣也。《傳》曰：“季孫之愛我，疢疹也。孟孫之惡我，藥石也。美疹不如惡石。”此之謂也。厥之諫我也，必於無人之所；所，處也。鐸之諫我也，喜質我於人中，質，正。必使我醜。”醜，惡。尹鐸對曰：“厥也愛君之醜也愛惜。而不愛君之過也，過，明也。鐸也愛君之過也而不愛君之醜也。臣嘗聞相人於師，敦顔而土色者忍醜。敦，厚也。土色，黄色也。土爲四時五行之主，⑤多所戴愛，⑥故能辱忍醜也，謂簡子之色也。不質君於人中，恐君之不變也。”變，改。此簡子之賢也。人主賢，則人臣之言刻。刻，盡。簡子不賢，鐸也卒不居趙地，居，處。有況乎在簡子之側哉？側猶在左右也。

## 達鬱

---

① “醜”，原作“首”，據《二十二子》本改。

② “改”，原作“長”，據《二十二子》本改。“除”，原漫漶不清，此據《二十二子》本。

③ “正己”至“大也”十九字，《新校釋》曰當作“鏡正己之服而已，士匡君致治，安定社稷，故功大也”，於義爲勝。

④ “尹”，原漫漶不清，此據元刻明修本。

⑤ “主”，原作“王”，據元刻明修本改。

⑥ “戴愛”，《二十二子》本作“戴受”，畢沅曰：“注‘戴受’疑是‘載受’。”《新校釋》曰：“畢改注‘戴愛’爲‘載受’，是。”

六曰：人主之行與布衣異，布衣，匹夫。勢不便，時不利，事讎以求存。"存"一作"全"。讎，周也。執民之命，[①]執民之命，重任也，不得以快志爲故。故，事也。故布衣行此，指於國，不容鄉曲。指猶志。布衣之人行此志於國，不能自容於鄉曲。堯以天下讓舜。讓猶予也。鮌爲諸侯，怒於堯曰："得天之道者爲帝，得地之道者爲三公。今我得地之道而不以我爲三公。"以堯爲失論，論猶理也。欲得三公，怒甚猛獸，欲以爲亂。比獸之角能以爲城，以爲城池之固。[②] 舉其尾能以爲旌。以爲旌旗之表也。召之不來，仿佯於野以患帝。舜於是殛之於羽山，副之以吴刀。羽山，東極之山也。《書》云："鮌乃殛死。"先殛後死也。禹不敢怨而反事之，官爲司空，禹，鮌子也，不敢怨舜而還事舜，治水土者也。[③] 以通水潦，顔色黎黑，步不相過，竅氣不通，以中帝心。中猶得。昔者紂爲無道，殺梅伯而醢之，殺鬼侯而脯之，以禮諸侯於廟。肉醬爲醢。肉熟爲脯。梅伯、[④]鬼侯，皆紂之諸侯也。梅伯説鬼侯之女美，令紂取之，紂聽妲己之譖，曰以爲不好，[⑤]故醢梅伯、脯鬼侯，以其脯燕諸侯於廟中。文王流涕而咨之。咨，嗟，嘆辭。紂恐其畔，欲殺文王而滅周。文王曰："父雖無道，子敢不事父乎？君雖不惠，臣敢不事君乎？孰王而可畔也？"紂乃赦之。天下聞之，以文王爲畏上而哀下也。《詩》曰："惟此文王，小心翼翼，昭事上帝，聿懷多福。"《詩・大雅・大明》之三章。[⑥] 言文王小

① 《新校釋》曰："'執民之命'上當有'人主'二字。"於義爲勝。
② "池"，原作"也"，據元刻明修本改。
③ "治"上，《新校釋》曰當有"司空"二字，於義爲勝。
④ "伯"，原作"白"，據元刻明修本改。
⑤ "曰"，《新校釋》曰"曰"字衍，於義爲勝。
⑥ "大明"，原作"文明"，據《二十二子》本改。

心翼翼然，敬慎，明於事上，不敢携貳，①所以得衆福也。

齊攻宋，燕王使張魁將燕兵以從焉，齊王殺之。燕王聞之，泣數行而下，召有司而告之曰："余興事而齊殺我使，請令舉兵以攻齊也。"②使受命矣。凡繇進見，爭之曰："賢王故願爲臣。③今王非賢主也，願辭不爲臣。"辭，去也。昭王曰："是何也？"對曰："松下亂，④先君以不安，棄群臣也。王苦痛之而事齊者，力不足也。昭王，燕王子噲之子。⑤先君，謂子噲也。松下，地名也。齊伐燕，子噲與松下戰，爲齊所獲，故曰"棄群臣也"。王苦傷之而奉事齊者，蓋力不足以伐齊。今魁死而王攻齊，是視魁而賢於先君。"王曰："諾。"從凡繇諫也。"請王止兵。"請王出令止兵也。王曰："然則若何？"凡繇對曰："請王縞素辟舍於郊，遣使於齊，客而謝焉，曰：'此盡寡人之罪也。大王賢主也，豈盡殺諸侯之使者哉？然而燕之使者獨死，此弊邑之擇人不謹也，願得變更請罪。'"更，改更也。⑥使者行至齊。行，還也。齊王方大飲，左右官實，御者甚衆，因令使者進報。使其使者進報燕使之至也。使者報言燕王之甚恐懼而請罪也，畢，又復之，以矜左右官實。説燕王謂伏罪，⑦訖，又復使説之，以自矜大於左右官實官長也，使聞知也。因乃發小使以反令燕王復舍。小使，微者也。反燕王使復舍也。此濟上之所以敗，此齊所以爲燕軍所敗於濟上也。

---

① "携"，原漫漶不清，此據元刻明修本。

② 畢沅曰："'請令'疑當作'請今'。"於義爲勝。

③ "賢王"，《集釋》、《新校釋》、《注疏》作"賢主"，是。

④ 《批校本》曰："正文'松下'下脱一'之'字。注'子噲與松下戰'當作'子噲與戰松下'。"於義爲勝。

⑤ "噲"，原漫漶不清，此據《二十二子》本。

⑥ "更改更也"，《新校釋》曰疑當作"更，改，變亦更也"，於義爲勝。

⑦ 《批校本》曰："'謂'字當作'請'。"於義爲勝。

齊國以虚也。七十城，微田單固幾不反。① 虚，弱也。燕昭王使樂毅伐齊，得七十餘城，事未訖，使騎劫代之。田單率即墨市民擊騎劫軍，盡破之，悉反其城，故曰無田單幾不反矣。② 湣王以大齊驕而殘，田單以即墨城而立功。湣王驕暴，淖齒殺之，擢其筋，懸之東廟，故曰"而殘"也。田單以即墨市民大破燕軍，故曰"而立功"也。《詩》曰："將欲毁之，必重累之。將欲踣之，必高舉之。"其此之謂乎！《詩》，逸詩也。累矣而不毁，舉矣而不踣，累之重，乃易毁也。踣，破也。舉之高，乃易破也。以喻湣王驕亂甚，③乃易破也。燕軍攻高亦易破，使田單序其名也。其唯有道者乎！有道者，能滿而不溢、高而不危，故曰"其唯有道者乎"也。

楚莊王使文無畏於齊，過於宋，不先假道。莊王，楚穆王商臣之子，恭王之父也。無畏申周，楚大夫也，使如齊不假道於宋也。還反，華元言於宋昭公曰："往不假道，來不假道，是以宋爲野鄙也。昭公，宋成公王臣之子杵臼。往来不假道，④欲以宋爲鄙邑。楚之會田也，故鞭君之僕於孟諸，言往日與楚會田於孟諸，無畏撻宋公之僕。請誅之。"乃殺文無畏於揚梁之堤。莊王方削袂，聞之曰："嘻！"嘻，怒貌也。投袂而起，履及諸庭，《傳》曰"履及於絰皇"也。劍及諸門，《傳》曰："劍及寢門。"車及之蒲疏之市，遂舍於郊，邑外曰郊。興師圍宋九月。圍宋在魯宣公十四年。⑤ 宋人易子而食之，析骨而爨之。宋公肉袒執犧，犧，牲也。委服告病，病，困。曰："大國若宥圖之，唯命是聽。"莊王曰："情一作"殆"。

---

① "不反"，原作"不及"，據《二十二子》本改，注亦同。

② "無"，原漫漶不清，此據元刻明修本。"反"下，原衍"免"字，據《二十二子》本删。

③ "湣"，原作"泯"，據《二十二子》本改。

④ "往"，原作"也"，據《二十二子》本改。

⑤ "四"，原作"五"，據《二十二子》本改。

矣，宋公之言也。”乃爲卻四十里而舍於盧門之闔，盧門，宋城門。闔，扉也。所以爲成而歸也。成，平。凡事之本在人主，①人主之患在先事而簡人，簡人則事窮矣。今人臣死而不當，親帥士民以討其故，②討，伐也。可謂不簡人矣。宋公服，③以病告而還師，還，反也。可謂不窮矣。④ 夫舍諸侯於漢陽水北曰陽。而飲至者，⑤其以義進退邪？叛而討之，以義進也。服而舍之，以義退也。彊不足以成此也。⑥《傳》曰：“彊而不義，其斃必速。”⑦唯義以濟，故曰“彊不足以成”也。

## 行論

七曰：亡國之主必自驕，必自智，必輕物。自謂有過人之智，故曰輕物。⑧ 自驕則簡士，簡，傲也。自智則專獨，不咨忠臣。輕物則無備。《傳》曰：“無備而官辦者，⑨猶拾潘也。”此之謂也。無備召禍，專獨位危，簡士壅塞。士不盡規，故壅塞無聞知。欲無壅塞必禮士，欲位無危必得衆，欲無召禍必完備。三者人君之大經也。經，道也。晋厲公侈淫，好聽讒人，欲盡去其大臣而立其左右。胥童謂厲公曰：“必先殺三郤。三郤，⑩錡、犨、至也。族大多怨，去大族不逼。”不逼迫公室。公曰：“諾。”乃使長魚矯

---

① “主”下，原衍“之患”二字，據《二十二子》本删。
② “故”，《新校釋》曰疑當作“敵”，可備一説。
③ 《集釋》曰：“‘服’上疑脱一‘委’字。”是。
④ 《新校釋》曰：“‘窮’下當有‘人’字。”於義爲勝。
⑤ “舍”，畢沅曰疑當作“合”，於義爲勝。
⑥ “彊”，原作“疆”，據《二十二子》本改。
⑦ “斃”，原作“弊”，據《二十二子》本改。
⑧ “曰”，《彙校》曰“曰”字衍，於義爲勝。
⑨ “辦者”，原脱，據《二十二子》本補。
⑩ “三”，原作“二”，據《二十二子》本改。

殺郄犨、郄錡、郄至于朝而陳其尸。於是厲公游于匠麗氏，欒書、中行偃劫而幽之。欒書，武子也。中行偃，荀偃荀伯游獻子也。幽，囚也。諸侯莫之救，百姓莫之哀，言厲公之惡。三月而殺之。人主之患，患在知能害人，而不知害人之不當而反自及也。不當，謂害賢近不肖。自及，死於匠麗氏。是何也？智短也。智短則不知化，不知化者舉自危。危，敗。魏武侯謀事而當，攘臂疾言於庭曰："大夫之慮莫如寡人矣！"武侯，文侯之子也。疾言於庭，伐智自大也。立有間，再三言。言自多也。李悝趨進曰："昔者楚莊王謀事而當，有大功，退朝而有憂色。左右曰：'王有大功，退朝而有憂色，敢問其說？'王曰：'仲虺有言，不穀説之。仲虺，湯左相也。不穀，自謂也。曰：諸侯之德，能自爲取師者王，能自取友者存，其所擇而莫如己者亡。擇，取也。孔子曰："無友不如己者，過則勿憚改。"故曰取無如己者亡。今以不穀之不肖也，群臣之謀又莫吾及也，我其亡乎？'今以不穀之名不肖，①群臣之謀又無如吾，無能相匡以濟道，故曰"我其亡乎"。曰，②此霸王之所憂也而君獨伐之，其可乎？"霸王唯此之憂，憂不得友而自存也，而獨自務伐，③言不可。武侯曰："善。"人主之患也，不在於自少而在於自多。自多則辭受，辭受，當受言而不受。辭受則原竭。④ 不受謀臣之言而自謀之，則謀慮之言竭盡也。李悝可謂能諫其君矣，壹稱而令武侯益知君人之道。

齊宣王爲大室，⑤大益百畝，堂上三百户，以齊之大，具

---

① 畢沅曰："'名'字似衍。"是。
② 《新校釋》曰："'曰'下有脱文，疑當作'曰大夫之慮莫如君'。"可備一説。
③ 《集釋》曰："'務'字當作'矜'。"於義爲勝。
④ 《新校釋》曰："'原'疑'願'之壞字。"
⑤ "大室"，原作"太室"，據《二十二子》本改，下同。

之三年而未能成。宣王,齊威王之子,孟子所見易釁鐘之牛者也。成,立之。群臣莫敢諫王。[①] 莫,無。春居問於宣王曰:"荆王釋先王之禮樂而樂爲輕,《語》曰:"君子不重則不威。"而反自樂,[②]何以爲賢也? 敢問荆國爲有主乎?"王曰:"爲無主。"爲無賢主。"賢臣以千數而莫敢諫,[③]敢問荆國爲有臣乎?"王曰:"爲無臣。"[④]爲無賢臣。"今王爲大室,其大益百畝,堂上三百户,以齊國之大,具之三年而弗能成。群臣莫敢諫,敢問王爲有臣乎?"王曰:"爲無臣。"[⑤]春居曰:"臣請辟矣。"趨而出。出,去也。王曰:"春子! 春子反! 何諫寡人之晚也? 寡人請今止之。"遽召掌書,曰:"書之:寡人不肖而好爲大室,春子止寡人。"箴諫不可不熟。莫敢諫若,[⑥]非弗欲也。春居之所以欲之與人同,其所以入之與人異。宣王微春居,幾爲天下笑矣。微,無。幾,近。由是論之,失國之主,多如宣王,然患在乎無春居。故忠臣之諫者亦從入之,不可不慎,此得失之本也。本,原也。趙簡子沈鸞徼於河,曰:"吾嘗好聲色矣而鸞徼致之,吾嘗好宫室臺榭矣而鸞徼爲之,吾嘗好良馬善御矣而鸞徼來之,今吾好士六年矣而鸞徼未嘗進一人也,是長吾過而絀善也。"[⑦]所得者皆過,所不進者乃善,故曰"長吾過而絀善也"。[⑧] 故若

---

① 《新校釋》曰:"'王'當作'者'。"可備一説。

② "反自",原誤倒,據《二十二子》本乙正。

③ 《新校釋》曰:"'賢臣'當作'朝臣'或'廷臣',蓋莫敢諫者,不當指爲賢臣也。"可備一説。

④ "臣",原作"民",據《二十二子》本改。

⑤ "臣",原脱,據《二十二子》本補。

⑥ "若",《批校本》曰當作"者",於義爲勝。

⑦ "絀"下,《舉正》曰當有"吾"字,是。

⑧ "絀",原作"紲",據元刻明修本改。

簡子者，能後以理督責於其臣矣。[1] 以理督責於其臣，則人主可與爲善而不可與爲非，可與爲直而不可與爲枉，此三代之盛教。

## 驕恣

八曰：凡論人心，觀事傳，不可不熟，不可不深。天爲高矣而日月星辰雲氣雨露未嘗休矣，休，止也。地爲大矣而水泉草木毛羽裸鱗未嘗息也。毛蟲，虎狼之屬也。羽蟲，鳳凰、鴻鵠、鶴鶩之屬也。裸蟲，麒麟、麋鹿、牛羊之屬也，蹄角裸見，皆爲裸蟲。鱗蟲，蛇鱗之屬。[2] 凡居於天地之間、六合之内者，其務爲相安利也。夫爲相害危者不可勝數。人事皆然。事隨心，心隨欲。欲無度者，其心無度。心無度者，[3]則其所爲不可知矣。人之心，隱匿難見，淵深難測，測猶知也。故聖人於事志焉。[4] 聖人之所以過人以先知，先知必審徵表，徵，應。表，異。一曰奇表。無徵表而欲先知，[5]堯、舜與衆人同等。[6] 聖人以徵表爲異也。徵雖易，表雖難，聖人則不可以飄矣，飄，疾也。必翔而後集，故不可以疾也。衆人則無道至焉。徵無表以道以至先也。[7] 無道至，則以爲神，以爲幸。無表之道，能過絶於人以先知者，則以爲有神有幸。非神非幸，其數不得不然。言非有神、非有幸者必須表，故曰"其數

---

① "後"，《二十二子》本作"厚"，《新校釋》曰"此不當有'後'字或'厚'字"，是。

② 《新校釋》曰："'蛇鱗'當作'蛇魚'。"

③ "心無度"，原爲小字，據元刻明修本改。

④ "事"下，《新校釋》曰當有"觀"字，於義爲勝。

⑤ "無"下，《新校釋》曰當有"審"字，於義爲勝。

⑥ "等"，原爲小字，據元刻明修本改。

⑦ "徵無表以道以至先也"，《新校釋》曰疑當作"無徵表之道以至先知也"，可備一説。

不得不然”。郈成子、吴起近一作“有”。之矣。

郈成子爲魯聘於晋，過衛，郈成子，魯大夫也，郈敬子國之子，郈青孫也。適晋，道經衛。右宰穀臣止而觴之，陳樂而不樂，酒酣而送之以璧，右宰穀臣，衛大夫也，以璧送郈成子。顧反，過而弗辭。反，還也。自晋還，過衛，不辭右宰穀臣。其僕曰：“嚮者右宰穀臣之觴吾子也甚歡，嚮，曩也。甚，①厚也。今侯渫過而弗辭？”侯，何也。重過爲渫過。何爲不辭右宰。郈成子曰：“夫止而觴我，與我歡也。陳樂而不樂，告我憂也。酒酣而送我以璧，②寄之我也。若由是觀之，③衛其有亂乎？”倍衛三十里，聞寧喜之難作，右宰穀臣死之。寧喜，衛大夫寧惠子殖之子悼予也。惠子與孫林父共逐獻公出之。惠子疾，臨終，謂悼子曰：“吾得罪於君，名載諸侯之策。君入則掩之。④ 若能掩之則吾子也。”⑤悼子許諾。魯襄二十六年，殺衛侯剽而納獻公，故曰“寧喜之難作”也。還車而臨，三舉而歸。臨，哭也。右宰息如是者三，故曰“三舉”。至，使人迎其妻子，隔宅而異之，分禄而食之，其子長而反其璧。反，還也。孔子聞之曰：“夫智可以微謀、仁可以托財者，⑥其郈成子之謂乎！”郈成子之觀右宰穀臣也，深矣妙矣，不觀其事而觀其志，可謂能觀人矣。吴起治西河之外，吴起，衛人，仕於魏侯，爲治西河。王錯譖之於魏武侯，武侯使人召之。吴起至於岸門，止車而休，望西河，泣數行而下。其僕謂之曰：“竊觀公之志，視

① “甚”，原漫漶不清，此據元刻明修本。

② “送”下，原衍“之”字，據《二十二子》本删。

③ 《新校釋》曰：“‘若’‘由’二字當衍其一。”

④ “之”，原作“君”，據《二十二子》本改。

⑤ “若”，原作“君”，據《二十二子》本改。

⑥ “仁可以托財者”，《新校釋》曰當作“仁可與托孤、廉可與寄財者”，可備一説。

舍天下若舍屣。屣,弊履。今去西河而泣,何也?"吴起雪泣而應之,雪,拭也。曰:"子弗識也。君誠知我而使我畢能,畢,盡。秦必可亡而西河可以王。可以立王政也。① 今君聽讒人之議而不知我,西河之爲秦也不久矣,言西河畔魏入於秦也。魏國從此削矣。"削,弱也。吴起果去魏入荆而西河畢入秦,魏日以削,秦日益大。此吴起之所以先見而泣也。

古之善相馬者,寒風是相口齒,麻朝相頰,子女厲相目,衛忌相髭,②許鄙相股,股,後竅也。股字讀如窮穹之穹。投伐褐相胸脅,管青相臏吻,陳悲相股脚,秦牙相前,贊君相後。凡此十人者,皆天下之良工也。③ 其所以相者不同,以,用。見馬之一徵也,徵,驗也。而知節之高卑、足之滑易、材之堅脆、能之長短。非獨相馬然也,人亦有徵,事與國皆有徵。④ 聖人上知千歲,下知千歲,非意之也,蓋有自云也。緑圖幡薄,從此生矣。幡亦薄也,鍛作鐵物,⑤言薄令薄也。⑥

**觀表**

---

① "立",原作"亡",據《二十二子》本改。

② "髭",原作"髭",據《二十二子》本改。

③ "也"下,《二十二子》本有"若趙之王良秦之伯樂九方堙尤盡其妙矣"十七字。

④ "皆",原作"清",據《二十二子》本改。

⑤ "鍛"、"鐵",原漫漶不清,此據元刻明修本。

⑥ "幡亦"至"令薄也"十三字,《新校釋》曰:"高注錯亂不可讀,疑本作'緑,□□也。圖,鍛作鐵物,言□□也。幡亦薄也。薄,薄令也'。"可備一説。

# 卷第二十一

吕氏春秋訓解　高氏

## 開春論第一　察賢　期賢　審爲　愛類　貴卒

一曰：開春始雷則蟄蟲動矣，動，蘇也。時雨降則草木育矣，育，長也。飲食居處適則九竅百節千脈皆通利矣。通利，不壅閉，無疾病矣。王者厚其德、積衆善而鳳凰聖人皆來至矣。雄曰鳳，雌曰凰，三代來至門庭，周室至於山澤。《詩》云："鳳凰鳴矣，于彼高岡。"此之謂也。聖人皆來至，謂堯得夔、龍、稷、契，舜得益，湯得伊尹，武丁得傅説之屬是也。共伯和修其行、①好賢仁而海内皆以來爲稽矣。② 共，國。伯，爵。夏時諸侯也。以好賢仁而人歸之，③皆以來附爲稽遲也。周厲之難，天子曠絶，難，厲王流于彘也。周無天子十一年，故曰"曠絶"也。而天下皆來謂矣。謂天子也。④ 以此言物之相應也，⑤故曰行也成也。⑥ 善説者亦然，言盡理而得失

---

① 《新校釋》曰："'和'字當衍。"
② 《平議》曰："'以''爲'二字衍文也。"於義爲勝。
③ "好"，原作"在"，據《二十二子》本改。
④ "謂"，原作"請"，據《二十二子》本改。
⑤ 《讀吕札記》曰："當衍'此'字。"是。
⑥ "行也成也"，《新校釋》曰疑當作"行以成也"，可備一説。

利害定矣，豈爲一人言哉？善説者，大言天下之事，得其分理，愛之不助，憎之不枉，故曰“豈爲一人言哉”。魏惠王死，葬有日矣。孟子所見梁惠王也。秦伐魏，魏徙都大梁。① 梁在陳留浚儀西大梁城是也。② 天大雨雪，至於牛目。③ 群臣多諫於太子者曰：“雪甚，如此而行葬，民必甚疾之，官費又恐不給，給，足也。請弛期更日。”更，改也。太子曰：“爲人子者，以民勞與官費用之故，④而不行先王之葬，不義也。子勿復言。”群臣皆莫敢諫而以告犀首。犀首，魏人公孫衍也。佩五國相印，能合從連横，號爲“犀首”。犀首曰：“吾未有以言之。未猶無也。是其唯惠公乎？請告惠公。”言唯惠公能諫之也。惠公，惠王相惠施也。惠公曰：“諾。”駕而見太子，曰：“葬有日矣？”太子曰：“然。”惠公曰：“昔王季歷葬於渦山之尾，欒水嚙其墓，見棺之前和。棺題曰和。⑤ 文王曰：‘嘻！先君必欲一見群臣百姓也，天故使欒水見之。’⑥見猶出也。於是出而爲之張朝，百姓皆見之，三日而後更葬，此文王之義也。今葬有日矣，而雪甚，及牛目，難以行，太子爲及日之故，得無嫌於欲亟葬乎？願太子易日。先王必欲少留而撫社稷、安黔首也，故使雨雪甚。⑦ 因弛期而更爲日，此文王之義也。若此而不爲，意者羞法文王也？”太子曰：“甚善。敬弛期，更擇葬日。”惠子不徒行説也，又令魏太子未葬其先君而

---

① “徙”，原作“從”，據《二十二子》本改。

② “城”，原作“成”，據《二十二子》本改。《新校釋》曰：“‘梁在’上疑脱一‘大’字。”

③ 《新校釋》曰：“《魏策》此下有‘且爲棧道而葬’句，疑此脱。”

④ “用”，《新校釋》曰“用”字衍，於義爲勝。

⑤ “題”，原作“頭”，據《二十二子》本改。

⑥ “天”，《平議》曰“《戰國·魏策》、《論衡·死僞》篇並作‘夫’，當從之。‘夫’字屬上句讀”，於義爲勝。

⑦ “雨”，《新校釋》曰“雨”字衍，於義爲勝。

因有説文王之義。説文王之義以示天下,豈小功也哉?

韓氏城新城,期十五日而成,韓氏本都弘農宜陽,①其後都潁川陽翟。新城,今河南新城是也,故戎蠻子之國也。段喬爲司空。有一縣後二日,段喬執其吏而囚之。囚者之子走告封人子高,曰:"唯先生能活臣父之死,子高,賢者也。封人,田大夫,職在封疆,故謂之封人。《周禮》亦有封人之官。《傳》曰"潁考叔爲潁谷封人"也。② 願委之先生。"封人子高曰:"諾。"乃見段喬,自扶而上城。封人子高左右望曰:"美哉城乎!一大功矣。子必有厚賞矣。自古及今,功若此其大也而能無有罪戮者,未嘗有也。"封人子高出。出,去也。段喬使人夜解其吏之束縛也而出之。故曰封人子高爲之言也,而匿己之爲而爲也。段喬聽而行之也,匿己之行而行也。③ 説之行若此其精也。封人子高可謂善説矣。叔嚮之弟羊舌虎善欒盈,欒盈,晋大夫欒書之孫,欒黶之子懷子也。④ 欒盈有罪於晋,晋誅羊舌虎,叔嚮爲之奴而朡。奴,戮也。⑤ 律坐父兄没入爲奴。《周禮》曰:"其奴,男子入于罪隸。"此之謂也。朡,繫也。祈奚曰:"吾聞小人得位,不爭不祥;⑥當諫君退之,故不爭不祥也。君子在憂,不救不祥。"憂,厄也。當諫君免之,故不救不祥也。乃往見范宣子而説也,⑦祈奚,高梁伯之子祈黄羊也,爲范宣子説叔嚮也。⑧ 范宣子,范文子之子丐也。曰:

---

① "本",原作"子",據《二十二子》本改。

② "谷",原作"國",據《二十二子》本改。

③ "封人"至"行也"三十字,《新校釋》曰當作"封人子高爲之而言也,匿己之言而言也;段喬聽而行之也,匿己之行而行也",可備一説。

④ "懷",原作"壞",據《二十二子》本改。

⑤ "戮"下,《新校釋》曰當有"人"字。

⑥ 《新校釋》曰:"'祥'當作'義',注同。"

⑦ "也",《畢校補正》曰當作"之",是。

⑧ "爲范宣子説叔嚮也",《新校釋》曰當作"爲叔嚮説范宣子也",於義爲勝。

“聞善爲國者賞不過而刑不慢，賞過則懼及淫人，刑慢則懼及君子。與其不幸而過，寧過而賞淫人，毋過而刑君子。故堯之刑也，殛鮌於虞而用禹；[①]殛，誅也。於舜用禹。禹，鮌之子也。周之刑也，戮管、蔡而相周公。管叔，周公弟，蔡叔其兄也。二人流言欲亂周室而戮之。周公相成王而尹天下也。不慢刑也。”宣子乃命吏出叔嚮。救人之患者，行危苦、不避煩辱，猶不能免。今祈奚論先王之德而叔嚮得免焉。學豈可以已哉？類多若此。

## 開春

二曰：今有良醫於此，治十人而起九人，所以求之萬也。以術之良，故人多求之也。故賢者之致功名也必乎良醫，而君人者不知疾求，豈不過哉？人皆知求良醫以治病，人君不知求賢臣以治國，故曰“豈不過哉”？今夫塞者，[②]勇力、時日、卜筮、禱祠無事焉，善者必勝。立功名亦然，要在得賢。要，約也。魏文侯師卜子夏，友田子方，禮段干木，禮，軾其閭也。國治身逸。逸，不勞也。天下之賢主，豈必苦形愁慮哉？執其要而已矣。要，謂師賢、友明，敬有德而已也。雪霜雨露時，則萬物育矣，育，成也。人民修矣，疾病妖厲去矣。妖，怪。厲，惡。[③] 去猶除也。故曰堯之容若委衣裘，以言少事也。宓子賤治單父，子賤，孔子弟子宓不齊也。彈鳴琴，身不下堂，而單父治。巫馬期以星出，以星入，日夜不居，以身親之，而單父亦治。巫馬期問其故於宓子。宓子曰：“我之謂任人，子之謂任力。任力者故勞，任人

---

① “虞”，《新校釋》曰當作“羽山”，是。

② “塞”，原作“寒”，據《二十二子》本改。

③《新校釋》曰：“‘惡’下疑脱‘疾’字。”可備一説。

者故逸。"宓子則君子矣，逸四肢，全耳目，平心氣，而百官以治義矣，[①]任其數而已矣。數，術也。巫馬期則不然，弊生事精，[②]勞手足，煩教詔，雖治猶未至也。

## 察賢

三曰：今夫爚蟬者，務在乎明其火、振其樹而已。火不明，雖振其樹，何益？雖振樹，蟬飛去不能得之，故曰"何益"也。明火不獨在乎火，[③]在於闇。闇冥無所見，火乃光耳，故曰"在於闇"也。當今之時世闇甚矣，[④]人主有能明其德者，天下之士，其歸之也若蟬之走明火也。走，趨也。凡國不徒安，名不徒顯，必得賢士。《傳》曰："不有君子，其能國乎？"故曰"必得賢士"。趙簡子晝居，喟然太息曰："異哉，吾欲伐衛十年矣而衛不伐。"不伐，不果伐也。[⑤] 侍者曰："以趙之大而伐衛之細，君若不欲則可也。君若欲之，請令伐之。"[⑥]簡子曰："不如而言也。而，汝。衛有士十人於吾所。於猶在也。吾乃且伐之，十人者其言不義也而我伐之，[⑦]是我爲不義也。"故簡子之時，衛以十人者按趙之兵，按，止也。殁簡子之身。衛可謂知用人矣，游十士而國家得安。簡子可謂好從諫矣，聽十士而無侵小奪弱之名。

---

① "而百官以治義矣"，《新校釋》曰疑當作"而百官以治，人民以義矣"，可備一說。

② "生"，原作"王"，據元刻明修本改。

③ 《舉正》曰："上'火'字衍。"是。

④ "時"，《新校釋》曰"時"字當衍。

⑤ "果"，原作"用"，據《二十二子》本改。

⑥ 畢沅曰："'令'疑'今'。"

⑦ 《平議》曰："'其言'當作'言其'。"於義爲勝。

魏文侯過段干木之閭而軾之，閭，里也。《周禮》，二十五家爲閭。軾，伏軾也。禮，國君軾馬尾。① 兵車不軾，尚威武也。其僕曰："君胡爲軾?"曰："此非段干木之閭歟? 段干木蓋賢者也，吾安敢不軾? 且吾聞段干木未嘗肯以己易寡人也，謂以己之德易寡人之處，不肯也。吾安敢驕之? 驕，慢之也。② 段干木光乎德，寡人光乎地。段干木富乎義，寡人富乎財。"其僕曰："然則君何不相之?"何不以段干木爲輔相也。於是君請相之，段干木不肯受，則君乃致禄百萬而時往館之。③ 時往詣其館也。於是國人皆喜，相與誦之曰："吾君好正，段干木之敬；吾君好忠，段干木之隆。"隆，高也。居無幾何，秦興兵欲攻魏，司馬唐諫秦君曰："段干木賢者也而魏禮之，天下莫不聞，無乃不可加兵乎!"秦君以爲然，乃按兵輟，不敢攻之。④ 輟，止也。⑤ 魏文侯可謂善用兵矣。嘗聞君子之用兵，莫見其形，其功已成，其此之謂也。野人之用兵也，鼓聲則似雷，號呼則動地，塵氣充天，流矢如雨，扶傷輿死，履腸涉血，無罪之民其死者量量猶滿也。於澤矣，而國之存亡、主之死生猶不可知也，其離仁義亦遠矣。

**期賢**

四曰：身者所爲也，天下者所以爲也，審所以爲而輕重得矣。身所重，天下所輕也。得猶知也。今有人於此，斷首以易冠，殺身以易衣，世必惑之。惑，怪也。是何也? 冠所以飾首也，

---

① "馬"上，《畢校補正》曰當有"視"字，是。
② "驕慢"，原漫漶不清，此據《二十二子》本。
③ 《新校釋》曰："'則君'二字疑衍。"
④ 畢沅曰"'敢'字疑衍"，於義爲勝。
⑤ "止"，原漫漶不清，此據《二十二子》本。

衣所以飾身也，殺所飾，要所以飾，則不知所爲矣。爲，謂相爲之爲。① 世之走利有似於此，危身傷生、刈頸斷頭以徇利，則亦不知所爲也。太王亶父居邠，狄人攻之。太王亶父，公祖之子，王季之父，文王之祖，號曰古公。《詩》曰："古公亶父，②來朝走馬，率西水滸，至于岐下。"避狄難也。狄人，獫狁，今之匈奴也。事以皮帛而不受，事以珠玉而不肯，狄人之所求者，地也。太王亶父曰："與人之兄居而殺其弟，與人之父處而殺其子，吾不忍爲也。③ 言忍事土地，④與狄人戰鬥，殺人之子弟也。皆勉處矣，⑤爲吾臣與狄人臣，奚以異？勉，務。處，居也。教邠人務安居，爲臣等耳，故曰"奚以異"。且吾聞之，不以所以養害所養。"杖策而去，⑥所以養者，土地也。所養者，謂民人也。策，棰也。民相連而從之，遂成國於岐山之下。連，結也。民相與結檐隨之衆多，復成爲國也。岐山，在右扶風美陽之北，其下有周地，周家因之以爲天下號也。太王亶父可謂能尊生矣。尊，重也。能尊生，雖貴富不以養傷身，雖貧賤不以利累形。今受其先人之爵禄則必重失之，⑦生之所自來者久矣而輕失之，豈不惑哉？言今人重失其先人之爵禄，爭土地而失其生命，故曰"豈不惑哉"？

韓、魏相與爭侵地。子華子見昭釐侯，昭釐侯有憂色。子華子，體道人也。昭釐，復謚也，韓武子五世之孫哀侯之子也。⑧ 子華子曰："今使天下書銘於君之前，書之曰：'左手攫之則右手

---

① 畢沅曰："'謂'疑'讀'。"
② "詩曰古公"，原脱，據《二十二子》本補。
③《新校釋》曰："'爲'字當在下文'狄人'上。"於義爲勝。
④ "忍"上，《新校釋》曰當有"不"字，於義爲勝。
⑤ "皆"上，畢沅曰疑當有"子"字，於義爲勝。
⑥ "杖"上，《新校釋》曰疑當有"因"字，可備一説。
⑦ "今"下，《新校釋》曰疑當有"世之人"三字，可備一説。
⑧ "哀侯之子"，《新校釋》曰當作"哀侯之孫"，是。

廢，右手攫之則左手廢，然而攫之必有天下。'君將攫之乎？亡其不與？"昭釐侯曰："寡人不攫也。"子華子曰："甚善。自是觀之，兩臂重於天下也，身又重於兩臂。韓之輕於天下遠，今之所爭者其輕於韓又遠，遠猶多也。君固愁身傷生以憂之臧不得也。"①臧，近也。昭釐侯曰："善。教寡人者衆矣，未嘗得聞此言也。"子華子可謂知輕重矣。知輕重，故論不過。過，失也。中山公子牟謂詹子曰："身在江海之上，心居乎魏闕之下，奈何？"子牟，魏公子也，作書四篇。魏伐得中山，公以邑子牟，②因曰"中山公子牟"也。詹子，古得道者也。③身在江海之上，言志放也。魏闕，心下巨闕也。心下巨闕，言神内守也。一説，魏闕，象魏也。懸教象之法，浹日而收之，魏魏高大，故曰"魏闕"。言身雖在江海之上，心存王室，故在天子門闕之下也。詹子曰："重生，重生則輕利。"言不以利傷生也。中山公子牟曰："雖知之，猶不能自勝也。"言人雖知重生當輕利，④猶不能自勝其情欲也。詹子曰："不能自勝則縱之，神無惡乎？言人不能自勝其情欲則放之，放之神無所憎惡，言當寧神以保性也。不能自勝而強不縱者，此之謂重傷。重傷之人無壽類矣。"言人不能自勝其情欲而不放之則重傷其神也。神傷則夭殞札瘥，故曰"無壽類"也。重讀復重之重。

## 審爲

五曰：仁於他物，不仁於人，不得爲仁；不仁於他物，獨仁於人，猶若爲仁。仁也者，仁乎其類者也。故仁人之於民也，

① "之臧"，《新校釋》曰當作"臧之"，於義爲勝。

② 《新校釋》曰："'以'上'公'字當在注首'子牟'上，原注首當是'公子牟'。"於義爲勝。"邑"，原作"封"，據《二十二子》本改。

③ "古"，原作"故"，據《二十二子》本改。

④ "人"，《新校釋》曰當作"吾"，可備一説。

可以便之，無不行也。便，利也。行，爲也。《神農之教》曰：神農，炎帝也。“士有當年而不耕者，則天下或受其飢矣。當其丁壯之年故不耕植則穀不豐，故有受其飢者也。女有當年而不績者，則天下或受其寒矣。”《詩》云：“不績其麻，市也婆娑。”①衣服不供，有受其寒者。故身親耕，妻親績，②身，③神農之身也。所以見致民利也。賢人之不遠海内之路而時往來乎王公之朝，非以要利也，要，徼也。以民爲務故也。以利民爲務。人主有能以民爲務者，則天下歸之矣。王也者，非必堅甲利兵選卒練士也，非必隳人之城郭、殺人之士民也。上世之王者衆矣而事皆不同，其當世之急、憂民之利、除民之害同。同，等也。公輸般爲高雲梯，④欲以攻宋。公輸，魯般之號也，在楚爲楚王設攻宋之具也。墨子聞之，自魯往，裂裳裹足，日夜不休，十日十夜而至於郢，郢，楚都也。見荆王，曰：“臣，北方之鄙人也，鄙，小也。聞大王將攻宋，信有之乎？”王曰：“然。”墨子曰：“必得宋，乃攻之乎？亡其不得宋且不義，猶攻之乎？”猶，尚也。王曰：“必一作“既”。不得宋且有不義，則曷爲攻之？”墨子曰：“甚善。臣以宋必不可得。”臣以爲攻宋必不可得也。王曰：“公輸般，天下之巧工也，已爲攻宋之械矣。”械，器也。墨子曰：“請令公輸般試攻之，臣請試守之。”於是公輸般設攻宋之械，墨子設守宋之備。公輸般九攻之，⑤墨子九卻之，不能入，入猶下也。故荆輟不攻宋。墨子能以術禦荆免宋之難者，⑥此之謂也。

---

① “市也婆娑”，原作“布也”，據《二十二子》本改。
② “妻”，原作“要”，據《二十二子》本改。
③ “身”，原作“自”，據《二十二子》本改。
④ 《新校釋》曰：“‘高’字疑後人旁注。”
⑤ “公輸般”，原脱，據《二十二子》本補。
⑥ 《新校釋》曰：“‘墨子’上當有‘故曰’二字。”

聖王、通士不出於利民者無有。言皆欲利民也。昔上古龍門未開，吕梁未發，龍門，河之厄，在左馮翊夏陽之北。吕梁，在彭城吕縣，大石在水中，禹決而通之，號曰“吕梁”。發，通也。河出孟門，大溢逆流，昔龍門、吕梁未通，河水稸積，其深乃出於孟門山之上。① 大溢逆流，無有涯畔也。無有丘陵沃衍、平原高阜盡皆滅之，滅，没也。名曰鴻水。鴻，大也。禹於是疏河決江，爲彭蠡之障，彭蠡，澤在豫章。障，②防也。乾東土，所活者千八百國，乾，燥也。禹致群臣於會稽，執玉帛者萬國，此曰“千八百”者，但謂被水災之國耳。言使民得居燥土不溺死，故曰活之也。此禹之功也。功，治水之功也。③ 勤勞爲民，無苦乎禹者矣。事功曰勞。其治水，鑿龍門，辟伊闕，決江疏河，其勤苦無如禹者也。④ 匡章謂惠子曰：“公之學去尊，今又王齊王，何其到也？”去尊，棄尊位也。今王事齊王，居其尊位，謂惠子言行何其到逆相違背也。惠子曰：“今有人於此，欲必擊其愛子之頭，石可以代之。”愛子，所愛之子也。舍愛子頭而擊石也，故曰“石可以代之”也。匡章曰：⑤“公取之代乎？其不與？”言公取石以代子頭乎？其不與耶？“施取代之。子頭所重也，石所輕也，擊其所輕以免其所重，豈不可哉？”言其可也。匡章曰：⑥“齊王之所以用兵而不休、攻擊人而不止者，其故何也？”爲何等故也。惠子曰：“大者可以王，其次可以霸也。今可以王齊王而壽黔首之命，⑦免民之死，是以石代愛子頭也，何爲不爲？”言何爲不用兵

① “上”，原漫漶不清，此據元刻明修本。
② “障”，原作“堤”，據《二十二子》本改。
③ “治”，原作“活”，據《二十二子》本改。
④ “者”，原漫漶不清，此據《二十二子》本。
⑤ 《新校釋》曰：“‘匡章曰’三字當在下文‘施取代之’上。”於義爲勝。
⑥ 《新校釋》曰：“‘匡章曰’三字乃後人所加。”
⑦ 《新校釋》曰：“‘今’上當有‘惠子曰’三字。”於義爲勝。

也。民寒則欲火，暑則欲冰，燥則欲濕，濕則欲燥。寒暑燥濕相反，其於利民一也。利民豈一道哉？當其時而已矣。冬寒欲温，夏暑欲凉，故曰“當其時而已矣”。

## 愛類

六曰：力貴突，智貴卒。得之同則遬爲上，勝之同則濕爲下。濕猶遲久之也。所爲貴驥者爲其一日千里也，貴其疾也。旬日取之，與駑駘同。十日爲旬。駑駘十日亦至千里，故曰“與駑駘同”也。所爲貴鏃矢者爲其應聲而至，鏃矢輕利也。小曰鏃矢，大曰篇矢。終日而至，則與無至一作“矢”。同。射三百步，終一日乃至，是爲與無所至同也。吴起謂荆王曰：“荆所有餘者地也，所不足者民也。今君王以所不足益所有餘，臣不得而爲也。”臣無所得爲君計耳。於是令貴人往實廣虚之地，皆甚苦之。貴人，貴臣也，皆不欲往實廣虚之地，苦病之也。荆王死，貴人皆來，尸在堂上，貴人相與射吴起。吴起號呼曰：“吾示子吾用兵也。”①拔矢而走，伏尸插矢而疾言曰：“群臣亂王。”吴起死矣。吴起拔人所射之矢以插王尸，因言曰群臣謂王爲亂而射王尸，②欲令群臣被誅以自爲報也。且荆國之法，麗兵於王尸者，盡加重罪，逮三族。吴起之智可謂捷矣。捷，疾也。言發謀以報其讎之速疾也。齊襄公即位，憎公孫無知，收其禄。齊襄公，莊公購之孫，僖公禄父之子諸兒也。③公孫無知，僖公之弟夷仲年之子，故曰孫，④於襄公爲從弟。無知不説，

---

① 下“吾”，《新校釋》曰疑當作“無”。

② “因言”至“王尸”十三字，《新校釋》曰當作“因言曰‘群臣亂王’，謂群臣爲亂而射三尸”，於義爲勝。

③ “諸兒”，原漫漶不清，此據元刻明修本。

④ “公孫”至“曰孫”十六字，《新校釋》曰當作“公孫無知，僖公之弟夷仲年之子，莊公之孫，故曰公孫”，於義爲勝。

殺襄公。公子糾走魯,公子小白奔莒。既而國殺無知,①未有君。公孫無知自立爲君,故國人殺之,未有其君也。公子糾與公子小白皆歸,俱至,爭先入公家。公家,公之朝也。管仲扞弓射公子小白,中鉤。鉤,帶鉤也。鮑叔御,公子小白僵。② 御猶使也。僵猶偃也。管子以爲小白死,告公子糾曰:"安之。公子小白已死矣。"鮑叔因疾驅先入,故公子小白得以爲君。鮑叔之智應射而令公子小白僵也,③其智若鏃矢也。鏃矢,言其捷疾也。周武君使人刺伶悝於東周,伶悝僵,④周武君,西周之君。伶悝,東周之臣也。僵,斃也。令其子速哭曰:"以誰刺我父也?"⑤刺者聞,以爲死也。⑥ 刺者聞伶悝已死,因報西周武君曰"伶悝已死矣"。周以爲不信,⑦因厚罪之。罪所使刺伶悝者也。⑧ 趙氏攻中山。中山之人多力者曰吾丘鴪,衣鐵甲、操鐵杖以戰,而所擊無不碎,所衝無不陷,以車投車,以人投人也,幾至將所而後死。將,趙氏之將也。近至其將所然後死,言吾丘鴪力有餘也。

**貴卒**

---

① 《舉正》曰:"似'國'下脱'人'字。"是。

② "鮑叔御公子小白僵",《新校釋》曰疑當作"鮑叔御,令小白僵",於義爲勝。

③ 《批校本》曰:"'應射'上似衍'智'字。"於義爲勝。

④ "悝",原作"俚",據《二十二子》本改。

⑤ 《新校釋》曰:"'刺'下當有'殺'字。"於義爲勝。

⑥ 《新校釋》曰:"'聞'下疑脱'之'字。'以爲死也'下當有'以報周君'句。"於義爲勝。

⑦ 《新校釋》曰:"'周'下當有'君'字。"於義爲勝。

⑧ "罪",原作"報",據《二十二子》本改。

# 卷第二十二

吕氏春秋訓解　高氏

## 慎行論第二　無義　疑似　壹行　求人　察傳

一曰：行不可不孰，不孰，如赴深溪，雖悔無及。孰猶思也。有水曰澗，無水曰溪。不可不思，①行仁如入深溪，不可使滿而平也。雖悔行不純淑，陷入刑辟，無所復及也。君子計行慮義。慮，度也。度義而後行之也。小人計行其利，乃不利。《傳》曰："蘊利生孽。"故曰"乃不利"也。有知不利之利者，則可與言理矣。理，道也。荆平王有臣曰費無極，害太子建，欲去之。平王，楚恭王之子棄疾也。王爲建取妻於秦而美，美，好也。無極勸王奪。② 奪，取也。王已奪之而疏太子。疏，遠也。無極説王曰："晋之霸也，近於諸夏，而荆僻也，僻，遠也。故不能與爭。爭霸也。不若大城城父而置太子焉，以求北方，城父，楚北境之邑，今屬沛國。北方，宋、鄭、魯、衛也。王收南方，是得天下也。"南方，謂吴、越也。王説，使太子居于城父。居一年，乃惡之曰："建與連尹將以

---

① "思"，原作"忌"，據《二十二子》本改。
② 《新校釋》曰："'奪'下疑脱'之'字。"

方城外反。”連尹，伍奢，子胥之父也。方城，楚之厄塞也。反，叛也。王曰：“已爲我子矣，又尚奚求？”子，太子也。對曰：“以妻事怨。且自以爲猶宋也，猶，如也。齊、晋又輔之，輔，助也。將以害荆，其事已集矣。”集，合也。王信之，使執連尹。執，囚也。太子建出奔。出奔鄭也。左尹郄宛，①國人説之。無極又欲殺之，謂令尹子常曰：“郄宛欲飲令尹酒。”子常，名囊瓦，令尹子囊之孫。② 郄尹，光唐之子也。宛，字也。又謂郄宛曰：“令尹欲飲酒於子之家。”郄宛曰：“我賤人也，不足以辱令尹。令尹必來辱，辱，屈辱也。我且何以給待之？”無極曰：“令尹好甲兵，甲，鎧也。兵，戟也。子出而寘之門，寘，置也。令尹至，必觀之，已，因以爲酬。”酬，報也。③《詩》云：“獻酬交錯。”此之謂也。及饗日，惟門左右而寘甲兵焉。④ 無極因謂令尹曰：“吾幾禍令尹。郄宛將殺令尹，甲在門矣。”令尹使人視之，信，信有甲也。遂攻郄宛，殺之。國人大怨，動作者莫不非令尹。⑤ 非，咎也。沈尹戍謂令尹曰：“夫無極，荆之讒人也，沈尹戍，莊王之孫，⑥沈諸梁葉公子高之父也。亡夫太子建，⑦殺連尹奢，屏王之耳目，屏，蔽也。今令尹又用之，殺衆不辜以興大謗，患幾及令尹。”幾，近也。令尹子常曰：“是吾罪也，敢不良圖。”乃殺費無極，盡滅其族，以説其國。動而不論其義，知害人而不知人害己也，以滅其族，費無極之謂乎！以讒邪害人，人以公正害之，故族滅也。

① “宛”，原作“菀”，據《二十二子》本改。
② “囊”，原作“臺”，據《二十二子》本改。
③ “報”，原作“執”，據《二十二子》本改。
④ “焉”，原作“馬”，據《二十二子》本改。
⑤《新校釋》曰：“‘動作’當作‘動胙’。”可備一説。
⑥ “之”下，《新校釋》曰當有“曾”字。
⑦ “亡夫”，《新校釋》曰疑當作“喪”。

崔杼與慶封謀殺齊莊公，莊公死，更立景公，崔杼相之。莊公，名光，[①]靈公之子也。景公，名杵臼，莊公之弟也。慶封又欲殺崔杼而代之相，於是豩崔杼之子，令之爭後。崔杼之子相與私鬨，[②]鬨，鬥也。[③]鬨讀近鴻，緩氣言之。崔杼往見慶封而告之。慶封謂崔杼曰："且留，吾將興甲以殺之。"因令盧滿嫳興甲以誅之，[④]盡殺崔杼之妻子及枝屬，燒其室屋，報崔杼曰："吾已誅之矣。"崔杼歸無歸，因而自絞也。絞，經也。慶封相景公，景公苦之。慶封出獵，景公與陳無宇、公孫竈、公孫蠆誅封。無宇，陳須無之子桓子也。公孫竈，惠公之孫，公子欒堅之子子射也。蠆，惠公之孫，公子高祈之子子尾也。與共誅慶封也。慶封以其屬鬥，不勝，走如魯。齊人以爲讓，責讓魯，爲其受慶封。又去魯而如吴，[⑤]王予之朱方。朱方，吴邑，以封慶封也。荆靈王聞之，率諸侯以攻吴，圍朱方，拔之，靈王，恭王庶子圍也。覆取之曰拔。得慶封，負之斧質以徇於諸侯軍，因令其呼之曰：[⑥]"毋或如齊慶封，弒其君而弱其孤，以亡其大夫。"乃殺之。亡其大夫，謂崔杼強而死。黄帝之貴而死，黄帝得道仙而可貴，然終歸於死。[⑦]堯、舜之賢而死，孟賁之勇而死，人固皆死。若慶封者可謂重死矣，身爲僇，支屬不可以見，[⑧]行忮之故也。忮，惡也。凡亂人之動也，其始相助，後必相惡。爲義者則不然，始而相與，久

① "光"，原作"先"，據《二十二子》本改。
② "鬨"，原作"閧"，據《二十二子》本改，注亦同。
③ "鬥"，原作"門"，據《二十二子》本改。
④ "嫳"，原作"婺"，據《二十二子》本改。
⑤ "吴"，畢沅曰"吴"字當重，於義爲勝。
⑥ "因令其呼之"，原作"令之因呼其"，據《二十二子》本改。
⑦ "終"，原作"儌"，據《二十二子》本改。
⑧ "見"，《批校本》曰當作"完"，於義爲勝。

而相信，卒而相親，①後世以爲法程。程，度也。

## 慎行

二曰：先王之於論也極之矣，極，盡也。故義者百事之始也，始，首也。萬利之本也，本，原也。《傳》曰："利，義之和也。"②故曰"利之本也"。中智之所不及也。不能及知之也。不及則不知，不知趨利。③趨利固不可必也，公孫鞅、鄭平、續經、公孫竭是已。公孫鞅，商鞅也。鄭平，秦臣也。續經，趙人也。公孫竭，亦秦之臣也。並下自解。④以義動，則無曠事矣。曠，廢也。人臣與人臣謀爲奸，猶或與之，又況乎人主與其臣謀爲義，其孰不與者？非獨其臣也，天下皆且與之。

公孫鞅之於秦，非父兄也，非有故也，以能用也，欲堙之責，非攻無以，堙，塞也。鞅欲報塞相秦之責，非攻伐無以塞責。於是爲秦將而攻魏。魏使公子卬將而當之。當，應也。公孫鞅之居魏也，固善公子卬，使人謂公子卬曰："凡所爲游而欲貴者，以公子之故也。今秦令鞅將，魏令公子當之，豈且忍相與戰哉？公子言之公子之主，鞅請亦言之主，而皆罷軍。"於是將歸矣，使人謂公子曰："歸未有時相見，言歸相見無有時也。願與公子坐而相去别也。"公子曰："諾。"魏吏爭之曰："不可。"公子不聽，遂相與坐。公孫鞅因伏卒與車騎以取公子卬。秦孝公薨，惠王立，以此疑公孫鞅之行，欲加罪焉。⑤公孫鞅以其

---

① "與久而相信卒"，原爲小字，據《二十二子》本改。
② "利義"，原誤倒，據《二十二子》本乙正。
③ "不知趨利"，畢沅曰疑當作"不知則趨利"，於義爲勝。
④ "下"，原作"不"，據《二十二子》本改。
⑤ "欲"，原作"故"，據《二十二子》本改。

私屬與母歸魏，襄疵不受，曰："以君之反公子卬也，吾無道知君。"故士自行不可不審也。惠王殺鞅，車裂之，何得以其私族與母歸魏而不見受乎？公子卬家何以不取而殺之？鞅執公子卬，有罪於魏。推此言之，復歸魏妄矣。《戰國策》曰："鞅欲歸魏，秦人曰：'商君之法急，不得出也。'惠王得而車裂之。"襄疵，魏人也。鄭平於秦王臣也，其於應侯交也，欺交反主，爲利故也。方其爲秦將也，天下所貴之無不以者，①重也。重以得之，輕必失之。去秦將，入趙、魏，天下所賤之無不以也，所可羞無不以也。② 行方可賤可羞而無秦將之重。不窮奚待？待，恃也。趙急求李欬，李言續經與之俱如衛，抵公孫與，公孫與見而與入，抵，主也。③ 入猶納也。續經因告衛吏使捕之，捕李欬也。續經以仕趙五大夫。五大夫，爵也。人莫與同朝，賤續經之行也。子孫不可以交友。人不交友之也。公孫竭與陰君之事而反告之樗里相國，樗里疾也。④ 以仕秦五大夫，功非不大也，然而不得入三都，三都，趙、衛、魏也。又況乎無此其功而有行乎？⑤ 無有交友受寄托之功，而有其相輸告之行也。

## 無義

三曰：使人大迷惑者，必物之相似也。⑥ 玉人之所患，患石之似玉者。相劍者之所患，患劍之似吴干者。吴干，吴之干將者也。賢主之所患，患人之博聞辯言而似通者。通，達也。

---

① "所貴之"，原作"於之也"，據元刻明修本改。
② "可"，原作"以"，據《二十二子》本改。
③ "主"，《集釋》曰當作"至"，於義爲勝。
④ "疾"，原作"痁"，據元刻明修本改。
⑤ 畢沅曰："'其'字疑當在'有'字下。"於義爲勝。
⑥ "似"下，《集釋》曰疑當有"者"字，於義爲勝。

亡國之主似智，亡國之臣似忠。相似之物，此愚者之所大惑而聖人之所加慮也。慮則知之也。① 故墨子見歧道而哭之。②爲其可以南可以北。言乖别也。周宅酆、鎬，近戎人，與諸侯約，爲高葆禱於王路，置鼓其上，遠近相聞，即戎寇至，傳鼓相告，諸侯之兵皆至救天子。戎寇當至，幽王擊鼓，諸侯之兵皆至，褒姒大説，③喜之。幽王欲褒姒之笑也，因數擊鼓，諸侯之兵數至而無寇至。於後戎寇真至，幽王擊鼓，諸侯兵不至，④幽王之身乃死於麗山之下，⑤爲天下笑。此夫以無寇失真寇者也。賢者行小惡以致大惡。⑥ 惡積足以滅身，故曰"以致大惡"。褒姒之敗，乃令幽王好小説以致大滅。《詩》云"赫赫宗周，褒姒滅之"也。故形骸相離，三公九卿出走，此褒姒之所用死而平王所以東徙也，平王，幽王之太子宜臼也。東徙於洛邑，今河南縣。秦襄、晋文之所以勞王勞而賜地也。⑦ 秦襄公，秦仲之孫，莊公之子也。幽王爲犬戎所敗，平王東徙，襄公將兵救周有功，受周故地酆、鎬，列爲諸侯。晋文侯仇，穆侯之子也。《傳》曰："平王東遷，晋、鄭焉依。"⑧此之謂也。

梁北有黎丘部，有奇鬼焉，喜效人之子侄昆弟之狀。⑨

---

① "慮則知之也"，《新校釋》曰疑當作"慮，思也。思則知之也"，可備一説。

② "歧"，原作"岐"，據《二十二子》本改。《正誤》曰："'墨子'下當是脱'見練絲而泣之，爲其可以黄可以黑；楊子'十六字，而又以'爲其可以南可以北'八字混入注内。"可備一説。

③ "説"下，《新校釋》曰當有"而笑"二字。

④ "幽王擊鼓諸侯兵不至"，原脱，據《二十二子》本補。

⑤ "之身"，原誤倒，據《二十二子》本乙正。

⑥ "行"，《二十二子》本作"有"。"賢者行小惡以致大惡"，《新校釋》曰："疑當作'賢者有小善以致大善，不肖者有小惡以致大惡'。"於義爲勝。

⑦ 下"勞"，《批校本》曰"勞"字衍，是。

⑧ "焉依"，原誤倒，據元刻明修本乙正。

⑨ "喜"，《雜志》曰當作"善"，於義爲勝。"子侄"，《雜志》曰當作"子姓"，是。

邑丈人有之市而醉歸者，黎丘之鬼效其子之狀，扶而道苦之。丈人歸，酒醒而誚其子，誚，讓。曰："吾爲汝父也，豈謂不慈哉？我醉，汝道苦我，何故？"其子泣而觸地曰："孽矣，無此事也。昔也往責於東邑，人可問也。"其父信之，曰："嘻！是必夫奇鬼也，我固嘗聞之矣。"明日端復飲於市，欲遇而刺殺之。明旦之市而醉，其真子恐其父之不能反也，反，還也。遂逝迎之。逝，往也。丈人望其真子，拔劍而刺之。丈人智惑於似其子者而殺於真子。夫惑於似士者而失於真士，此黎丘丈人之智也。疑似之迹，[①]不可不察，察之必於其人也。舜爲御，堯爲左，禹爲右，入於澤而問牧童，入於水而問漁師，奚故也？其知之審也。夫人子之相似者，其母常識之，知之審也。

## 疑似

四曰：先王所惡，無惡於不可知，不可知，則君臣、父子、兄弟、朋友、夫妻之際敗矣。十際皆敗，亂莫大焉。凡人倫以十際爲安者也，釋十際，則與麋鹿虎狼無以異，多勇者則爲制耳矣。不可知，則知無安君、[②]無樂親矣，無榮兄、無親友、無尊夫矣。強大未必王也而王必強大。王者之所藉以成也，何？藉其威與其利。非強大則其威不威、其利不利。其威不威則不足以禁也，禁，止也。其利不利則不足以勸也。勸，進也。故賢主必使其威利無敵，故以禁則必止，以勸則必爲。爲，治也。威利敵而憂苦民、行可知者王，威利無敵而以行不知者

① "迹"，原漫漶不清，此據《二十二子》本。

② 《正誤》曰："'則'字下衍'知'字。"是。

亡。[①] 無仁義之行見知,故亡也。小弱而不可知則強大疑之矣,[②]小而不小,弱而不弱,故強國、大國疑之也。[③] 人之情不能愛其所疑,小弱而大不愛則無以存。[④] 小國、弱國而爲強大者,不爲大國所愛,則無以自存。[⑤] 故不可知之道,王者行之廢,廢,壞也。強大行之危,危,傾隕也。小弱行之滅。滅,破亡也。今行者見大樹,必解衣縣冠倚劍而寢其下。大樹非人之情親知交也而安之若此者,信也。大樹不欺詐人,故信之。[⑥] 陵上巨木,人以爲期,易知故也。巨木,人所同見也,期會其下,蔭休之也,故曰"易知故也"。又況於士乎?士義可知故也,[⑦]則期爲必矣。聚人復期會於其所而咨諏之。[⑧] 又況強大之國?強大之國誠可知,則其王不難矣。《孟子》曰:"以齊王猶反手也。"故曰"不難矣"。人之所乘船者,[⑨]爲其能浮而不能沈也。世之所以賢君子者,爲其能行義而不能行邪辟也。孔子卜,得《賁》。孔子曰:"不吉。"賁,色不純也。《詩》云:[⑩]"鶉之賁賁。"子貢曰:"夫《賁》亦好矣,何謂不吉乎?"孔子曰:"夫白而白,黑而黑,夫《賁》又何好乎?"故賢者所惡於物,無惡於無處。惡物之無目,[⑪]惡其無處可名之

---

① "不"下,《平議》曰當有"可"字,於義爲勝。

②《集釋》曰:"'而'下疑脱一'行'字。"是。

③ "小而"至"之也"十六字,《集釋》曰:"注當云'小弱而行不可知之道,則強大者疑之'。"於義爲勝。

④《新校釋》曰:"'大'上當有'強'字。"於義爲勝。

⑤《集釋》曰:"注當云'小國、弱國,不爲大國所愛,則無以自存'。高氏增'而爲強大者'五字,義反迂晦。"於義爲勝。

⑥ "故"下,《新校釋》曰當有"人"字,於義爲勝。

⑦ "故也",《正誤》曰"故也"二字衍,是。

⑧《新校釋》曰:"'聚人'當作'衆人'。"於義爲勝。

⑨《札記》曰:"'所'下當有'以'字。"於義爲勝。

⑩《新校釋》曰:"'詩'上疑脱'讀'字。"可備一説。

⑪《新校釋》曰:"'目'疑'見'之壞。"

也。夫天下之所以惡，[①]莫惡於不可知也。夫不可知，盜不與期，賊一作“賤”。不與謀。盜賊大奸也而猶所得匹偶，[②]又況於欲成大功乎？夫欲成大功，令天下皆輕勸而助之，勸，進也。必之士可知。

## 壹行

五曰：身定，國安，天下治，必賢人。身者，國之本也。詹子曰：“未聞身亂而國治者也。”故曰身定國安而治，[③]須賢人也。古之有天下也者七十一聖。[④]觀於《春秋》，自魯隱公以至哀公十有二世，其所以得之、所以失之，其術一也。得賢人，國無不安，名無不榮；失賢人，國無不危，名無不辱。先王之索賢人無不以也，以，用也。極卑極賤，極遠極勞。虞用宮之奇、吳用伍子胥之言，此二國者，雖至於今存可也，則是國可壽也。有能益人之壽者，則人莫不願一作“事”。之。今壽國有道而君人者而不求，過矣。堯傳天下於舜，禮之諸侯，妻以二女，臣以十子，身請北面朝之，至卑也。舜布衣也，故曰“至卑”。伊尹，庖厨之臣也；傅説，殷之胥靡也，胥靡，刑罪之名也。[⑤]皆上相天子，至賤也。[⑥]禹東至榑木之地，日出、九津、青羌之野，榑木，大木也。[⑦]津，崖也。《淮南子》曰：“日出陽谷。”青羌，東方之野也。攢樹之

---

① “夫天下之所以惡”，《新校釋》曰疑當作“夫天下之士所惡”，可備一説。

② 畢沅曰：“‘所得’二字疑倒。”是。

③ “而”下，《集釋》曰當有“天下”二字，於義爲勝。

④ 《新校釋》曰：“‘也’字當衍。”

⑤ “名”，《新校釋》曰當作“人”，可備一説。

⑥ “皆上相天子至賤也”，《新校釋》曰當作“至賤也，皆上相天子”，於義爲勝。

⑦ “也”，原作“之”，據《二十二子》本改。

所，揖天之山，山高至天也。鳥谷、[①]青丘之鄉，黑齒之國；東方其人齒黑，因曰"黑齒之國"也。[②] 南至交阯、孫樸、續樠之國，丹粟、漆樹、沸水、漂漂、九陽之山，南方積陽，陽數極於九，故曰"九陽之山"也。羽人、裸民之處，不死之鄉；羽人，鳥喙，[③]背上有羽翼。裸民，不衣衣裳也。鄉亦國也。西至三危之國，巫山之下，飲露、吸氣之民，積金之山，飲露吸氣，養形人也。西方剛氣所在，故曰"積金之山"也。共肱、一臂、三面之鄉；北至人正之國，[④]夏海之窮，衡山之上，今正，[⑤]北極之國也。夏海，大冥也。北方純陰，故曰大冥之中處。[⑥] 衡山者，[⑦]北極之山也。犬戎之國，夸父之野，禺彊之所，[⑧]積水、積石之山。[⑨] 不有懈墮，犬戎，西戎之别也。夸父，獸名也。禺彊，天神也。之所，處也。積水，謂海也。積石，山名也。經營行之，不懈墮休息也。憂其黔首，顏色黎黑，竅藏不通，病也。步不相過，罷也。以求賢人，欲盡地利，至勞也。地利，嘉穀也。至，大也。事功曰勞。得陶、化益、真窺、横革、之交五人佐禹，[⑩]故功績銘乎金石，金，鐘鼎也。石，豐碑也。著於盤盂。盤盂之器，皆銘其功。

昔者堯朝許由於沛澤之中，曰："十日出而焦火不息，不

---

① 《新校釋》曰："'鳥'疑本作'昜'。"可備一説。

② "黑齒"，原誤倒，據《二十二子》本乙正。

③ "喙"，原作"啄"，據《二十二子》本改。

④ "人正"，《新校釋》曰當作"令止"，可備一説。

⑤ "今正"，《新校釋》曰當作"令止"，可備一説。

⑥ "中"，《新校釋》曰當作"窮"，是。

⑦ "者"，原作"之"，據《二十二子》本改。

⑧ "彊"，原作"疆"，據《二十二子》本改。

⑨ 《新校釋》曰："'水'當係'冰'之壞字。"可備一説。

⑩ "陶化益真窺横革之交"，《新校釋》曰當作"臯陶、化益、真窺、横革、之父"，可備一説。

亦勞乎？① 夫子爲天子而天下已治矣，夫子，謂許由也。請屬天下於夫子。”許由辭曰：“爲天下之不治與？而既已治矣。自爲與？啁噍巢於林，不過一枝。自爲，爲己也。與，即也。② 啁噍，小鳥也。巢，蔟也。偃，息也。啁音超。③ 偃鼠飲於河，不過滿腹。歸已君乎！滿腹，不求餘也。歸，終也。惡用天下？”惡，安也。遂之箕山之下，潁水之陽，耕而食，箕山，在潁川陽城之西。水北曰陽也。終身無經天下之色。經，横理也。故賢主之於賢者也，物莫之妨，不以物故妨害賢者。戚愛習故，戚，親也。不以害之，故賢者聚焉。賢者所聚，天地不壞，鬼神不害，人事不謀，人不以奸邪謀之也。此五常之本事也。皋子衆疑取國，召南宫虔、孔伯産而衆口止。皋子，賢者也。其取國，告虔、産，口乃止。虔、産，其徒之賢者也。其事不與許由相連也。皋子衆疑許由欲取國也。晋人欲攻鄭，令叔嚮聘焉，視其有人與無人。視其有無賢人也。子産爲之詩曰：“子惠思我，褰裳涉洧。子不我思，豈無他士？”叔嚮歸，曰：“鄭有人，子産在焉，不可攻也。秦、荆近，其詩有異心，不可攻也。”鄭近秦與荆也。其詩云“子不我思，豈無他人”，將事秦、荆，故曰“有異心，不可攻也”。晋人乃輟攻鄭。輟，止也。孔子曰：“《詩》云：‘無競惟人。’子産一稱而鄭國免。”《詩・大雅・抑》之二章也。“無競惟人，四方其訓之”，無競，競也。國之強，惟在得人，故曰鄭國免其難也。

## 求人

---

① 《新校釋》曰：“‘息’下當脱去二十字，‘出’下脱‘矣’字。原文當云‘十日出矣，而焦火不息，其於光也，不亦難乎？時雨降矣，而猶浸灌，其於澤也，不亦勞乎？’”於義爲勝。

② “即”，《新校釋》曰當作“耶”。

③ 畢沅曰：“‘偃息也’衍。‘啁音超’亦非高注。”是。

六曰：夫得言不可以不察，[1]數傳而白爲黑、黑爲白。故狗似玃，玃似母猴，母猴似人，人之與狗則遠矣。玃，猳玃，獸名也。此愚者之所以大過也。聞而審，則爲福矣；聞而不審，不若無聞矣。齊桓公聞管子於鮑叔，楚莊聞孫叔敖於沈尹筮，審之也，故國霸諸侯也。[2] 鮑叔牙説管仲於桓公，沈尹筮説叔敖於莊王，察其賢明審也。吴王聞越王句踐於太宰嚭，智伯聞趙襄子於張武，不審也，故國亡身死也。太宰嚭，吴王夫差臣也。張武，智伯臣也。不審勾踐、襄子之智能，故越攻吴，吴王夫差死於干遂。智伯圍趙襄子於晋陽，襄子與韓、魏通謀，殺智伯於高梁之東，故曰"國亡身死也"。[3] 凡聞言必熟論，其於人必驗之以理。驗，效也。理，道理也。魯哀公問於孔子曰："樂正夔一足，信乎？"孔子曰："昔者舜欲以樂傳教於天下，乃令重黎舉夔於草莽之中而進之，舜以爲樂正。樂官之正也。夔於是正六律，和五聲，以通八風，而天下大服。六律，六氣之律。陽爲律，陰爲吕，合十二也。五聲，五行之聲，宫、商、角、徵、羽也。八風，八卦之風也。通和陰陽，故天下大服也。重黎又欲益求人，益求如夔者也。舜曰：'夫樂，天地之精也，得失之節也，故唯聖人爲能和，[4]樂之本也。夔能和之以平天下，和，調也。若夔者一而足矣。'故曰夔一足，非一足也。"宋之丁氏，家無井而出溉汲，常一人居外。及其家穿井，告人曰："吾穿井得一人。"有聞而傳之者曰："丁氏穿井得一人。"國人道之，聞之於宋君，宋君令人問之於丁氏。丁氏對曰："得一人之使，非得一人於井中也。"求能之若此，不若無

---

① "以"，《彙校》疑"以"字衍，是。
② "國"下，《新校釋》曰當有"治"字，可備一説。
③ "死"下，原衍"之"字，據《二十二子》本删。
④ "和"，《集釋》曰"和"字當重，於義爲勝。

聞也。無聞則不妄言也。子夏之晋，過衛，子夏，孔子弟子卜商也。有讀史記者曰："晋師三豕涉河。"子夏曰："非也，是己亥也。夫'己'與'三'相近，'豕'與'亥'相似。"至於晋而問之，則曰"晋師己亥涉河"也。辭多類非而是，多類是而非。是非之經，不可不分，經，理也。分，明也。此聖人之所慎也。然則何以慎？緣物之情及人之情以爲所聞，則得之矣。物之所不得然者，推之以人情，①則夔不得一足、穿地作井不得一人明矣，故曰以爲所聞得之矣。②

## 察傳

① "人情"，原漫漶不清，此據元刻明修本。

② "故曰"，原漫漶不清，此據元刻明修本。

# 卷第二十三

呂氏春秋訓解　高氏

## 貴直論第三　直諫[①]　知化　過理　壅塞　原亂

一曰：賢主所貴莫如士。所以貴士，爲其直言也。言直，則枉者見矣。睹玉之白，别漆之黑也，故枉者見矣。[②] 人主之患，欲聞枉而惡直言，是障其源而欲其水也，[③]障，塞也。水奚自至？奚，何也。自，從也。是賤其所欲而貴其所惡也，所欲奚自來？所欲，欲聞己枉也。貴其所惡，惡聞直言，[④]則己枉何從來至？《淮南子》曰："塞其耳而欲聞五音，掩其目而欲察青黄，不可得也。"此之謂也。能意見齊宣王，宣王曰："寡人聞子好直，有之乎？"能，姓也；意，名也，齊士也。宣王，威王之子也。對曰："意惡能直？意聞好直之士，家不處亂國，身不見污君。身今得見王而家宅乎齊，[⑤]意

① "直"，原作"真"，據《二十二子》本改。

② "枉"，原作"曰"，據《二十二子》本改。

③ "水"，《新校釋》曰當作"流"，於義爲勝。

④ "貴其所惡惡聞直言"，《新校釋》曰當作"所惡，惡聞直言也。貴其所惡"，於義爲勝。

⑤ "身今"，原爲小字，據《二十二子》本改，《批校本》曰當作"今身"，可備一説。

惡能直？”宅，居也。惡，安也。宣王怒曰：“野士也。”言鄙野之士也。將罪之。能意曰：“臣少而好事，①長而行之，王胡不能與野士乎？將以彰其所好耶？”與猶用也。章，明也。上有明君，下乃有直臣，王胡爲不能用意之好直也？王乃舍之。舍不誅也。能意者，使謹乎論於主之側，亦必不阿主。阿，曲也。不阿主之所得豈少哉？② 此賢主之所求而不肖主之所惡也。惡，疾也。

狐援說齊湣王曰：“殷之鼎陳於周之廷，狐援，齊臣也。湣王，齊宣王之子也。殷紂滅亡，鼎遷於周，故陳其庭也。其社蓋於周之屏，屏，障也。言周存殷社而屋其上，屏之以爲戒也。其干戚之音在人之游。③ 干，楯；戚，斧，舞者所執以舞也。游，樂也。亡國之音不得至於廟，亡國之社不得見於天，亡國之器陳於廷，所以爲戒，戒懼滅亡。④ 王必勉之。其無使齊之大吕陳之廷，大吕，齊之鐘律也。陳，列也。無使太公之社太公，田常之孫田和也，始代吕氏爲齊侯，田氏宗之，號爲太公。⑤ 蓋之屏，無使齊音充人之游。”齊王不受。狐援湣王不受狐援之言。出而哭國三日，狐援哭也。其辭曰：“先出也，出，去也。衣絺紵。後出也，滿囹圄。吾今見民之洋洋然東走而不知所處。”齊王問吏曰：“哭國之法若何？”吏曰：“斮。”斮，斬。王曰：“行法。”吏陳斧質於東閭，不欲殺之而欲去之。狐援聞而蹶往過之，蹶，顛蹶走往也。過猶見也。吏曰：“哭國之法斮。先生之老歟昏歟？”昏，亂也。狐援曰：“曷爲昏哉？”於是乃言曰：“有人自南方來，鮒入而鯢居，鮒，小

---

① “事”，《札記》曰當作“爭”，可備一說。
② “主”，《舉正》曰“主”字當重，於義爲勝。
③ “在”，《集釋》曰當作“充”，是。
④ “滅亡”，原漫漶不清，此據元刻明修本。
⑤ 此注，《二十二子》本在“屏”字下。

魚。鯢,大魚,魚之賊也,啖食小魚。而鯢居人國,喻爲人害。使人之朝爲草而國爲墟。墟,丘墟也。殷有比干,吴有子胥,齊有狐援。已不用若言,若言猶直言也。又斫之東閭。每斫者以吾參夫二子者乎!"每猶當也。斫狐援者,比比干、子胥而三之也,故曰以參夫二子者。狐援非樂斫也,國已亂矣,上已悖矣,哀社稷與民人,故出若言。出若言,非平論也,將以救敗也,固嫌於危。固,必也。嫌猶近也。此觸子之所以去之也,達子之所以死之也。樂毅爲燕昭王將,伐齊,齊使觸子應之。① 齊湣王不禮觸子,觸子欲齊軍敗,②觸子乘車而去,故曰"所以去之"。達子代觸子將,又爲燕敗,故曰"達子之所以死"也。

趙簡子攻衛附郭,自將兵。及戰,且遠立,附郭,近郭也。遠立,立於矢石所不及也。又居於犀蔽屏櫓之下,③鼓之而士不起。簡子投桴而嘆曰:投,棄也。"嗚呼! 士之遬弊一若此乎?"遬猶化也。一猶皆也。言士之變化弊惡皆如此乎。行人燭過免胄横戈而進曰:"亦有君不能耳,士何弊之有?"④簡子艴然作色曰:⑤"寡人之無使而身自將是衆也,⑥子親謂寡人之無能,⑦有説則可,無説則死。"對曰:"昔吾先君獻公即位五年,兼國十九,用此士也。惠公即位二年,淫色暴慢,⑧身好玉

---

① "觸",原漫漶不清,此據元刻明修本。
② "觸子",原漫漶不清,此據元刻明修本。
③ "犀蔽屏櫓",《新校釋》曰當作"犀蔽犀櫓",可備一説。
④ "士",原脱,據《二十二子》本補。"何弊之有",原爲小字,據元刻明修本改。
⑤ "簡子艴",原爲小字,據元刻明修本改。
⑥ "而",原作"汝",據《二十二子》本改。
⑦ 《新校釋》曰:"'親'字疑衍。"
⑧ "暴",原作"恭",據《二十二子》本改。

女，玉女，美女也。秦人襲我，遜去絳七十，[①]用此士也。隕於韓，[②]爲秦所獲也。文公即位二年，底之以勇，[③]故三年而士盡果敢，城濮之戰，五敗荆人，圍衛取曹，拔石社，定天子之位，天子，周襄王也，避子帶之亂，出居于鄭，文公納之，故曰"定天子之位"也。成尊名於天下，尊名，霸諸侯之名也。用此士也。亦有君不能耳，[④]士何弊之有？"簡子乃去犀蔽屏櫓而立於矢石之所及，矢，箭。石，礌也。及，至也。一鼓而士畢乘之。[⑤]畢，盡也。乘，陵也。[⑥]簡子曰："與吾得革車千乘也，不如聞行人燭過之一言。"行人燭過可謂能諫其君矣，戰鬥之上，枹鼓方用，賞不加厚，罰不加重，一言而士皆樂爲其上死。燭過之諫，簡子能行。

## 貴直

二曰：言極則怒，極，盡也。人能受逆耳之盡言者少，故怒之。怒則説者危，非賢者孰肯犯危？而非賢者也，將以要利矣。要，求也。要利之人，犯危何益？故不肖主無賢者。無賢則不聞極言，[⑦]不聞極言，則奸人比周，百邪悉起，起，興也。若此則無以存矣。凡國之存也，主之安也，必有以也。《詩》云："何其久也，必有以也。"此之謂也。不知所以，雖存必亡，雖安必危，《書》曰："於安思危。"此之謂也。所以不可不論也。論猶知也。齊桓公、管仲、鮑叔、寧戚相與飲酒酣，酣，樂也。桓公謂鮑叔曰：

---

① "十"下，《新校釋》曰當有"里"字，於義爲勝。
② "隕"，原作"隕"，據《二十二子》本改。
③ "底"，《新校釋》曰當作"厎"。
④ "耳"，原作"取"，據《二十二子》本改。
⑤ "之"下，《新校釋》曰疑當有"戰大勝"三字，於義爲勝。
⑥ "陵"，原作"後"，據《二十二子》本改。
⑦ "賢"下，《遺誼》曰當有"者"字，是。

“何不起爲壽?”鮑叔奉杯而進曰:“使公毋忘出奔在於莒也,桓公遭公孫無知殺襄公之亂也,出奔莒。毋忘之者,欲令其在上不驕也。使管仲毋忘束縛而在於魯也,不死公子糾之難,①出奔於魯,魯人束縛之以歸於齊。使寧戚毋忘其飯牛而居於車下。”寧戚,衛人也,爲商旅,宿於齊郭門之外。桓公夜出郊迎客,寧戚於其車下飯牛,疾商歌。桓公知其賢,舉以爲大夫也。桓公避席再拜曰:“寡人與大夫能皆毋忘夫子之言,則齊國之社稷幸於不殆矣。”避席,下席也。殆,危也。當此時也,桓公可與言極言矣。可與言極言,故可與爲霸。

荆文王得茹黄之狗、宛路之矰,文王,荆武王之子。矰,弋射短矢。以畋於雲夢,畋,獵也。雲夢,楚澤,在南郡華容也。三月不反;得丹之姬,淫,期年不聽朝。淫,惑也。朝,政也。葆申曰:“先王卜以臣爲葆,吉。今王得茹黄之狗、宛路之矰,畋三月不反;得丹之姬,淫,期年不聽朝。葆,太葆,官也。申,名也。王之罪當笞。”王曰:“不穀免衣襁褓而齒於諸侯,②襁,縷格繩。③褓,小兒被也。④齒,列也。願請變更而無笞。”葆申曰:“臣承先王之令,不敢廢也。王不受笞,是廢先王之令也。臣寧抵罪於王,毋抵罪於先王。”王曰:“敬諾。”引席,王伏。葆申束細荆五十,跪而加之于背,如此者再,謂王:“起矣。”王曰:“有笞之名一也。”遂致之。遂痛致之。申曰:“臣聞君子恥之,小人痛之。恥之不變,痛之何益?”葆申趣出,自流於淵,請死罪。文王曰:“此不穀之過也,葆申何罪?”王乃變更,召葆申,殺茹

① “糾”,原漫漶不清,此據《二十二子》本。
② “衣”,《自序》曰當作“於”,於義爲勝。
③ “縷”,原作“樓”,據《二十二子》本改。
④ “被”,原作“補”,據《二十二子》本改。

黄之狗，析宛路之矰，放丹之姬。後荆國兼國三十九。令荆國廣大至於此者，葆申之力也，極言之功也。[1]

## 直諫[2]

三曰：夫以勇事人者，以死也。未死而言死，不論。詐言已死，不可爲人論説。以，雖知之，與勿知同。《詩》云："既明且哲，以保其身。"[3]《傳》曰："生，好物也。死，惡物也。好物，樂也。[4] 惡物，哀也。"雖知以死事人，是爲樂可哀也，故與勿知同。[5] 勿，無也。凡智之貴也，貴知化也。人主之惑者則不然，不然，不知化也。化未至則不知，化已至，雖知之與勿知一貫也。[6] 事有可以過者、有不可以過者，而身死國亡，則胡可以過？此賢主之所重，惑主之所輕也。所輕，國惡得不危？身惡得不困？危困之道，身死國亡，在於不先知化也。吴王夫差是也。夫差，吴王闔廬光之子也。夫差不知勝越而爲越所滅也。子胥非不先知化也，諫而不聽，故吴爲丘墟，禍及闔廬。越王句踐報吴，[7]滅其社稷，[8]故爲丘墟也。宗廟破滅，不得血食，故曰"禍及闔廬"也。[9]

吴王夫差將伐齊，子胥曰："不可。夫齊之與吴也，習俗不同，言語不通，我得其地不能處，處，居也。得其民不得使。[10]

---

① "葆申之力也極言之功也"，《新校釋》曰疑當作"葆申極言之功也"，可備一説。

② "直"，原作"真"，據《二十二子》本改。

③ "保"，原漫漶不清，此據元刻明修本。

④ "樂"，原漫漶不清，此據元刻明修本。

⑤ "與"，原漫漶不清，此據元刻明修本。

⑥ "貫"，《斠補》曰疑當作"實"，於義爲勝。

⑦ "吴"，原作"句"，據元刻明修本改。

⑧ "滅其"，原漫漶不清，此據元刻明修本。

⑨ "故曰"，原漫漶不清，此據元刻明修本。

⑩ 《舉正》曰："下'得'字當作'能'。"於義爲勝。

使，役也。夫吴之與越也，接土鄰境，壤交通屬，[①]屬，連也。習俗同，言語通，我得其地能處之，得其民能使之。越於我亦然。夫吴、越之勢不兩立。越之於吴也，譬若心腹之疾也，雖無作，其傷深而在内也。夫齊之於吴也，疥癬之病也，不苦其已也，且其無傷也。今釋越而伐齊，譬之猶懼虎而刺猏，獸三歲曰猏也。雖勝之，其後患未央。”虎之患未能央。[②] 太宰嚭曰：“不可。君王之令所以不行於上國者，齊、晋也。君王若伐齊而勝之，徙其兵以臨晋，晋必聽命矣，是君王一舉而服兩國也，君王之令必行於上國。”上國，中國也。夫差以爲然，不聽子胥之言而用太宰嚭之謀。子胥曰：“天將亡吴矣，則使君王戰而勝。天將不亡吴矣，則使君王戰而不勝。”夫差不聽。子胥兩袪高蹶而出於廷，兩手舉衣而行。蹶，蹈也。《傳》曰：“魯人之皋，[③]使我高蹈。”瞋怒貌。[④] 此之謂也。曰：“嗟乎！吴朝必生荆棘矣。”嗟，嘆辭也。子胥謂太宰嚭勸王伐齊，國必破亡，故朝生荆棘也。夫差興師伐齊，戰於艾陵，艾陵，齊地也。大敗齊師，反而誅子胥。子胥將死，曰：“與！吾安得一目以視越人之入吴也？”乃自殺。夫差乃取其身而流之江，《傳》曰：“子胥自殺，吴王盛之鴟夷，投之江。”故曰“流”。抉其目，著之東門，曰：“女胡視越人之入我也？”居數年，越報吴，殘其國，絶其世，滅其社稷，夷其宗廟，夷，平也。夫差身爲擒。爲越所擒也。夫差將死，曰：“死者如有知也，吾何面以見子胥於地下？”乃爲幎以冒面死。[⑤] 冒

---

① “通”，《札記》曰當作“道”，於義爲勝。

② “能”，原漫漶不清，此據《二十二子》本。

③ “魯人之皋”，原作“曾人之高”，據《二十二子》本改。

④ “瞋怒貌”，《新校釋》曰“瞋怒貌”三字衍，可備一説。

⑤ “爲”，《新校釋》曰當作“爰”，於義爲勝。

覆面也，慚見於子胥也。夫患未至則不可告也，患既至，雖知之無及矣。故夫差之知慚於子胥也，不若勿知。

## 知化

四曰：亡國之主一貫。一，道也。貫，同也。其所以亡之道同，同於不仁且不知足也。天時雖異，其事雖殊，所以亡同者，樂不適也。樂不適，則不可以存。糟丘酒池，肉圃爲格，①格以銅爲之，布火其下，以人置上，人爛墮火而死，笑之以爲樂，故謂之樂不適也。雕柱而桔諸侯，不適也。雕畫高柱，施桔槔於其端，②舉諸侯而上下之，故曰"不適"。刑鬼侯之女而取其環，聽妲己之譖，③殺鬼侯之女以爲脯，而取其所服之環也。截涉者脛而視其髓，以其涉水能寒也，故視其髓，欲知其與人有異不也。殺梅伯而遺文王其醢，不適也。梅伯，紂之諸侯也，説鬼侯之女美好，紂受妲己之譖，以爲不好，故殺梅伯，以爲醢。醢，肉醬也，以遺文王，④故曰"不適也"。文王貌受，以告諸侯。貌受心不受也，故曰告諸侯也。⑤ 作爲琁室，築爲頃宫，琁室，以琁玉文飾其室也。頃宫，築作宫牆，滿一頃田中，言博大也。剖孕婦而觀其化，化，育也。視其胞裹。殺比干而視其心，不適矣。比干，紂之諸父也，數諫紂之非，紂不能聽，故視其心，欲知其何以不與人同也。孔子聞之曰："其竅通，則比干不死矣。"⑥聖人心達性通。紂性不仁，⑦心不通，安於爲惡，殺比干，⑧故孔子言其一竅通，則比干不

---

① "爲"，《讀吕記》曰當作"炮"，是。
② "施"，原漫漶不清，此據元刻明修本。
③ "妲"，原漫漶不清，此據元刻明修本。
④ "醬也以遺"，原作"遺以醬也"，據《二十二子》本改。
⑤ 《新校釋》曰："'曰'當作'以'。"
⑥ "則比干"，原爲小字，據元刻明修本改。
⑦ "性"，原作"臣"，據元刻明修本改。
⑧ "殺"，原脱，據《二十二子》本補。

見殺也。夏、[①]商之所以亡也。桀殺關龍逄，紂殺比干，故曰此夏、商之所以亡也。

晋靈公無道，從上彈人而觀其避丸也，靈公，襄公之子，文公之孫也，[②]從高臺上引彈，觀其走而避丸以爲樂也。[③] 使宰人臑熊蹯，不熟，殺之，令婦人載而過朝以示威，[④]不適也。趙盾驟諫而不聽，公惡之，乃使沮麛。[⑤] 盾，趙成子之子宣子也。[⑥] 沮麛見之，不忍賊，賊，殺也。曰："不忘恭敬，民之主也。[⑦] 賊民之主，不忠；大夫稱主，因曰"民之主"也。棄君之命，不信。違命不信。一於此，[⑧]不若死。"不忠不信，若行之，必有其一也。乃觸廷槐而死。觸，畜也。[⑨] 齊湣王亡居衛，[⑩]湣王，[⑪]宣王之子。謂公王丹曰："我何如主也？"公王丹，湣王臣也。王丹對曰："王賢主也。臣聞古人有辭天下而無恨色者，臣聞其聲，[⑫]聲，名也。於王而見其實。實，[⑬]所行之實。王名稱東帝，實辨天下。[⑭] 辨，治也。

---

① 《集釋》曰："'夏'上疑脱'此'字。"是。

② "孫"，原作"皋"，據《二十二子》本改。《新校釋》曰："此注當本作'靈公，襄公之子，文公之孫夷皋也'。"可備一説。

③ "觀"，原作"彈"，據元刻明修本改。

④ "過朝"，原爲小字，據元刻明修本改。

⑤ 《新校釋》曰："此下有脱文，當作'乃使沮麛賊之，晨往，寢門闢矣，盛服將朝，尚早，坐而假寐'。'賊之'云云十八字從《左傳》補。"於義爲勝。

⑥ "成"，原作"襄"，據《二十二子》本改。《新校釋》曰："此注當作'盾，趙成子衰之子宣子也'。"可備一説。

⑦ "民之主"，原爲小字，據元刻明修本改。

⑧ "一"上，《新校釋》曰當有"有"字，於義爲勝。

⑨ 畢沅曰："'畜'疑'撞'字之誤。"

⑩ "齊湣"，原爲小字，據《二十二子》本改。

⑪ "湣"，原作"愍"，據《二十二子》本改，下同。

⑫ "色者臣"，原爲小字，據元刻明修本改。

⑬ "實"，元刻明修本、《二十二子》本無此字。

⑭ "實辨天"，原爲小字，據元刻明修本改。

去國居衛，①容貌充滿，顏色發揚，發揚，②光明也。無重國之意。"言輕之也。王曰："甚善。丹知寡人。寡人自去國居衛也，帶益三副矣。"③"副"或作"倍"。度湣王之亡國宜也，但湎涎無憂恥辱，喜於公王丹巧佞之言，④因云"丹知寡人"也。帶益三倍，苟活者肥，令腹大耳。宋王築爲蘖帝，鴟夷血高懸之，射著甲胄從下，⑤血墜流地。⑥宋王，康王也。"蘖"當作"巘"，"帝"當作"臺"。"蘖"與"巘"其音同，"帝"與"臺"字相似，因作"蘖帝"耳。⑦《詩》云："庶姜巘巘。"⑧高長須也，⑨言康王築爲臺。革囊之大者爲鴟夷，盛血於臺上高懸之，以象天。著甲胄，自下射之，血流墮地，與之名言中天神下其血也。左右皆賀曰："王之賢過湯、武矣，湯、武勝人，今王勝天，賢不可以加矣。"加，上也。宋王大説，飲酒，室中有呼萬歲者，堂上盡應。堂上已應，堂下盡應。門外庭中聞之，莫敢不應，不適也。不僭不濫、動中禮義之謂適。今此畏無道，不敢不應耳，故曰"不適也"。

## 過理

五曰：亡國之主，⑩不可以直言。不可以直言，則過無道聞，不可以直言諫正也，則其過成。以無道遠聞，人皆聞之。而善無

---

① "居"，原脱，據元刻明修本補。

② "發揚"，元刻明修本、《二十二子》本無此二字。

③ "也帶益三"，原爲小字，據元刻明修本改。

④ "公王"，原誤倒，據元刻明修本乙正。

⑤ "甲胄從"，原爲小字，據元刻明修本改。

⑥ "宋王"至"流地"二十二字，《新校釋》曰："此文當云'宋王爲蘖帝，鴟夷盛血，著甲胄，高懸之，從下射，血墜流地'。"於義爲勝。

⑦ "作"，原脱，據元刻明修本補。

⑧ "姜"，原作"妾"，據元刻明修本改。

⑨ "須"，原作"類"，據《二十二子》本改。

⑩ "主"，原作"王"，據《二十二子》本改。

自至矣。無自至，則壅。自，從也。《傳》曰："善進善，不善蔑由至矣；不善進不善，善亦蔑由至矣。"①故曰"壅"。秦繆公時，戎強大，秦繆公遺之女樂二八與良宰焉。戎王大喜，以其故，數飲食，日夜不休。左右有言秦寇之至者，因扞弓而射之。寇，兵也。扞，引也。秦寇果至，戎王醉而卧於樽下，卒生縛而擒之。未擒則不可知，不知將見擒也。已擒則又不知。一本作"既擒則無及矣"。② 醉不自知也。雖善説者猶若此，③何哉？言説無如之何。齊攻宋，齊湣王攻宋，④滅之也。宋王使人候齊寇之所至。候，視也。使者還，曰："齊寇近矣，國人恐矣。"左右皆謂宋王曰："此所謂肉自至蟲者也。以宋之強，齊兵之弱，惡能如此？"言宋強盛，齊兵之弱，安能來至此也。宋王因怒而詘殺之。詘，枉也。無罪而殺之曰枉。又使人往視齊寇，使者報如前，宋王又怒詘殺之。如此者三。其後又使人往視，齊寇近矣，國人恐矣。使者遇其兄。⑤ 曰："國危甚矣，若將安適？"適，之也。其弟曰："爲王視齊寇，⑥不意其近而國人恐如此也。今又私患鄉之先視齊寇者，皆以寇之近也報而死。今也報其情，死；以齊寇至之情實告宋王，必誅死也。不報其情，又恐死，不以寇至之情報而設備，齊寇至，殺人，是又恐死。將若何？"其兄曰："如報其情，有且先夫死者死，先夫亡者亡。"於是報於王曰："殊不知齊寇之

---

① "善進善"至"亦蔑由至矣"二十字，原作"言進善，善亦蔑由至矣"，據《二十二子》本改。

② "一本作既擒則無及矣"九字，原在"醉不自知也"下，據上下文改。

③ "雖"上，《新校釋》曰當有"由余驟諫而不聽"七字，於義爲勝。

④ "湣"，原作"愍"，據《二十二子》本改。

⑤《新校釋》曰："'其兄'二字當重。'使者遇其兄'句絶，'其兄曰'句絶。"是。

⑥ "王"，原作"兄"，據《二十二子》本改。

所在,國人甚安。"王大喜,左右皆曰:"鄉之死者宜矣。"王多賜之金。寇至,王自投車上馳而走,此人得以富於他國。夫登山而視牛若羊,視羊若豚。牛之性不若羊,羊之性不若豚,性猶體也。若猶如也。所自視之勢過也,而因怒於牛羊之小也,此狂夫之大者。狂而以行賞罰,此戴氏之所以絶也。戴氏子罕,戴公子孫也,别爲樂氏。《傳》曰:"宋之樂,其與宋升降乎?"宋國衰,子罕後子孫亦衰,賞罰失中,故曰"此戴氏之所以絶也"。一本"戴氏"作"叔世"。

齊王欲以淳于髡傅太子,髡辭曰:"臣不肖,不足以當此大任也。王不若擇國之長者而使之。"齊王曰:"子無辭也。寡人豈責子之令太子必如寡人也哉?寡人固生而有之也。子爲寡人令太子如堯乎?其如舜也?"凡説之行也,道不智聽智,從自非受是也。① 今自以賢過一作"遠"。於堯、舜,彼且胡可以開説哉?説必不入,②不聞存君。不納忠言之説,鮮不危亡,故曰"不聞存君"也。齊宣王好射,好,喜也。説人之謂已能用强弓也。③ 示有力也。其嘗所用不過三石,以示左右。左右皆試引之,中關而止,關,謂關弓。弦正半而止也。皆曰:"此不下九石,非王,其孰能用是?"言九石之弓,獨王用之耳。宣王之情,情,實也。所用不過三石而終身自以爲用九石,豈不悲哉?傷其自輕而不知其實。非直士其孰能不阿主?世之直士,其寡不勝衆,數也。數,道數也。故亂國之主,患存乎用三石爲九石也。力不足而自以爲有餘也。其功德,其治理,皆亦如之也。

## 壅塞

① 畢沅曰:"'自'字疑衍。"是。
② 《新校釋》曰:"'説必不入'四字當重。"可備一説。
③ "用",原作"則",據《二十二子》本改。

六曰：亂必有第，第，次也。大亂五，小亂三，訂亂三，[①]大亂五，謂晉國廢長立少，立而復殺之也。小亂三，謂殺里克之黨也。訂亂三，謂於朝欒盈以兵盡入于絳也。[②] 故《詩》曰"毋過亂門"，所以遠之也。逸《詩》也。慮福未及，慮禍之，[③]所以皃之也。[④] 武王以武得之，以文持之，倒戈弛弓，示天下不用兵，所以守之也。晉獻公立驪姬以爲夫人，以奚齊爲太子，里克率國人以攻殺之。殺奚齊也。荀息立其弟公子卓，已葬，里克又率國人攻殺之。復殺公子卓也。於是晉無君。公子夷吾重賂秦以地而求入，地，河外之城五。求入爲晉君也。[⑤] 秦繆公率師以納之，晉人立以爲君，是爲惠公。惠公既定於晉，背秦德而不予地。《傳》曰："入而背秦賂。"此之謂也。秦繆公率師攻晉，晉惠公逆之，與秦人戰於韓原，晉師大敗，秦獲惠公以歸，囚之於靈臺。十月，乃與晉成，成，平也。歸惠公而質太子圉。太子圉逃歸也，惠公死，圉立爲君，是爲懷公。秦繆公怒其逃歸也，起奉公子重耳以攻懷公，殺之於高梁，高梁，晉地。而立重耳，是爲文公。文公施舍，振廢滯，匡乏困，救災患，禁淫慝，薄賦斂，宥罪戾，宥，寬也。節器用，用民以時，敗荆人于城濮，荆人，[⑥]成王。定襄王，周襄王辟子帶之難，出居于鄭，文公納之，故曰"定"也。釋宋，[⑦]出穀戍，楚子圍宋，又使申公叔侯守齊之穀邑。晉文伐曹、衛，

---

① 畢沅疑"訂"爲"討"之誤，實"訂"爲"討"異體字一種。
② "盡"，元刻明修本同，《二十二子》本作"晝"。
③ "禍"下，《正誤》曰當有"過"字，於義爲勝。
④ "皃"，畢沅曰疑當作"免"，可備一説。
⑤ "晉"，原漫漶不清，此據元刻明修本。
⑥ "人"，原爲空格，據元刻明修本補。
⑦ "宋"下，《批校本》曰當有"圍"字，於義爲勝。

將平之。楚愛曹、①衛，與晋俱成，解宋之圍，召穀戍而去之也。外内皆服，外，諸侯；内，卿大夫也，皆服文公之德也。而後晋亂止。故獻公聽驪姬，近梁五、優施，殺太子申生，而大難隨之者五，三君死，一君虜，三君死，申生、奚齊、公子卓也。一君虜，惠公爲秦所執，囚之靈臺也。大臣卿士之死者以百數，離咎二十年。自上世以來，亂未嘗一。而亂人之患也，皆曰一而已，此事慮不同情也。事慮不同情者，心異也。故凡作亂之人，禍希不及身。希，鮮也。

## 原亂

① “愛”，原作“受”，據《二十二子》本改。

# 卷第二十四

吕氏春秋訓解　高氏

## 不苟論第四　贊能　自知　當賞　博志[①]　貴當

一曰：賢者之事也，雖貴不苟爲，雖欲尊貴，[②]不苟爲也。不如禮曰"苟爲"也。雖聽不自阿，雖言見聽，當以忠正，不自阿媚以取容也。必中理然後動，非理不移也。必當義然後舉。非義不行也。此忠臣之行也。賢主之所說，説猶敬也。而不肖主雖不肖其說，[③]非惡其聲也。人主雖不肖，其說忠臣之聲與賢主同，同，等也。行其實則與賢主有異。賢主能用忠臣之言，不肖主能刑殺之，故曰"有異"也。異，故其功名禍福亦異。賢主受大福，不肖主獲大禍，故曰"亦異"也。[④] 異，故子胥見說於闔閭而惡乎夫差，[⑤]夫差惡子胥也。比干生而惡於商、商紂惡之也。死而見說乎周。

---

① "博志"，《注疏》作"摶志"。

② 《新校釋》曰："'欲'字當衍。"

③ "雖不肖其説"，《二十二子》本畢沅改作"之所不説"，《新校釋》曰："畢改非也。此當因下文衍'肖其'二字。"可備一説。

④ "曰"，原脱，據《二十二子》本補。

⑤ "子胥"，原脱，據《二十二子》本補。

周武王説其忠也。武王至殷郊，係墮。五人御於前，莫肯之爲，曰："吾所以事君者非係也。"①武王左釋白羽，右釋黄鉞，勉而自爲係。孔子聞之，曰："此五人者之所以爲王者佐也，不肖主之所弗安也。"故天子有不勝細民者，天下有不勝千乘者。天下，海内也。千乘，一國也。

秦繆公見戎由余，説而欲留之，由余不肯。繆公以告蹇叔，蹇叔曰："君以告内史廖。"内史廖對曰："戎人不達於五音與五味，君不若遺之。"繆公以女樂二八人與良宰遺之。② 宰，謂膳宰。戎王喜，迷惑大亂，飲酒晝夜不休。由余驟諫而不聽，因怒而歸繆公也。蹇叔非不能爲内史廖之所爲也，其義不行也。繆公能令人臣時立其正義，故雪殽之恥而西至河雍也。雪，除也。秦繆公相百里奚，③以百里奚爲相也。晉使叔虎、齊使東郭蹇如秦，公孫枝請見之，公孫枝，秦大夫子桑也。公曰："請見客，子之事歟？"對曰："非也。""相國使子乎？"相國，百里奚也。對曰："不也。"公曰："然則子事非子之事也。事，見客事也。秦國僻陋戎夷，事服其任，人事其事，猶懼爲諸侯笑。今子爲非子之事，退，將論而罪。"而，汝也。公孫枝出，自敷於百里氏。百里奚請之，公曰："此所聞於相國歟？枝無罪，奚請？有罪，奚請焉？"奚，何也。百里奚歸，辭公孫枝。公孫枝徙，自敷於街。百里奚令吏行其罪。定分官，④此古人之所以爲法也。今繆公鄉之矣，其霸西戎，豈不宜哉？

晉文公將伐鄴，趙衰言所以勝鄴之術，文公用之，果勝。

---

① "係也"，原誤倒，據元刻明修本乙正。
② 畢沅曰："'人'字疑衍。"是。
③ "百"，原脱，據《二十二子》本補。
④ "定分官"，《新校釋》曰當作"定分治官"，於義爲勝。

還，將行賞，衰曰："君將賞其本乎？賞其末乎？賞其末，則騎乘者存；賞其本，則臣聞之郤子虎。"文公召郤子虎，曰："衰言所以勝鄴，鄴既勝，將賞之，曰：'蓋聞之於子虎，請賞子虎。'"子虎曰："言之易，行之難，臣言之者也。"公曰："子無辭。"郤子虎不敢固辭，乃受矣。凡行賞，欲其博也，博則多助。今虎非親言者也而賞猶及之，此疏遠者之所以盡能竭智者也。晉文公亡久矣，歸而因大亂之餘，猶能以霸，其由此歟？亡久，謂避麗姬之亂，在狄十二年，①歷行諸侯五年，凡十七年。歸晉國，因大亂之後，能建霸功，皆由用此術也。

## 不苟

二曰：賢者善人以人，中人以事，賢者以人，以人之德也。中人任人，以人之力也。不肖者以財。不肖者任人，以人之財賄也。《傳》曰："政以賄成。"②此之謂也。得十良馬，不若得一伯樂；伯樂善得馬，③得伯樂則得良馬，不但十也，故曰"不若得一伯樂"也。得十良劍，不若得一歐冶；歐冶善爲劍工也，義爲伯樂也。得地千里，不若得一聖人。義與歐冶同。舜得臯陶而舜受之，④授，用也。湯得伊尹而有夏民，有夏桀之民也，王天下也。文王得吕望而服殷商。殷紂之衆服從文王之德也。夫德聖人，豈有里數哉？言得其用多不可數也，故曰"豈有里數哉"？管子束縛在魯。爲魯所束縛也。桓公欲相鮑叔，欲以鮑叔爲齊相也。鮑叔曰："吾君欲霸王，

① "在"，原作"狄"，據《二十二子》本改。
② "以"下，原衍"財"字，據《二十二子》本删。
③ "得"，《新校釋》曰當作"相"，於義爲勝。
④ "舜得臯陶而舜受之"，《新校釋》曰："此文當作'舜得臯陶而堯受之，禹得伯益而舜受之'。"於義爲勝。

則管夷吾在彼，彼，魯也。臣弗若也。”桓公曰：“夷吾，寡人之賊也，射我者也，不可。”《傳》曰：“乾時之役，申孫之矢，射于桓公，中鉤。”故曰“不可”。鮑叔曰：“夷吾爲其君射人者也，其君，公子糾也。君若得而臣之，則彼亦將爲君射人。”桓公不聽，不從鮑叔之言。強相鮑叔。① 固辭讓而相，固，必也。桓公果聽之。於是乎使人告魯曰：“管夷吾，寡人之讎也，願得之而親加手焉。”②言欲得管仲，親手自殺之，以爲辭也。魯君許諾，乃使吏鞹其拳，鞹，革也，以革囊其手也。膠其目，盛之以鴟夷，置之車中。至齊境，境，界也。桓公使人以朝車迎之，③祓以爟火，釁以犧豭焉，火所以祓除不祥也。《周禮·司爟》：“掌行火之政令。”故以爟火祓之也。④ 殺牲以血塗之爲釁。小事不用大牲，故以豭豚也。《傳》曰：“鄭伯使卒出豭，行出犬雞。”此之謂也。爟讀如權衡。⑤ 生與之如國。如，至也。命有司除廟筵几而薦之，薦，進也。曰：“自孤之聞夷吾之言也，目益明，耳益聰，孤弗敢專，敢以告于先君。”告，白也。因顧而命管子曰：“夷吾佐予。”予，我也。管仲還走，再拜稽首，受令而出。出於廟也。管子治齊國，舉事有功，桓公必先賞鮑叔，曰：“使齊國得管子者，鮑叔也。”桓公可謂知行賞矣。凡行賞，欲其本也，本則過無由生矣。過，失也。孫叔敖、沈尹莖相與友。叔敖游於郢三年，聲問一作“晦”。不知，修行不聞。郢，楚都也。沈尹莖謂孫叔敖曰：“説義以聽，方術信行，能令人主上至於王、下至於霸，我不若子也。耦世接俗，説義

---

① 《新校釋》曰：“‘鮑叔’二字當重。”於義爲勝。

② “願”下，《新校釋》曰當有“生”字，於義爲勝。

③ “迎之”，原誤倒，據元刻明修本乙正。

④ “祓”，原作“祋”，據《二十二子》本改。

⑤ “權衡”，原作“權字”，據《二十二子》本改。《新校釋》曰“權衡”下疑當有“之權”二字，於義爲勝。

調均，以適主心，子不如我也。子何以不歸耕乎？吾將爲子游。”欲令孫叔敖隱也。沈尹莖游於郢五年，荆王欲以爲令尹。沈尹莖辭曰：“期思之鄙人有孫叔敖者，聖人也，王必用之，臣不若也。”荆王於是使人以王輿迎叔敖以爲令尹，十二年而莊王霸，此沈尹莖之力也。功無大乎進賢。

## 贊能

三曰：欲知平直則必準繩，準，平。繩，直也。欲知方圓則必規矩，規，圓。矩，方也。人主欲自知則必直士。唯直士能正言也。故天子立輔弼、設師保，所以舉過也。舉猶正也。夫人故不能自知，人主猶其。① 存亡安危勿求於外，言皆在己也。務在自知。堯有欲諫之鼓，②欲諫者擊其鼓也。舜有誹謗之木，書其過失，以表木也。湯有司過之士，③司，主也。主，正也。正其過闕也。武王有戒慎之鞀，欲戒者摇其鞀鼓之。④ 猶恐不能自知，猶尚恐己不能自知其過失也。⑤ 今賢非堯、舜、湯、武也而有揜蔽之道，奚繇自知哉？荆成、齊莊不自知而殺，荆成王爲公子商臣所殺，齊莊公爲崔杼所殺，皆不自知之咎也。吴王、智伯不自知而亡，吴王，夫差也。智伯，晋卿智襄子也。夫差爲越所破，死于干隧；智伯爲趙襄子所破，死于高梁之東，故曰“而亡”也。⑥ 宋、中山不自知而滅，宋康王無道，爲齊所滅。中山亂男女之别，爲魏所滅也。晋惠公、

① 《正誤》曰：“‘猶其’當作‘尤甚’。”於義爲勝。

② “有欲”，《新校釋》曰當作“置敢”，可備一説。

③ 《集釋》曰：“王念孫校本正文‘過’字改作‘直’，注文‘主正’改作‘直正’。案王改是。”

④ “之”，《新校釋》曰當作“也”。

⑤ “己”，原作“之”，據《二十二子》本改。

⑥ “而”，原作“所”，據《二十二子》本改。

趙括不自知而虜，惠公爲秦所虜。趙括以軍降，秦坑其兵四十萬於長平也。鑽荼、龐涓、太子申不自知而死，鑽荼、龐涓，魏惠王之將。申，魏惠王之太子也，與龐涓東伐齊，戰於馬陵，齊人盡殺之。故惠王謂孟子曰："晋國，天下莫強焉，叟之所知也，及寡人身，東敗於齊，長子死。"此之謂也。敗莫大於不自知。① 莫，無也。范氏之亡也，范氏，②晋卿范武子之後也。謂簡子率師逐范吉射也。一曰，智伯伐范氏而滅之，故曰"亡也"。百姓有得鍾者欲負而走，③則鍾大不可負，以椎毁之，鍾況然有音，恐人聞之而奪己也，遽揜其耳。遽，疾也。惡人聞之可也，惡己自聞之悖矣。爲人主而惡聞其過，非猶此也？此，自揜其耳也。惡人聞其過尚猶可。④ 魏文侯燕飲，皆令諸大夫論己。或言君之智也。⑤ 至於任座，任座曰："君不肖君也。得中山，不以封君之弟而以封君之子，是以知君之不肖也。"文侯不説，知於顔色。知猶見也。任座趨而出。次及翟黄，翟黄曰："君賢君也。臣聞其主賢者，其臣之言直。今者任座之言直，是以知君之賢也。"文侯喜曰："可反歟？"歟，耶也。謂任座可反耶？翟黄對曰："奚爲不可？臣聞忠臣畢其忠，畢，盡也。而不敢遠其死。座殆尚在於門。"殆猶必也。翟黄往視之，任座在於門，以君令召之。任座入，文侯下階而迎之，終座以爲上客。客，敬也。文侯微翟黄，則幾失忠臣矣。微，無也。幾，近也。上順乎主心以顯賢者，其唯翟黄乎？

**自知**

---

① "敗"上，《舉正》曰當有"故"字，於義爲勝。

② "范"，原漫漶不清，此據元刻明修本。

③ "得"下，《集釋》曰當有"其"字，於義爲勝。

④ 《新校釋》曰："此下當脱'惡己自聞其過，悖矣'句。"可備一説。

⑤ "或言君之智也"，畢沅曰："孫云：《御覽》六百二十二作'或言君仁，或言君義，或言君智'。疑此有脱文。"是。

四曰：民無道知天，民以四時寒暑日月星辰之行知天。以，用也。四時寒暑日月星辰之行當，則諸生有血氣之類皆爲得其處而安其産。① 産，生也。人臣亦無道知主，主，君也。人臣以賞罰爵禄之所加知主。加，施也。主之賞罰爵禄之所加者宜，宜猶當也。則親疏遠近賢不肖皆盡其力而以爲用矣。爲君用也。晋文公反國，賞從亡者而陶狐不與。賞不及之也。左右曰："君反國家，②爵禄三出而陶狐不與，敢問其説。"欲知之也。文公曰："輔我以義、導我以禮者，吾以爲上賞；教我以善、强我以賢者，吾以爲次賞；拂吾所欲、數舉吾過者，吾以爲末賞。三者，所以賞有功之臣也。若賞唐國之勞徒，③則陶狐將爲首矣。"唐國，晋國也。勤勞之徒，則陶狐也，故不與三賞中也。④ 周内史興聞之，曰："晋公其霸乎！内史興，周大夫也，奉使來賜文公命，聞之。昔者聖王先德而後力，晋公其當之矣。"當先德而後力也。

秦小主夫人用奄變，群賢不説自匿，百姓鬱怨非上。小主，秦君也，秦厲公曾孫惠公之子也。夫人用奄變，爲惑亂也。公子連亡在魏，聞之，欲入，因群臣與民從鄭所之塞。公子連，一名元，秦厲公曾孫靈公之子也，於小主爲從父昆弟也。右主然守塞，弗入，右主然，秦守塞吏也，弗内公子連也。曰："臣有義，不兩主。公子勉去矣。"内公子連則兩主矣。勸之使疾去。公子連去，入翟，從焉氏塞，塞在安定。將之北翟。菌改入之。菌改，亦守塞吏也。入之，内公子連也。夫人聞之，大駭，小主夫人也。駭，驚也。令吏興卒，

① "爲"，《新校釋》曰"爲"字衍，於義爲勝。
② 《新校釋》曰："'家'字當衍。"
③ 《新校釋》曰："'唐國'疑爲'唐圃'。"
④ "故"，原作"欲"，據《二十二子》本改。

奉命曰："寇在邊。"卒與吏其始發也，發，行也。皆曰："往擊寇。"中道因變曰："非擊寇也，迎主君也。"主君，謂公子連。公子連因與卒俱來，至雍，圍夫人，夫人自殺。雍，秦都也。公子連立，是爲獻公，怨右主然而將重罪之，怨其不入己也。德菌改而欲享賞之。德其入己也。監突爭之，曰："不可。監突，秦大夫也。秦公子之在外者衆，衆，多也。若此，則人臣爭入亡公子矣。此不便主。"如此則諸臣爭内亡公子。亡公子得入，則爭爲君，故於主不便也。獻公以爲然，故復右主然之罪，復，反也。① 反其罪，不復罪也。而賜菌改官大夫，官大夫，秦爵也。賜守塞者人米二十石。獻公可謂能用賞罰矣。凡賞非以愛之也，罰非以惡之也，用觀歸也。所歸善，雖惡之，賞；所歸不善，雖愛之，罰。《傳》曰："善有章，雖賤賞也；惡有釁，雖貴罰也。"此之謂也。此先王之所以治亂安危也。亂者能治之也，危者能安之也。

## 當賞

五曰：先王有大務，去其害之者，故所欲以必得、所惡以必除，此功名之所以立也。立，成也。俗主則不然，有大務而不能去其害之者，此所以無能成也。夫去害務與不能去害務，②此賢不肖之所以分也。分，别也。使獐疾走，馬弗及至，已而得者，其時顧也。反顧稽其行，故見得也。驥一日千里，車輕也。以重載則不能數里，任重也。任，載也。賢者之舉事也，不聞無功，言有功也。然而名不大立、利不及世者，③愚不

① "反"，原漫漶不清，此據元刻明修本。
② 《新校釋》曰："'夫'下當有'能'字。"於義爲勝。
③ "及"，原漫漶不清，此據元刻明修本。

肖爲之任也。愚不肖人爲之任政事,故使其君賢名不立、福利不及後世子孫也。冬與夏不能兩刑,《傳》曰:"火中而寒暑退。"故曰"不能兩刑"。草與稼不能兩成,新穀熟而陳穀虧,凡有角者無上齒,果實繁者木必庳,有核曰果。物莫能兩大,故戴角者無上齒,果實繁者木爲之庳小也。用智褊者無遂功,①天之數也。遂,成也。故天子不處全,不處極,不處盈。全則必缺,②極則必反,盈則必虧。先王知物之不可兩大,故擇務當而處之。

孔、墨、寧越,皆布衣之士也,慮於天下,以爲無若先王之術者,③孔子、墨翟也。寧越,中牟人也,知道術之士也。故日夜學之。有便於學者無不爲也,有不便於學者無肯爲也。蓋聞孔丘、墨翟晝日諷誦習業,夜親見文王、周公旦而問焉。夜則夢見文王、周公而問其道也。《論語》曰:"吾衰久矣,吾不復夢見周公。"用志如此其精也,精,微密也。何事而不達?何爲而不成?故曰:"精而熟之,鬼將告之。非鬼告之也,精而熟之也。"史曰:"日精學所致無鬼神。"④故曰有鬼告之也。⑤今有寶劍良馬於此,玩之不厭,視之無倦。寶行良道,一而弗復,欲身之安也、名之章也,不亦難乎?寧越,中牟之鄙人也,苦耕稼之勞,謂其友曰:"何爲而可以免此苦也?"其友曰:"莫如學。學,三十歲則可以達矣。"寧越曰:"請以十五歲。⑥人將休,吾將不敢休;

---

①《札記》曰:"'無遂功'當作'功無遂'。"是。

②"缺",原作"鈌",據《二十二子》本改。

③"王",原作"生",據元刻明修本改。

④"學所",《二十二子》本作"所學"。《批校本》曰:"注當作'史游曰:積學所致無鬼神'。"於義爲勝。

⑤"有",《新校釋》曰:"注'有'當作'非'。'非鬼告之也'係復述正文。"可備一説。

⑥"五",原脱,據《二十二子》本補。

人將卧，吾將不敢卧。”十五歲而周威公師之。① 威公，西周君也。師之者，以寧越爲師也。矢之速也而不過二里，止也；②步之遲也而百舍，不止也。今以寧越之材而久不止，其爲諸侯師，豈不宜哉？

養由基、尹儒，皆文藝之人也。荆廷嘗有神白猿，荆之善射者莫之能中，荆王請養由基射之。養由基矯弓操矢而往，未之射而括中之矣，發之，則猿應矢而下，則養由基有先中中之者矣。《幽通記》曰：“養由基睇而猿號。”③此之謂也。尹儒學御三年而不得焉，苦痛之，痛，悼也。夜夢受秋駕於其師。明日往朝其師，④望而謂之曰：“吾非愛道也，恐子之未可與也。今日將教子以秋駕。”秋駕，御法也。尹儒反走，北面再拜曰：“今昔臣夢受之。”先爲其師言所夢，所夢固秋駕已。上二士者，可謂能學矣，可謂無害之矣，此其所以觀後世已。二士，寧越、尹儒也。觀，示也。⑤

**博志**⑥

六曰：名號大顯，不可強求，必繇其道。繇，用也。治物者不於物，於人。治人者不於事，於君。⑦ 治，飭也。君，侯也。⑧治君者不於君，於天子。治天子者不於天子，於欲。欲，貪欲

① 《新校釋》曰：“‘十五’上當有‘學’字。”於義爲勝。
② “也”，原漫漶不清，此據元刻明修本。
③ “養由基”，《二十二子》本作“養流”，《新校釋》曰當作“養由”。
④ “其師”，《新校釋》曰“其師”二字當重，於義爲勝。
⑤ “二士寧越尹儒也觀示也”，原漫漶不清，此據《二十二子》本。
⑥ “博志”，《注疏》作“搏志”。
⑦ “治人者不於事於君”，《新校釋》曰當作“治人者不於人於事，治事者不於事於君”，於義爲勝。
⑧ “治飭也君侯也”，原漫漶不清，此據元刻明修本。

也。不貪欲,則天子安樂也。治欲者不於欲,於性。性者,萬物之本也,不可長,不可短,因其固然而然之,此天地之數也。①窺赤肉而烏鵲聚,狸處堂而衆鼠散;窺,見也。散,走也。衰絰陳而民知喪,竽瑟陳而民知樂;湯、武修其行而天下從,修其仁義之行,故天下順從之也。桀、紂慢其行而天下畔,慢,易也。豈待其言哉?君子審在己者而已矣。荆有善相人者,所言無遺策,遺猶失也。聞於國。國人聞之也。莊王見而問焉,對曰:"臣非能相人也,能觀人之友也。觀布衣也,其友皆孝悌、純謹、畏令,如此者,其家必日益、益,富也。身必日榮,矣所謂吉人也。② 觀事君者也,其友皆誠信、有行、好善,如此者,事君日益、官職日進,此所謂吉臣也。吉,善也。觀人主也,其朝臣多賢,左右多忠,主有失,皆交爭証諫,交,俱也。如此者,國日安、主日尊、天下日服,服其德也。此所謂吉主也。臣非能相人也,能觀人之友也。"莊王善之,於是疾收士,日夜不懈,遂霸天下。故賢主之時見文藝之人也,非特具之而已也,所以就大務也。就,成也。夫事無大小,固相與通。田獵馳騁,弋射走狗,賢者非不爲也,爲之而智日得焉,不肖主爲之而智日惑焉。《志》曰:"驕惑之事,不亡奚待?"③《志》,古記也。齊人有好獵者,④曠日持久而不得獸,入則愧其家室,出則愧其知友州里。惟其所以不得之故,則狗惡也。欲得良狗,則家貧無以。無以買狗。於是還疾耕,疾耕則家富,家富則有以求良

① 《新校釋》曰:"'地'字當衍。"

② 《集釋》曰:"'矣'當作'此'。"是。

③ "待"下,《新校釋》曰當有"君人者不可不慎也"八字,可備一說。

④ "齊人",原作"君",據《二十二子》本改,《新校釋》曰"'齊'下不必有'人'字",可備一說。

狗,狗良則數得獸矣,田獵之獲常過人矣。過猶多也。非獨獵也,百事也盡然。霸王有不先耕而成霸王者,古今無有。此賢者不肖之所以殊也。[①] 殊,異也。賢不肖之所欲與人同,堯、桀、幽、厲皆然,所以爲之異。故賢主察之,以爲不可,弗爲;以爲可,故爲之。爲之必繇其道,物莫之能害,此功之所以相萬也。萬倍也。

## 貴當

---

① "者",《正誤》曰"者"字衍,是。

# 卷第二十五

呂氏春秋訓解　高氏

## 似順論第五　别類　有度　分職　處方　慎小

一曰：事多似倒而順，多似順而倒。倒，逆也。有知順之爲倒、倒之爲順者，則可與言化矣。化，道也。至長反短，至短反長，天之道也。夏至極長，過至則短，故曰"至長反短"；冬至極短，過至則長，故曰"至短反長"也。天道有盈縮之數，故曰"天之道也"。荆莊王莊王，楚穆王之子也。欲伐陳，使人視之。使者曰："陳不可伐也。"莊王曰："何故？"對曰："城郭高，①溝洫深，蓄積多也。"寧國曰："陳可伐也。寧國，楚臣。夫陳，小國也，而畜積多，賦斂重也，則民怨上矣；②城郭高，溝洫深，則民力罷矣。興兵伐之，陳可取也。"莊王聽之，遂取陳焉。《傳》曰：③"伐而言取，易也。"

田成子之所以得有國至今者，有兄曰完子，仁且有勇。

---

① 《新校釋》曰："《説苑·權謀》'城'上有'其'字，義勝，當據補。"

② "夫陳"至"上矣"十八字，《新校釋》曰"《説苑》作'夫陳，小國也，而蓄積多，蓄積多則賦斂重，賦斂重則民怨上矣'，義勝，疑此有脱文。"

③ "傳"，原作"陳"，據《二十二子》本改。

成子，田常也。有國，齊國也。[1] 越人興師誅田成子曰："奚故殺君而取國？"殺君，[2]殺齊簡公而取其國也。田成子患之。完子請率士大夫以逆越師，請必戰，戰請必敗，敗請必死。田成子曰："夫必與越戰可也。戰必敗，敗必死，寡人疑焉。"疑焉，不欲其死也。完子曰："君之有國也，百姓怨上，賢良又有死之，臣蒙恥。[3] 以完觀之也，國已懼矣。今越人起師，臣與之戰，戰而敗，[4]賢良盡死，不死者不敢入於國。君與諸孤處於國，以臣觀之，國必安矣。"完子行，田成子泣而遣之。夫死敗，人之所惡也而反以爲安，豈一道哉？故人主之聽者與士之學者，不可不博。聽博則達義，學博則達道也。

尹鐸爲晉陽下，[5]有請於趙簡子。尹鐸者，趙簡子家臣也。晉陽，簡子邑。[6] 爲，治也。簡子曰："往而夷夫壘。我將往，往而見壘，是見中行寅與范吉射也。"[7]夷，平也。中行文子與范昭子專晉君權，伐趙簡子，圍之晉陽，所作壘壁培堙也。簡子不欲見之，故使尹鐸平除之也。鐸往而增之。增益其壘壁，令高大也。簡子上之晉陽，望見壘而怒曰："嘻！鐸也欺我。"於是乃舍於郊，將使人誅鐸也。孫明進諫曰："以臣私之，鐸可賞也。孫明，簡子臣孫無政郵良也。[8] 私，惟也。鐸之言固曰：'見樂則淫侈，見憂則諍治，此人之道也。今君見壘念憂患，而況群臣與民乎？夫便

---

① "齊"上，《新校釋》曰當有"有"字，是。

② "殺君"，《新校釋》曰當作"殺君而取國"，於義爲勝。

③ "臣"上，《新校釋》曰當有"朝"字。

④ 《新校釋》曰："'戰而敗'下當有'敗而死'一句。"於義爲勝。

⑤ "尹鐸爲晉陽下"，《新校釋》曰當作"尹鐸爲晉陽，下之絳"，於義爲勝。

⑥ "簡"，原作"則"，據《二十二子》本改。

⑦ 畢沅曰："《晉語》九'壘'下有'培'字，觀此注似亦本有'培'字。"可備一說。"見"，原脱，據《二十二子》本補。

⑧ "郵"，原作"郄"，據《二十二子》本改。

國而利於主，雖兼於罪，鐸爲之。“兼”或作“謙”。夫順令以取容者衆能之，而況鐸歟？’容，説也。況鐸爲賢人也。君其圖之。”圖，議之也。簡子曰：“微子之言，寡人幾過。”過，失也。於是乃以免難之賞賞尹鐸。人主，太上喜怒必循理，太上，上德之君。其次不循理必數更，雖未至大賢，猶足以蓋濁世矣。更，革也。變革不循危亡之迹，雖未至大賢，尚足以蓋濁世專欲之人也。① 簡子當此。簡子之行與此相值也。世主之患，恥不知而矜自用，好愎過而惡聽諫，鄙恥於不知而矜大於自用，愎過惡諫，固敗是求，②世主之大病也。以至於危。恥無大乎危者。危敗則滅亡，恥但慚辱耳，故無大於危者也。

## 似順

二曰：③知不知，上矣。過者之患，不知而自以爲知。物多類然而不然，故亡國僇民無已。夫草有莘有藟，獨食之則殺人，合而食之則益壽。合藥而服，愈人病，故曰益人壽也。萬堇不殺。④ 漆淖水淖，⑤合兩淖則爲蹇，蹇，強也。言水漆相得則強而堅也。濕之則爲乾。乾，燥也。金柔錫柔，合兩柔則爲剛，燔之則爲淖。火熾金流，故爲淖也。或濕而乾，或燔而淖，類固不必，可推知也。⑥ 漆得濕而乾燥，金遇燔而流淖，皆非其類也，故曰“不

---

① “濁”，原作“圖”，據《二十二子》本改。

② “求”，原脱，據《二十二子》本補。

③ “曰”，原作“田”，據元刻明修本改。

④ 《新校釋》曰：“以上下文例之，此脱文甚多，當作‘□有萬有堇，獨食之則殺人，合而食之則不殺。或殺而壽，或殺而不殺，類固不必，安可推也’。今本‘萬堇不殺’乃脱剩字耳。”可備一説。

⑤ 下“淖”，原脱，據《二十二子》本補。

⑥ “可推知也”，《新校釋》曰當作“安可推也”，可備一説。

必，可推知也”。小方，大方之類也；小馬，大馬之類也；小智，非大智之類也。大智知人所不知，見一隅，①則以三隅反。小智聞十裁通其一，故不可以爲類也。魯人有公孫綽者，告人曰：“我能起死人。”《淮南記》曰“王孫綽”。人問其故，對曰：“我固能治“治”一作“爲”，②爲亦治也。偏枯，今吾倍所以爲偏枯之藥，則可以起死人矣。”物固有可以爲小，不可以爲大；可以爲半，不可以爲全者也。半，謂偏枯。全，謂死人也。相一作“持”。劍者曰：“白所以爲堅也，黄所以爲牣也，黄白雜，則堅且牣，良劍也。”難者曰：“白所以爲不牣也，黄所以爲不堅也，黄白雜，則不堅且不牣也。又柔則錈，堅則折，劍折且錈，焉得爲利劍？”劍之情未革而或以爲良、或以爲惡，説使之也。故有以聰明聽説則妄説者止，無以聰明聽説則堯、桀無别矣。無聰明以聽説，不能知賢不肖，故堯、桀無有所别也。此忠臣之所患也，患，憂也。賢者之所以廢也。不見别白黑，故廢棄也。

義，小爲之則小有福，大爲之則大有福。於禍則不然，小有之不若其亡也。禍雖微小，積小成大，以危身亡國，故曰小有之不若無也。射招者欲其中小也，射獸者欲其中大也。物固不必，安可推也？③招，埻藝也。中小，謂剖微不失毫分，射之工也。射獸欲其中大者，得肉多，故以中爲工也。射則同也，中之小大異，故曰“物固不必，安可推也”。高陽應將爲室家，匠對曰：④“未可也。木尚生，加塗其上，必將撓。高陽，宋邑，因以爲氏。應，名也。或作“高

① “隅”，原漫漶不清，此據元刻明修本。

② “治”，原漫漶不清，此據元刻明修本。

③ “也”，原脱，據元刻明修本補。

④ “匠”下，《集釋》曰當有“人”字，是。

魋”,[①]宋大夫也。家匠,家臣也。撓,弱曲也,故曰“未可也”。以生爲室,[②]今雖善,後將必敗。”家匠所謂,直於辭而合事實者也。[③] 高陽應曰:“緣子之言,則室不敗也。木益枯則勁,勁,强也。塗益乾則輕,以益勁任益輕,則不敗。”此俯於辭而後必敗,其言不合事實者也。匠人無辭而對,受令而爲之。室之始成也善,其後果敗。高陽應好小察,而不通乎大理也。驥驁、緑耳背日而西走,至乎夕,則日在其前矣。日東行,天西旋。日行遲,天旋疾。及夕,日入於虞淵之北,驥不能及,故曰在前矣。目固有不見也,智固有不知也,數固有不及也。不知其説所以然而然,聖人因而興制,不事心焉。

**别類**

三曰:賢主有度而聽,故不過。度,法也。有度而以聽,[④]則不可欺矣,欺,誤也。不可惶矣,不可恐矣,不可喜矣。以凡人之知,[⑤]不昏乎其所已知而昏乎其所未知,[⑥]昏,闇也。[⑦] 則人之易欺矣,可惶矣,可恐矣,可喜矣,知之不審也。客有問季子曰:“奚以知舜之能也?”[⑧]季子,户季子,堯時諸侯也。季子曰:“堯固已治天下矣,舜言治天下而合己之符,己,堯也。是以知其能也。”“若雖知之,奚道知其不爲私?”私,邪也。季子

① “魋”,原漫漶不清,此據元刻明修本。“高魋”,《畢校補正》曰疑當作“向魋”,可備一説。

② “爲”,原作“以”,據元刻明修本改。

③ “辭”,原漫漶不清,此據元刻明修本。

④ 《新校釋》曰:“‘以’字當衍。”是。

⑤ 《讀吕札記》曰:“‘以’字衍文。”是。

⑥ “未”,原作“木”,據元刻明修本改。

⑦ “闇”,原漫漶不清,此據元刻明修本。

⑧ 《高注補正》曰:“‘奚’上當有‘堯’字。”於義爲勝。

曰:“諸能治天下者,固必通乎性命之情者,①當無私矣。夏不衣裘,非愛裘也,暖有餘也;冬不用翣,翣,扇也。非愛翣也,清有餘也。② 清,寒也。聖人之不爲私也,非愛費也,③節乎己也。節己,雖貪污之心猶若止,又況乎聖人?”許由非強也,有所乎通也。通於無爲也。有所通,則貪污之利外矣。外,棄也。

孔、墨之弟子徒屬充滿天下,皆以仁義之術教導於天下,然而無所行,教者術猶不能行,④又況乎所教?所教,謂孔、墨弟子之弟子也。是何也?仁義之術外也。夫以外勝内,匹夫徒步不能行,又況乎人主?人主,謂俗主,又不能行也。唯通乎性命之情而仁義之術自行矣。先王不能盡知,執一而萬物治。不能盡知萬物也,執守一道而萬物治理矣。使人不能執一者,物感之也。感,惑也。故曰通意之悖,解心之繆,去德之累,通道之塞。悖、繆、累、塞,四者所以爲人病也,唯執一者能解去道之塞,不壅閉也。貴、富、顯、嚴、名、利六者,悖意者也;此六者人情所欲也。孔子曰:“富與貴,人之所欲也,不以其道,得之不居。”故曰“悖意”。悖,亂也。容、動、色、理、氣、意六者,繆心者也;此六者不節,所以惑人心者也。惡、欲、喜、怒、哀、樂六者,累德者也;此六者不節,所以爲德累者也。智、能、去、就、取、舍六者,塞道者也。此六者宜適難中,⑤所以窒塞道,使不通者也。⑥ 此四六者不蕩乎胸中則正,

① 《正誤》曰:“‘通乎性命之情’下似當叠‘通乎性命之情’六字。”於義爲勝。

② 《吕氏春秋補注》曰:“‘清’應作‘凊’。”於義爲勝。“也”,原脱,據《二十二子》本補。

③ “費”,原作“貴”,據《二十二子》本改。

④ “然而”至“能行”十二字,《新校釋》曰當作“然而無所行其術,教者猶不能行”,於義爲勝。

⑤ “難”,原漫漶不清,此據元刻明修本。

⑥ “使”,原漫漶不清,此據《二十二子》本。

蕩,動也。此四六者皆得其適,不傾邪蕩動於胸臆之中則正矣。《詩》云:“靜恭爾位,正直是與。”此之謂也。正則靜,靜則清明,清明則虚,虚則無爲而無不爲也。虚者,道也。道尚空虚,無爲而無不爲,人能行之,亦無不爲也。

## 有度

四曰:先王用非其有,如己有之,通乎君道者也。桀、紂有天下,非湯、武之有也,而湯、武有之,此之類也,故曰“通乎君道者也”。夫君也者,處虚素服而無智,①故能使衆智也。智反無能,②故能使衆能也。能執無爲,故能使衆爲也。無智、無能、無爲,此君之所執也。君執一以爲化之也。人主之所惑者則不然,③以其智強智,以其能強能,以其爲強爲,此處人臣之職也。處人臣之職而欲無壅塞,雖舜不能爲。若此者,雖舜之聖不能無壅塞,況惑主乎?武王之佐五人。五人者,周公旦、召公奭、太公望、畢公高、蘇公忿生也。武王之於五人者之事無能也,然而世皆曰:“取天下者武王也。”故武王取非其有,如己有之,通乎君道也。通乎君道,則能令智者謀矣,能令勇者怒矣,能令辯者語矣。夫馬者,伯樂相之,造父御之,伯樂,善相馬,秦繆公臣也。造父,嬴姓,飛廉之子,善御,周穆王臣也。賢主乘之,一日千里,無御相之勞而有其功,則知所乘矣。功,千里之功也,故曰知乘也。今召客者,酒酣,召,請也。飲酒合樂爲酣。歌舞鼓瑟吹竽,一作“歌舞鼓瑟吹竽”。明日不拜樂己者,拜,謝也。樂己者,謂倡優也。而拜主人,主人使之也。先王之立功名有似於此,有

① 《批校本》曰:“‘素服’疑當爲‘服素’。”於義爲勝。

② 《新校釋》曰:“‘智反無能’疑當作‘能反無能’。”

③ “所”,《批校本》曰疑“所”字衍,於義爲勝。

似於主人使之者也。使衆能與衆賢，功名大立於世，不予佐之者而予其主，其主使之也。① 譬之若爲宮室，必任巧匠，奚故？奚，何也。曰："匠不巧則宮室不善。"夫國，重物也，其不善也，豈特宮室哉？特猶直也。巧匠爲宮室，爲圓必以規，爲方必以矩，爲平直必以准繩。② 功已就，就，成也。不知規矩繩墨而賞匠巧匠之。③ 宮室已成，不知巧匠而皆曰："善。此某君某王之宮室也。"此不可不察也。察猶知也。人主之不通主道者則不然，④自爲人則不能，⑤任賢者則惡之，與不肖者議之，此功名之所以傷，傷，敗也。國家之所以危。危，亡也。棗，棘之有；裘，狐之有也。食棘之棗，衣狐之皮，⑥先王固用非其有而已有之。湯、武一日而盡有夏、商之民，盡有夏、商之地，盡有夏、商之財，以其民安而天下莫敢之危，⑦以其地封而天下莫敢不說，以其財賞而天下皆競，⑧競，進也。無費乎鄗與岐周而天下稱大仁、稱大義，通乎用非其有。⑨ 通，達也。

白公勝得荆國，殺令尹子西、司馬子期而得荆國也。不能以其府庫分人。七日，石乞曰："患至矣。石乞，白公臣也。不能分人則焚之，毋令人以害我。"⑩白公又不能。不能焚之也。九

① "其主"，原脱，據《二十二子》本補。
② "准"，原作"淮"，據《二十二子》本改。
③ "而賞匠巧匠之"，《畢校補正》曰當作"而賞巧匠也"，於義爲勝。
④ "通"下，《集釋》曰疑當有"乎"字。
⑤ 畢沅曰："'自爲人'疑是'自爲之'。"於義爲勝。
⑥ "皮"，《彙校》曰當作"裘"，於義爲勝。
⑦ 畢沅曰："'敢之'二字似當乙轉。"於義爲勝。
⑧ 《吕氏春秋補注》曰："《治要》引'競'下有'勸'字，注'競'字作'勸'。《治要》是也。"於義爲勝。
⑨ 《新校釋》曰："此下疑脱去'如己有之'句。"
⑩ 《新校釋》曰："'以'下當有'之'字。"

日,葉公入,乃發太府之貨予衆,①葉公,楚葉縣大夫沈諸梁子高也。出高庫之兵以賦民,賦,予也。因攻之。十有九日,而白公死。國非其有也而欲有之,可謂至貪矣。不能爲人又不能自爲,可謂至愚矣。譬白公之嗇,若梟之愛其子也。梟愛養其子,②子長而食其母也。白公愛荆國之財而殺其身也。衛靈公天寒鑿池,靈公,襄公之子。宛春諫曰:"天寒起役,恐傷民。"傷,病也。公曰:"天寒乎?"宛春曰:"公衣狐裘,③坐熊席,陬隅有竈,是以不寒。今民衣弊不補,履決不組。君則不寒矣,民則寒矣。"公曰:"善。"令罷役。左右以諫曰:④"君鑿池,不知天之寒也而春也知之,以春之知之也而令罷之,福將歸於春也而怨將歸於君。"⑤公曰:"不然。夫春也,魯國之匹夫也,而我舉之,舉,用也。夫民未有見焉,未見其德。今將令民以此見之。曰春也有善,⑥於寡人有也,春之善非寡人之善歟?"靈公之論宛春,可謂知君道矣。君者固無任,而以職受任。工拙,下也;賞罰,法也,君奚事哉?若是,則受賞者無德,而抵誅者無怨矣,人自反而已,此治之至也。抵,當也。

**分職**

五曰:凡爲治,必先定分。君臣父子夫婦君臣父子夫婦

---

① "貨"下,《斠補》曰當有"以"字,於義爲勝。
② 《新校釋》曰:"'養'上'愛'字當衍。"
③ "公",《集釋》曰當作"君"。
④ 《新校釋》曰:"《新序》無'以'字,疑此衍。"
⑤ "福",《新校釋》曰當作"德"。
⑥ "曰",《集釋》曰當作"且",於義爲勝。

六者當位，①則下不逾節而上不苟爲矣，少不悍辟而長不簡慢矣。悍，凶也。辟，邪也。簡，惰也。② 慢，易也。金木異任，水火殊事，陰陽不同，其爲民利一也。六者皆所以爲民用，故曰“爲民利一也”。故異所以安同也，同所以危異也。言同異更相成。同異之分，貴賤之别，長少之義，此先王之所慎而治亂之紀也。聖人以治，亂人以亂，在所以由之也。今夫射者儀毫而失牆，儀，望也。睎望毫毛之微，③而不視堵牆之大，故能中也。畫者儀髮而易貌，畫者睎毫髮，寫人貌，儀之於象，不失其形，故曰“易貌”也。言審本也。射必能中，畫必象人，故曰“審本”。本不審，雖堯、舜不能以治。本，身。審，正也。身不正而欲治者，堯、舜且猶不能，況凡人乎？故凡亂也者，必始乎近而後及遠，必始乎本而後及末。近，喻小。遠，喻大也。爲亂之君先小後大也。本，謂身。末，謂國也。詹何曰：“未聞身亂而國治也。”故曰“始乎本而後及末”。治亦然。未聞身治而國亂也，故曰“亦然”。故百里奚處乎虞而虞亡，處乎秦而秦霸；虞公貪璧、馬之賂，不從其言，爲晋所滅，故亡也。秦繆公用其謀而兼西戎，故霸也。向摯處乎商而商滅，處乎周而周王。向摯，紂之太史令也，紂不從其言而奔周，期年而紂滅。④ 周武王用其謀而王天下也。百里奚之處乎虞，智非愚也；向摯之處乎商，典非惡也：無其本也。本，謂虞、商之君。身不治，自取滅亡也。其處於秦也，智非加益也；其處於周也，典非加善也：有其本也。有其本，言秦、周之君身正而治也。其本也者，定分之謂也。言其爲君，治理分定，不悖

---

① “君臣”至“夫婦”十二字，《遺誼》曰疑當作“君君臣臣父父子子夫夫婦婦”，於義爲勝。

② “惰”，原作“情”，據《二十二子》本改。

③ “睎”，原作“晞”，據《二十二子》本改，下同。

④ “紂滅”，原誤倒，據《二十二子》本乙正。

惑也。

齊令章子將而與韓、魏攻荆，荆令唐篾將而拒之。“拒”一作“應”。應，擊也。軍相當，六月而不戰，齊令周最趣章子急戰，其辭甚刻。趣，督也。刻亦急也。章子對周最曰：“殺之免之，殘其家，王能得此於臣。不可以戰而戰，可以戰而不戰，王不能得此於臣。”與荆人夾泚水而軍，章子令人視水可絶者，荆人射之，水不可得近。近猶迫也。有芻水旁者，告齊候者候，視也。曰：“水淺深易知。荆人所盛守，盡其淺者也；所簡守，皆其深者也。”候者載芻者與見章子。章子甚喜，因練卒以夜奄荆人之所盛守，果殺唐篾。① 章子可謂知將分矣。韓昭釐侯出弋，靷偏緩。弋，獵也。《論語》曰：“弋不射宿。”昭釐侯居車上，謂其僕：②“靷不偏緩乎？”其僕曰：“然。”至，舍，昭釐侯射鳥，其右攝其一靷，適之。適猶等也。昭釐侯已射，駕而歸，上車，選間，選間猶選頃也。曰：“鄉者靷偏緩，今適，何也？”其右從後對曰：“今者臣適之。”昭釐侯至，詰車令，③詰，讓也。各避舍。故擅爲妄意之道雖當，賢主不由也。由，用也。今有人於此，擅矯行則免國家，利輕重則若衡石，④爲方圜則若規矩，此則工矣巧矣，而不足法。巧而不足法者，以其不循規矩故也。法也者，衆之所同也，賢不肖之所以其力也。謀出乎不可用，一作“行”。事出乎不可同，此爲先王之所舍也。舍而不爲也。

**處方**

---

① “殺”，原作“枚”，據《二十二子》本改。

② “僕”下，《新校釋》曰當有“曰”字，於義爲勝。

③ “車”，原作“庫”，據《二十二子》本改。

④ “利”，《補注》曰當作“判”，於義爲勝。

六曰：上尊下卑。卑則不得以小觀上。[①] 觀，視也。上，君也。尊則恣，恣則輕小物，小物，凡小事也。輕小物則上無道知下。下無道知上。上下不相知，則上非下，下怨上矣。人臣之情不能爲所怨，不能爲之竭力盡節也。人主之情不能愛所非，方非罪之，何能愛也？此上下大相失道也。故賢主謹小物以論好惡。好，善也。惡，惡也。巨防容螻，而漂邑殺人；巨，大。防，堤也。如堤有孔穴容螻蛄，則潰漏穿決，至於漂没閭邑，溺殺人民也。突泄一熛，而焚宫燒積；竈突烟泄出，則火濫炎上，燒人之宫室積委也。將失一令，而軍破身死；教令不當爲失。失令不從，士無先登之心而懷奔北之志，故軍破敗，將見禽獲而身死也。主過一言，而國殘名辱，爲後世笑。主過一言猶將失一令，故國殘亡，惡名著聞，以自汚辱，乃爲後世之人所非笑也。

衛獻公戒孫林父、寧殖食。林父，孫文子也。寧殖，惠子也。鴻集于囿，虞人以告，畜禽獸大曰苑，小曰囿。虞人，主囿之官也。以告，以鴻告也。公如囿射鴻。二子待君，日晏，公不來至。晏，暮也。來不釋皮冠而見二子，二子不説，逐獻公，立公子黚。《傳》曰："衛人立公孫剽，孫林父、[②]寧殖相之。"此云立公子黚，復誤矣。按《衛世家》，公子黚乃靈公之子，[③]太子蒯聵之弟也，是爲悼公，於獻公爲曾孫也，焉得立之乎？衛莊公立，欲逐石圃，莊公，靈公之子蒯聵也。石圃，衛卿石惡之子也。[④] 蒯聵在外，圃不欲納之，故立而逐之也。登臺以望，見戎州，而問之曰：[⑤]"是何爲者也？"侍者曰："戎

---

① 《新校釋》曰："下文'下無道知上'當在此下而又有脱文，原文當云：'卑則不得以小觀上，不得以小觀上則下無道知上。'"於義爲勝。

② "公孫剽孫林父"，原作"孫票孫林父父"，據《二十二子》本改。

③ "子"，原脱，據《二十二子》本補。

④ "子"，原作"名"，據《二十二子》本改。

⑤ "之"，《新校釋》曰"之"字衍，於義爲勝。

州也。"戎州,戎之邑也。莊公曰:"我姬姓也。戎人安敢居國?"使奪之宅,殘其州。晉人適攻衛,戎州人因與石圃殺莊公,立公子起。公子起,衛靈公子,莊公之弟也。此小物不審也。審,慎也。人之情不蹷於山,蹷,躓顛頓也。而蹷於垤。垤,蟻封也。蟻封卑小,人輕之,故躓顛也。

齊桓公即位,三年三言,而天下稱賢,群臣皆説。去肉食之獸,去食粟之鳥,去絲罝之網。① 是三言也。吴起治西河,欲諭其信於民,吴起,衛人也,爲魏武侯西河守。諭,明也。夜日置表於南門之外,置,立也。表,柱也。令於邑中曰:"明日有人僨南門之外表者,仕長大夫。"僨,僵也。長大夫,上大夫也。明日日晏矣,莫有僨表者。莫,無也。民相謂曰:"此必不信。"不信其有賞也。② 有一人曰:"試往僨表,不得賞而已,何傷?"言不敢必得其賞也。往僨表,來謁吴起,謁,告也。吴起自見而出,仕之長大夫。夜日又復立表,又令於邑中如前。邑人守門爭表,表加植,不得所賞。如前,與前令同也。邑人貪賞,爭往僨表,表深植而不能僨,不得其所賞也。自是之後,民信吴起之賞罰。吴起賞罰不欺民,民信之也。賞罰信乎民,何事而不成? 豈獨兵乎? 一作"非獨兵也"。言非獨信用兵以成功也,亦信用賞罰以成事,故使秦人不敢東向犯盜西河也。

## 慎小

① 《新校釋》曰:"'去肉食之獸,去食粟之鳥,去絲罝之網'疑本是注文,連注文'是三言也'爲義。"可備一説。

② "賞",原作"實",據《二十二子》本改。

# 卷第二十六

吕氏春秋訓解　高氏

## 士容論第六　務大　上農　任地　辨土　審時

一曰：士不偏不黨，柔而堅，虚而實。而，能也。其狀朖然不儇，若失其一。一謂道也。能柔堅虚實之士，其狀貌朖然舒大，不儇給巧僞爲之，畏失其道也。傲小物而志屬於大，傲，輕也。輕略叢脞翳篾之事，而志屬連於有大成功也。似無勇而未可恐未可恐以非義之事也。狼，①執固横敢而不可辱害，狼，貪獸也。所搏執堅固。横猶勇敢。② 之士若此者，不可辱，亦不可害也。臨患涉難而處義不越，越，失也。南面稱寡而不以侈大，南面，君位也。孤寡，謙稱也。士之如此者，使即南面之君位，③亦處義而已，不以奢侈廣大也。今日君民而欲服海外，節物甚高而細利弗賴，海外，四海之外。而欲服之，化廣大也。節物，事也。④ 行事甚高，細小之利不恃賴之也。耳目遺俗而可與定世，耳目視聽，禮義是則，故能遺棄流俗，可與大定

① "狼"，《雜志》曰當作"猲"，是。

② 《新校釋》曰："'横猶勇敢'，當是'横猶勇，敢猶□'。"可備一説。

③ "位"，原脱，據《二十二子》本補。

④ 《新校釋》曰："'節物，事也'當作'節物，節事也'。"於義爲勝。

於一世也。富貴弗就而貧賤弗朅，輕富貴，甘貧賤。德行尊理而羞用巧衛，①尊重道理而行，羞以巧媚自榮衛也。寬裕不訾而中心甚厲，不訾，毁敗人也。② 甚厲，至高遠也。難動以物而必不妄折，不爲物動，唯義所在，不妄屈折也。此國士之容也。容猶法也。齊有善相狗者，其鄰假以買取鼠之狗，③一本作“其鄰借之買鼠狗”。借猶請也。請善相狗者買取鼠之狗也。④ 期年乃得之，曰：“是良狗也。”其鄰畜之數年而不取鼠，以告相者。相者曰：“此良狗也，其志在獐麋豕鹿，不在鼠。欲其取鼠也則桎之。”其鄰桎其後足，桎，械也。著足曰桎，著手曰梏。狗乃取鼠。一本作“狗則取鼠矣”。夫驥驁之氣、鴻鵠之志，有諭乎人心者，誠也。人亦然，誠有之，則神應乎人矣，言豈足以諭之哉？此謂不言之言也。不言之言，以道化也。

客有見田駢者，田駢，齊人也，作《道書》二十五篇。被服中法，進退中度，趨翔閒雅，辭令遜敏。遜，順也。敏，材也。田駢聽之畢而辭之。辭，遣也。⑤ 客出，田駢送之以目。以目送而視之也。弟子謂田駢曰：“客，士歟？”田駢曰：“殆乎非士也。殆，近也。今者客所弇斂，士所術施也；士所弇斂，客所術施也。⑥“術”皆當作“述”，刻者誤。客殆乎非士也。”故火燭一隅，則室偏無光。燭，照也。偏，半也。骨節蚤成，空竅哭歷，身必不長。長，大也。衆無謀方，乞謹視見，多故不良，良，善也。志必不公，公，正也。

---

① “羞”，原作“差”，據元刻明修本改。“衛”，《平議》曰：“‘衛’當作‘衞’，乃假借字或壞字也。”是。

② “毁”上，《新校釋》曰當有“不”字，於義爲勝。

③ “買”，原作“賢”，據《二十二子》本改。

④ “請”，原作“謂”，據《二十二子》本改。

⑤ “也”，原作“之”，據《二十二子》本改。

⑥ “客”，原作“容”，據《二十二子》本改。

不能立功。立，成也。好得惡予，國雖大不爲王，好得，厚歛也。惡予，吝嗇也。多藏厚亡，故必不爲王。禍災日至。① 故君子之容，純乎其若鍾山之玉，桔乎其若陵上之木，純，美也。鍾山之玉，燔以爐炭，三日三夜，色澤不變。陵上之木鴻且大，皆天性也。君子天性純敏，②故以此爲喻也。淳淳乎慎謹畏化而不肯自足，化，教也。常畏而奉之，不肯自足。其智思以事，必問詳而後行之也。乾乾乎取舍不悦而心甚素樸。③ 乾乾，進不倦也。取舍不悦，常敬慎也。心甚素樸，精潔專一，情不散欲也。④ 唐尚敵年爲史，史，國史也。其故人謂唐尚願之，故人者，唐尚知舊也。以唐尚明習天文宿度，審咎徵之應，故爲願之也。以謂唐尚，唐尚曰："吾非不得爲史也，羞而不爲也。"其故人不信也。不信其羞爲史。及魏圍邯鄲，唐尚説惠王而解之圍，以與一作"于"。伯陽，惠王，魏文侯之孫，⑤武侯之子，孟子所見梁惠王也。解邯鄲圍也。以與伯陽，以伯陽邑資之也。⑥ 其故人乃信其羞爲史也。居有間，其故人爲其兄請，請於唐尚，欲仕其兄。唐尚曰："衛君死，吾將汝兄以代之。"其故人反興再拜而信之。夫可信而不信，不可信而信，此愚者之患也。可信，謂唐尚羞爲史。不可信，謂唐尚欲以其兄代衛君。衛君不可得也而信爲可得，故曰"不可信而信"也。患者猶病也。知人情，不能自遺，以此爲君，雖有天下，何益？不能自遺忘其貪欲之情，必危亡也，故曰"雖有天下，何益"。故敗莫大於愚。愚之患在必自用，⑦自

① "禍災日至"，《新校釋》曰當作"禍災日至，國將滅亡"，可備一説。
② "敏"，原作"歟"，據《二十二子》本改。
③ "樸"，原作"撲"，據《二十二子》本改。
④ 《集釋》曰："'情不散欲'，當作'情欲不散'。"於義爲勝。
⑤ "魏"，原作"衛"，據《二十二子》本改。
⑥ "邑"，原漫漶不清，此據《二十二子》本。
⑦ 《遺誼》曰："'在必'二字疑倒。"

用，則戇陋之人從而賀之，有國若此，不若無有。古之與賢，從此生矣。古人傳位予賢，以子不肖，不可予也。非惡其子孫也，非徼而矜其名也，反其實也。徼，求也。矜，大也。以國予賢則興，子孫不肖，予其國必滅亡，故曰“反其實也”。

## 士容

二曰：嘗試觀於上志，上志，古記也。三王之佐，其名無不榮者，榮，顯也。其實無不安者，功大故也。實猶終也。俗主之佐，其欲名實也與三王之佐同，同，等也。其名無不辱者，其實無不危者，無功故也。[①] 無大功故也。皆患其身不貴於其國也，而不患其主之不貴於天下也，此所以欲榮而逾辱也，逾，[②]益也。欲安而逾危也。孔子曰：[③]“燕爵爭善處於一屋之下，母子相哺也，區區焉相樂也，區區，得志貌也。自以爲安矣。竈突決，上棟焚，[④]燕爵顔色不變，是何也？不知禍之將及之也。[⑤] 不亦愚乎？爲人臣而免於燕爵之智者寡矣。夫爲人臣者，進其爵禄富貴，父子兄弟相與比周於一國，區區焉相樂也，而以危其社稷，其爲竈突近矣而終不知也，其與燕爵之智不異。故曰：‘天下大亂，無有安國。一國盡亂，無有安家。一家盡亂，無有安身。’此之謂也。故細之安細，小也。必待大，大之安必待小，言相須也。細大賤貴，交相爲贊，交，更也。贊，助也。然後皆得其所樂。”[⑥]樂，願也。

---

① “功”，《新校釋》曰當作“公”，是。

② “逾”，原作“愈”，據《二十二子》本改。

③ 《新校釋》曰：“《論大》作‘季子曰’，是也。”

④ “上棟焚”，《新校釋》曰：“當從《論大》作‘火上焚棟’。”於義爲勝。

⑤ 畢沅曰：“‘及之’當作‘及己’。”於義爲勝。

⑥ 《新校釋》曰：“《論大》無‘所’字，疑此衍。”

薄疑説衛嗣君以王術，嗣君，衛平侯之子也，秦貶其號曰君。嗣君應之曰："所有者千乘也，①願以受教。"衛君國之賦兵車千乘耳，王者萬乘，故願以受教也。② 薄疑對曰："烏獲奉千鈞，③又況一斤？"千鈞，三萬斤也。喻衛君之賢，爲王術，若烏獲之力以舉一斤，言其易也。杜赫以安天下説周昭文君，杜赫，周人，杜伯之後也。周昭文君，周分爲二，東周之君也。昭文君謂杜赫曰："願學所以安周。"以，用也。杜赫對曰："臣之所言者不可，則不能安周矣；臣之所言者可，則周自安矣。"所言安行仁與義也。此所謂以弗安而安者也。當昭文君時，人不安行仁義而仁義不行也。然仁義，必安之本也，故曰"以弗安而安者也"。鄭君問於被瞻曰："聞先生之義，不死君，不亡君，信有之乎？"鄭君，穆公也。被瞻事鄭文公，故穆公即位，問瞻所行之義信不乎？被瞻對曰："有之。夫言不聽、道不行，則固不事君也。若言聽道行，又何死亡哉？"言從賢臣之言，不死亡也。故被瞻之不死亡也，賢乎其死亡者也。使君無道，④臣不能正，乃死亡耳。被瞻言聽道行，不死不亡，故曰"賢乎死亡者也"。昔有舜欲服海外而不成，⑤既足以成帝矣。禹欲帝而不成，既足以王海内矣。湯、武欲繼禹而不成，既足以王通達矣。五伯欲繼湯、武而不成，既足以爲諸侯長矣。孔、墨欲行大道於世而不成，既足以成顯榮矣。夫大義之不成，既有成已，故務事大。

**務大**

---

① "所"上，《新校釋》曰當有"予"字，於義爲勝。

② "以"下，《新校釋》曰當有"千乘"二字，於義爲勝。

③ "奉"，《集釋》、《新校釋》、《注疏》作"舉"，於義爲勝。

④ "使"，原作"史"，據元刻明修本改。

⑤ 《批校本》曰："'昔有'當爲'昔者'。"於義爲勝。

三曰：古先聖王之所以導其民者，先務於農。民農非徒爲地利也，貴其志也。民農則樸，樸則易用，易用則邊境安、①主位尊；尊，重也。民農則重，重則少私義，少私義則公法立、力專一；民農則其産復，其産復則重徙，重徙則死其處處，居也。而無二慮。② 民舍本而事末則不令，令，善。不令則不可以守、不可以戰；戰，攻。民舍本而事末則其産約，其産約則輕遷徙，輕遷徙則國家有患，皆有遠志、無有居心；居，③安也。民舍本而事末則好智，好智則多詐，多詐則巧法令，巧讀如巧智之巧。以是爲非、以非爲是。后稷曰："所以務耕織者，以爲本教也。"是故天子親率諸侯耕帝藉田，大夫士皆有功業。《傳》曰："王耕一發，④班三之，⑤庶人終于千畝。"故曰"皆有功業"也。是故當時之務，農不見于國，當啓蟄耕農之務，農民不見于國都也。《孟春紀》曰："王布農事，命田舍東郊。"故農民不得見于國也。以教民尊地産也。地産，嘉穀也。⑥ 后妃率九嬪蠶於郊，桑於公田，是以春秋冬夏皆有麻枲絲繭之功，以力婦教也。力，任其力，效其功也。是故丈夫不織而衣，婦人不耕而食，男女貿功，以長生，⑦貿，易也。此聖人之制也。制，法也。故敬時愛日，非老不休，休，止也。非疾不息，非死不舍。舍，置也。

上田，夫食九人。下田，夫食五人。可以益，不可以

---

① "用"，原脱，據《二十二子》本補。
② "徙"，原脱，據《二十二子》本補。
③ "居"，原爲空格，據元刻明修本補。
④ "王"，原漫漶不清，此據元刻明修本。
⑤ "之"，原作"人"，據元刻明修本改。
⑥ "嘉穀"，原漫漶不清，此據元刻明修本。
⑦ "以長生"，《新校釋》曰當作"以長以生"。

損。[①] 損，減也。一人治之，十人食之，六畜皆在其中矣。此大任地之道也。故當時之務，不興土功，不作師徒，庶人不冠弁、弁，鹿皮冠，《詩》云："冠弁如星。"娶妻、嫁女、享祀，不酒醴聚衆。《禮》："取婦之家，三日不舉樂；嫁女之家，三日不絶燭。"故不以酒醴聚衆也。農不上聞，不敢私籍於庸，爲害於時也。然後制野禁，[②]苟非同姓，苟，誠也。農不出御，御妻也。女不外嫁，以安農也。異姓之女不出閭邑而嫁也。野禁有五：地未辟易，不操麻；不出糞；出猶捐也。齒年未長，不敢爲園囿；量力不足，不敢渠地而耕；渠，溝也。農不敢行守其疆畝也。賈，不敢爲異事，異猶他也。爲害於時也。然後制四時之禁：山不敢伐材下木，伐，斫也。澤人不敢灰僇，[③]燒灰不以時多僇。繯網罝罦不敢出於門，罛罟不敢入於淵，罝，獸罟也。《詩》云："肅肅兔罝。"罛，魚罟也。《詩》云："施罛濊濊，鱣鮪發發。"澤非舟虞不敢緣名，[④]爲害其時也。舟虞，主舟官也。若民不力田，墨乃家畜，國家難治，三疑乃極，是謂背本反則，則，法也。失毁其國。凡民自七尺以上，屬諸三官，三官，農、工、賈也。農攻粟，工攻器，賈攻貨。攻，治也。時事不共，是謂大凶。奪之以土功，是謂稽，不絶憂唯，必喪其秕；奪之以水事，[⑤]是謂籥，喪以繼樂，繼，續也。四鄰來虛；[⑥]奪之以兵事，是謂厲，禍厲，摩也。因胥歲，不舉銍艾。數奪民時，大饑乃來，野有寢耒，或談或歌，旦則有昏，喪粟甚

① "不"，原漫漶不清，此據元刻明修本。
② 《新校釋》曰："'然後制野禁'五字當在下文'野禁有五'上。"於義爲勝。
③ "人"，《四篇校釋》曰"人"字衍，於義爲勝。
④ "名"，《新校釋》曰當作"絶"，可備一説。
⑤ "水"，《新校釋》曰當作"本"，可備一説。
⑥ "虛"，《平議》曰當作"虐"，是。

多。皆知其末,莫知其本真。[①]不敏也。

## 上農

四曰:后稷曰:子能以窐爲突乎?窐,[②]容污,下也。突,理出,豐高也。子能藏其惡而揖之以陰乎?陰猶潤澤也。子能使吾士靖而甽浴士乎?[③]"士"當作"土"。子能使保濕安地而處乎?[④]子能使藋夷毋淫乎?淫,延生也。子能使子之野盡爲泠風乎?泠風,[⑤]和風,所以成穀也。子能使槁數節而莖堅乎?子能使穗大而堅均乎?《詩》云:"實發實秀,實堅實好。"此之謂也。子能使粟圜而薄糠乎?子能使米多沃而食之強乎?無之若何?[⑥]凡耕之大方:力者欲柔,柔者欲力。息者欲勞,[⑦]勞者欲息。[⑧]棘者欲肥,肥者欲棘。棘,羸瘠也。《詩》云:"棘人之欒欒。"言羸瘠也。土亦有瘠土也。急者欲緩,緩者欲急。急者,謂強壚剛土也,故欲緩。緩者,謂沙埧弱土也,故欲急。[⑨]和二者之中,乃能殖穀。濕者欲燥,燥者欲濕。濕,謂下濕近污泉,故欲燥。燥,謂高垠暵乾,故欲濕。不燥不濕,取其中適,乃成黍稷也。上田棄畝,下田棄甽。五耕五耨,必審以盡。其深殖之度,陰土必得,大草不

---

① "皆知其末莫知其本真",《新校釋》曰:"當作'皆知其末,莫知其本,真□□□,□□□□',最末一字當與'本'字協韻。"可備一説。

② "窐",原作"室",據《二十二子》本改。

③ "吾",《遺誼》曰當作"五",是。

④ "使"下,《新校釋》曰當有"五土"二字,於義爲勝。

⑤ "泠",原作"冷",據《二十二子》本改。

⑥ "無",《四篇校釋》曰當作"爲",於義爲勝。

⑦ "息",原漫漶不清,此據元刻明修本。

⑧ "者",原脱,據《二十二子》本補。

⑨ "欲",原作"緩",據《二十二子》本改。

生，草，穢也。又無螟蝛。[①]“蝛”或作“螣”。食心曰螟，食葉曰蝛。兗州謂蝛爲螣，音相近也。今兹美禾，來兹美麥。兹，年也。是以六尺之耜，[②]所以成畝也。其博八寸，所以成甽也。耜，六尺，其刃廣八寸。古者以耜耕，廣六尺爲畝，五尺爲甽，[③]遼西之人謂之埒也。耨柄尺，此其度也。度，制也。其耨六寸，[④]所以間稼也。耨，所以耘苗也。刃廣六寸，所以入苗間也。地可使肥，又可使棘。[⑤]人肥必以澤，地耕熟則肥，肥即得穀多，不則瘠，瘠則得穀少，[⑥]故曰“可使”也。人肥則顔色潤澤。使苗堅而地隙；[⑦]人耨必以旱，使地肥而土緩。緩，柔也。

草諯大月。大月，孟冬月也。冬至後五旬七日，菖始生。菖，菖蒲，水草也，冬至後五十七日而挺生。菖者，百草之先生者也，於是始耕。《傳》曰：[⑧]“土發而耕。”[⑨]此之謂也。孟夏之昔，殺三葉而穫大麥。昔，終也。三葉，薺、亭歷、菥蓂也，是月之季枯死，大麥熟而可穫。大麥，旋麥也。日至，苦菜死而資生，菜名也。而樹麻與菽，樹，種也。菽，豆也。此告民地寶盡死。凡草生藏日中出，[⑩]狶首生而麥無葉，凡草，庶草也。日中，春分也。衆草生而出也。狶

① “蝛”，《新校釋》曰當作“蟘”，是。

② “耜”，原作“耟”，據《二十二子》本改，注亦同。

③ “廣六尺爲畝五尺爲甽”，《批校本》曰當作“六尺爲步，步百爲畝，廣尺爲甽”，於義爲勝。

④ “耨”，《遺誼》曰當作“博”，是。

⑤ 《新校釋》曰：“‘又’當作‘不’。”

⑥ “瘠”，原作“痔”，據《二十二子》本改。

⑦ “苗”，原漫漶不清，此據元刻明修本。

⑧ “傳”，原作“耨”，據《二十二子》本改。

⑨ “而”，原漫漶不清，此據元刻明修本。

⑩ “凡草生藏日中出”，《新校釋》曰疑當作“丸草生而已中出”，“‘丸’即‘芄’之省文，‘已’即‘芑’之省文”，“芄草者，芄蘭也”，“‘芑’即《詩·小雅·采芑》之‘芑’”，可備一説。

首,草名也,至其生時,麥無葉,皆成熟也。而從事於蓄藏,藏之於倉也。此告民究也。究,畢也。刈麥畢也。① 五時見生而樹生,見死而穫死。五時,五行生殺之時也。見生,謂春夏種稼而生也。② 見死,謂秋冬獲刈收死者也。天下時,地生財,不與民謀。天降四時,地出稼穡,自然之道也,故曰"不與民謀"。有年瘞土,無年瘞土。祭土曰瘞。年,穀也。有穀祭土,報其功也。無穀祭土,禳其神也。③ 無失民時,無使之治下。知貧富利器,皆時至而作,渴時而止。利用之器,有其時而爲之,無其時而止之。是以老弱之力可盡起,其用日半,④其功可使倍。一辟曰倍。不知事者,時未至而逆之,時既往而慕之,慕,思也。當時而薄之,薄,輕也,言不重時也。"薄"或作"怠"。使其民而郄之。郄,逆之也。民既郄,乃以良時慕,此從事之下也。操事則苦,不知高下,民乃逾處。種稑禾不爲稑,種重禾不爲重,晚種早熟爲稑,早種晚熟爲重。《詩》云:"黍稷重稑,植稚菽麥。"此之謂也。是以粟少而失功。不當其時,故粟少也。食之少氣力,故曰"少而失功"也。

## 任地⑤

五曰:凡耕之道,必始於壚,壚,埴壚地也。爲其寡澤而後枯;言土燥濕也。必厚其靹,厚,深也。爲其唯厚而及。鎗者"鎗"或作"選"。莛之,堅者耕之,澤其靹而後之。上田則被其處,下田則盡其污。無與三盗任地。夫四序參發,大甽小畝,爲青

---

① "刈",原作"我",據《二十二子》本改。
② "種",原爲空格,據元刻明修本補。
③ "禳",原作"讓",據《二十二子》本改。
④ "日",原作"曰",據《二十二子》本改。
⑤ "任",原漫漶不清,此據元刻明修本。

魚胠，苗若直獵，地竊之也；既種而無行，耕而不長，則苗相竊也；弗除則蕪，蕪，穢也。除之則虛，虛，①動稼根。則草竊之也。故去此三盜者而後粟可多也。所謂今之耕也，營而無獲者，“獲”或作“種”。其蚤者先時，晚者不及時，寒暑不節，稼乃多菑實。② 其爲晦也，③高而危則澤，奪陂則埒，見風則㒇，㒇，仆也。高培則拔，培田側也。寒則雕，雕，不實也。熱則修，修，長也。一時而五六死，故不能爲來。來丕成也。④ 不俱生而俱死，虛稼先死，虛，根不實。衆盜乃竊。望之似有餘，就之則虛。虛，不穎不粟。《詩》云“實穎實栗，有部家室”也。農夫知其田之易也，易，治也。易讀如易綱之易也。不知其稼之疏而不適也；疏，希也，不中適也。知其田之際也，⑤不知其稼居地之虛也。虛亦希也。不除則蕪，除之則虛，⑥此事之傷也。傷，敗也。故晦欲廣以平，甽欲小以深，下得陰，陰，濕也。上得陽，陽，日也。然後咸生。咸，皆也。

稼欲生於塵而殖於堅者，殖，長也。慎其種，勿使數，亦無使疏，於其施土，無使不足，土，壤也。亦無使有餘。餘猶多也。熟有耰也，⑦耰，覆種也。必務其培。其耰也植，⑧植者其生也必先；先猶速也。其施土也均，均者其生也必堅。堅，好也。是

---

① “虛”，原作“無”，據《二十二子》本改。

② 《新校釋》曰：“‘實’上當有脱文，當作‘□□□□，□□□實’二句，其意當謂稼必不結實。”可備一説。

③ “晦”，原作“晦”，據《二十二子》本改。

④ “丕”，《新校釋》曰當作“不”，於義爲勝。

⑤ “際”，《正誤》曰當作“除”，於義爲勝。

⑥ “不除則蕪除之則虛”，《遺誼》曰“不除則蕪除之則虛”八字衍，於義爲勝。

⑦ “耰”，原作“擾”，據《二十二子》本改，下同。

⑧ 《讀吕札記》曰：“‘植’當作‘稹’。”於義爲勝。

以晦廣以平，則不喪本本，根也。莖。生於地者，①五分之以地。分，别也。莖生有行，故遬長；弱不相害，故遬大。遬，疾也。衡行必得，縱行必術。正其行，通其風，行，行列也。夬心中央，②帥爲泠風。夬，決也。心於苗中央。帥，率也。嘯泠風以摇長之也。"夬"或作"使"。苗，其弱也欲孤，③弱，小也。苗始生小時，欲得其孤特疏數適中則茂好也。其長也欲相與居，④相依助，不僵仆。其熟也欲相扶。扶相扶持，不可傷折也。⑤是故三以爲族，乃多粟。族，聚也。凡禾之患，不俱生而俱死。是以先生者美米，後生者爲粃。粃，不成粟也。是故其耨也，長其兄而去其弟。養大殺小。樹肥無使扶疏，樹墝不欲專生而族居。專，獨也。肥而扶疏則多粃，根扇迫也。墝而專居則多死。專，獨。不能自蔭潤其根，故多枯死也。不知稼者，其耨也，去其兄而養其弟，殺其大者，養其小者也。不收其粟而收其粃，⑥上下不安，⑦則禾多死，厚土則孽不通，壤深不能自達，故多孽死也。薄土則蕃轓而不發。壚埴冥色，剛土柔種，免耕殺匿，使農事得。

## 辨土

六曰：凡農之道，厚之爲寶。斬木不時，不折折猶堅也。

---

① "則不喪本莖生於地者"，《新校釋》曰當作"則不喪莖。本生於地者"，於義爲勝。

② "夬心中央"，《新校釋》曰當作"夫必中央"，可備一説。

③ "弱"，原作"蒻"，據《二十二子》本改。

④ "其"，原脱，據《二十二子》本補。

⑤ "扶相扶持不可傷折也"，畢沅曰："《齊民要術》作'相扶持，不傷折'，此亦衍二字。"

⑥ "粃"，原作"粗"，據《二十二子》本改。

⑦ "不"，原脱，據《二十二子》本補。

必穗。[①] 稼就而不穫，穫，得也。必遇天災。災，害也。夫稼，爲之者人也，爲，治也。生之者地也，養之者天也。是以人稼之容足，耨之容耨，據之容手，謂根苗疏數之間也。此之謂耕道。是以得時之禾，長稠長穗，[②]大本而莖殺，"殺"或作"小"。[③] 本，根也。莖稍小，鼠尾桑條穀也。疏穖而穗大，穖，禾穗果贏也。其粟圓而薄糠，圓，豐滿也。薄糠，言米大也。其米多沃而食之強，強，有勢力也。如此者不風。風，落也。先時者，莖葉帶芒以短衡，穗巨而芳奪，秮米而不香。"奪"或作"奮"字。後時者，莖葉帶芒而末一作"小"。衡，穗閱而青零，青零，未熟而先落。多秕而不滿。[④] 滿，成也。

得時之黍，芒莖而徹下，穗芒以長，摶米而薄糠，舂之易而食之不噮而香，香，美也。噮讀如餲厭之餲。如此者不飴。先時者，大本而華，莖殺而不遂，遂，長。葉槁短穗。[⑤] 後時者，小莖而麻長，短穗而厚糠，小米鉗而不香。[⑥] 小米，故厚糠也。得時之稻，大本而莖葆，長稠疏穖，穗如馬尾，大粒無芒，摶米而薄糠，舂之易而食之香，如此者不益。[⑦] 益，息也。"益"一作"蒜"。先時者，大本而莖葉格對，對，等也。短稠短穗，多秕厚糠，薄米多芒。後時者，纖莖而不滋，厚糠多秕，庛辟米，[⑧]不

---

① "斬木不時不折必穗"，《新校釋》曰當作"蕲禾不時，必折而穗"，可備一説。

② 下"長"，原作"而"，據《二十二子》本改。

③ 《新校釋》曰："'小'乃讀者之旁注，非異文。"

④ 《集釋》曰："江有誥《先秦韻讀》改'滿'爲'盈'，是也。"

⑤ "槁"，《四篇校釋》曰當作"膏"，於義爲勝。

⑥ "鉗"，《四篇校釋》曰當作"黚"，於義爲勝。

⑦ "益"，《正誤》曰當作"嗌"，於義爲勝。

⑧ "辟"上，《新校釋》曰當有"得"字。

得恃辟,小也。“恃”或作“待”。定熟,[①]卬天而死。得時之麻,必芒以長,疏節而色陽,小本而莖堅,厚枲以均,[②]後熟多榮,日夜分復生,如此者不蝗。蝗蟲不食麻節也。得時之菽,[③]長莖而短足,其莢二七以爲族,[④]多枝數節,競葉蕃實,二七,十四實也。大菽則圓,小菽則摶以芳,稱之重,食之息以香,如此者不蟲。蟲不嚙其莢芒也。[⑤] 先時者,必長以蔓,浮葉疏節,小莢不實。後時者,短莖疏節,本虛不實。

得時之麥,秱長而頸黑,[⑥]二七以爲行,[⑦]而服,[⑧]薄翧而赤色,稱之重,食之致香以息,使人肌“肌”或作“肥”。澤且有力,如此者不蚼蛆。先時者,暑雨未至“至”或作“上”。胕動,[⑨]蚼蛆而多疾,胕動,病心。胕讀如疛。[⑩] 其次羊以節。[⑪] 後時者,弱苗而穗蒼狼,薄色而美芒。是故得時之稼興,興,昌也。失時之稼約。約,青病也。莖相若稱之,[⑫]得時者重,粟之多。[⑬]量粟相若而舂之,得時者多米。量米相若而食之,一作“以爲食”。得時者忍饑。忍猶能也。能,耐也。[⑭] 是故得時之稼,其臭

① “不得恃定熟”,《新校釋》曰當作“不待定熟”,可備一説。
② “枲”,《新校釋》曰疑當作“秸”。
③ “時”,原漫漶不清,此據元刻明修本。
④ “莢”,原作“美”,據《二十二子》本改。
⑤ “莢”,原作“英”,據《二十二子》本改,下同。
⑥ “頸”,《四篇校釋》曰當作“穎”,於義爲勝。
⑦ “二”上,《新校釋》曰當有“其實”二字,可備一説。
⑧ “而服”,《新校釋》曰當作“□□而□服”,可備一説。
⑨ “至”下,《新校釋》曰當有“而”字。“胕”,《新校釋》曰當作“腐”。
⑩ “疛”,原作“痛”,據《二十二子》本改。
⑪ 《四篇校釋》曰:“‘其次羊以節’當作‘其粒羸以節’。”
⑫ “若”下,《新校釋》曰當有“而”字。
⑬ “之”,《新校釋》曰當作“亦”,於義爲勝。
⑭ 《補注》曰:“‘能耐也’三字似是舊校之語,疑非高注。”

香，其味甘，其氣章，氣，力也。章，盛也。百日食之，百日食之者，食之百日也。耳目聰明，心意睿智，睿，明也。四衛變強，四衛，四枝也。殈氣不入，身無苛殃。苛，病。殃，咎。黄帝曰："四時之不正也，正五穀而已矣。"五穀正時，食之無病，故曰"正五穀而已"。

## 審時

# 後記

《子海》,乃"子書淵海"之簡稱,"《子海》整理與研究"工程是全面深入地整理研究子書的重大工程,筆者能有機會參與其中,何其幸運!歲月匆匆,從我開始着手整理《吕氏春秋》,至今已經四年有餘,經歷數次修改完善,其間多得師長指導,定稿之際,深深致謝。

首先感謝我的博士導師鄭傑文先生。鄭師曾多次審查拙稿,不僅從大處授予整理古籍之法,而且從細微之處指導解決疑難之點,在此我深深地感謝鄭老師的指導和關懷!在確立底本、校本和具體整理的過程中,我又曾多次向我的老師王承略先生、劉心明先生請教,二位先生皆給予耐心細緻的指導,我深深地感謝二位老師!感謝吴慶峰先生對拙稿的審查和提出寶貴的修改意見。感謝《子海》編纂中心對我的支持和幫助!

感謝山東省圖書館李西寧先生、杜雲虹師姐、唐桂豔師姐給予查找、核對、複印相關資料的便利。

感謝我的單位濟南大學,感謝濟南大學蔡先金教授、濟南大學文學院劉傳霞、張兵、劉磊三位領導對我整理工作的支持和幫助!

不當之處,敬請讀者不吝賜教!